本书系国家社科基金项目"利率市场化背景下商业银行系统性风险诱发及传染机制研究"（项目编号：16BGL051）最终研究成果

利率市场化背景下

商业银行

系统性风险诱发
及传染机制研究

吴成颂 倪清◎著

中国财经出版传媒集团

经济科学出版社
Economic Science Press

图书在版编目（CIP）数据

利率市场化背景下商业银行系统性风险诱发及传染
机制研究/吴成颂，倪清著 . -- 北京：经济科学出版社，
2022. 8

ISBN 978 - 7 - 5218 - 3938 - 8

Ⅰ. ①利… Ⅱ. ①吴…②倪… Ⅲ. ①商业银行 - 风
险管理 - 研究 - 中国 Ⅳ. ①F832. 33

中国版本图书馆 CIP 数据核字（2022）第 153087 号

责任编辑：程辛宁
责任校对：刘 娅
责任印制：张佳裕

利率市场化背景下商业银行系统性风险诱发及传染机制研究
吴成颂 倪 清 著
经济科学出版社出版、发行 新华书店经销
社址：北京市海淀区阜成路甲 28 号 邮编：100142
总编部电话：010 - 88191217 发行部电话：010 - 88191522
网址：www. esp. com. cn
电子邮箱：esp@ esp. com. cn
天猫网店：经济科学出版社旗舰店
网址：http://jjkxcbs. tmall. com
固安华明印业有限公司印装
710 × 1000 16 开 23. 5 印张 380000 字
2022 年 8 月第 1 版 2022 年 8 月第 1 次印刷
ISBN 978 - 7 - 5218 - 3938 - 8 定价：118. 00 元
（图书出现印装问题，本社负责调换。电话：010 - 88191510）
（版权所有 侵权必究 打击盗版 举报热线：010 - 88191661
QQ：2242791300 营销中心电话：010 - 88191537
电子邮箱：dbts@ esp. com. cn）

序

　　作为金融改革的重要步骤，利率市场化是市场在金融资源配置中发挥决定性作用的基本前提。但是，利率市场化也可能加剧银行业的竞争，诱导过度的金融创新，推动金融网络的复杂化，进而为系统性金融风险埋下伏笔。例如，美国在 20 世纪 80 年代初开启的利率市场化进程中，就发生了大范围的储贷协会危机；90 年代末之后，银行对次级按揭贷款业务的大量介入，以及在结构化金融产品方面的创新，又为 2007 年次贷危机和 2008 年全球金融危机埋下了伏笔。

　　与利率市场化相关的另一个问题在于，仅仅通过放开利率管制，并不能产生一个真正市场化的环境。例如，日本与美国基本同步，在 20 世纪 80 年代也开启了利率市场化进程，至 1994 年就完成了利率市场化的最后一步，即存款利率的市场化。然而，也正是从 90 年代开始，日本先是陷入了第一个停滞的十年，然后是第二个停滞的十年，现在看起来正在进入第三个停滞的十年。造成日本长期停滞的原因涉及经济、人口、政策等多个方面，就银行业而言，银行对"僵尸企业"的长期信贷支持、监管部门对银行的"父爱"行为，是造成停滞的金融层面因素。简单地说，在一个充满软预算约束的社会中，希冀仅仅通过利率市场化来提高金融资源配置效率、防范系统性金融风险，是不现实的。

中国的利率市场化遵循了先放开金融市场利率管制，再逐步放开银行贷款乃至存款利率管制的渐进步伐。自1996年全国同业拆借市场建立以来，先是一直在货币市场和债券市场推行利率市场化改革，2013年全面放开了对贷款利率下限的管制，2015年取消了对存款利率上限的管制。至此，应该可以说，中国的绝大部分利率都已经完成了利率市场化改革。在中国的利率市场化进程中，并非波澜不惊。例如，在2013年6月的"钱荒"事件中，上海银行间同业拆放利率一度达到13.44%的惊人水平，进而在债券市场和股票市场引发了强烈的连锁反应。

总之，在利率市场化改革已经取得重大进展的背景下，需要高度重视潜在的系统性金融风险问题。由于中国的金融体系一直保持着银行主导的结构特征，因此，系统性金融风险问题自然就主要集中在银行体系。本书以中国的利率市场化改革为背景，着眼于银行体系中潜在系统性风险的新特点、新机制，对系统性风险的诱发、冲击、传染和预警机制提供了完整而又清晰的逻辑分析思路，为商业银行系统性风险的理论和防控实践做出了重要贡献。

殷剑峰

对外经济贸易大学教授，博士生导师

浙商银行首席经济学家

国家金融与发展实验室副主任

前　　言

中国经济要实现长期持续健康发展，必须依靠改革。利率市场化作为中国金融体制改革中的核心问题，正在全速推进。中国于 1996 年统一全国同业拆借市场，利率市场化改革的序幕正式拉开；2013 年 7 月，中国人民银行宣布全面解除金融机构贷款利率下限管制，金融机构可自主确定贷款利率水平，标志着中国金融机构的贷款利率完全市场化；2015 年 10 月，中国人民银行决定取消金融机构存款利率浮动上限管制，至此中国利率市场化改革迈入新征程。就我国商业银行而言，利率市场化是以中央银行利率为基础、货币市场利率为中介，通过市场供求关系和货币资金供给变化形成的一种市场利率机制。利率市场化给商业银行发展带来机遇的同时，也给商业银行传统业务模式和经营策略带来严峻挑战，是一把"双刃剑"。伴随我国利率市场化改革步伐的加快，商业银行竞争日益加剧，在开拓银行盈利渠道的同时也使得银行间业务关联网络日趋复杂。如何加强宏观审慎监管、维护金融体系稳定和防范系统性风险也已成为全球共识。基于此，本书聚焦于探索利率市场化背景下的商业银行系统性风险的诱发及传染机制，对促进银行业转型发展，深化金融改革开放，防范银行业系统性风险等具有重要的理论价值与现实意义。本书主要内容如下：

（1）以利率市场化对商业银行系统性风险的影响为"切入点"，探讨利率市场化背景下中国商业银行系统性风险影响因素的新特点。首先，从定义、特性、表现形式、影响因素、风险贡献五个方面界定商业银行系统性风险的基本内涵。其次，将中国利率市场化进程与商业银行金融平稳性结合，分析了各个阶段商业银行的金融平稳性，得出近年来虽稳中向好、但盈利性却不尽如人意，为商业银行系统性风险的研究和防范提供了依据。再其次，基于金融脆弱性与金融不稳定理论、信息经济学理论、金融网络及传染理论、资产价格波动理论、经济监管理论和审慎监管理论，分析了在利率市场化背景下商业银行系统性风险形成与影响因素，提出外界突发因素、地方融资平台风险、商业银行同业业务发展、银行收入的不确定性和资产价格的波动性都加剧系统性风险可能，归纳出我国利率市场化改革具有政府推动性、逐步推进性、可控性、谨慎性的特点。最后，构建与分析了我国商业银行系统性风险测度模型，为后文的实证研究奠定了基础。

（2）从横向和纵向"两个维度"研究利率市场化对商业银行系统性风险的诱发机制，揭开利率市场化诱发商业银行系统性风险的"黑箱过程"。首先，将商业银行风险按照风险的起因分为信用风险、利率风险、操作风险、流动性风险、经营风险。其次，构建中介效应与链式中介效应模型，分别对全样本、4家国有商业银行以及11家非国有商业银行进行回归分析，从横向和纵向两个视角探讨利率市场化背景下商业银行系统性风险的诱发机制，发现利率市场化基于银行业务和风险对系统性风险的影响在不同银行之间存在明显的异质性。本书认为，要进一步完善存贷款利率定价机制，降低流动性风险、利率风险以及操作风险发生的可能性；商业银行应合理发展各类业务，加强业务创新力度，趋利避害，寻找新的利润增长点，提高自身竞争力；银行业监管机构应针对不同性质的商业银行，根据现实情况更新完善相关监管指标，重点关注上市银行流动性风险，定期评价商业银行的运行情况。

（3）从"冲击"和"传染"的"两个阶段"探讨系统性风险的传染路径和作用机制。本书通过建立利率市场化指数和商业银行系统性风险测量指标体系，采用脉冲响应函数分析，发现利率市场化背景下资本市场、货币市场、外汇市场和商品市场对商业银行系统性风险的冲击具有相似的效应，即商业银行系统性风险的波动在利率市场化冲击下的响应具有时变特征与结构性突变的特性，并且利率市场化水平的提高在引起商业银行系统性风险的减少后，会减缓其下降趋势，最终会加大商业银行系统性风险水平；而商业银行系统性风险水平的提高最终会引起利率市场化指数水平的增长行为，并最终趋于稳定，但该效应可能会有一定的时滞。本书认为：第一，资本市场应构建多元化股票市场监管体制，完善债券市场信息披露制度，重点发展交易所债券市场，实现债券市场之间互联互通，引导基金市场稳健有序发展，鼓励互联网货币基金产品创新；第二，货币市场应重点以不良贷款风险、资产负债管理风险、实体资产泡沫风险、实体产业空洞化风险以及经济波动风险为切入点，完善风险预警系统，加强风险管理；第三，外汇市场要推动存贷款基准利率和货币市场利率逐渐统一，探索建立利率、汇率联动机制，在保持汇率稳定的基础上进一步降低市场利率，并强化商业银行体系的宏观审慎监管，谨慎、合理地运用利率、汇率等风险规避组合工具的运用，全面防范利率、汇率波动等引起的市场风险；第四，商品市场要降低利率敏感性缺口，从源头上杜绝风险传染的开始，调整优化信贷资产结构，建立适应宏观经济周期变化的最优资产组合，构建以利率风险管理为核心的资产负债管理体系，逐步确立利率风险管理在资产负债管理中的核心地位，确保资产与负债总量平衡与结构对称，加大商业银行体制机制改革，完善公司治理；第五，建立全方位的风险监管体系，加强风险预测，加快商业银行金融创新，缓冲利率市场化所带来的冲击。

（4）从银行间同业市场、银行共同资产、支付结算的三个视角，深入研究宏观调控下商业银行的风险传染路径。基于网络理论，将中央银行的行为纳入银行间拆借市场的网络模型中，通过构建模型、实验模拟研究中央银行行动对银行业系统性风险的影响，研究了银行间主体的行为如何影响银行的风险传染。发现在有无央行宏观调控下，银行间同业拆借市场个别银行面临破产危机时，银行风险传染情况明显存在差异，其中，央行存款准备金制度和最后贷款人的角色均会对银行风险传染情况产生一定作用，在风险强度较小时，商业银行在中央银行的储备金越多，最终破产规模越大；而且，银行主体的行为在一定程度上影响着银行的风险传染，在央行宏观调控下，同业拆借网络越统一，越能抑制银行倒闭规模的扩大，从而缓解商业银行系统性风险的爆发；此外，各个银行的拆借资金的对象要有主次，不要平均存放资金。本书认为，对于监管当局，应该健全央行存款准备金制度与最后贷款人的法律救助制度，依靠多元交叉的大数据和新的科技手段，建立新的系统性金融风险理论基础和关键风险识别指标体系；对于政府而言，应当把控我国利率市场化进程改革的节奏，合理评估由利率市场化给商业银行带来的系统性风险，并采取税收政策、加强对我国房地产市场和股票市场的监测等其他方面的措施缓解汇率波动对银行稳定的不利影响；中央银行应加强对同业拆借市场的宏观监管，对各主体的设立、拆借行为的合法性等进行监督，维护整个拆借市场秩序稳定；还应建立有效的信息披露制度和信用评估机制，将拆借资金的风险降到最低并提高同业拆借市场运行的效率，阻止局部性金融风险通过相关风险传染机制进而触发系统性金融风险。

（5）构建利率市场化背景下商业银行系统性风险的预警指标体系，提出防控商业银行系统性风险的对策建议。本书基于风险含义广泛化、评估视角开放化，以及评估指标系统化的思路，设计了包含国际冲击风险、银行系统脆弱性、经济增长方式风险、证券市场风险以及经济运行稳健性5个维度18个指标在内的商业银行系统性风险评估指标体系。采取从低阶到高阶的顺序对各级指标进行风险阈值划分，确定各层级的风险等级，设计从低到高的"多层级风险预警机制"，采用主成分分析法得出2005年第一季度至2019年第四季度我国商业银行系统性风险综合水平演化进程。对我国商业银行系统性风险的结构分布研究表明，当前构成我国商业银行系统性风险的主要类别包括国际冲击风险、银行系统脆弱性、经济增长方式风险、证券市场风险以及经济运行稳健性，且各类风险的演绎过程不尽相同，大型国有商业银行是系统重要性银行。

（6）提出利率市场化背景下我国商业银行加强系统性风险防范的措施建议。一方面，基于商业银行自身管理建设，应加强内控合规管理建设，完善商业银行三道防线"协同机制"，扩大提高客户黏性、加强资产负债管理，并且对于不同商业银行要精确市场定位，积极应对利率变动带来的各类风险，提升自身竞争力，实施差异化发展战略；另一方面，从商业银行系统性风险外部监管机制建设视角考虑，围绕加强系统内重要商业银行风险监测评估、实施多种逆周期调节措施、加强商业银行法制监管建设和健全完善商业银行外部监管体系等方面展开，通过相关监管法律的更新完善进行规范化管制，稳定推进中国利率市场化改革，营造良好金融市场环境。

　　总体而言，本书通过全面分析我国商业银行系统性风险影响因素的新特点，对中国特色的金融市场下商业银行系统性风险影响因素的新特点和作用机制进行了深入探讨；通过从横向和纵向两个维度探讨利率市场化背景下商业银行风险的诱发机制，为利率市场化对系统性风险的诱发机制分析提供了完整而又清晰的思路。此外，本书首次分析了利率市场化背景下不同类型商业银行系统性风险传染路径及其差异，深入讨论了利率市场化通过银行业网络对系统性风险传染的影响。通过构建利率市场化背景下商业银行系统性风险的预警指标体系，本书也为防控商业银行系统性风险提出了指导性建议。

　　最后，还要感谢我的博士生昂昊同学和我指导的 2016～2021 年期间在读的各位硕士研究生为本书做出的贡献，以及为此书编辑出版发行而付出努力的朋友们。

目　　录

第一章

导　　论

第一节　研究背景和意义

一、研究背景

利率市场化改革是激发金融市场活力与实现经济持续发展的重要手段。改革是实现中国经济的长期健康发展的必然要求，而改革的内容包括多个方面，金融改革则是其中不可或缺的组成部分之一。利率市场化作为中国金融体制改革中的核心问题，正在全速推进。1996 年，中国统一了国内银行间拆借市场，拉开了利率市场化改革的序幕。2013 年 7 月，中国人民银行宣布取消贷款利率下限管制，金融机构获得自行决定贷款利率的自由，标志着贷款利率的完全市场化。2015 年 10 月，进一步放开存款利率浮动上限的决定加大了金融机构的自主化，意味着我国利率市场化改革进入崭新轨道。

利率市场化是以中央银行利率为基础、以货

币市场利率为中介，通过市场供求和货币供应的变化而形成的市场利率机制。其在为我国商业银行创造良好成长条件的同时，也对传统银行的稳健经营和固有的业务模式造成了难以避免的冲击与威胁。与此同时，商业银行在面对由此引发的种种风险时所采取的措施对金融系统的稳定同样会产生作用效果。利率市场化改革作为一把"双刃剑"，需要我们以谨慎、全面的态度去分析和应对。短期来看，利率市场化改革过程中，增加了金融系统的波动性与不确定性，而此时商业银行可能采取更加审慎的态度对待业务活动，以保证自身经营不受影响，从而降低商业银行的系统性风险。长期来看，利率市场化改革的深入使得银行的经营压力不断增大，面临的挑战不断增多，此时商业银行可能会采取更加激进的经营策略以维护自身的市场地位与市场份额，进而加大了商业银行的系统性风险。

综上所述，伴随我国利率市场化改革的全面、深入发展，银行业的竞争不断加剧，在取得开拓银行盈利渠道的积极效应的同时，也难以避免地增加了银行间业务的关联度与复杂性，其对金融系统稳定性的潜在影响不容忽视，如何加强宏观审慎监管、维护金融体系稳定和防范系统性风险也已成为全球共识。然而，利率市场化如何影响商业银行系统性风险仍是一个有待进一步探索的"黑箱"。尽管已有文献针对利率市场化与商业银行系统性风险的关系展开了研究，但利率市场化改革如何诱发商业银行系统性风险？利率市场化改革进程的不同阶段对商业银行系统性风险的影响有何差异？在利率市场化改革的背景下，资本市场、货币市场、外汇市场、商品市场等金融市场对商业银行系统性风险有何影响？利率市场化改革通过何种传染渠道对商业银行系统性风险产生影响？利率市场化改革的背景下不同类型商业银行系统性风险的传染路径有何差异？这些关键问题的回答对促进银行业转型发展，深化金融改革开放，防范银行业系统性风险等具有重要的理论价值与现实意义。

基于此，本书从以下三个方面展开：第一，在将现有研究成果进行梳理的基础上，分别从宏观经济变量和微观财务指标的角度出发，探讨利率市场化改革的背景下中国商业银行系统性风险影响因素的新特点。第二，从横向和纵向两个维度研究利率市场化改革诱发商业银行系统性风险的机制，揭开利率市场化改革诱发系统性风险的"黑箱过程"。并根据不同类型商业银行的特点，准确描述系统性风险的传染路径。第三，在利率市场化改革的背景下，对商业银行系统性风险诱发和传染机制进行深入研究，从而有针对性地提出商业银行系统性风险预警和防控的对策建议，为监管部门提供参考。

二、研究意义

（一）理论意义

1. 丰富商业银行系统性风险的理论研究成果

本书以我国正在进行的利率市场化改革为切入点，结合我国金融市场实际情况，分别从宏观经济变量和微观财务指标两个方面构建我国商业银行系统性风险的影响因素模型，探讨利率市场化背景下中国商业银行系统性风险影响因素的新特点，有助于厘清利率市场化全面推行后商业银行所面临的风险类型及其成因，为制定更具针对性的商业银行系统性风险的防范手段与应对方法做铺垫，丰富商业银行系统性风险的理论研究成果。

2. 探究利率市场化背景下不同类型商业银行系统性风险贡献度的差异

近年来，我国中小规模商业银行迅猛发展，且业务关联度非常高。由于它们抗风险能力较弱，很有可能通过其广泛的关联度将其风险冲击扩散至整个银行体系。故而，中小规模商业银行对系统性风险贡献度不容小觑。因此，本书探究了利率市场化背景下不同类型商业银行系统性风险贡献度的差异，在利率市场化与银行业系统性风险的关系研究方面具有重要的学术指导意义。

3. 全面揭示利率市场化背景下诱发商业银行系统性风险的"黑箱过程"及其传染机制

本书拟从横向和纵向两个维度考察利率市场化对商业银行系统性风险的诱发机制，并从"冲击"和"传染"两个阶段细化商业银行系统性风险的传染路径和作用机制，有助于全面揭示利率市场化改革背景下诱发商业银行系统性风险的"黑箱过程"及其传染的机制，并在此基础上提出利率市场化背景下商业银行系统性风险预警和防控的对策建议，完善中国特色的商业银行系统性风险研究的理论体系。

（二）实践意义

1. 推动金融改革发展

利率市场化改革必然会使金融市场环境出现前所未有的变化，许多未知的风险也会悄然而至，此时若不能及时对这些风险加以认识辨别并对其进行防控，我国的金融市场化改革必将会受到很大的影响，故而研究利率市场化背景下商业银行系统性风险诱发和传染机制完全顺应经济形势变化，契合当前金融改革发展需要。

2. 加强银行业机构的经营管理

对于银行业金融机构而言，随着利率市场化改革的深入推进，金融市场风险程度加大，商业银行经营管理面临的不确定性增加。在此环境下，及时为商业银行面临的系统性风险制定出相应的预警和防范对策，有助于商业银行加强资产负债管理，稳定行业发展，规范市场行为，从而提高整个银行体系的稳定性，促进银行业的蓬勃发展，保障国民经济的稳步健康运行。

3. 为提高金融监管水平提供指导性建议

对于金融监管机构来说，利率市场化改革带来风险的不确定性会使监管难度进一步增加，因此相应的监管措施也应及时跟进，合理有效，防患于未然。因此，对利率市场化背景下商业银行系统性风险冲击效应、传染路径和作用机制及预警防控进行研究是提高监管效率、防范金融风险，保证金融市场健康发展的重要保障。

第二节　国内外文献综述

一、利率市场化背景下商业银行风险研究

（一）利率市场化背景下商业银行风险种类研究

现有文献普遍证实随着利率市场化的推进，银行业的脆弱性不断增加，商业银行面临的风险类型也更加复杂多变。多数学者主要针对其面临的利率风险、信用风险、流动性风险、经营风险及外部风险进行了详细论述，为本书的研究提供了较为丰富的理论基础。

1. 利率市场化背景下商业银行面临的利率风险

利率风险指不确定的市场利率变动使商业银行产生损失的可能性（黄持

烽，2013）。放松利率管制这一政策的实施给商业银行带来最直接的影响便在于其面临利率波动幅度与频率的加大，并由此导致利率风险的加剧。基于利率波动视角，德力斯和库雷塔斯（Delis and Kouretas，2011）认为国家一旦选择放开利率管制，会导致商业银行为追求收益而降低利率，由此产生的利率波动造成商业银行普遍面临较高的利率风险。杨毅和苏庚云（2015）指出在利率市场化进程中，持续的利率波动将会造成我国商业银行的利率风险水平不可避免地上升。郭夏月（2017）研究指出在利率市场化背景下，利率波动幅度与频率均会在不同程度上得到增大，并由此造成商业银行利率风险的加剧。此外，李慧华和巴曙松（2018）针对利率市场化背景下利率风险的动态性特征进一步研究显示，放开利率管制后，商业银行面临的利率风险会随之产生复杂变化，即从政策性风险变为市场性风险，以及银行内部的经营性风险。王丽娜（2021）则具有针对性地以存贷款利率的波动为研究对象，指出利率市场化进程中不相匹配的存款与贷款利率的调整将逐步造成银行利差的减小，降低了银行的净利息收入，加剧了利率风险。

2. 利率市场化背景下商业银行面临的信用风险

信用风险又称违约风险，指交易中因交易对象不愿意或不能履行合同条款，导致银行、投资者或交易对象遭受损失的可能性（李婷，2013）。具有隐蔽性、传染性及巨量性特征的信用风险会给商业银行的稳定经营带来重大危机（王学武，2018），这受到多数学者的高度重视，并主要从商业银行业务调整和价格竞争两个视角进行探讨。

第一，基于商业银行业务调整的研究视角中，伯杰等（Berger et al.，2009）以23个发达国家的数据为样本，研究发现金融自由化背景下银行市场力量的增加会加大贷款组合风险，而不当的贷款组合则会催生银行的不良贷款，推高商业银行面临的信用风险。吴成颂和张文睿（2017）以我国城市商业银行为研究样本，揭示在利率市场化进程中推进了表外业务的发展，由此会导致银行信用风险的增加。此外，袁婷（2020）的研究进一步指出在利率市场化背景下，银行需要积极优化自身业务结构才能够与市场发展保持同步，而这一举措则会对商业银行的信用风险产生影响。

第二，基于商业银行价格竞争的研究视角中，瓦格纳（Wagner，2010）以放开贷款利率这一角度为切入点，指出在此背景下商业银行间价格竞争加剧，为弥补收益上的损失往往会放松对贷款人资信的要求，从而造成对银行信用风险的影响。张宗益等（2012）也认为放开利率管制直接促进了商业银行深化价格竞争的程度，而银行自主决定利率权利的提升会造成商业银行信用风险的积累。持有相同观点的还有张灿（2016），其研究认为在利率市场化发展初期，商业银行将所面临的竞争更加激烈，致使商业银行以放低贷款要求换取信贷增长，造成在短时间内银行不良贷款数量的增长，给商业银行带来信用风险。

3. 利率市场化背景下商业银行面临的流动性风险

流动性风险具有较强的突发性和破坏性，对商业银行健康发展构成较大的威胁（梁枫，2018）。我国多数学者针对利率市场化进程中商业银行面临的流动性风险主要从以下两个视角进行探究：

一是商业银行面临的市场利率波动视角。钱春丽（2016）以城市商业银行为研究对象，提出在利率市场化背景下，由于受到诸多因素的影响，利率水平的波动呈现出更加频繁的特点，进而加大了商业银行的金融风险，也增加了流动性风险与不良贷款风险发生的概率。由爽（2020）也提出了相同的观点，其研究指出在利率市场化背景下，利率波动将显著增加，由此对商业银行开展的利率敏感性业务产生直接影响，从而导致流动性水平的变化，具体表现为流动性风险的增加。

二是商业银行多元化经营视角。吴成颂等（2019）学者通过实证分析发现，随着利率市场化程度的深化，商业银行多元化经营水平明显提高，进而增加了其表内流动性创造，并由此造成流动性风险的加剧[①]。张国兴等（2020）则基于不同性质的银行进一步研究指出在利率市场化背景下，不同于国有与股份制银行，多元化效应在城市商业银行中显著弱化，流动性风险随之增高。在利率市场化背景下，国有与股份制银行的多元化效应虽得到增强，但城市商业银行的多元化效应却明显减弱，流动性风险水平逐步提高。

4. 利率市场化背景下商业银行面临的经营风险

经营风险指因企业内部经营或行业环境变化，影响未来经营现金流，进而引起市价波动的可能性。在逐步放松对银行利率管制的过程中，商业银行依赖存贷双方供求关系决定其利率水平（王帆等，2019），这意味着为了获取更多的市场份额，商业银行必须提高自身风险偏好。具体来说，对于利率市场化进程中商业银行面临的经营风险，现有文献主要从以下两个角度展开。

一是银行间竞争角度。贝蒂和约翰（Betty and John，2007）在证实金融自由化容易引发金融危机的基础上，进一步以动态的视角探究其对商业银行风险变化，研究发现从长期来看，由于竞争程度、资本的边际产出等的同时变化，更容易造成商业银行发生经营风险。乔杜里和雅各布（Choudhry and Jakob，2008）在分析发展中国家和发达国家银行数据的基础上，也指出在金融自由化背景下，银行部门竞争程度的加大会推高其发生破产的可能性。丹尼斯曼和德米雷尔（Danisman and Demirel，2019）则将研究视角转向发达国家，指出在金融自由化改革背景下，政府对利率的监管力度的放松使得银行在利率定价上拥有更多自主权，加剧了银行机构间的竞争，而市场竞争、银行监管等变动都会对商业银行的稳定性产生影响。王帆等（2019）则具有针对性地探究利率市场化背景下外资银行的进入对本地银行竞争状况的影响，进一步证实了利率市场化程度的提升在一定程度上加剧了商业银行的经营风险。

二是银行经营活动角度。王光伟和孙杰芳（2014）指出推行利率市场化的政策虽赋予了商业银行的资金定价权，增加了其自由度与市场活力，但也给其稳健经营造成冲击，加剧了经营风险。纪洋和徐建炜（2015）以放开存款利率上限为切入点，研究表明这一政策的实施虽有利于银行吸纳存款，但同时也可能导致银行经营平衡被打破，从而加剧商业银行的经营风险。巫卫专（2016）提出在利率市场化提速的背景下，商业银行的经营绩效与经营风险都会受到较大影响，并且这种影响作用会因银行类型的差异与货币政策的松紧程度而呈现异质性特征。

5. 利率市场化背景下商业银行面临的外部风险

外部风险与银行系统内部风险相对，其来源与其他一般企业风险并不相同，是由金融活动和准金融活动所带来并传染至银行系统内部。从现有文献来看，也有少数学者关注到利率市场化进程中商业银行外部风险的变化，并以外部环境变化视角对此展开研究。祁绍斌（2012）通过理论分析指出在利率市场化改革的进程中，商业银行在经营中的不确定性会增加，使得防范及控制风险的难度加大，进而无法有效放缓外部风险的传染速度。陶雄华和陈明珏（2012）通过构建利率市场化指数发现，在利率市场化背景下，商业银行所面临的外部风险会有所增加，而货币政策会影响商业银行风险承担水平。霍强（2017）也提出相同的观点，并指出银行可以制定宽松或紧缩的货币政策来防范利率市场化进程所带来的外部风险。

（二）利率市场化背景下商业银行业务风险研究

利率市场化属于价格形成机制的市场化，与利率价格高度管制相比较，利率市场化可以优化金融市场的资源配置；但是，利率市场化也不是全盘好处，它也有给商业银行具体业务带来风险的弊端。具体来说，随着利率市场化的发展，商业银行各种业务的存贷利差和收益会出现许多的不确定性，从而产生各种风险。

从影响商业银行具体业务风险形成机制的文献来看，学者们重点研究了利率市场化如何通过信贷业务、中间业务、同业业务等诱发商业银行风险。

针对信贷业务，现有文献主要是突出强调在该背景下商业银行所产生的信用风险。安基南德（Angkinand，2010）认为随着利率市场化进程的发展，商业银行会进一步收窄利差、使得利息收入下降，从而导致商业银行整体信用风险水平上升。除此之外，国内学者对此论点也持有相似的观点。例如，李华威（2014）认为商业银行受到高收益的推动，在利率市场化改革之后会更加倾向于通过降低贷款标准从而扩张自身的业务，因此商业银行整体的信用风险上升。张元元（2018）指出随着利率市场化进程的推进，将会进一步增大金融市场中所存在的价格竞争，而价格竞争的增大会令商业银行通过降低贷款利率以及提高存款利率两种方法来促进净利差的缩小，从而对商业银行的利息收入水平产生一定程度的影响，使得商业银行迫于生计不得不改变自身的经营管理，进而促使商业银行的信用风险上升。

针对同业业务，现有文献主要是突出强调在该背景下商业银行所产生的流动性风险。由爽（2020）认为在利率市场化背景下，可以从贷款利率市场方面分析同业业务发展过程中所产生的影响；具体来说，贷款利率市场化通过降低同业业务量，进一步增加商业银行的流动性风险。持有相似观点的还有龙艺（2016），该研究认为随着利率市场化进程的推进，银行与企业之间的关系得到改善，进一步地实现平等化，优质客户议价能力不断提升，加大商业银行在同业业务这方面的竞争，从而使得银行流动性风险进一步加大。林佳璐（2017）认为随着利率市场化深入发展，商业银行的净利差将会进一步收窄，使得商业银行增大对同业业务的依赖性，从而推动银行业同业业务的快速发展。但是，在利率市场化长期发展中，过度的期限错配问题不可避免，容易出现资金链断裂，诱发商业银行的流动性风险（吴晓灵，2013）。

针对中间业务，现有文献主要是突出强调在该背景下商业银行所产生的利率风险与信用风险。首先，一部分学者认为商业银行中间业务随着利率市场化的进程会产生利率风险。雷洪光（2014）认为随着利率市场化进展的不断推进，将会加剧商业银行之间的竞争，迫使商业银行调低贷款利率、增加存款利率来收窄存贷利差，存贷款利差的收缩又会使得商业银行资产负债管理暴露在更大的利率风险之中。持有相同观点的学者还有陈昆等（2016），研究认为随着利率市场化改革的不断推进，商业银行会进一步使用较高的存款利率、较低的贷款利率，以便使得自身在金融市场中获得一定的竞争优势，由此必将收窄商业银行的存贷款利差，从而给商业银行中间业务带来利率风险。其次，还有一部分学者认为，在利率市场化改革过程中，商业银行中间业务还会产生信用风险。李方赟（2017）提出了在利率市场化背景下，向商业银行借款的更多的是风险爱好型的借款者，这样更加容易引起逆行选择风险。除此之外，在当前市场监督以及委托代理还有待完善的情形下，利率市场化的发展使得投机性比较强的行业会获得更多的信贷资金，如金融业等，导致商业银行信贷风险进一步提升。持有相同观点的学者还有付强（2016），其研究认为随着利率市场化的不断发展，金融机构存贷款利差将会出现，使得银行业存款的稳定性会降低，从而给商业银行带来信用风险。

（三）文献评述

由上述梳理不难了解，多数学者认为利率市场化背景下，更可能会引发商业银行危机，使之面临不同类型的风险，并主要针对商业银行面临的利率风险、信用风险、流动性风险、经营风险与外部风险进行了较为详细的研究与论述，说明了探究利率市场化背景下商业银行风险的重要性与必要性，也对本书的研究提供了较为扎实的理论支撑。然而，除上述所提及的风险类型外，利率市场化背景下同样可能会引发银行业产生系统性风险的还有操作风险等，而目前研究对此较为缺乏。更为重要的是，现有学者主要关注利率市场化进程中商业银行单一风险的变化，缺少对不同类型的风险与商业银行面临的系统性风险之间的关系进行全面梳理和深入探究。基于此，本书拟以更加全面的视角对利率市场化背景下商业银行面临的风险类型及如何引发系统性风险进行详细、深入研究，以期构建更具综合性的理论框架。

与此同时，除了对利率市场化背景下商业银行所面临的风险进行了较为详细的论证，国内外学者还具有针对性地探究了其对商业银行具体业务的影响作用。但是对于目前现有研究来说，大多数学者还是多局限于某一方面具体业务的风险影响，系统性不足。而本书在已有研究的基础上，较为全面地探究了利率市场化改革的推进对商业银行信贷业务、中间业务及同业业务的影响，以及由此可能引起的系统性风险的变化，充实了有关利率市场化背景下商业银行具体业务的文献，对银行业在面临市场化改革的进程中所产生的系统性风险具有一定的借鉴作用。

二、利率市场化背景下商业银行系统性风险的诱发机制研究

（一）利率改革对商业银行系统性风险影响的不同观点

国内外学者针对利率市场化背景下商业银行系统性风险研究主要存在两种不同的观点。多数学者认为在利率市场化进程中，商业银行的系统性风险有所上升。肖（Shaw，1973）将利率市场化纳入金融自由化背景中对此进行探究，指出金融自由化的发展会诱发一系列金融危机，而商业银行作为金融体系的重要主体，将会面临高频爆发的系统性风险。黄金老（2001）通过理论分析提出，商业银行在利率市场化过程中所面临的主要为阶段性和恒久性风险，并且从长期来看，恒久性风险将会对金融体系的稳定运行产生持续影响。胡和许（Hu and Xu，2013）；巴尔马塞达等（Balmaceda et al.，2013）以发展中国家的银行为研究对象，提出在推行利率市场化改革背景下，往往更容易导致发展中国家的银行业产生危机等宏观问题。此外，库比拉和冈萨雷斯（Cubillas and González，2014）以 83 个国家的 4333 家银行为研究对象，实证分析发现利率市场化背景下，通过不同的诱发机制与传染渠道，会同时造成发达国家和发展中国家商业银行整体风险的上升。进一步，王道平（2016）以 88 个国家商业银行的数据为基础，分析表明其在利率市场化背景下，系统性风险发生的概率得以增加，进而提出加强金融监管的政策建议。余道先和胡惠敏（2018）利用我国银行数据，进一步证实在放开利率管制背景下，银行集中度会推高商业银行面临的系统性风险。丹尼斯曼和德米雷尔（Danisman and Demirel，2019）则将研究视角转向发达国家，指出在金融自由化改革背景下，政府对利率的监管力度的放松使得银行在利率定价上拥有更多自

主权，加剧银行机构间的竞争，而市场竞争、银行监管等变动都会对商业银行的稳定性产生影响。符林等（2020）着眼于利率市场化进程中商业银行的贷款及投资市场，指出利差收窄一方面加大了市场竞争，另一方面驱使其盲目地进行多元化投资，进而导致商业银行系统性风险水平上升。

尽管多数研究表明利率市场化背景下商业银行所面临的系统性风险得以增大，但仍有少数研究提出了相反的观点，即认为利率市场化削弱了商业银行面临的系统风险。德力斯和库雷塔斯（Delis and Kouretas，2011）以 2001～2008 年欧洲银行数据为基础，分析表明低利率环境有助于提高商业银行的风险负担能力，并由此促进银行业的稳定运行。谢赫扎德和汉（Shehzad and Haan，2008）的研究揭示利率市场化发挥了降低商业银行系统性风险的效果，并且在发达国家与发展中国家同时成立。左峥等（2014）证实利率市场化虽对银行资本化水平产生负面影响，但并不会显著提高商业银行的风险水平，反而能够起到缓和银行收入波动的积极作用，降低其破产的可能性。吴国平等（2016）将商业银行的存贷款利率分离进行研究，结果表明在利率市场化背景下，放开存款与贷款利率对商业银行风险分别起到相反的作用，并最终会使银行风险呈先升后降的趋势，即随着时间的推进先增后减。张天顶和张宇（2017）采用更具科学性的期望损失法对银行系统性风险进行了探究，结果表明非利息收入对银行系统性风险能够产生弱化和扩散效应，即表明推行利率市场化使得商业银行非利息收入的比例增加，降低了其系统性风险水平。

（二）利率市场化背景下商业银行系统性风险的诱发因素研究

针对利率市场化背景下，何种因素诱发商业银行的系统性风险，也有学者对此进行了探讨，并主要从商业银行个体特征、行业因素以及宏观经济三个视角进行论述。

对于商业银行个体特征这一视角的研究，现有文献主要从以下两个方面展开。一是商业银行规模方面。贝卡利（Beccalli，2015）以欧洲上市银行为研究对象，选取各家银行 2000～2011 年的数据，利用随机前沿方法来探究商业银行规模变化对系统性风险程度的作用方向，研究结果表明，资产规模的扩张越大，那么商业银行系统性风险就越大。除此之外，也有部分学者得出了与贝卡利学者相反的观点，张天顶（2017）通过计算我国上市银行的 CES 值进行研究，认为银行规模越大、其股权市值比越高，银行系统性风险越低。

裴辉儒和赵婧（2021）则基于我国上市商业银行的异质性角度，实证检验了随着利率市场化更深层次的发展，经营规模较小的非国有银行所受到的系统性风险更大。陆军和赵越（2015）认为随着利率市场化进程的推动，将会大幅度增加银行系统的脆弱性，进一步提高商业银行整体的系统性风险，并且对经营规模较小商业银行所产生的影响更大，使之更可能面临破产和倒闭的危机。因此，现有研究关于银行规模对商业银行系统性风险贡献度的影响还没有达成一致结论。二是商业银行不良贷款方面，西蒙娜和鲁特（Simona and Rut，2015）针对中国全面实行利率市场化改革的背景，指出放开利率管制措施会导致包括国有和私营银行在内的整个银行系统的经营策略发生巨大变化，引起不良贷款水平的升高，进而可能引发更高的系统性风险。邢学艳和吕思聪（2017）揭露了随着我国利率管制的逐步放开、利率市场化进程的不断推进，银行资金成本和不良贷款上升的压力也不断增强，进而导致银行系统性风险的上移。埃迪等（Eddie et al.，2019）也提出了相同的观点，其研究表明在中国利率市场化这一实践中，虽然在一定程度上使贷款市场的效率有所提升，但同时也容易造成银行业资本和不良贷款的增加，引发银行业整体风险的升高。

对于行业因素这一视角的研究，现有文献主要从商业银行面临行业竞争环境的变化而引发的系统性风险进行研究。夏越（2018）通过实证研究分析在利率市场化变革初期，将会进一步加大银行业之间的竞争程度，而竞争程度的增加有助于商业银行系统性风险降低，但是随着利率市场化更深层次的发展，商业银行竞争程度的加大反而有助于商业银行系统性风险的增加。除此之外，吴成颂等（2019）也从银行竞争角度进行探讨，其认为从长远视角来看，利率市场化深入发展将会进一步加大银行业之间的竞争，而商业银行迫于生存的压力，将会不断地进行金融创新，与此同时，商业银行为确保自身的收益，也会从事风险与收益双高的项目，从而使得商业银行系统性风险的进一步提高，给银行体系带来不稳定性。张文睿（2019）认为随着利率市场化改革不断推进，商业银行能够自主地进行定价，从而能合理有效地配置市场的资金，进一步加强商业银行之间的价格竞争程度，从而提升了系统性风险。符林等（2020）认为随着利率市场化改革的深入，商业银行将会收缩存贷款之间的利差，进一步加剧商业银行贷款市场的竞争，导致系统性风险的积累。

对于宏观经济这一视角的研究，现有文献对此研究较少，主要是从汇率波动及政策制度两方面对商业银行的系统性风险进行研究。基于汇率波动的研究中，米勒和瓦莱（Miller and Vallee，2010）、曼彻斯（Manzhos，2016）通过将宏观经济各种因素加入传统的货币危机模型之上的方法，发现了影响金融市场稳定性的主要因素是汇率水平的波动或汇率政策的完善，一旦经济形势恶化，则非常容易诱发商业银行的系统性风险。基于政策制度的研究中，董欣焱（2018）以存款保险制度为切入点，指出随着利率市场化更深层次的发展，商业银行的系统性风险将会进一步加大，而存款保险制度对利率市场化所带来的危机效应不能产生弱化作用，但伴随着利率市场化改革完成后，存款保险制度将会对银行的系统性风险产生抑制性。丁石汀等（2019）也提出了类似的观点，其通过理论分析指出在利率市场化背景下，存款保险制度虽具有保护存款人利益、维护银行信用的双重作用，但并不能弱化利率市场化对商业银行带来的危机效应。

（三）文献评述

通过上述对文献的梳理可以发现，多数学者针对利率市场化改革过程中商业银行系统性风险的诱导因素展开了探讨和论证，但大多数只是针对其中的单个因素进行分析，缺乏一定的全面性与系统性。并且，目前有关利率市场化进程中商业银行面临的系统性风险究竟呈现怎样的变化趋势这一问题仍未得出统一的结论，为本书的研究留下些许空间。

此外，现有文献有关利率市场化背景下商业银行系统性风险的研究也未形成完整且具有综合性的证据链，相关因素与机制仍有待深入探究。具体来说，利率市场化背景下商业银行系统性风险会怎样变化？又是通过哪些诱发机制产生的该种影响？以及利率市场化背景下，我国商业银行系统性风险的诱发因素有哪些新特点？以上问题对于全面认识利率市场背景下商业银行系统性风险的变化，进而"对症下药"采取有效的预防手段及高效的解决措施具有重要意义。

因此，本书针对现有研究的盲区和我国利率市场化改革的特点，从不同维度全面深入地探究利率市场化对商业银行系统性风险的诱发机制，并在此基础上，以利率市场化改革为背景，为我国商业银行如何加强系统性风险的防范提供行之有效的对策建议，对我国银行业的持续健康经营及经济的稳步向上发展具有重要意义。

三、利率市场化背景下商业银行系统性风险的冲击效应研究

在推行利率市场化的背景下，我国资本市场、货币市场、外汇市场及商品市场均暴露在较为复杂的金融环境中，受到来自内外部环境变化带来的影响，进而对商业银行的稳定经营产生冲击，加剧其面临的系统性风险。部分学者关注到其中的变化，并对此展开详细探究。

（一）利率市场化背景下资本市场对商业银行系统性风险的冲击

有关利率市场化背景下，资本市场对商业银行系统性风险冲击的研究，现有文献主要从股票市场、债券市场和基金市场三个角度展开论证。

（1）对于股票市场。劳建林（2014）以我国股票收益率和 7 日上海银行同业拆借（Shibor）利率为数据基础，对利率与股价指数之间的关系进行深入探究，指出两者间呈现明显的波动溢出效应。袁凤现（2018）通过比较利率及存款准备金率对股市的影响发现，两者均满足通过影响货币供给量来影响市场资金流动性的路径，并最终对股票市场的收益率产生作用。此外，江彩虹（2018）基于利率市场化背景的研究显示，在利率影响下，股票价格的波动会呈现出时变性和突变性特点，利率的提高在短期内会导致股票价格的提高，但从长期来看，反而会使其降低。众多证据表明利率市场化进程中形成的利率波动会对股票市场产生影响，在此基础上，少数学者针对股票市场对商业银行系统性风险的冲击效应展开研究。段月姣（2016）通过分析股市震荡时期及全球金融危机时期的风险状况证实：股市震荡所引发的商业银行系统性风险的波动幅度超过了金融危机时期。具有相同观点的还有黄苑等（2017），研究指出在中国股市的压力下，银行系统的风险测试表明，当股票市场下跌至一定水平之后，股市的市场风险在一定程度上会诱发系统性风险。

（2）对于债券市场。坎贝尔和安默（Campbell and Ammer，1991）以债券收益率为对象进行深入研究，揭示了长期利率与短期利率的差异传达着风险溢价信息。杨晔（2008）指出我国企业债券利率环境市场化程度逐渐加深，并认为通过建立市场化的定价机制来继续推进利率市场化进程是改善企业债券利率环境的有效途径。以上证据表明利率市场化背景下，利率波动会

对债券市场产生影响，基于此，少数学者针对债券市场对商业银行系统性风险的冲击效应展开研究。张琳和廉永辉（2020）以理论与实证分析相结合的方法研究表明，债券投资行为对商业银行系统性风险产生的作用效果依赖于以下两种效应的强弱程度，其一是银行个体风险分散效应，其二为银行系统关联性提升效应。

（3）对于基金市场。科托明等（Kotomin et al.，2014）研究表明，基金市场中的机构投资者相对于个人投资者而言对短期利率的波动更为敏感。巴曙松和牛播坤（2014）研究表明，基金与市场化的利率之间正形成积极高效的交互关系，这种协调关系会助推资本市场和银行机构的持续创新。以上证据表明利率市场化背景下，利率波动会对基金市场产生影响，在此基础上，也有少数学者针对基金市场对商业银行系统性风险的冲击效应展开研究。刘伟和郝瑞丽（2015）通过定性及定量相结合的方法量化基金市场的系统性风险，该研究认为量化基金市场的系统性风险呈升高趋势，此外，量化基金对市场风险的溢出效应显著。

（二）利率市场化背景下货币市场对商业银行系统性风险的冲击

有关利率市场化背景下，货币市场对商业银行系统性风险冲击的研究，现有文献主要从货币政策传导这一角度进行探究和论证。

（1）部分学者关注到利率市场化对货币市场的影响作用并对此进行探究，普遍证实利率市场化背景下，利率波动对货币市场及以货币市场为基础的货币政策传导具有显著影响。张男（2020）认为在利率改革背景下，利率市场化可以大大提升央行传统货币政策的流动速度及利用效率，激发市场活力。王飞等（2020）也基于货币政策传导这一视角进行研究，指出在持续深化利率市场化的过程中，货币政策利率传导效应表现为先上升后下降的趋势，即揭示其与利率市场化之间呈倒 U 形关系。李一庆（2021）则以市场参与者的现金持有意愿为视角进行研究，指出当利率升高时，市场参与者的投机需求降低，其持有货币量减少；与此相异的是，当利率降低时，"流动偏好"则会造成货币的投机需求增多。由此可见，利率市场化进程中，利率的上下波动会对货币市场产生不同的影响。

（2）也有较多学者对货币市场波动与商业银行系统性风险的关系进行探讨，并主要从以货币市场为基础的货币政策实施这一视角展开研究。布卢姆等（Bluhm et al.，2014）将模型构建及模拟技术相结合，研究发现为加强流动性而干预利率的措施将造成银行系统性风险的增加。朱波和卢露（2016）揭示了随着存款准备金率及央行目标利率的变动，系统性金融风险会呈现不同的变化趋势。此外，对于减少系统性金融风险的负面效应，他们提出可以通过结合不同的银行监督管理手段和宏观审慎工具来实现。柯孔林（2018）以金融稳定为出发点，指出了货币政策的复杂性，即：宽松的货币政策对银行的风险承担行为起积极作用，而紧缩的货币政策则相反。此外，黄秀路和葛鹏飞（2019）通过实证分析指出，宽松的货币政策加快了银行间的风险传染速度，增加了其系统性风险水平，并进一步从盈利和流动性两个角度进行详细分析。一是盈利角度。放宽的货币政策将加大银行的利差，对其盈利能力造成负面影响，并由此弱化其风险承担能力，加剧系统性风险。二是流动性角度。放宽的货币政策将使银行的流动性发生变化，加大了经营的不确定性，同样会造成系统性风险水平的提升。

（三）利率市场化背景下外汇市场对商业银行系统性风险的冲击

有关外汇市场对商业银行系统性风险冲击的研究中，现有文献主要从汇率波动和短期跨境资本流动两个角度展开论证。

（1）在汇率波动方面。国外学者的研究主要通过两个角度展开：一是在传统的货币危机模型中融入宏观经济的各种因素，从而进一步分析汇率水平的波动或汇率政策是否完善等对商业银行稳定性的影响（Tuluca and Zwick，2001）；二是在开放的条件下，通过实证检验分析汇率等因素给商业银行所带来的影响（Chang and Velasco，2000）。除此之外，对于汇率波动是否会给商业银行系统性风险带来冲击，国内学者也进行了大量的实证检验。武洁琼（2012）认为随着利率市场化进程改革的不断深入，我国的汇率水平将会受到波动，这不仅会对我国人民币价值尺度产生影响，也会给我国商业银行的股价带来波动，而股价的波动又会进一步引发商业银行系统性风险。除此之外，持有相同观点的还有金祥义和张文菲（2019），其通过对商业银行的资产负债表进行研究，发现在利率市场背景下，货币错配的现象在商业银行中普遍存在，并且当产生大幅度汇率波动时，本币与外汇之间的错配现象将会更加严重，从而增加商业银行中所存在的潜在系统性风险。

（2）在短期跨境资本流动方面。国内外学者对于其给商业银行系统性风险带来影响的研究主要分为两类。一是直接分析商业银行稳定性受短期跨境资本流动的影响。米兰达和雷伊（Miranda and Rey，2015）认为在利率市场化背景下，短期跨境资本流动的影响最为显著，由于汇率、利率、信贷、政策等因素更易诱发短期跨境资本流动呈现出波动性、投机性、易逆转性的风险，因而对商业银行的稳定发展形成巨大冲击，提高了银行的系统性风险。除此之外，布鲁诺和申（Bruno and Shin，2015）也持有与米兰达和雷伊相同的观点，认为随着利率市场化改革的推进，跨境资金双向流动将会更加频繁，不断冲击商业银行的稳定性，催生资产泡沫，加剧市场风险的积累；跨境资本的大规模流出会使资产泡沫破碎，使得商业银行流动性不足，进而带来系统性金融风险。二是从资本账户开放的视角研究资本账户开放对短期跨境资本流动的影响。邹小龙（2016）认为在汇率、利率市场化背景下，资本账户开放会对短期跨境资本流动的波动性产生影响，进一步引发商业银行系统性风险。肖卫国等（2016）认为随着我国资本账户的不断开放，利率市场化进程的改革对短期资本流动的影响将更加敏感，从而对我国商业银行的冲击可能也会更加明显。

（四）利率市场化背景下商品市场对商业银行系统性风险的冲击

随着利率市场化深层次的推进，经济主体的行为方式将会发生改变，对商品市场及商业银行系统性风险产生影响。商品市场交易直接影响着经济体的生产成本，其市场价格波动不仅会对实体经济产生冲击，也会对资本市场产生较为深远的影响。

有关商品市场对商业银行系统性风险冲击的研究中，现有文献主要从大宗商品与资产价格两个角度展开论证。

（1）在大宗商品方面。王莉莉（2017）认为自利率市场化改革以来，商品市场得到了快速的发展，特别是房地产这类大宗商品，而该方面资金主要来自商业银行信贷，使得商品市场与商业银行两者之间的关系更加紧密，并且大宗商品市场风险为商业银行所承担，而一旦商品市场出现危机，必会对商业银行系统产生影响，由此引发银行系统性风险。张炜（2018）通过实证方法检验了大宗商品（房价波动）对商业银行系统性风险的内在作用机理，同时使用系统性或有权益分析法（SCCA）进一步构建我国商业银行系统性风险评价指标进行分析，发现商业银行系统性风险与大宗商品为双向因果关系，并且大宗商品价格处于上升初期时对系统性风险起到抑制作用，但是处于上升后期时则会进一步引发系统性风险。

（2）在资产价格方面。刘剑和蒋紫薇（2014）认为在利率市场化背景下，资产价格波动可能通过宏观与微观两方面的主体行为对金融市场的稳定性产生影响，进而引发商业银行系统性风险。段徐风（2015）也认为，随着利率市场化更深层次的发展，资产价格也会受其影响上下波动，加剧银企之间所存在的信息不对称问题，进而降低金融市场的不稳定性，提升商业银行系统性风险水平。王琪（2020）认为随着利率市场化改革进程的推动，会给股票市场和房地产市场传递信号，导致股价和房价大幅度上涨，引发资产价格波动。从内在角度出发，资产价格波动将会通过一系列渠道对金融市场的稳定性产生影响，进而使得商业银行产生系统性金融风险。

（五）文献评述

通过上述梳理可以看出，多数学者普遍认为在利率市场化背景下，资本市场、货币市场、外汇市场以及商品市场会受到不同程度的冲击，并主要针对上述四个市场进行了细分，划分为股票市场、债券市场、基金市场、货币政策传导、汇率波动、短期跨境资本流动、大宗商品、资产价格八个方面，进一步通过以上视角详细论述了利率市场化背景下商业银行系统性风险的冲击效应。但是大多数只是针对其中的单个方面进行分析，缺乏一定的整体性与系统性。并且，目前少有学者在利率市场化背景下对上述四个市场给商业银行系统性风险带来的冲击进行实证分析，缺乏一定的数据支撑。鉴于此，本书采用实证检验的方法，对利率市场化背景下商业银行系统性风险冲击效应进行了深入的研究，对商业银行防范系统性风险有着一定的积极意义。

四、利率市场化背景下商业银行系统性风险的传染机制研究

（一）利率市场化背景下商业银行系统性风险传染的影响因素研究

基于宏观层面和银行自身因素两个角度，学者分析了商业银行系统性风险的传染因素。

1. 在宏观层面

（1）基于经济周期的角度考虑商业银行系统性风险传染的作用机制。费

希尔（Fisher，1933）根据债务－通缩理论阐述了经济周期背景下银行体系的不稳健性，基于此得出了银行体系的不稳健性受宏观经济的影响较大，主要表现在经济衰退对不稳定性的影响。明斯克（Minsk，1982）研究了经济变化周期中金融机构的表现，并指出市场主体投资的方向、盈利水平以及银行的债务债权关系会由于经济环境的变化而改变，同时，银行信贷供求关系失衡加剧，进而引发金融危机。

（2）具体宏观经济指标对商业银行系统性风险传染的影响。国内学者张雪兰（2010）研究发现，宏观经济变量，例如：实际利率、汇率的变化率和资本产出比的三期滞后值显著降低了银行体系的稳定性。杨磊（2017）根据宏观经济与系统性风险的关系，得出宏观经济变量的异常波动会通过各银行的偿付能力间接影响银行间风险的传染速度，具体而言，国内生产总值、货币供应量指标的上升有利于放缓风险传染的速度，而贷款利率、居民消费价格指数、国房景气指数指标的上升则会加快系统性风险的传染。

（3）政策制度对商业银行系统性风险传染的影响。张晓（2015）认为货币供给及利率调控等由货币政策主导的措施会通过影响商业银行储户的行为偏好引发商业银行系统性风险的传染，另外，商业银行系统性风险的传染效应也会由于金融监管体制和措施的不完善而加剧。陈晓莉和成硕（2021）研究发现中国银行间风险传染呈周期性波动，在周期上行阶段央行需实施更紧缩的贷款价值比（LTV）政策才能有效控制银行间的风险传染，资产规模较大的银行风险传染较低且对贷款价值比政策更敏感。此外，李洋等（2021）构建的金融机构风险传染网络显示，金融机构的风险传染性及其本身的脆弱性均会随着经济政策不确定性的增大而提高。

2. 在商业银行内部因素方面

学者们也做出了丰富的研究。第一，非利息收入因素。琼格等（Jonghe et al.，2015）的结论指出通过提高非利息收入可以分散大型银行系统性风险，而在小型银行中这种方法没有显著效果。李雯（2018）以我国商业银行为研究对象，同样得出银行类型、资产规模以及非利息收入占比都会影响商业银行风险感染的难易程度，并且非利息收入占比的提高能够降低受风险感染的概率。第二，银行杠杆率因素。盖伦和金特里（Gahlon and Gentry，1982）认为商业银行的个体风险与风险在该群体内的传播都因其杠杆率的增加而增加，并最终加剧银行业系统风险。王兆成（2021）认为国民经济各部门风险水平随着杠杆率的加大而提升，此外系统性风险也会通过股权与债权两种方式在国民经济部门间传染。刘志洋和马亚娜（2021）对降低商业银行的传染风险提出了三种解决方案，即提升资本充足率、提高流动性覆盖率和减小杠杆率。第三，资本规模因素。威尔斯（Wells，2002）研究了英国银行间同业拆借的市场案例，认为银行间大规模的传染效应会由于一定规模银行的倒闭而产生。然而阿查里雅（Acharay，2007）的结论与之相反，认为规模较小的商业银行受到冲击所引发的集体道德风险及"羊群效应"会导致其倒闭的损失和传染效应加剧银行危机。丁慧等（2020）的研究支撑了这一结论，认为资产规模较小的银行具有更大的风险传染效应。第四，资产质量因素。邓文等（2012）指出乘数放大效应在我国商业银行风险传染过程中具有显著影响，一级资本及其损失率是我国商业银行风险承担水平的重要影响因素。尼尔等（Nier et al.，2007）构建的银行系统网络模型显示，银行资本充足率与其吸收损失和抗风险传染的能力呈正相关的非线性关系。王珂（2021）指出系统性风险传染速度会随着不良贷款率和贷款集中度的提高而增加，也会随着资本的积累而减弱。

（二）利率市场化背景下商业银行系统性风险的传染渠道研究

国外学者基于银行间市场、支付结算系统和信息溢出三个渠道，研究商业银行系统性风险在利率市场化背景下的传染渠道。

1. 对于银行间市场传染渠道的研究

现有文献主要从以下两个角度展开。

（1）银行间业务往来渠道。耶尔等（Iyer et al.，2005）研究了银行间市场风险传染在印度的特征，发现银行资产负债表之间的信用连接在一定程度上影响银行的风险传染。另外，银行间市场交易等也会在某种程度上扩大系统性危机。阿尔达索罗和法亚（Aldasoro and Faia，2015）给出了相似的结论，即由于银行间相互借贷而导致资产负债网络产生联系，该交叉网络助长了银行间风险的传染。基于此，尼尔等（Nier et al.，2007）提出了解决办法，将各银行的资产负债表与银行间金融链结合，并通过分析相关参数来构建合适的金融系统网络以控制系统性风险。国内学者也针对银行间业务对风险传染的影响进行了研究。刘畅（2018）认为与资产负债表高度关联的业务往来为风险传染提供了渠道。陈亚男（2021）认为不断扩大的交易规模会涉及多个市场和金融机构的关联风险，该行为为系统风险提供了传播途径。

（2）银行网络结构特征与系统性风险传染的研究。部分学者以银行网络结构的静态特征为切入点研究系统性风险的传播渠道。国外学者艾伦和盖尔（Allen and Gale，2000）通过多个简单的网络结构证明了在面临系统性风险时，完全联通的网络更加稳定。瓦茨（Watts，2002）的研究指出，银行网络结构的复杂化和稠密化提升了稳定性。因此，稀疏的网络结构下，风险传染受到各节点联通程度的影响较大，随着网络结构稠密性增加，风险传染的影响因素转变为银行个体的稳定性。隋聪等（2014）基于银行网络集中度研究了违约传染和系统性风险。结果显示，同一个银行网络中，网络集中度越高，由于风险传染而倒闭的银行越多。李守伟等（2019）构建了 16 家上市银行的网络，结论显示网络结构特征度中心性虽然加剧了系统性金融风险，但不会造成风险的溢出。然而银行间的市场网络结构是动态的（Iori et al.，2008），且其形成过程也为银行业风险传染提供了渠道。李智和牛晓健（2017）根据银行经营行为构建内生网络模型，探讨了风险在银行间传染的影响因素，包括流动性冲击规模、银行投资规模和投资收益波动等。

2. 在支付结算渠道方面

一部分学者认为系统支付会传播系统风险（Diamond and Dybvig，1983；Adrian and Shin，2008）。国内大量学者在利率市场化背景下开展支付结算系统对系统性风险的影响研究。支付系统是一种金融安排，用于债权实现、债务偿付及资金转移。我国的支付系统以中国人民银行大额支付系统和银行业金融机构行业支付系统为主导。尽管统一结算体系为银行间资金结算提供了技术支持，但由此形成的债权债务网络也成为风险传染的途径（刘晗，2020；杨磊，2017）。因此，银行作为支付结算的中介机构，从支付结算渠道的视角分析银行间的风险传染具有合理性。还有部分学者探讨了商业银行支付结算的不同风险类型。刘晟（2018）构建了商业银行支付结算业务的风险体系，指出其外部风险主要源于目前我国相关法律法规尚不完善、行业风险不确定性较为突出、信用体系建设不健全、公众缺乏信用意识、实体经济日渐下行等因素；而内部风险主要在于银行自身未全面意识到其支付结算业务的风险。何奕等（2019）提出，大额支付系统是一项重要的金融基础设施，各金融机构依托于此形成了关联紧密、复杂的金融网络。在中国当前的大额支付系统中，系统性风险的主要来源是以超短期流动性风险为代表的流动性风险。卢礼峰

（2020）认为，机构支付结算的延迟是信用风险和流动性风险的潜在诱因，并逐渐传染到与该机构有业务关系的其他机构组织中，进而引发系统性风险并导致支付系统瘫痪。此外，对于商业银行支付结算风险的防范，孙茹亭（2019）基于互联网背景，分别从国家、银行以及个人三个角度对内部控制提出建议，研究认为国家应尽快出台相关法律法规，保障用户互联网支付的安全；银行应加快落实国家政策，完善自身规章制度，对客户信用等级、资产状况等指标进行充分把控；银行业从业人员应提高综合素质，不仅要熟悉掌握专业知识，还应注重学习互联网技术知识，提高其在操作过程中的准确性与高效性。刘立新（2019）指出，为保证商业银行支付结算的安全性，要加大银行对于科技的重视程度，积极引进技术人才，不断增加对移动支付平台的研发资金投入。

3. 信息溢出渠道

信息溢出渠道是一种间接传染渠道，即风险在机构之间的传染不是由于实际业务的联系而是因为信息不对称造成的，业内学者主要从信息不对称理论和"羊群效应"两个方面开展对信息溢出渠道的分析。

（1）根据信息不对称理论，戴蒙德和荻伯威格（Diamond and Dybvig，1983）通过银行挤兑模型（DD 模型）说明在信息不对称和风险传染的条件下，银行的挤兑会引起客户恐慌。科多尔（Kodres，2002）分析了银行系统性风险产生的原因是储户挤兑引发的银行网络间风险传染。国内学者周丽莉和丁东洋（2010）发现风险的传染可能会因存款者的信息不对称和市场结构的不完全而引发。张晓（2015）认为当商业银行的某一项指标显示其流动性出现隐患时，存款人会出于对银行信息的不了解和对其他同规模商业银行能力的质疑而取出并持有本金，在这种情况下信息不对称因素会加剧风险在银行中的传染。卢礼峰（2020）以市场上大多数投资者厌恶风险为假设，得出了同样的结论，即当一家或多家银行陷入困境时，投资者不愿承担甄别经营状况不同银行的成本，进而选择变现资产以保证资金安全性，商业银行因此将会由于流动性的不断降低而倒闭，最终产生系统性风险。

（2）基于"羊群效应"的分析。金和瓦德哈尼（King and Wadhwani，1990）构建模型以获得跨市场收益率和波动率的信息，依托于该模型得出了跨市场股市相关性中与经济理论不符合的部分，同时，该模型显示在国际市场中，信息会在某一国家的股市受到负面冲击时传播。申克曼和熊（Scheinkman and Xiong，2003）从有限关注理论（limited attention）出发，认为投资者的关注度与股票规模、股票交易活跃度呈显著的正相关，因此这类股票更可能导致"羊群行为"的产生，少量的新信息便会产生信息瀑布和大量的跟风交易。刘晗（2020）发现该渠道的作用在"羊群效应"的影响下被扩大，使风险在非信贷业务交互网络中的银行间传染，从而诱发整个银行业的危机。刘晓欣和张坷坷（2021）认为由于金融市场自身的信息不对称性及参与者的有限理性，这种信息与行为之间的正反馈机制极易引发"羊群效应"，使得各国资产价格迅速开始产生相似的波动，从而加剧金融体系脆弱性。

（三）文献评述

综观国内外现有文献，目前学者们对系统性风险的传染机制展开了丰富的研究。国内外学者对系统性风险传染过程的影响因素分析主要包括宏观层面因素和银行内部因素两个方面；学者们主要通过银行间市场渠道、支付结算渠道和信息溢出渠道三个方面研究商业银行系统性风险的传染渠道。本书通过对已有文献的梳理发现：首先，商业银行系统性风险的成因、传播等较为复杂，国内外学者尚未建立成系统的风险传染效应研究。其次，利率市场化改革引起的宏观层面波动属于"冲击"过程，而商业银行系统性风险则是源于单个商业银行风险的"传染"，已有研究基本忽略了二者之间的差异和联系。最后，在同业业务凭借强大的流动能力为我国同业市场带来了前所未有的繁荣的同时，也易引发银行间金融领域的系统性风险，对其稳定健康发展产生隐患，然而鲜有文献结合国家宏观调控，深入研究银行间业务对系统性风险传染的影响。

鉴于此，本书以我国利率市场化改革为背景，围绕银行同业业务，从同业市场、银行共同资产和支付结算三个视角对系统性风险的传染路径进行梳理，建立更详细的同业市场违约传染与银行系统风险的研究框架，深入分析中央银行在整个银行体系中的作用，并运用资产负债表数据和模拟方法，结合央行的宏观调控研究在同业拆借市场网络模型下商业银行系统性风险的传导机制，为商业银行系统性风险的防范和监管提出实质性建议。

五、国内外研究述评

通过上述文献可以发现，国内外学者对利率市场化背景下商业银行系统性风险的研究分为两个层面。一是探讨利率改革给商业银行及商业银行具体业务带来的风险，学者们主要针对商业银行面临的不同种类风险进行研究，现有关于商业银行具体业务的风险研究，学者们主要从利率市场化如何通过各种业务诱发商业银行风险这一角度展开论述。二是对商业银行系统性风险的研究，包括系统性风险在利率市场化背景下的诱发机制、冲击效应和传染机制研究。目前国内学者对商业银行系统性风险已做出丰富的研究，但仍存在以下不足：

（1）现有学者主要关注利率市场化进程中商业银行单一风险的变化及某一方面具体业务的风险，系统性不足，且对不同类型的风险及具体业务与系统性风险之间的关系缺乏深入探究。

（2）目前有关商业银行系统性风险的诱导因素的研究，大多从单个因素入手，缺乏全面性。并且目前有关利率市场化进程中商业银行面临的系统性风险的变化趋势仍未得出一致的结论。此外，现有文献关于利率改革如何诱发商业银行系统性风险的研究也未形成完整且具有综合性的证据链，相关因素与机制仍有待深入探究。

（3）目前少有学者对各个市场中利率市场化改革给商业银行系统性风险带来的冲击进行实证分析，缺乏一定的数据支撑。并且已有研究基本忽略了利率市场化改革对商业银行系统性风险的"冲击"与商业银行间风险"传染"的差异。

（4）商业银行系统性风险具有复杂性，国内外学者尚未就风险的传染效应研究形成体系。并且鲜有文献结合国家宏观调控，对系统性风险传染的影响因素进行研究。

因此，本书以我国利率市场化改革为背景，考虑了央行宏观调控行为，并运用资产负债表数据和模拟方法，结合央行的宏观调控研究在同业拆借市场网络模型下商业银行系统性风险的传导机制，以期为我国利率市场化背景下，商业银行加强自身建设，有效防范系统性风险提建议。

第三节　研究思路方法及主要内容

一、研究思路

本书主要思路如下：以利率市场化对商业银行系统性风险的影响为"切

入点"；从横向和纵向"两个维度"研究利率市场化对商业银行系统性风险的诱发机制，揭开利率市场化诱发商业银行系统性风险的"黑箱过程"；从"冲击"和"传染"的"两个阶段"探讨系统性风险的传染路径和作用机制，最后提出预警防控商业银行系统性风险的对策建议。

本书总体框架的构想如图1.1所示。

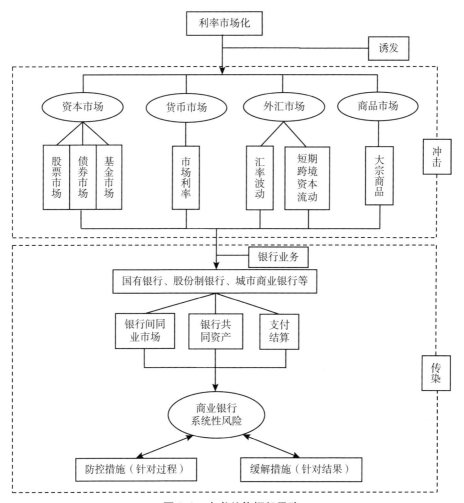

图1.1　本书总体框架思路

二、研究方法

(一) 文献归纳法

文献归纳法主要用于通过文献搜集整理，了解国内外商业银行系统性风险的发展情况，指出我国商业银行系统性风险管理存在的问题，系统梳理国内外关于商业银行系统性风险影响因素的研究成果，分析我国商业银行系统性风险影响因素的新特点。同时，在查阅相关文献的基础上，结合国外利率市场化改革的实践经历，回顾我国利率市场化改革进程，指出我国利率市场化改革的新特点和新问题，分析改革发展的趋势，有效提出预警防控的措施建议。

(二) 理论演绎法

理论演绎法主要用于对利率市场化与商业银行系统性风险的相关研究进行梳理和提炼，形成具有一定可操作性的假设和理论模型，如中介效应模型、冲击效应模型和传染效应模型等。

(三) 相关性分析法、因子分析法

相关性分析法、因子分析法主要用于对诱发商业银行系统性风险影响因素分析和不同类型商业银行系统性风险贡献度差异的比较。从横向和纵向两个维度研究利率市场化诱发商业银行系统性风险的机制，揭开利率市场化诱发系统性风险的"黑箱过程"。构建商业银行风险贡献度评价模型，对不同类型商业银行系统性风险的贡献度及其差异进行比较分析，为制定更具针对性的商业银行系统性风险防控措施做铺垫。

(四) 案例分析法

案例分析法主要用于系统性风险的诱发机制、冲击及传染路径和作用机制的验证及微观分析。通过案例研究明确"利率市场化诱发商业银行风险"的逻辑链，将利率市场化改革的阶段性特征与系统性风险的诱发因素有机结合，重点考察利率市场化不同阶段下微观主体风险特征的变化。根据不同类

型、不同规模和不同系统重要性商业银行的实际情况，对利率市场化改革带来的系统性风险的"冲击"和"传染"路径进行准确刻画。

三、研究的主要内容

第一章，导论。本章描述了本书的主要轮廓，阐述了本书的研究背景、研究意义，介绍了国内外利率市场化与商业银行系统性风险的文献，指出了本书的总体框架、主要内容以及研究思路与研究方法。

第二章，商业银行系统性风险管理理论分析。首先，本章从定义、特性、表现形式、影响因素、风险溢出五个方面界定了商业银行系统性风险的基本内涵。其次，本章介绍了两种商业银行系统性风险的识别思路与量化方法。最后，本章基于金融脆弱性与金融不稳定理论、信息经济学理论、金融网络及传染理论、资产价格波动理论、经济监管理论和审慎监管理论分析了商业银行系统性风险的相关理论基础。

第三章，我国利率市场化进程与商业银行系统性风险。首先，本章介绍了利率市场化的相关理论以及国外商业银行系统性风险管理实践。其次，回顾了我国利率市场化的进程及特点并对中国利率市场化改革相对滞后的原因做出了解释。并在此基础上，综合了国内外相关学者对于商业银行系统性风险的现有研究，指出目前研究系统性风险方面的学者应着重研究的主要方向。再其次，根据利率市场化发展过程，将其分为起步阶段、稳步推进阶段、加速发展阶段、完全市场化阶段对我国商业银行体系运行平稳性进行分析。最后，对我国商业银行系统性风险的影响因素进行分析，并在此基础上，构建了系统性风险的测度模型，提出了我国系统重要性商业银行评估分析。

第四章，利率市场化背景下我国商业银行系统性风险的诱发机制，是本书的核心章节之一。本章分别从横向和纵向两个视角来探讨利率市场化背景下我国商业银行系统性风险的诱发机制。在横向研究中，首先，按照风险产生原因，将商业银行风险分为信用风险、利率风险、操作风险、流动性风险和经营风险；其次，基于银行风险异质性角度，采用中介效应探讨利率市场化如何基于上述五种风险诱发商业银行的系统性风险；最后，亦采用链式中介效应进一步探讨利率市场化如何从资产业务、负债业务以及中间业务视角出发，再基于上述五种风险诱发商业银行的系统性风险。在纵向研究中，将利率市场化划分为贷款利率市场化和存款利率市场化两个不同阶段，分别探讨在不同阶段，不同类型商业银行系统性风险的诱发机制，着重分析其差异性。

第五章，利率市场化背景下商业银行系统性风险的冲击效应研究，是本书的核心章节之一。首先，本章就利率市场化对商业银行系统性风险的冲击效应从资本市场、货币市场、外汇市场及商品市场角度进行理论分析。其次，通过建立利率市场化指数和商业银行系统性风险测量指标体系，采用脉冲响应函数分析利率市场化背景下资本市场、货币市场、外汇市场、商品市场与商业银行系统性风险的关系。最后，以实证结果为基础，总结结论并分别提出建议。

第六章，利率市场化背景下商业银行系统性风险的传染路径，是本书的核心章节之一。首先，本章分别从银行间同业市场、银行共同资产、支付结算的三个视角，对商业银行系统性风险的传染路径进行理论分析。其次，将中央银行的行为纳入银行间拆借市场的网络模型中，通过构建模型、实验模拟研究中央银行行动对银行业系统性风险的影响，研究银行间主体的行为如何影响银行的风险传染。最后，根据实验和数据结果得出结论及提出相应建议。

第七章，利率市场化背景下我国商业银行加强系统性风险防范的措施。首先，本章介绍了五种措施，包括：加强商业银行自身管理建设，加强内控合规管理建设、提高全面风险管理能力，完善商业银行"三道防线"协同机制、加强风险预警监测，扩大提高客户黏性、重视多元化发展，加强资产负债管理、增强综合经营能力，不同类型商业银行精确市场定位、实施差异化发展路线。其次，进一步提出了加强商业银行系统性风险外部监督机制建设的四个建议，包括：加强系统内重要商业银行风险监测评估，化解顺周期负面影响、实施多种逆周期调节措施，加强商业银行法制监管建设，健全完善商业银行外部监管体系。

第四节　研究的创新点

第一，全面深入地探讨了我国商业银行系统性风险影响因素的新特点。在整合现有研究的基础上，发现当前研究都认为利率市场化是银行业危机的重要诱发因素，同时能够提高系统性风险水平。本书将进一步做出创新性研判，即利率市场化背景下商业银行系统性风险将会受到何种影响？该种影响是否存在个体差异性？以及我国商业银行系统性风险的诱发因素有哪些新特点？具体而言，将通过理论与计量模型的建立从宏观经济变量和微观财务指标两个方面明确我国商业银行系统性风险的影响因素，对中国特色的金融市场下商业银行系统性风险影响因素的新特点和作用机制进行了深入探讨。

第二，从横向和纵向两个维度探讨利率市场化背景下商业银行风险的诱发机制。通过对国内外研究的梳理发现，现有研究多局限于"利率市场化—经营业务—经营风险"的单一逻辑。其中，国外研究主要强调利率市场化的长效后果，国内研究多限于某一方面具体业务的风险影响，这种研究思路与逻辑会导致所研究风险的系统性不足，而且对于利率市场化进程中的风险诱发机制研究较少。因此，本书针对现有研究的盲区和我国利率市场化改革的特点，从不同风险维度全面深入地研究利率市场化对商业银行系统性风险的诱发机制。首先，将此逻辑横向拓展至"不同规模与类型的商业银行"以及"商业银行面临的不同风险与业务"，并进一步检验了是否存在风险异质性；其次，纵向延伸至利率市场化如何从银行业务视角引发银行风险，再基于银行风险诱发商业银行的系统性风险。为利率市场化对系统性风险的诱发机制分析提供了完整而又清晰的思路。

第三，研究分析利率市场化背景下不同类型商业银行系统性风险传染路径及其差异。现有研究对利率市场化改革导致整个商业银行系统性风险的具体传染和作用机制探讨得较少。事实上，利率市场化改革引起的宏观层面波动属于"冲击"过程，而商业银行系统性风险则是源于单个商业银行风险的"传染"，已有研究基本忽略了二者之间的差异和联系。因此，本书基于系统性风险传染的有形渠道和无形渠道，对系统性风险的传染路径进行探究，不仅考虑到不同传染路径的差异性和重叠性，还研究了利率市场化通过银行业网络对系统性风险传染的影响。同时，本书首次对不同类型商业银行的系统性风险的传染路径进行了全面的分析和对比。

第四，构建利率市场化背景下商业银行系统性风险的预警指标体系，并提出防控商业银行系统性风险的创新型建议。本书基于"风险含义广泛化－评估视角开放化－评估指标系统化"的思路，设计了包含"国际冲击风险－银行系统脆弱性－经济增长方式风险－证券市场风险－经济运行稳健性"五个分析维度以及包括 18 个评价指标在内的商业银行系统性风险评估指标体系。采取从低阶到高阶的顺序对各级指标进行风险阈值划分，确定各层级的风险等级，设计从低到高的"多层级风险预警机制"，采用主成分分析法得出我国商业银行系统性风险综合水平演化进程。在学理上丰富了商业银行系统性风险测度的方法，为今后的研究奠定了较全面的基础，且针对风险防控从系统性风险的演绎过程出发，提出具有前瞻性的建议。

第二章

商业银行系统性风险管理理论分析

第一节　商业银行系统性风险的基本内涵

一、系统性风险的定义和特性

（一）系统性风险的定义

商业银行系统性风险这一问题向来是众多学者关注的焦点和重点，但对其内涵目前尚未形成统一明确的界定，国内外相关学者对于商业银行系统性风险的内涵界定持有以下观点。

威廉·夏普于 1964 年首次提出系统性风险的含义，即在金融市场中那些不能通过分散投资来降低的风险，政治方面的波动、经济的不稳定和制度的不完善都是引发系统性风险的重要因素，并指出系统性风险一旦爆发，很可能会影响整个市场。从危害范围角度来看，相关学者认为银行系统性风险波及范围较广，几乎能对国民经济整体产生巨大的负面影响。肖恩马克（Schoenmaker，1998）认为银行系统性风险是相互联系的银行之间的传染风险，即因个别或几家银行出现财务方面的问题由外部效应传染给其他银行，甚至造成整个银行业的危机。考夫曼和斯科特（Kaufman and Scott，2003）认为由于全球各国整体经济形势大致相同，若银行系统性风险爆发，则表现为全球各国将共同面临这一风险，共同承担风险所带来的后果。从风险传染的角度，指某突发事件在一系列相关机构甚至整个系统中产生连续损失的可能。范小云（2006）认为银行系统性风险是由触发事件所引起的对银行业较大规模冲击，使得个别机构或市场的第二轮传导甚至整个金融体系和实体经济遭受其可能带来的损失。哈特和辛格勒斯（Hart and Zingales，2009）认为银行系统性风险是由于个别机构倒闭而造成银行系统其他机构倒闭，从而影响实体经济而产生的风险；从资源配置这一角度，则是指由于诱发因素的产生，信息在金融体系的传输受到干扰，使得金融机构不能实时有效地对相关业务进行处理。国际货币基金组织等（IMF et al.，2011）认为银行系统性风险是由于风险的冲击使得金融市场遭受损失从而造成金融体系实体经济中断的风险。朱元倩和苗雨峰（2012）在对学者观点进行总结的基础上，认为银行系统性风险是由某诱发因素引起的，在银行业内传染蔓延的不确定性。

基于近年来国内外相关学者关于银行系统性风险界定的主要观点，本书认为，商业银行系统性风险是指由于特殊事件的发生，例如，政策的变动、经济周期、利率和汇率的波动等，使得金融机构发生剧烈波动甚至瘫痪，遭受其可能带来的连续损失，且这种风险不能通过分散投资来降低，从而对实体经济产生一系列的影响。

（二）系统性风险的特性

商业银行系统性风险除了单个金融机构具有的一般风险特征之外，还可能会使得实体经济损失或其不确定性增加，甚至会导致整个金融体系信心崩溃。商业银行系统性风险的特征突出表现为：

1. 传染性

作为商业银行系统性风险最为本质的特征，传染性是与其他风险最主要的区别（李冬雪，2015）。银行机构同质化、金融自由化以及银行业务多元化促使各银行间形成了密切的关系。金融机构之间、金融机构与非金融机构之间、国内银行机构与国际银行机构之间的联系日益增强。如若其中的一个部门或环节出现问题，则相应的风险容易在相关联的银行机构内传染。除此之外，商业银行之间的同业拆借行为对自身风险转移起到了一定的作用，但由于商业银行之间业务上的联系，持有同质化的金融产品，使得风险更容易传递给其他银行（孙金蕾，2014）。因此，如果商业银行未采取强有力的防范措施，一旦金融体系中的某家银行出了差错，则很容易对其他关联银行产生影响，从而影响整个金融体系，甚至导致其崩溃。

2. 负外部性

系统性风险在一定程度上是由于单个金融机构强加给全社会超出其实际价值而形成，具体表现为风险溢出性和传染性，即商业银行系统性风险的负外部性（赵进文，2005）。在一般情况下，商业银行系统性风险的发生可能会导致整个银行系统的功能受到损害，例如，支付功能出现问题、信贷职能无法有效配置等。伴随着全球经济一体化的深入发展、跨国投资的频繁、国际贸易的加强、跨国银行的投资与发展，世界各国之间的金融经济关系日益密切，商业银行易受到外部环境变化的影响，其系统性风险传染不仅波及一国的金融经济领域，而且有可能波及其他国家（张志波，2007）。与此同时，随着当今金融方面的结构性变革和现代交易方式的便捷化，金融衍生产品有所创新，进一步提高了外部性成本，同时为信息传播和风险溢出提供了便利的渠道。

3. 风险与收益不对称性

一般来说，风险与收益是对称的，高风险与高收益相对应，然而对于系统性风险来说并非如此，风险与收益的不对称性恰恰是银行系统性风险的显著特征（谭盛中，2008）。当银行因为某个决策而受益时，仅仅是单个银行得到收益，尽管社会总收入增加，但其收益并未产生递增的效应，然而当银行系统处于风险中时，系统性风险的传染则出现交替态势，对所有机构和市场都产生威胁，损失可能将波及整个金融体系甚至国民经济，这就相当于风险被扩大了许多倍，如金融衍生产品。虽然对系统性风险来说，风险与收益呈不对称关系，但这种系统性风险是市场调节和固有经济规律的一种表现形式。对于经济方面来说，商业银行系统性风险表现出一定的纠错能力，然而这种纠错能力的成本远高出其收益，如果投资机构对当时的金融市场不抱乐观的态度，将现有流动性支持撤回，则可能引发流动性不足的后果甚至导致厂商倒闭，进而产生"多米诺骨牌效应"，市场信心降低，甚至造成国民经济财富的巨大流失，从而使得实体经济的实际效率明显降低，对实体经济造成损失（杜勇强，2014）。

二、商业银行系统性风险的表现形式

（一）银行挤兑

商业银行的系统性风险具有较为鲜明的传染性。其中，以银行挤兑为代表的流动性风险及其传染机制最为强烈。关于银行挤兑的理论研究学术界主要形成了两个方向。第一类是基于恐慌的银行挤兑，主要以戴蒙德（Diamond）和戴伯维格（Dybvig）的 DD 模型为代表，认为银行挤兑所受因素并不固定。DD 模型假定存在一种无风险技术，在银行合约可以有效分担风险的前提下，为银行储户提供流动性保障的同时，依然能够引致高昂的挤兑恐慌。具体而言主要有两个纳什均衡：一是仅有储户合作但没有银行挤兑的高效率均衡；二是储户合作失败导致银行挤兑发生的低效率纳什均衡。第二类是基于信息不对称的银行挤兑，主要是以杰克林（Jacklin）和哈塔洽亚（Bhattacharya）的 JB 模型为代表。JB 模型假定存在一种无风险的短期技术和有风险的长期技术，由于银行不能准确地抓住储户的流动性需求，而储户亦不知道银行资产的具体情况，一旦出现储户不信任银行的情况，这部分储户极有可能选择参与银行挤兑。

（二）资产价格下降

对于银行业来说，主要存在"宏观经济外部冲击"和"自身经营脆弱性"两类不确定因素，甚至会在引发个别银行倒闭再导致风险在银行体系内部传染等风险，进而形成系统性风险并对实体经济造成巨大冲击。商业银行受系统性风险的影响，可能会失去偿付能力以至信贷规模下降，从而引发挤兑现象，是银行的流动性需求加剧，在利率上升的同时，资产组合价格下跌。此外，由上述因素导致的出现较大资产损失的银行，会出现资本达不到资本充足率监管要求，从而被迫变现扰乱了整个金融市场，带来资产价格的下降并引起资产交易市场失灵。在存款保险制度并不完善的国家，失去偿付能力的商业银行会冻结大多数存款，对国内居民消费形成一定的冲击，与此同时，银行储户和其他银行股东的损失将会使得危机从银行蔓延至整个金融行业甚至实体业，从而引致经济萧条。

（三）货币贬值

当银行出现较为严重的资产价格泡沫时，绝大多数储户会转移其在该银行的资产至他们认为更安全的本地银行、外资银行甚至国外银行。进一步来看，当市场对于政府提供存款担保能力出现质疑时，投资者会更多更快地将资金转移至国外，这种资本外流在一定程度上会引发货币贬值，在此种情境下，政府就会动用外汇储备加以政策干预，从而引致外汇储备流失。更为严重的是，外汇储备的快速流失会降低救助本国金融机构的能力，同时降低储户的信心，再次加剧资本外流从而形成恶性循环。

（四）债务危机

国家公共债务危机上升的主要原因是政府部门对于危机下商业银行的扶持，此时的银行债务变向为政府债务，因此政府的或有负债也相应出现一定程度的增加。坎德院和帕姆（Candelon and Palm，2010）认为银行危机可能通过以下四个渠道转化成主权债务危机：第一，政府直接对银行进行救助，造成公共债务上升；第二，政府通过资产负债表的表外操作进行援助；第三，银行危机带来的实体经济下滑减少了政府税收收入，但政府开支却需要相应增长（如失业救济或刺激总需求的措施），换言之，自动稳定器发挥作用的同时也加剧了财政赤字；第四，银行危机使得金融机构的资产遭受损失，从而降低了这些机构对公共债务的投资需求使得政府不得不更依赖于国际债券市场融资，这一方面增加了对外债务，另一方面也可能带来更高的风险溢价。

政府公共债务的上升可能会导致政府无力偿还债务或拖欠债务，这种偿付能力的丧失会严重削弱公众对社会可持续发展的信心，尤其是出现资本外逃的情形后，金融机构资产大幅缩水，社会发展力严重减弱。

三、商业银行系统性风险的影响因素

（一）宏观因素

本书将宏观因素主要总结为：GDP 增长率、通货膨胀率、固定资产增长率、M2 供应量、汇率以及利率等。

1. GDP 增长率

在经济回暖与繁荣期，经济前景的向好态势以及预期的高收益率使整体社会投资热情高涨，消费需求旺盛，信贷信心充足，进而促使企业利润增加，商业银行的坏账率降低，系统性风险随之减小；在经济衰退与萧条期，公众普遍的悲观预期减少了社会对资金的需求，投资萎缩，消费低迷，经济活动普遍处于停滞不前甚至倒退的状态，企业利润减少，商业银行被迫承担更多的违约风险，系统性风险随之增加（朱湘平，2016）。但 GDP 增长率的上升蕴含着一定程度的危险以及不寻常，可能反而会导致系统性风险的上升（董青马，2008），例如，当资源无法承受经济的迅猛发展之时，就会出现因原材料供应不足而发生的涨价，原材料价格的上涨进一步推动了物价的走高，于是出现经济过热现象，这容易滋生大量泡沫，导致银行系统性风险的发生。

2. 通货膨胀率

通货膨胀对商业银行系统性风险的影响是多维且复杂的。首先，通货膨胀直接作用于实体经济，通货膨胀率的上升增加了劳动力和原材料成本，并且由于"价格粘性"，企业无法及时转嫁生产成本，成本的增加导致企业利润减少；其次，在通货膨胀的背景下，存款资金的报酬率相对降低，引发"存款搬家"现象。银行为追求利润最大化，在可贷资金减少的情况下，可能采取风险追求的经营策略；最后，"搬家"的存款大部分流向资本市场进行投机性活动，易大幅抬高资产价格，出现资产泡沫现象。这些现象的存在均说明通货膨胀与系统性风险间存在正向关系（管培丽，2012）。但适度的通货膨胀有益于发展经济（李星敏，2015）。

3. 固定资产增长率

在我国，固定资产投资资金主要来自商业银行的贷款，因此固定资产增长率在很大程度上反映了商业银行信贷投资规模的增长速度，它能够在一定程度上拉动经济增长。过高的固定资产增长率会增加经济泡沫发生的可能性，进而导致银行系统性风险（李星敏，2015）；而适度的固定资产增长率表明经济正处于回暖或繁荣期，系统性风险降低。

4. M2 供应量

M2 的供应量保持在可使经济处于温和的通货膨胀中有益于经济发展。而 M2 的过度供给不仅会增加存款资金也会增加商业银行的不良贷款率，当整体社会的信用链发生断裂时，会引发金融秩序混乱（管培丽，2012）。戴月倩（2016）则基于自适应 Lasso 的变量选择方法，认为 M2 与系统性风险的相关性不强。

5. 汇率

在世界经济一体化的背景下，实体经济与虚拟经济的交叉融合以及国际资本市场的竞争加剧，使得商业银行面临的风险增加。为追求自身利益，商业银行拓展其业务范围，积极建立国际业务合作关系。在商业银行经营外汇业务的同时，因外币币种、存贷款金额及外币存贷款时间等方面的不一致，使得商业银行面临较大的风险暴露。若商业银行未选择合适的保值方法，汇率的大幅波动会影响商业银行的利益，使其遭受汇率风险（李淑锦和毛晓婷，2014）。具体形成机制如图 2.1 所示。

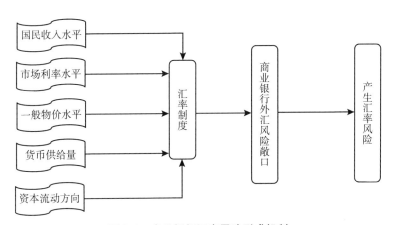

图 2.1　商业银行汇率风险形成机制

6. 利率

自 20 世纪八九十年代以来，很多国家开始着手于利率市场化改革。利率市场化有助于促进金融创新，但在推进利率市场化的进程中常伴随金融体系的不稳定，因此其常被认作是商业银行系统性风险的重要来源（Stiglitz，1994；Kaminsky and Reinhart，1999）。大量的实证研究表明，利率市场化会提高商业银行系统性风险发生的可能性（Noy，2004）。

（1）利率市场化会增加商业银行的利率风险。在市场化的金融体系中，利率是由市场决定的，它可能比受到管制时波动幅度更大，利率越不稳定银行体系可能就越脆弱（Demirgüc-Kunt and Detragiache，1999）。取消存款利率上限后，银行为争夺存款资金可能会竞相抬高存款利率，在短期内会迅速提高其利息成本，减少商业银行的收入与利润。商业银行若不能及时调整自身的收入结构，就可能会亏损甚至破产清算（Freixas and Rochet，1997）。

（2）利率市场化会增加商业银行的信用风险。斯蒂格利茨和韦斯（Stiglitz and Weiss，1981）指出，利率的上升可能会激发"逆向选择效应"和"风险激励效应"，前者是指更多风险偏好的借款人成为银行客户，后者是指风险厌恶的抵补性借款人开始从事更高风险的项目，两种效应都降低了商业银行的资产质量和贷款的信用质量。

（3）利率市场化会增加商业银行的经营风险。当前，利差是我国商业银行的主要收入，在利率市场化的背景下，市场竞争加剧导致的高利差消失削弱了银行的盈利能力，利润的降低也就不可能保持现有的高拨备，这会导致一些银行高息揽存，追求高回报项目，不仅加大了银行的经营风险（Demirgüc-Kunt and Detragiache，1999），也破坏了及金融秩序。

（4）利率市场化会增加商业银行的监管风险。在利率市场化改革之后，过去强制实行的审慎监管不再行得通（Noy，2004），并且监管者缺少利率市场化后必需的技术能力和经验知识，其监管效率也会下降（Peria and Schmukler，2001；Nier and Baumann，2006），因此市场化后的监管无力在一定程度上会导致银行危机（Noy，2004）。

综上所述，由图2.2显示利率市场化将会从利率风险、信用风险、经营风险、监管风险等多个方面增加银行的风险，上述的任一种风险都有可能导致银行破产清算。特别是规模较小的银行，很有可能因为利率市场化后缺乏

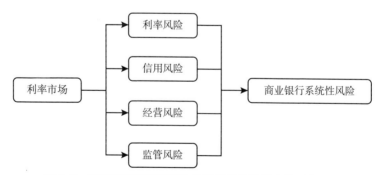

图 2.2　利率市场化背景下商业银行系统性风险的形成机制

与大银行竞争的实力而破产。一旦出现一家或几家银行倒闭，风险便可通过金融网络在银行机构间传染，引起整个银行业动荡。

（二）行业因素

本书将行业因素主要分为以下四点：银行业景气指数、银行系统波动率、行业贷款集中度、行业关联度。当银行业的整体经营状况有向好趋势时，公众对银行业信心的增加会在一定程度上减少系统性风险；当银行业的整体经营状况有恶化趋势时，引起公众对银行业信心不足，甚至出现挤提现象，进一步加剧银行业的动荡。银行业景气指数作为央行和国家统计局联合向资本家发送的调查问卷，说明了银行业发展的整体情况，其值越高，系统性风险水平越低（戴月倩，2016）。银行系统波动率作为反映银行体系稳定性的指标，其值越高说明银行体系越不稳定，这将使个体银行暴露于更多的风险中（张天顶和张宇，2017）。行业贷款集中度表明银行业贷款的集中程度，它的值越高意味着相似的金融机构在同一时间面临问题的概率越大并且不利于金融体系分散各方面风险，更易引发系统性风险（刘阳和董俊杰，2015）。行业关联度表明银行机构间的关联程度，它对商业银行系统性风险有正向影响，当银行间的关联程度越高时，意味着各个银行间的业务交叉关系越复杂，风险发生时，可通过金融网络迅速传播到其他银行（BCBS，2013）。

（三）个体因素

个体因素是指具体到每个商业银行的因素，它是影响商业银行系统性风险的关键因素。依据国内外关于商业银行系统性风险影响因素的研究分析，本书总结出以下因素：

1. 资产规模及质量

资产规模是影响商业银行系统性风险的关键因素。通常情况下，银行的资产规模越大，其在金融市场中占据的主导地位越强，可替代性越低，因此当一家规模较大的银行面临财务问题时，会对其他银行造成严重影响，甚至引发整个金融业的动荡（朱湘平，2016）。但范紫晴（2015）指出，资产规模越大意味着银行的抗风险能力越强，面对冲击时能够表现得更为稳定，这能有效降低自身的系统性风险。

不良贷款率、市盈率、贷款资产比均反映了贷款质量，是衡量银行违约风险的重要指标。不良贷款率的上升意味着银行收回贷款的成本增加，当不良贷款率超过一定数值时，会引发银行的系统性风险（王晓芹，2014）。市盈率作为评估股价水平是否合理的重要指标，其值越高意味着投资价值越低，系统性风险越大（戴月倩，2016）。贷款资产比是指贷款占资产的比重，其值越高表示商业银行所承担的违约风险越大，系统性风险也越大（Lopez-Espinosa and Rubia，2013）。

2. 盈利性及收入多样性

商业银行的盈利能力越强，说明其经营效益越好，能够承受更多客户的违约风险，所面临的系统性风险将减弱。资本收益率（ROA）是指银行利用所持资本赚取利润的能力，该指标越大，说明银行经济效益越好，面临的风险越小（管培丽，2014）。净资产收益率（ROE）越高说明投资带来的收益越高，因此它是负向指标。但戴月倩（2016）指出，当季净资产收益率水平提高，会反映在下期降低系统性风险水平中，对当期的系统性风险则有正向作用。净利差收益率越高说明银行在面临冲击时，其良好的内部结构和运营能力能够减少系统性风险的溢出，从而能在一定程度上分散系统性风险（戴月倩，2016）。

目前，对商业银行收入多样性的研究主要关注的是非利息收入部分，商业银行采用混业经营模式来发展非利息收入，以增加收入多样性（吴雨翘，2014），其对系统性风险的影响并未得出统一结果。钟陈和陈苏丽（2012）通过实证分析方法对银行所有权、收入多样性和银行风险三者间的关系进行研究，结果指出国有银行和非国有银行的非利息收入均可显著减少银行风险；布鲁纳迈尔等（Brunnermeier et al.，2012）在以美国商业银行为样本的实证研究中发现非利息收入与系统性风险之间是正向关系；琼河等（Jonghe et al.，2015）则指出非利息收入与系统性风险之间的关系主要取决于国家制度和银行资产规模。

3. 流动性

商业银行的资产流动性越慢，系统性风险发生的可能性越大。存贷比是反映商业银行流动性的关键指标，是商业银行贷款总额与存款总额的比值。存贷比越高，意味着银行资金使用率越高，流动性风险也越大，面临的系统性风险增强，当存贷比过高时，会引发银行的支付危机（李淑锦和毛小婷，2014）。流动性资产比例是衡量商业银行流动性的有效指标，其值越高，商业银行面临风险时的承受能力就越强，产生系统性风险可能损失的值就越低（戴月倩，2016）。

4. 资本充足性

资本充足性是指商业银行的资本应保持在不仅能承受违约风险还能正常运营达到盈利的规模水平，这是衡量一家银行业务经营状况是否稳定的重要指标。它包括两方面的含义：一是所持资本能够承担其涉险资产的风险，也就是当涉险资产的风险变成现实时，银行所持资本可以填补由此产生的损失；二是银行所持资本要适量，若过高会影响其正常的业务经营。资本充足率是衡量银行综合风险的重要指标，其值越高，银行抗风险能力越强，相应的系统性风险发生的概率越低（魏晓琴，2011）。

综上所述，表 2.1 总结了商业银行系统性风险的影响因素。

表 2.1　　　　　　　商业银行系统性风险的影响因素总结

名称1		名称2	与系统性风险的关系
宏观因素		GDP 增长率	正向/负向
		通货膨胀率	正向/负向
		固定投资增长率	正向/负向
		信贷增长率	正向/负向
		M2 供应量	正向/负向
		汇率	正向
		利率	正向
行业因素		银行系统波动率	正向
		银行业景气指数	负向
		资产规模	正向/负向
个体因素	资产规模及质量	不良贷款率	正向
		市盈率	正向
	盈利性及收入多样性	贷款资产比	正向
		资本收益率	负向
		净资产收益率	负向
		净利差收益率	负向
		非利息收入	正向/负向

续表

名称1		名称2	与系统性风险的关系
个体因素	流动性	存贷比	正向
		流动性资产比例	负向
	资本充足性	资本充足率	负向

四、风险溢出与系统性风险

(一) 概念界定

1. 风险溢出

世界银行从广义的角度分析传染作用，是指风险从一个国家传向另一个国家的过程。佩尔科利和斯布拉西亚 (Percolii and Sbracia, 2003) 从两个方面来定义传染作用：一是指其他国家的金融市场会受到某一国家金融市场极端风险的影响；二是指其他的市场会受到某一市场失败的影响。本书将风险溢出效应界定为：一个市场、机构和国家的风险大小不仅受到以时间为纵轴的自身的风险影响，还会受到其他市场、机构或国家的风险传染效应。

2. 银行风险溢出

关于银行间风险溢出效应，本书认为银行风险作为一种特殊的风险应当首先具有风险的共同属性，即不确定性和潜在性等。然而风险是银行经营的固有属性，作为经营货币的特殊企业，银行的日常工作都直接涉及风险的产生和传染。由于银行间复杂的业务合作关系和债权债务关系，银行的自身风险很容易通过债权债务关系、资产价格和信息渠道传递给其他银行，从而对银行体系造成不可估量的冲击。本书将银行间风险溢出效应界定为：当单一银行发生风险或失败时，通常会通过多种渠道传染给其他银行甚至整个银行体系的过程，从而引发"多米诺骨牌效应"，给银行体系带来巨大的损失。

(二) 风险溢出与商业银行系统性风险

我国商业银行之间业务往来密切，且具有交叉的债权债务关系，当单个银行遭受挤兑或发生其他流动性危机时，会造成其他银行的流动性困难、金融风险资产价格下跌以及投资者的非理性行为，使得银行体系和金融市场遭受系统性风险。具体而言，我国商业银行间风险溢出效应的作用渠道可分为直接渠道、价格渠道和信息渠道三个方面，本书着重分析我国商业银行间风险溢出渠道。

1. 直接渠道

由于银行间及与其他金融机构之间业务往来密切，例如，直接贷款、衍生金融工具、回购协议等，支付清算系统和拆借市场也使银行间的联系更加紧密，造成了银行间交叉的债权债务关系，因此形成了直接溢出渠道。

银行是高负债经营的金融机构，其业务特点要求其必须将吸收的资金借贷给他人，当银行的借贷对象过于集中于某一企业、行业或者国家时，会降低银行对其发生风险的抵抗能力。直接的溢出效应是由流动性风险引起的系统性风险。单一银行的储户对银行财务状况的猜测造成对该银行的大规模挤兑引发银行的流动性危机。面对流动性危机，银行急于收回贷款、出售资产、拆借资金弥补流动性短缺。在银行流动性资产大于需求的情境下，银行能够抵抗危机，反之就会面临流动性危机，甚至会导致其他银行的流动性风险。例如，在银行间拆借市场中，如果区域中的一家大型银行出现流动性困难，那么区域中的小型银行也会受到影响，而且监督这家银行的大型银行也会提高自身流动资金的储备，其他的大型银行也会采取类似的做法。极端风险甚至会导致单一银行破产，由于银行间存在复杂的债权债务关系，致使债权银行失败，进而导致更多银行失败和金融系统功能的丧失，造成银行和金融市场系统性风险。

2. 价格渠道

当单一银行遭受流动性风险时，银行急于出售所持有的流动性资产，这一行为导致所抛售的金融资产价格下跌，造成持有同类金融资产的银行遭受价格波动的损失。在价格下跌的趋势之下，会有更多的投资者抛售该资产以降低风险，从而造成金融资产价格的持续下跌。在价格渠道的作用机制下，市场上形成抛售资产和资产价格下跌的恶性循环，从而导致银行的清偿性危机。由此可见，由极端事件造成的流动性风险在价格渠道方面造成了动态的风险溢出效应，银行间交叉的债权债务关系造成风险溢出效应相互交错、多层传导、不断升级，从而扩大了风险溢出的范围，增强了风险的影响力。

3. 信息渠道

信息渠道的作用机制更为复杂，它不仅与银行的财务状况有关，还受到投资者情绪的影响。我们从行为金融学对其展开分析：相比发达国家，我国的金融市场有效性较低、信息不对称问题更为明显，投资者非理性预期和"羊群效应"对风险溢出的影响程度更高。当单一银行发生危机时，由于信息不对称，投资者不可能做出完全准确的预期，加之风险爆发时产生的损失和市场波动造成投资者心理预期发生变化从而形成非理性预期，与实际经济情况形成较大偏差甚至有可能做出完全错误的预期。非理性预期在银行间风险溢出效应中一般表现为两方面：一是由于银行间密切的业务往来和债权债务关系，投资者假定银行之间存在直接溢出效应，即使有时并不存在；二是单一银行面临流动性风险时，鉴于银行间较高的同质性，投资者认为其他银行也存在相同的问题，从而产生抛售资产、银行挤兑、撤资行为。此外，"羊群行为"也是一种非理性行为，它是由信息不对称和投资者的恐慌心理造成的。在信息不对称的背景下，单个投资者常跟随他们认为有能力获得更多信息的机构投资者，包括基金公司、证券公司或其他机构投资者或市场上大多数投资者的行为做出投资决策。非理性预期和"羊群行为"都属于银行风险的信息溢出渠道，在深度和广度上增强了风险溢出效应，加深了银行系统性风险程度。

第二节　商业银行系统性风险的识别及量化方法

一、商业银行系统性风险的识别思路

由于商业银行系统性风险的强弱以及表现出的状态存在着千差万别的不同，因此对于系统性风险的识别与量化的方法也存在着差异。考虑到当商业银行系统性风险发展到一定规模，对金融系统能够产生较大的影响时，这种风险会被银行内部的管理层识别为"银行危机"，因此相关学者把银行业系统性风险这一指标转换成名义变量进行识别和测度（叶康为，2017），即将能够将系统性风险识别为银行危机的情况用数字"1"来表示，将暂时不能

把系统性风险识别为银行危机的情况记为"0"。对学者的相关研究成果进行总结，可大致分为基于事件法和数值判断法两种识别方法。

（一）基于事件法

基于事件法以银行系统内部的实际情况为识别基础，具体情况可归纳为以下两个大类：一种情况为，当银行发生挤兑的情况时，造成相关金融机构遭受牵连，从而导致破产或兼并重组；另一种情况为，尽管银行没有发生挤兑的情况，但是发生了银行破产、兼并重组以及政府出面扶持救助一些在金融市场中占有重要地位的金融机构。大量学者将以上划分的范围作为研究基础展开商业银行系统性风险的分析探讨，较为早期的有克里格比尔和卡普里奥（Kligerbiel and Caprio，2003），这两位学者以事件法作为理论基础，对从20世纪70年代末期到90年代发生在60余个国家的80余次银行危机展开了调研分析。博伊德（Boyd，2000）、罗戈夫（Rogoff，2009）等提出，在对某家银行是否遭受系统性风险进行评定时，运用市场退出和银行挤兑这两个指标较为合理有效。瓦伦西亚（Valencia，2013）认为以银行机构是否承受其相关单位的较大范围违约，并且无法按照合同约定履行义务为标志，对其是否陷入银行危机进行判定具有较强的说服力，该研究以这种观点为基础统计分析了从20世纪70年代至2010年前后发生在全球经济范围内的140余次银行危机。贝茨（Betz，2014）同样以事件法为基础对发生在欧洲的银行危机相关情况进行预测，包含政府援助、银行违反契约和破产兼并等特殊情况。

（二）数值判断法

一些学者在已有学者研究成果的基础上，认为从数值这一视角出发，判定银行陷入危机应满足以下任意情况之一：一种情况为，银行机构的不良资产与资产总额的比值高于10%；另一种情况为，政府实施援助所花费的成本与宏观GDP总值的比值高于2%。在此基础上，把银行机构面临的危机有所划分，即分为严格、宽松两类（Detragiache et al.，1998）。对于严格类来说，银行机构中的不良资产总额与资产总额的比值高于15%，或者政府实施援助花费的成本占GDP的比值超过3%；对于宽松类来说，前一种情况中的比值则高于5%，后一种情况的比值高于1%。在此研究之后，卡普里奥和克林格比尔（Caprio and Klingebiel，2003）对银行危机进行了定义，即当银行内部机构的不良贷款率高于5%且低于10%时，并且作为金融研究领域的学者和专家均认为银行系统性风险业已发生时，此时则认为该银行机构爆发了银行危机。莱文（Levine，2006）、布莱克（Black，2016）以此分类为研究基础对商业银行系统性风险的相关问题进行了研究分析。戴维斯和卡里姆（Davis and Karim，2008）对上述研究的成果进行总结之后，以1979～2003年的100多个国家的银行数据为研究样本，根据德特拉贾凯（Detragiache，1998）的观点，认为共发生过72次银行危机；根据卡普里奥和克林格比尔（Caprio and Klingebiel，2003）的研究观点，认为在该样本数据范围内共爆发了102次银行危机。

二、商业银行系统性风险的量化方法

以上的两种方法虽然将系统性风险的识别方法系统化，具有显著的优越性，然而这样的方法在大多数情况下适用于商业银行系统性风险已经发生过的国家和地区，通过虚拟变量"0""1"来生成研究中所需要的解释变量。但对于其他尚未发生或较少发生商业银行系统性风险和危机的国家和地区来说，如何防范系统性风险积累成较为显著的银行危机也成为银行机构工作的重要部分，但如果采用上述的分析方法可能会具有局限性，因此国外相关学者对此问题做了进一步研究，主要采取以下几种量化风险的测度方法。

（一）模型构建法

模型构建测度方法以计量经济学中的相关原理为理论基础构造数学模型，运用各银行机构中的其中一家银行为分析基础，测度各银行间的传导性以及相应的风险。其中较为典型的模型主要有以下几个：

1. 边际预期损失模型（marginal expected shortfall，MES）

阿查里亚等（Acharya et al.，2016）以系统性风险的预期损失模型（systemic expected shortfall，SES）为理论模型基础构造MES模型，对具体到一家的银行所面临的系统性风险进行测度。尤其是在2008年金融危机爆发之后，MES模型得到了前所未有的推广和运用。恩格尔和布朗莱斯（Engle and Brownless，2011）在分析了MES模型的基本原理基础上对此模型进行延伸拓展，创造性地提出了 SRISK（systemic risk measure）的测度方法，并将此方法运用到了金融危机爆发时期发生在美国顶级金融机构中的系统性风险测度中，即预期资本缺口。

2. 条件在险价值模型（conditional value at risk，CoVaR）

阿德里安和布鲁纳梅尔（Adrian and Brunnermeier，2008）通过借鉴传统在险价值法（value at risk，VaR），将金融机构互相之间的风险溢出关系考虑其中，从而可以对具体到一家银行的条件风险价值进行衡量，该模型增加了无条件风险价值与风险价值溢出效应的对比。埃尔贡布和吉拉尔迪（Ergunb and Girardi，2013）在此研究之后不断对 CoVaR 模型进行改良修正，对某一家银行的系统性风险贡献度进行衡量，分析之后得出商业银行本身的在险价值与其系统性风险贡献度并不存在显著的关系。黄等（Huang et al.，2012）通过研究 CoVaR 模型的应用和推广，将此模型运用到整个金融体系系统性风险的研究之中。

在传统的对市场风险进行度量的方法中，建立 VaR 模型是常用的度量方法。阿德里安和布鲁纳梅尔（Adrian and Brunnermeier，2009）以 VaR 模型为基础，建立将银行机构相互之间的风险溢出关系考虑在内的风险价值模型，即 CoVaR 模型，表示在一定概率水平条件下，某一资产在特定时间内的损失处于 VaR 水平时，其他资产组合最大的可能损失。根据两位学者对 CoVaR 模型的定义，$CoVaR_q^{ij}$ 表示当某 j 银行风险处于 VaR_q^j 水平下，i 银行所面临的风险水平。从此可见，$CoVaR_q^{ij}$ 表示 i 金融机构关于 j 金融机构的条件 VaR，反映出当金融机构 j 处于极端不利状况下，金融机构 i 面临的风险大小。所以，$CoVaR_q^{ij}$ 可被定义为，当金融机构 j 的无条件 VaR 给定的情况下金融机构 i 的 VaR，用条件概率分布 q 分位数则可定义为：

$$\Pr(X^i \geqslant CoVaR_q^{ij} \mid X^j = VaR_q^i) = q \tag{2.1}$$

其中，$0 < q < 1$ 表示概率。

从上述定义可看出：CoVaR 从本质上来说就是 VaR，j 对 i 的风险溢出效应可通过 $CoVaR_q^{ij}$ 和 VaR_q^i 之间的相关关系来表述，$CoVaR_q^{ij}$ 是 i 的总风险价值水平，其中包含溢出风险价值和无条件风险价值，为更加准确地表述为 i 金融对 j 金融机构变化的反映程度，将溢出风险价值表示为 $\Delta CoVaR_q^{ij}$，因此这三者的关系可表示为：

$$\Delta CoVaR_q^{ij} = CoVaR_q^{ij} - VaR_q^i \tag{2.2}$$

运用 CoVaR 模型来对商业银行的系统性风险进行测度十分有效，此模型可计算出若某家银行陷入困境则给其他相关联银行带来的影响大小，能够识别出研究中重要性较高的银行。在实际测算过程中，$\Delta CoVaR_q^{ij}$ 表示 j 银行对 i 银行的风险溢出效应，因为各商业银行的风险水平差别可能较大，$\Delta CoVaR_q^{ij}$ 未能准确反映出溢出风险值，所以在此基础上可计算 $\Delta CoVaR_q^{ij}$ 和 VaR_q^i 之比，从而用溢出的风险比率来进行参考，可表示为：

$$\% CoVaR_q^{ij} = \left(\frac{\Delta CoVaR_q^{ij}}{VaR_q^i} \right) \times 100\% = \left(\frac{CoVaR_q^{ij} - VaR_q^i}{VaR_q^i} \right) \times 100\% \quad (2.3)$$

经过标准化处理的 $\% CoVaR_q^{ij}$ 是一个相对指标，使得各不同无条件风险价值的金融机构间的数据标准化，去除量纲的影响。与 VaR 模型相比较，CoVaR 模型把风险溢出效应的测度代入到 VaR 模型的分析中，将系统性风险的大小用具体的数值表示出来，对商业银行的系统性风险的方向与强弱进行定量分析和比较（程丽娟，2013）。

3. 或有权益分析模型（contingent claims analysis，CCA）

或有权益分析模型是由列哈尔（Lehar，2005）研究推出，在此基础上乔布斯特和格雷（Jobst and Gray，2010）将此理论运用至宏观经济的研究之中，该模型和 JPoD 模型起源相同，都是由 Copula 函数的相关性这一分析方法推导得来，并且 CCA 模型被延伸拓展为 SCCA（systemic contingent claims analysis）模型。拓展之后的 SCCA 模型把期权理论运用到银行资产负债表的编制中，其中，债务担保为看跌期权，权益价值为看涨期权，这种编制方法得出的资产负债表可以反映出市场的变化信息，在此基础上能够对市场中隐含的预期损失进行衡量，从而能够计算银行面临的系统性风险大小。卡沃尼乌斯和卡斯特伦（Kavonius and Castren，2009）等运用违约距离（distance to distress，DD）这一理论对日本和欧盟的银行所面临的系统性风险分别进行了衡量。

4. 矩阵模型法

国外学者威尔斯（Wells，2002）在银行机构内部的资产负债表内部之间的关系基础上构造矩阵，以双边风险敞口为模型基准，赋予每个银行机构所产生的资产损失率以数值，若资产损失的赋值高于一级资本的数值，就判断此金融机构面临破产的风险，以此类推可以计算出有多少家银行濒临倒闭，从而计算出一家银行倒闭将会引起其余银行倒闭的数目，进而以此数据对银行系统性风险进行测度。德·哈斯和范·莱利维尔德（De Haas and Van Lely-veld，2006）、米斯图里（Misrtulli，2011）通过运用这种模型方法对意大利和荷兰的银行市场上系统性风险分别进行了测量。

由于银行之间存在着较为复杂紧密的关系，如果某一家银行破产倒闭，将会给其他有关联的银行造成流动性冲击，若其受到的冲击损失额高于一级资本，则受冲击的关联银行也可能会面临倒闭的风险。矩阵模型法通过对单个银行倒闭导致相关银行倒闭的数量进行计算，从而预测风险的影响程度。这种建立模型的思想是信息熵思想在银行系统方面的应用，银行系统越有序，信息熵则越低。

李玉海和李宗怡（2005）用矩阵模型对我国银行间的风险头寸分布情况进行建模，预估了银行间相互影响的风险。马君潞（2007）利用14家上市商业银行资产负债表的数据，使用矩阵模型法对各个银行的风险敞口矩阵进行测算，并预估出银行间的双边传染风险，在此基础上分析不同损失水平状况下单个和多个银行倒闭对银行间各系统的传染性。矩阵模型法的具体操作为：以银行的资产负债表为基础构建初始矩阵，然后通过求出信息熵的最优矩阵解来预估银行间的风险敞口矩阵，结合银行间不同的资产损失情况，根据若银行损失高于一级资本则算作倒闭的原则，最终确定可能倒闭银行的数量。

5. 网络模型法

网络模型法的基本原理是以银行间的交易数据和资产负债表的互相敞口为基础构造网络，对处于市场变化中的银行进行风险模拟，通过模拟情况衡量在网络中相互传导的积累的系统性风险。盖尔和艾伦（Gale and Allen，2000）、西弗恩特斯（Cifuentes，2005）等学者认为银行间的网络结构与违约风险传播之间具有一定的相关关系，这一观点在学术领域中提出的时间相对较早。在理论发展到一定阶段之后，大量学者陆续运用与银行有业务联系的同业拆借市场来建立网络模型，并运用此模型衡量系统性风险。在此研究基础之上，沃姆斯（Worms，2004）经过研究分析得出，德国的金融系统中所面临的系统性风险比较大，若其中某一家银行机构面临破产倒闭，则可能使得整个金融体系中的约为15%的银行机构的相关资产遭受损失。穆勒（Muller，2006）通过运用网络模型法来判定位于网络结构中心位置的金融机构，然后以此为基础对瑞士金融机构的系统性风险进行了模拟测度。

由于银行间的市场上存在其交易的交叉点，这些交叉点与市场上一家或几家银行有业务往来，因此有潜在的传染途径存在。巴曙松等（2011）认为网络分析法就是根据银行之间的交易往来建立起网络模型，然后将这些商业银行进行分类汇总，在此基础上通过建立起的网络模型，运用模拟推算等方法对银行潜在的系统性风险进行分析，将商业银行之间的实际往来交易与系统性风险传染相结合，避免仅仅分析银行间的数据而未涵盖银行实际业务考察分析。

要建立商业银行之间的网络分析模型，其中最主要的是要确定商业银行之间的网络形态，具体做法是选择银行间的较为重要的一些指标，根据业务发展的需要确定银行网络中的核心银行，在此基础上以核心银行为中心对其他有关联的银行进行分类汇总，从传染途径等方面模拟测算网络结构中的各个银行。

6. 联合危机概率模型（joint probability of distress，JPoD）

联合危机概率模型最初是由古德哈特（Goodhart，2009）提出的多元密度估算方法，把银行机构体系看成银行资产的组合，对市场上银行相互之间的违约可能性进行衡量，进而对银行体系中的稳定指数（BSI）进行测算，这种模型方法将银行之间线性和非线性的依存关系进行了充分考量。佩纳和莫雷诺（Pena and Moreno，2013）通过运用这种模型方法，根据单家银行机构的个体数据分析银行之间相互传染的状况，然后将样本与欧美国家银行面临的系统性风险进行对比，该研究提出这种方法是研究微观样本较为有效的测度方法。

7. 系统预期损失模型（SES）

系统预期损失模型是用来分别测度金融市场上已经发生金融危机时整体金融系统损失风险的边际贡献程度，且由 ES（期望损失）推广至整个金融体系系统。理查德森等（Richardson et al.，2010）认为，可运用系统预期损失（SES）对金融机构系统性风险进行衡量与测度。古德哈和波亚纳特（Goodhar and Pojanart，2012）阐述了 SES 基本定义和原理，利用某金融机构的 LVG 系统来构建模型并对该机构的系统性风险作实证分析，并通过最新数据建立起的预警模型来进行实证研究，从而得出其预警效果。韦文彬和赵进文（2012）以 ES 与 GARCH 理论为基础构建面板数据回归模型，并实证分析研究了我国商业银行系统性风险的贡献度。范小云等（2011）建立 SES 模型并利用实证研究观测出金融机构的系统性风险边际贡献率呈周期性的特征。

8. 风险管理模型

莱哈尔（Lehar）于 2005 年首次提出风险管理模型测度方法，该方法认为权益作为银行资产的看涨期权，选择银行资产相关性、银行资产波动率及银行体系稳健性这三个参数作为输入变量，通过模拟数家银行资产的波动来估计整个银行体系内发生系统性风险的概率大小。设银行资产收益率为 ν，资产收益波动率为 σ，将银行资产市场价值 V 设为状态变量，由此可通过几何布朗运动来进行描述：

$$\mathrm{d}V = \nu V \mathrm{d}t + \sigma V \mathrm{d}z \tag{2.4}$$

其中，ν、σ 值可通过最大似然估计法算出。上述模型运用蒙特卡罗方法模拟单个银行发生倒闭的时间序列，得出高出银行体系一定数量的银行发生倒闭的概率和诱导因素发生的概率。

（二）指标判断法

指标判断变量法是根据以往经验将涉及的指标进行筛选，用实际值与标准值的差别作为测度系统性风险的指标，其主要思想是运用过去的记录观测各项指标在风险爆发前、发生爆发过程中和爆发之后的特点，从而对系统性风险进行预测和防范。

何和哈根（Ho and Hagen，2007）综合运用货币市场利率和央行再贷款与部门贷款的比值这两项指标来得出货币市场压力指数（IMP），当 IMP 指数与上一时期相比上涨 5%，且指数分布高于 98.5% 的分位数时，则判定该银行产生了危机。通过这种方法对银行是否陷入危机的判定与基于事件法的判定结果具有一致性。景（Jing，2015）在此研究基础上，选取央行再贷款和货币市场利率这两个指标为基础，运用 5% 的增长率和 98.5% 分位数为临界值判定银行系统性风险的大小。卡尔森（Carlson，2008）利用上市商业银行的股票价格测算出违约间距，从而能够大概率测算出商业银行倒闭的可能性，进而估计银行体系的不稳定性。而基顿和哈基奥（Keeton and Hakkio，2009）研究提出，卡尔森（Carlson）等的研究结论更加适合于经济体量较小的银行，因此在对计量方法和指标体系进行改进修正的基础上，构建了"堪萨斯金融压力指数"（KCFSI）。卡达雷利（Cardarelli，2009）根据源于银行、外汇和证券这三类市场的指标构造 FSI，研究银行面临困境的原因及其相互之间的传导效应。古德哈特（Goodhart，2006）认为可运用客户违约率指标和金融机构的盈利能力指标来有效监测金融风险。这种方法是监管机构比较常用的风险预警工具，其对风险进行考察的依据是重要金融机构的风险状况在一定程度上能够反映整个资本市场系统性风险的大小。黄等（Huang et al.，2012）主要从两个方面展开研究：一是通过选取和设计系统性风险指标度量银行系统组合的风险损失程度，并构建压力保险费指标体系；二是从单个银行出发对银行整体系统性风险的边际贡献进行度量。

第三节　商业银行系统性风险的相关理论基础

一、金融脆弱性与金融不稳定理论

金融脆弱性（financial fragility）有广义和狭义之分。狭义的金融脆弱性强调"内在性"，是金融业本质的、必然的属性，指金融业举债经营所决定的高风险（Minsky，1982）；广义的金融脆弱性泛指一切融资范围内的风险聚积（黄金老，2001）。现如今，我们通常从广义角度来理解。欧文·费雪（Irving Fisher，1933）是最先较透彻研究金融制度脆弱性的美国经济学家，他以宏观经济周期为切入点，基于债务－通货紧缩理论，分析研究金融体系的脆弱性并指出宏观经济萧条是引起金融体系脆弱性的重要因素。宏观经济因经济主体的过度负债而下滑，债权人或债务人依据谨慎性原则，通常会进行债务清偿行为，从而会引发以下的"多米诺骨牌效应"：债务人低价销售所持资产以偿还贷款→货币乘数下降、存款货币收缩、货币流通速度下降→价格水平下降→企业净资产减少→加速了破产进程→人们对市场丧失信心、普遍怀有悲观预期→货币需求进一步增加、货币流通速度进一步下降。在以上过程中，名义利率下降、实际利率上升（如图2.3所示）。

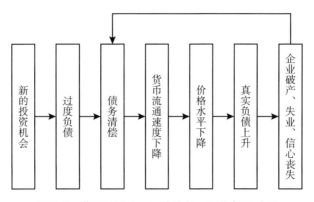

图 2.3 弗雪（Fisher）的债务－通货紧缩过程

海曼·明斯基（Hyman Minsky，1979）是提出"金融脆弱性假说"（the financial instability hypothesis）的第一人，他认为商业银行和贷款人之间的紧密关系是金融体系不稳定的关键因素，金融体系稳定的关键就在于商业银行现金流与贷款人现金流的契合。明斯基（Minsky）以资本主义经济长期波动理论为基础来看金融体系的不稳定。在经济紧缩期，大多数投资人的贷款需求不高；在经济扩张期，预期的高收益诱使投资人增加投资额，但投资人手持资金有限，因此他们通常会以银行贷款的方式获得资金，随着市场投资热情的日益高涨，银行出于利润最大化也会积极放贷，预计此时会出现两种情形：一是部分投资人开始转投高风险项目；二是贷款门槛越来越低，贷款需求越来越高，银行不断提高贷款利率，投资人的贷款成本越来越高，当投资人出现投资失误时，他的停业破产不仅会引起其他投资人的恐慌，甚至会由于他的拖欠债务导致整个金融体系的动荡（冯超，2011）。

明斯基（Minsky，1982）将借款人分为以下三类：一是抵补性借款人，他们以未来的现金流为基础确定借款额，是最安全的借款者；二是投机性借款人，他们以未来的资金状况和时间为基础确定借款额；三是"庞兹"性借款人，他们以滚动融资的方式支付到期利息并不断增加借款，是高风险借款人。

信用创造机构的代表商业银行等金融机构脆弱性的原因主要体现在以下三方面：第一，短借长贷和存款法定准备金制度造成的流动性不足；第二，复杂的金融网络关系；第三，流动存款协议会鼓动银行客户在经济下行时提现（路婷婷，2015）。明斯基（Minsky，1982）认为在经济新周期的起始期，绝大部分借款人都归于第一类，当经济进入上行期，在高利润的诱导下，金融机构逐步放低贷款门槛，借款人受宽松的信贷环境影响扩大借款，高风险的后两类借款人即投机性借款人和"庞兹性"借款人的比例迅速增加，安全的第一类借款人所占比例越来越低，市场泡沫扩大，导致金融体系越来越脆弱。由于资本主义经济的必然性，在市场泡沫破裂之时，第二类和第三类借款人就会陷入无法偿还借款的困境，借款拖欠债务和停业破产大大影响了金融机构的流动性，伴随着金融机构的破产，金融危机爆发。

金德尔伯格和阿里伯（Kindleberger and Aliber，1994）以银行为研究对象，以"安全边界"（margins of safety）这一经济术语更加深入地阐释金融脆弱性。所谓安全边界是指银行在贷款利息中收取一定的风险报酬，在风险切实发生时能为其提供一定的保障（Graham and Dodd，1988）。金德尔伯格和阿里伯（Kindleberger and Aliber，1994）认为银行对市场情况的掌握相较于借款人来说更为熟悉，但银行家并非完全理性，即贷款仍具风险，因而是否贷款主要依据摩根规则（JP Morgan rule），即主要依据借款人的信用度而不是贷款项目的风险度。但凯恩斯（Keynes，1936）指出经济上行、安全边界与信用记录的比例组合，让银行家普遍持有乐观前景，并未察觉信贷风险敞口正逐渐变大，与此同时金融脆弱性出现。在经济上行期，银行家随着借款人信用度的增加大量投资低安全边界项目，投资热情的高涨导致金融资产价格上升，市场对此产生恐慌情绪并不断蔓延，银行家低价出售大量金融资产，金融资产价格崩溃，金融危机爆发。

二、信息经济学理论

在现实的金融市场中，交易主体所持信息量是有差别的，所持信息较丰富一方往往处于有利地位，信息不对称现象的广泛存在增加了银行系统性风险的发生概率。信息不对称主要表现在逆向选择及道德风险两方面。

（一）逆向选择

逆向选择（adverse selection）是指信息优势方能够做出使自己受益对方受损的市场决策，信息劣势方无法顺利做出市场决策，从而导致产品的价格、质量下降（沈智慧，2012）。在借贷市场上，借款人作为信息优势方可能会掩饰不利于自身取得贷款的有关信息，导致银行在评估贷款项目风险时有所偏差，因此银行只能以市场平均贷款利率发放贷款。但对于低风险借款人来说，此贷款利率高出预期，故退出；对于高风险借款人来说，情况恰好相反。较高的贷款利率压缩了借款人的利润空间，借款人出于利润最大化的目的会更倾向于将贷款投资于高风险项目，银行风险随之上升。不仅如此，银行也会因为预期高利润向借款人更加积极的贷款。如此不断重复，导致银行系统性风险不断增加（朱湘平，2016）。

（二）道德风险

道德风险（moral hazard）是指信息优势方在追求自身利益最大化的同时损害他人利益（陈静，2008）。从借款人的角度来说，借款人为取得银行贷款资格，可能会隐瞒不利于获得贷款的自身状况，甚至在获得贷款后逃避债务；借款人可能会在自身利益的驱动下隐瞒或谎报行为信息，改变资金用途，将资金投入高风险项目，增加银行风险。从银行家的角度来说，银行经营者利益与股东利益并非始终一致，在利益不同时，银行经营者可能会做出不利于股东的行为。最后，由于"存款保险人"和"最后贷款人"的存在，银行会偏向于投资高风险项目，因为项目成功将会获得高收益，项目失败也有保险机构和政府的庇护（刘畅，2013）。

（三）银行挤兑

除上述以外，信息不对称所引发的银行挤兑（bank run）可能会产生更为严重的后果。银行挤兑是指存款人因银行信用度下降或银行券贬值等原因时同时大量提取存款的现象。在信息不对称的市场环境下，存款人可能随时有提现要求，银行作为金融中介机构，负债主要是短期存款，资产主要是短期、长期贷款，但资产与负债相比更缺乏流动性，当银行储备不足以满足存款者的提现要求，银根紧缩、借贷资本短缺、利率上升，银行纷纷停业甚至破产（Diamond and Dybvig，1983）。

三、金融网络及传染理论

金融网络是指在现代金融体系中，把金融机构看作节点，金融机构间的关系看作边，点边彼此接连所构成的价值网络（孙艳霞，2015）。目前学者在研究金融网络时主要有两个切入点：一个是理论，即较高稳定性的金融网络所具备微观特性；另一个是实际，即市场活动中的金融网络所具备微观特性和宏观构造，从而根据理论联系实际原则评估金融网络的稳定度。金融网络中的传染有直接和间接两种作用机制，直接传染是指一个金融机构的破产倒闭会使得与此金融机构存在直接业务关系的金融机构承担严重亏损；间接传染是指除直接传染以外的所有传染机制，其中资产价格的迅速下跌和公众信任的丧失是重要原因（巴曙松等，2013）。清泷和莫尔（Kiyotaki and Moore，2001）认为一个金融机构的破产造成的亏损超出一定标准时，会致使其他债券机构的倒闭，如此的破产蔓延会促使整个金融体系的瓦解。吉塞克和韦伯（Giesecke and Weber，2004）认为，当一个金融机构的规模大到可影响资产价格和供求等要素时，它的破产会使其他金融机构的资产价值下降。戴蒙德和戴维格（Diamond and Dybvig，1983）认为，在消费者具有流动性偏好并对流动性需求不确定的金融体系中，银行间可彼此互换存款提高资产流动性，但与此同时增加了风险传染的概率。

四、资产价格波动理论

资产价格波动理论认为，资产价格的急剧波动是形成和发展金融危机的重要因素（马永坤和杨继瑞，2011）。原因主要有三点：一是资产价格波动以银行信用为传导渠道影响金融稳定性，伯南克和卡拉（Bernanke and Cara，1991）认为，当资产价格大幅跳水时，增加了银行的不良债务，导致信用紧缩；二是资产价格波动以信息不对称为传导渠道影响金融稳定性，明斯基（Minsky，1999）认为，当信息不对称问题积累到一定程度时，资金就不能有效流入投资者，金融不稳定产生；三是资产价格波动以传送未来不平衡信息为传导渠道影响金融稳定性，当期资产价格可用于反应未来发生系统性风险的可能性，可能性越高，价格越低，若所有的投资者都相信这点，就可能陷入金融困境，杨蔚（2009）认为，当资产价格的波动失去控制会破坏资源的有效配置，发生金融不稳定。

处于金融自由化、全球化时代中的资本在全球范围内自由快速移动，金融创新将各金融机构紧紧联系在一起，因此当一家金融机构的资产价格波动失去控制就会迅速蔓延至其他金融机构，导致全球金融危机的爆发。

五、经济监管理论

经济监管理论是一种起步相对较晚的监管理论，它基于供求理论指出经济监管是配置市场中的需求量和供给量。此理论使用经济方法认识人和社会，因此被称作经济监管理论。奥尔森（Olson，1969）开创了采取集团行为分析政府监管的先河，为监管理论的发展开拓了新的领域。他认为，集团规模与集团影响政府监管的积极性之间是反比例关系，并且集团内部成员间利益越一致越可避免"搭便车"。斯蒂格勒（Stigler，1971）认为监管的需求是可为利益集团带来利益，监管的供给是可为政府及政党带来利益，政府监管是否以公共利益为出发点取决于供求双方的博弈，他将政府监管作为内生变量，并尝试用经济方法来阐释政府监管的形成原因。贝克尔和斯蒂格勒（Becker and Stigler，1974）假设政府是完全信息者，可为社会福利服务。

六、审慎监管理论

审慎监管（prudential supervision）是指监管部门为维护整个金融体系的稳定与安全，以内部控制、比率监管等为操作手段，以风险大小为操作标准的监管模式（冯超，2016），它包括宏观审慎监管和微观审慎监管。宏观审慎和微观审慎不能独立存在，两者既对立统一又和谐共存（如表 2.2 所示）。审慎监管要实现，不仅需要两种监管模式的配合，还需要与中央银行政策步调保持一致。

表 2.2 　　　　　　　　　宏观审慎与微观审慎的区别

项目	宏观审慎	微观审慎
直接目的	维护整个金融体系的稳定与安全	维护个别金融机构的稳定与安全
最终目的	避免产出（GDP）损失	保护消费者、投资者、存款者
风险性质	（一定程度上）内生性	外生性

项目	宏观审慎	微观审慎
金融机构之间的相关性和共同风险暴露的关系	重要	不相关
衡量标准	自上而下控制整个系统中的风险	自下而上控制个别机构的风险

第三章

我国利率市场化进程与商业银行系统性风险

第一节 利率市场化理论与我国利率市场化进程

一、利率市场化相关理论

（一）金融深化论

金融深化理论是由麦金农与肖在 1973 年最先提出并展开研究的。他们的观点认为，金融抑制在发展中国家中是普遍存在着的现象，这种金融抑制现象会阻碍该国的金融发展，然而落后的金融又会进一步对私人储蓄与投资的形成产生抑制作用，于是发展中国家必须采用金融自由化对金融业放松管制的手段才能实现金融发展以及经济增长。

麦金农与肖的观点还指出，在金融体系与经

济发展之间，有着一种能够使两者相互刺激和相互制约的关系存在。一方面，只有健全的金融体系才能够有效地动员起社会上的各类资金，并将各类资金更好地用到生产性投资上去，从而可以对经济的发展起到促进作用；另一方面，经济的发展又能够通过提高国民的收入以及经济活动者金融需求的强化等途径，来对整个金融业的扩展起到一定程度的刺激作用。这便是存在于金融体系与经济发展之间互相推动的良性循环。

麦金农与肖同时还提出了更为具体的看法，即将大多数发展中国家作为研究对象，其实际经济状况可能正好与此相反。这是由于发展中国家的金融体系普遍落后，大大"压制"了本国经济的健康增长。这一理论解释主要表现为发展中国家的金融机构很不发达，金融当局会硬性规定其低利率，因此金融体系便无法有效地吸纳社会中的各种资金，进而资金供不应求的现象便会在发展中国家的金融市场中屡见不鲜。同时，因为信贷资源是金融体系在国家的控制下以配给的方式进行供应的，可想而知，能够获得信贷资源的基本都是那些享有特权的国有企业以及一些与相关官方金融机构有着特殊关系的私营企业才能获得信贷，致使大量耗资大、效益低的重工业企业获得了不应有的信贷资源。这样，就造成了资金聚集和使用两方面的浪费，这显然会对经济的发展起到束缚作用；而与此相反，经济发展的缓慢也会对资金的积累产生着一定的限制作用，制约着发展中国家金融体系的健康发展，金融体系与经济发展之间互相掣肘的恶性循环就这样形成了。这正是发展中国家普遍存在着的"金融抑制"。

那么发展中国家因为什么会产生"金融抑制"的现象呢？肖和麦金农的观点指出主要的原因可能是来自这两个方面：第一，金融体系的先天不足。首先，针对几乎普遍都是现代部门与传统部门同时存在的发展中国家金融业，其现代部门中占支配地位的依然主要是商业银行，而非银行性的金融机构仅仅是处在附属地位；同时金融机构的分支机构又是极其欠发达的，只能集中于经济较为发达的大城市，而在落后的广大农村地区则没有办法深入。其次，发展中银行性的金融机构仅仅是处在附属地位；同时金融机构的分支机构又是极其欠发达的，只能集中于经济较为发达的大城市，而在落后的广大农村地区则没有办法深入。最后，发展中国家的资本市场也普遍是落后的，诸如股票与债券等金融证券的发行和交易活动的活跃度十分有限。在这样的情况下，想要实现通过多种渠道、多种方式来大规模地吸收社会的资金是无稽之谈，也就无法满足国家经济发展的需求。第二，政府对于经济进行的干预不适当。首先，对利率和汇率实行严格的行政管制通常是发展中国家首要选择的重要措施，这使得利率和汇率所具有供求变化的应有功能都无法得到正常发挥；同时，政府当局又不能有效地控制本国的通货膨胀，致使实际利率甚至有可能会变为负数，这就在一定程度上也会减弱了金融体系对于大量社会资金的吸收能力。其次，发展中国家的金融机构大多是国有的，民间金融机构的数量严重不足，官僚主义和竞争的缺乏导致现有的金融机构的运行效率很低，甚至成为政府为了弥补财政赤字而普遍使用的工具。

那么，怎样才能有效地消除"金融抑制"呢？麦金农和肖的观点认为，政府应当合理避免对于金融市场以及金融体系所进行的不适当干预，同时需要对金融体制实行有序的改革，力争可以将束缚着资本形成的桎梏逐步解除，并通过以有序改革的方式来促进经济的健康增长，具体主要包括：第一，不再对利率和汇率进行硬性的规定，目的是希望能够使得利率与汇率可以根据资金以及外汇的供求变化自动进行着相应地及时调整，这样就有可能凭借着适当的存款利率来吸收更多的储蓄资金，并可以找到适当的贷款利率，来满足各经济部门对于资金的需求。第二，着力发展银行以及银行以外的各种金融媒介体，其中帮助民间金融机构发展壮大尤为重要，鼓励金融体系积极吸收和动员国内的各项资金，以此来满足经济发展的需要。这正是所谓的"金融深化"。麦金农和肖还认为，伴随金融体系的不断壮大，金融业在各国的国民生产总值中的比重也必然会不断地提高，由此对经济发展起到的推动作用也会大幅度增强，而反过来金融业的发展也会被经济的发展所大大促进。

金融深化理论是相关学者们对于西方传统货币理论的重大突破，货币与资本的替代效应是该理论的基石，也是对西方传统货币理论进行了批判和否定的重要基本假定之一。同时他们还提出了货币和资本之间可能还存在着某种互补效应；金融体系和经济增长之间的相互影响、相互制约的关系不是偶然现象，而是存在于任何经济体系当中。在大多数国家，尤其是在经济体制方面的缺陷以及政府当局政策上的失误广泛存在的发展中国家中，普遍存在着金融发展与经济发展之间一种相互抑制恶性循环（即"金融抑制"）的现象。实际上，金融抑制并不是发展中国家所独有的，在许多发达国家中不同程度的金融抑制现象也会时常发生。我们想要打破这种恶性循环，实现金融发展与经济发展之间的良性循环，就必须要逐渐消除政府当局在金融体系中进行的不必要干预，让市场机制的重要作用（即"金融深化"）得到充分的发挥。

金融深化理论的出现，对于发展中国家决策当局对于政策抉择的影响也逐渐深刻。具体看来，在20世纪七八十年代的许多发展中国家尤其明显，许多发展中国家相继认可并采纳了在金融深化理论中所提出的各种政策建议。在决策当局着手实施相关金融深化战略之前，金融抑制现象普遍地存在于众多发展中国家中，主要包括国内信贷的控制、利率的限制、储备金水平高、金融体系的分割、汇率管制、货币与资本市场不发达以及严格限制国际资本的流动等特征；许多发展中国家也相继实施了利率的自由化、提高汇率安排的灵活性、减少对信贷规模的控制、加强金融体系的竞争与效率、促进金融市场的发育、放松对资本流动的控制等多种金融深化措施，并希望通过这种方式来加强市场机制的作用，进而提高有关货币政策作用的充分发挥以及金融体系的运行效率。

显然，不同发展中国家都有着不同的金融深化实践、出发点、实施时期、范围以及步伐，本书在本部分仅以拉美南锥体国家（阿根廷、乌拉圭、智利）、新西兰、韩国、菲律宾等国为例，可以看出一些国家的金融改革已然取得了初步的成功，而对于另一些国家来说，由于金融改革遭受了失败而不得不重新对金融进行了严格的管制。金融深化只是一种手段而不是目的，是通过考察各国实践而得出的重要经验与教训；在宏观经济环境不稳定的敏感时期，不管是在发达国家还是发展中国家，实行迅速的金融改革显然都是行不通的；从一开始就广泛地在大范围内实施不是金融深化改革合理的顺序，一个循序渐进的过程才是符合金融深化改革的；同时金融深化措施也必须和其他改革措施进行配合，再展开实施落实，并需要以有效的法规约束以及政府当局适当的监督管理为辅助。从受管制向着更加自由的金融体系过渡，各国必须结合本国的具体经济实情，对改革措施实施的正确顺序与进程进行明确，并在不断地反复思考与总结的前提下循序渐进地贯彻落实。

研究金融深化理论以及发展中国家对于金融深化的实践具有重要的理论意义和实践意义，其能够为我国的金融体制改革提供宝贵经验以及为经济发展带来启迪。立足世界范围，将在集权经济下的金融体制与其他类型的金融体制进行比较，在集权经济下的金融体制是一种相对极端的金融体制。因此中国的金融抑制展现出了其独特的性质，各国的经济体制是其发生金融抑制现象的根源所在，可见金融抑制的方式和程度是十分复杂的。我国的金融抑制可以将其称作"传统体制下的体制型金融抑制"。我国通过自20世纪80年代开始的改革开放，国民经济已取得了举世瞩目的成就，金融抑制现象也得到了一定程度的改善，某些根本性的变化在金融体制及其运行机制中已经发生了，尤其是在金融机构的多样化、金融市场的发展以及金融工具的创新等方面，我国已实现了将越来越多的储备转化为投资，使得许多企业能够及时合理地得到适当的外源融资，从而使更多的盈利机会和投资机会成为了现实，这些都能够大大地推动我国经济的发展。但与一些发达国家相比，我国的金融体制仍然不够完善，金融深化措施仍需要通过精心设计，并按照正确的顺序逐步推出，其中我国金融深化措施的重点在于利率的市场化、企业化实体的确立与金融机构多样性、金融市场的进一步深化、金融工具的创新、货币政策的根本性变革、金融的国际化。只有通过进一步金融深化来提高我国的金融体系配置资源效率，促进经济的进一步发展，金融发展与经济发展的良性循环才能得以实现。

（二）金融约束论

金融抑制论有这样的早期观点：政府对于金融市场的价格与数量所进行的严格管制会对资源的配置产生一定的扭曲作用，而这种作用对经济来说是不利的。观察东亚经济发展的实践，从表面上看似乎与这一结论是不符的。因为在有着发展奇迹之誉的东亚国家中，不同程度的金融抑制现象是时常发生的。但是，发展中国家的金融体系所存在的不稳定因素有明显的增加趋势，这是金融自由化在实践中遇到的又一重大难题。在经历了东亚早期的经济飞速增长以及自由化改革后出现的金融危机后，人们不得不开始对经济自由化的限度、经济增长的来源、政府在经济发展中的作用等重大问题进行重新审视。"劳动力与产品的流动自由是最重要的"也已成为人们普遍的看法。尽管资金的自由流动也非常重要，但也不意味着可以不对资金的流动进行规制（原因是缺乏稳定性也是竞争性银行体制一直以来存在的无法忽视的问题，而不稳定的结果在信息不对称问题更为严重的发展中国家更容易出现）。

关于后者的理论正是所谓的"金融约束论"的重要内容，是由赫尔曼等（Hellmann et al.，2000）提出并得以发展的。

关于"金融约束论"的核心论点可以概括为：对于金融发展水平欠发达的发展中国家来说，金融深化是具有极大的社会福利效应的（King and Levine，1993）。因此，鼓励银行积极开拓新的市场是可取的，应得到各国政府当局的激励，在金融体系普遍落后的广大农村地区尤其需要。但由于竞争性银行体系必然会使得银行体系产生诸多的不稳定因素（信息问题的存在会产生高昂的交易成本），并且各大银行在开拓新市场方面的相关信息实际上具有着一定公共品的性质。不仅银行自身缺乏动力去进行开拓新市场的行为，并且自由竞争的程度也无法达到社会所需要的最优结果。因此，政府此时就应当发挥出其不可替代的作用，采取一定的政策手段来为银行体系创造出鼓励其积极开拓新的市场、进行储蓄动员的良好环境，以此来促进金融深化。该理论认为稳定的宏观经济环境、金融发展水平低、通货膨胀率较低且可预测等前提条件下，由市场准入限制以及存款监管等措施组成的一整套金融约束政策手段可以有效地促进经济的增长，其中政府应当努力将实际利率尽可能地控制，但仍是需要保持是正的。金融约束其实就是政府通过一系列的金融政策手段来在民间部门创造着租金的机会。这里的租金并不是指那些属于无供给弹性的生产要素的收入，而是指那些已经超过了竞争性市场所能产生的收益。这种租金在妨碍完全竞争市场、减少与信息相关的问题方面能够起到关键的积极作用，尤其是租金能够诱导民间部门所增加的商品和服务是那些在纯粹竞争的市场中可能供给不足的商品和服务。具体地说，租金的创造能够产生以下几种积极的作用：

第一，租金能够为银行创造"特许权价值"，促使它们有着更大的动力来监督能够收到贷款企业的经营是否是稳健的。同时，租金也会促使银行能够更加有动力地增加一定的存款基数，扩张银行中介的范围，将更多的资金融通行为以正规的金融渠道来进行，以此来推动金融深化。第二，政府通过将租金指定用于某些特定的专项银行业务方式，可以促使银行更多地开展诸如长期贷款的这种可能在市场条件下不利的业务。第三，政府想要向生产部门转移一部分租金，也可以通过制订贷款利率上限的方式来实现，这一手段能够有效地提高生产企业的股本份额，原因是股本的变化能够向金融机构提供一些有利于自身获取融资专有信息，同时这些信息也能够使银行的贷款决策环境得以改善；而当贷款利率水平保持在较低的水平时，信贷市场上的逆向选择问题也会得到一定程度的缓解。第四，政府亦可以通过实施定向的信贷政策，以此在企业中间产生一定的"竞赛效应"，从而能够有效地激励企业追求其利润的最大化目标。

金融约束的政策手段主要包括以下几类：第一，对存款利率进行严格地控制。其目的是为了能够更好地为银行部门创造"特许权价值"，即租金，进而激励着银行可以积极动员储蓄。第二，对市场准入进行严格地限制，该手段可以为银行提供一种"专属保护"。其目的是为了能够通过对银行业的竞争实行必要的限制来鼓励银行主动去发现更多新的盈利机会，就类似于"专利"对于发明的保护，即通过对市场准入进行相应的控制，来保护市场创造者应得的利益。但需要注意的是该手段在实施的过程中可能会存在最优期限问题。第三，针对偿还贷款期限实行转换政策。这一政策的目的是为能够更好地鼓励有关民间部门积极从事长期的信贷业务。由于长期信贷具有缺乏流动性的特点，并且存在着通货膨胀风险，因此民间部门对于发放长期贷款普遍存在着抵触心理。于是该政策则要求应该针对不同风险，让不同主体可以承担起其最有能力承担的风险。例如，应当让民间部门来承担信用风险，因为它们在选择客户以及监督贷款方面都具有着比较优势，而对于通货膨胀风险则应当由政府来承担。这样银行就会有着更大的动力去发放更多的长期贷款给企业，并且会对收到贷款的企业施加更加严格的监督。第四，有效实施限制资产替代政策。限制资产替代的目的是为了限制居民随意将手中正式金融部门中的存款转为证券、国外存款、非正式金融部门的存款和实物资产。鉴于发展中国家的金融发展水平普遍低下，其证券市场的用途也十分有限，同时政府与银行部门争夺居民资金的现象极易发生，这些就会影响着银行的特许权价值，进而会对金融体系稳定造成威胁。

最后，金融约束论与金融抑制论的观点也存在着许多不同之处，具体包括：当整个经济中存在着金融抑制时，由政府所造成的高通胀通常会迫使其将财富由家庭部门转移到政府部门的手中，政府由此便会成为各种利益集团争先恐后地进行寻租活动的目标。实际上，该现象是政府在与民间部门夺取资源。然而，金融约束政策则是以寻求为民间部门创造"租金机会"为目的，尤其是为了金融中介（银行）创造更多的"租金机会"。因为对于存款利率的控制，必然会造成存贷利差，进而会形成这些"租金机会"，银行正是通过扩大其存款基数和对其贷款资产组合进行更加严格的监控来获得这些租金，并以此凭借金融约束政策促进了金融深化。在这里需要强调的有两点：一是金融约束并不是一个简单的静态过程，而是一个动态的过程，当金融深度不断地加深而到达一定的程度时，此时由金融深化所带来的益处可能已不能超过因利率控制而导致的成本，政府就理应放弃对于金融业的管制，即所谓的金融约束政策；二是实施金融约束政策对经济环境条件有着较高的要求，即金融机构需要具有合理的所有权结构以及完善的治理结构支持、正的实际利率以及稳定的宏观经济环境也是必要的。

以上是赫尔曼等（Hellmann et al.，2000）通过对东亚经验进行观察后的理论思考。由于东南亚金融危机的爆发影响深远，使得他们必须重新审视他们的"金融约束论"（1999 年），并认为他们先前的理论被这一危机从另一方面得到了证明。第一，由于在银行体系中存在着许多众所周知的道德风险行为，使得对于银行的监管始终是政府监管不能放松的一个重要方面。在金融自由化改革进行之后，政府对于银行监管的主要手段集中体现在有关部门对资本充足率做出了相应要求。然而通过资本充足率的要求手段对银行的道德行为所进行的控制作用显然是不够明确的，因为这一措施虽然能够通过增加银行经营者的剩余索取权，进而使得银行的风险行为得以有效地控制，但同时也大大地增加了银行的经营成本，对银行风险贷款的发放产生了一定的激励作用。并且均衡的存款利率最终会因为对银行的自由资本充足率进行要求而进一步降低。原因是金融自由化会在一定程度上导致资本成本的增加以及特许权价值的大幅度下降，这些都会使银行没有能力再去支付较高的存款利息，银行所能支付的存款利率的下降幅度有时甚至会超过直接的存款利率上限控制的结果。因此，金融自由化并不会真正使得利率自由化，甚至还有可能会增加银行体系所存在的风险。第二，在经济的转轨时期，始终保持着较低的存款利率显然是十分有必要的。原因是自由化对银行提高自有资本比率的要求在短期内是不可能达到的，而且将其获得的特许权价值进行资本化才是银行资本积累的一个主要途径。如果在自由化的过程中，既不能保证银行能够获取应有的特许权价值的权利，又进一步提高了对银行自由资本充足率的严格要求，银行体系的风险行为必然会得到增加，也会大大提高银行危机出现的可能性。

二、中国利率市场化改革思路与改革次序安排

改革开放以后，市场在资源配置中的基础地位得以确立。中国的利率市场化改革在 40 多年的时间里主要包含了两大方面：一是利率管制逐步放松，利率浮动空间扩大，实现了贷款利率管下限，存款利率下不设限的阶段性目标；二是以 SHIBOR 为代表的短期基准利率和以国债收益率为代表的中长期基准利率体系的建成。至 2011 年，中国已经实现了商业票据、外币存贷款、金融债、企业债、货币市场的利率市场化；至 2015 年，中国已经实现了贷款利率的全面开放。

利率市场化虽然关系到我国的国计民生，但一蹴而就的改革必然会引发各种风险和问题，造成金融系统杂乱无章。因此，利率市场化改革应坚持有效性、规范性、灵活性和渐进性的原则。我国利率市场化可遵循以下顺序进行改革：第一，放开同业拆借利率。这有利于我国出现一个统一的货币市场。第二，在货币市场利率放开后，中央银行可调整金融机构的贷款利率，使其略高于货币市场利率。中央银行可以适时调整贷款利率，这有利于货币供应量有机结合国债的发行。第三，调节再贷款利率，调节市场上的资金供求情况。第四，采用双限交替浮动法，扩大贷款利率的浮动幅度，并逐步放松存款利率上限。第五，中央银行取消所有的存贷款利率限制，全面放开利率，利率市场化最终得以实现。

三、利率市场化改革的必要性

我国的利率市场化改革与发达国家相比还是相对比较滞后的。我国在 2012 年的全国金融工作会议中指出，我们要"稳步推进利率市场化改革"。诚然，尽管大力推进利率市场化改革的建议一提再提，但所取得的实质性进展并未见到太多。我国的利率市场化改革早已无法满足经济发展的客观需求，那些不利于中国经济发展的负面影响也越来越不容忽视，且付出的代价巨大。当前国内的利率水平已不完全由市场决定，相反社会资金的价格也因对利率进行管制而扭曲了，同时这也严重扭曲了整个社会经济中资源的有效配置，对中国经济的发展产生了极大的负面影响。这些都是当前利率市场化改革滞

后所带来负面影响的突出表现，由利率非市场化或利率管制的宏观风险可见进行利率市场化改革的必要性。

（1）利率非市场化或利率管制的宏观风险之一便是能够使得国内的投资需求不断膨胀。到目前为止，我国金融机构的存贷款利率仍要接受央行上下限的管制，但利率管制的结果之一便是使得国内的金融机构能够凭借存贷利差收入而轻松获取大量利益，这也是促使它们偏好于信贷快速扩张的一个根本原因。另外，国有及国有控股企业也能够方便地从银行体系中在较低的利率水平上获取大量资金，并且促使这些企业将这部分廉价的资金迅速进行过度投资，自从2008年末出台的"四万亿"计划以来，所发生的情形就是该风险生动的写照。这些现象的发生表明，利率管制导致了资金的价格不可避免地被人为的压低，存贷利差较大等市场现象也时常发生，这客观上激励了金融机构以及国有和国有控股企业，其中也包括部分大型的民营企业偏好于进行大规模投资。以追求利润最大化为目的，甚至可以不再考虑贷款是否为流向地方政府的重要基建项目融资、大型企业的项目，银行有时甚至愿意将贷款选择流向淘汰落后产能项目以及房地产项目等高风险投资领域。利率非市场化导致了利率长期保持在低的水平，这是长期以来我国的投资需求容易被刺激的一个根本原因。如果中国的利率市场化进程不能够及时稳步推进，那么我们就很难改变目前只侧重于投资需求增长的经济发展模式，同时也不利于发挥金融对于"经济转型"所具有的积极促进作用。

（2）容易使得房地产等资产的价格泡沫大幅度增长是利率非市场化或利率管制的又一大宏观风险。实际上，通胀的上涨压力，使得负利率水平提高了，但存款利率又会被对利率的管制所人为压低。银行存款利率降低了，便意味着居民储蓄存款的缩水幅度会扩大，从理论上来说这会对居民将存款不断地从银行"搬家"产生一定的刺激作用。但一个重要的问题是"搬家"后的存款会被投向哪里？这个问题更值得关注。

通过对以往的情形进行观察，中国的宏观政策实际上并不是鼓励存款等大量资金流向股市等虚拟经济中去，而是在缺乏合适的投资渠道的背景下，这部分资金只能被迫通过流向房地产市场来寻求资金的保值与增值。再加上银行体系中始终对于居民的住房贷款利率水平是偏低的，在客观上也会对大量的资金向房地产市场流动产生一定的鼓励作用。如果再通过结合企业以及地方政府等市场主体能够从银行体系中获得更加廉价的贷款的实际情况看，利率非市场化还会使得以往中国的金融体系发挥了让房地产泡沫不断地膨胀的负面影响。显然，这种市场现象的产生和本国的宏观政策的设计也是紧密有关的，于是想要遏制住房地产的泡沫，不仅要始终坚持对房地产进行调控的措施不动摇，还应当结合推进利率市场化，这样才能真正做到扭转金融体系对于经济发展的扭曲作用。

（3）当前中国的金融体系已然难以合理地发挥优化金融资源配置的作用，进而发挥整个社会经济资源的配置优化作用，这是利率非市场化或利率管制宏观风险的另外一个重要体现。原因是，一方面，利率管制使得市场化的定价已经难以由资金确定，甚至有可能会扭曲储蓄和投资等行为，从而也使得资金无法在经济和金融体系中发挥出有效的资源配置作用；另一方面，双轨制利率运行机制也是极易形成的，这将导致不同的市场主体会获得不同的资金成本，这是导致目前的民间融资活跃，而中小微企业面临融资困难以及银行表外业务空前活跃的一个根本原因。从目前的实际情况来看，利率非市场化对中国的经济发展产生的不利影响已然是相当显著了。

对此，加快放松对利率进行管制以及推进人民币利率市场化进程是我国应当采取的有效措施。通过从扩大人民币贷款利率的浮动范围以及允许存款利率向下浮动等方面手段入手，为打破金融行政垄断（如存款利率管制）所形成的价格垄断与市场垄断提供了可能，以此推进利率市场化进程。

四、中国利率市场化改革进程的简要回顾

可以看见利率非市场化会导致一系列的宏观风险，那么我国是何时由利率非市场化转为市场化的呢？我国的利率市场化进程又分为哪些阶段呢？我国利率市场化改革大体上可分为五个阶段：起步阶段（1978～1996 年）、稳步推进阶段（1996～1998 年）、重大突破阶段（1998～2012 年）、加速发展阶段（2012～2014 年）和完全市场化阶段（2015 年至今），具体见表3.1。

表3.1   我国利率市场化主要历史进程及措施

阶段	利率市场化进程及措施
同业拆借市场利率市场化	1996年1月，央行在全国创建银行业统一的拆借市场，形成银行间同业拆借市场利率
	1996年6月，中国人民银行放开银行间的同业拆借市场利率管制，利率市场化改革正式开始
债券市场利率市场化	1996年，证交所采用利率招标等多种形式最早完成了国债发行的利率市场化
	1997年，我国放开了银行间债券交易利率和债券市场债券回购，国债交易的利率市场化完成
	1998年，国家开发银行采用利率招标的方法顺利地在银行间的债券市场发行了政策性的银行类金融债券
	1999年9月，成功实现国债在银行间债券市场利率招标发行
存贷款利率市场化	1999年，人民银行进行存款利率改革，批准商业银行可协商解决大额度的定期存款
	2004年10月，央行完全放开金融机构人民币贷款利率上限，贷款下限浮动的最大幅度为基准利率的0.9倍
	2006年8月，扩大商业性个人住房贷款的利率浮动范围至基准利率的0.85倍
	2008年，个人住房贷款利率的下限由基准利率的0.85倍提高到0.7倍，12月下调了存贷款的基准利率0.27%
	2010年，央行将一年期的存贷款基准利率分别提高到3.5%和6.56%
	2011年，三次上调金融机构的存贷基准利率，上调幅度均为0.25%
	2013年7月，央行放松了金融机构的贷款利率管制，取消金融机构贷款利率0.7倍的下限限制，实现了金融机构贷款利率的全面开放，贷款利率实现了市场化
	2014年，央行调整存款利率浮动区间的上限至基准利率的1.2倍，一年期贷款基准利率下调0.4%～5.6%，一年期存款基准利率下调0.25%～2.75%
完全市场化	2015年，实行"双降"政策，五次降准降息，利率市场化基本完成

（一）起步阶段（1978～1996年）

这一时期，我国正处于计划经济在市场中占据主导地位的经济体制改革初级阶段。在利率改革方面，对利率的管制只是进行一定程度的放松，但其管制效果并不明显，其利率的波动范围仍然需要经中国人民银行的批准。经过 1978~1993 年近 15 年的改革，中国基本改变了负利率和零利率差的局面。合理设定利率期限和类型，纠正低利率，改善利率和结构，并开始重视银行体系的作用和银行业的利益（孔德刚，2007）。1993 年《关于社会主义市场经济体制改革若干问题的决定》和《国务院关于金融体制改革的决定》，首次明确了利率市场化改革的基本思路（陈静等，2006）。1995 年，中国人民银行关于"九五"期间深化利率改革的规划，初步提出了利率市场化改革的基本思路（熊建华，2010），中国的利率市场化改革掀起帷幕。

（二）稳步推进阶段（1996~1998 年）

现阶段，我国利率市场化进程开始稳步发展，基本实现了同业拆借市场和利率市场。1996 年 6 月 1 日，中国人民银行放开同业拆借市场利率，市场化利率改革正式启动（贺叶，2011；吴书画，2014）。此后，我国的利率管制开始逐步放松，利率市场化改革措施相继出台。1997 年，中国开放了银行间债券交易利率和债券市场债券回购（周静娴，2010）。1998 年 3 月，中国人民银行开放了贴现率和再贴现率，改革了贴现率形成机制（孙旭等，2005），9 月，国家开放了政策性银行金融债券的市场化发行率（梁天驰，2012）。1999 年 9 月，政府债券在银行间债券市场以具有竞争力的利率发行（中国人民银行调查统计司课题组等，2011）。到目前为止，中国已经初步实现了利率市场化。

（三）重大突破阶段（1998~2012 年）

在此期间，我国利率市场化取得重大突破，外币存贷款利率市场化和债券市场利率市场化基本完成。1999 年 10 月，中国人民银行进行存款利率改革，对保险公司大额定期存款实行保险公司与商业银行议付利率的办法（尹瑜，2008）。2000 年 9 月，实行外币利率管理体制改革，300 万美元以上（含300 万美元）的外币贷款和大额外币存款利率放开。300 万美元以下的小额外币存款利率仍由中国人民银行管理，基本实现了外币利率市场化。2003 年 4 月，中国化工集团公司发行了第一批采用市场化定价方法的公司债券，标志着 1997 年银行间债券回购市场利率放开 6 年后，中国债券市场利率市场化基本实现（杨盛昌，2013）。2004 年，中国银行体系的存款和贷款定价权扩大。存款利率的上限被调整，没有下限。同时，贷款利率的下限受到控制，没有上限（樊生等，2007；易纲，2009）。2006 年 8 月，中国将商品房贷款利率浮动幅度扩大至基准利率的 0.85 倍（韩松，2013）。2008 年 9～11 月，贷款基准利率连续四次下调，个人住房贷款利率下限由基准利率的 0.85 倍上调至 0.7 倍（冯静，2013）。2010 年 10 月，央行五次上调银行存款利率，一年期基准存贷款利率分别上调至 3.5% 和 6.56%（王新兵，2014）。2011 年，国家三次上调金融机构存贷款基准利率，增幅为 0.25%。

（四）加速发展阶段（2012～2014 年）

在这一阶段，我国利率市场化进程加快，尤其是存贷款利率市场化进程加快。2012 年 6 月，央行进一步扩大了利率区间。存款利率上限调整为基准利率的 1.1 倍，贷款利率下限调整为基准利率的 0.8 倍，贷款利率区间下限再次调整为基准利率的 0.7 倍（孙雨，2012；贺强等，2013）。我国自 2013 年 7 月起全面放开金融机构贷款利率管制，取消金融机构贷款利率 0.7 倍的下限，由金融机构根据商业原则自主确定贷款利率水平（崔爽，2014；吴成颂等，2017）。2014 年 11 月，央行将存款利率浮动上限调整至基准利率的 1.2 倍，同时下调金融机构人民币存贷款基准利率，一年期贷款基准利率下调 0.4%～5.6%，一年期存款基准利率下调 0.25%～2.75%（付舒涵等，2016）。

（五）完全市场化阶段（2015 年至今）

中国央行于 2015 年宣布了一项"双降"政策，曾在一年期间发生五次降息行为，并且宣布不再对商业银行和农村合作金融机构的存款利率设置浮动上限（胡婧，2016）。此时，中国的利率管制基本上是开放的，利率市场的基本完成。

综上所述，可以看出利率市场化改革的过程实际上是金融市场由低层次向高层次转变的过程，具体而言我国利率市场化依次可划分为四个阶段：银行间拆借市场利率市场化、债券市场利率市场化、存贷款利率市场化和完全市场化。由表 3.1 我国利率市场化进程中所采取的具体措施可以看出，目前我国的利率市场化正处于第四阶段，即基本完成了利率市场化。

五、中国利率市场化改革进程的特征

(一) 政府推动性

从改革的发展路径可以看出，政府在利率市场化改革过程中发挥重要作用。首先，政府需要权衡改革和发展的步伐与经济稳定。既要着眼于经济形势，促进经济增长，提高综合国力，又要着眼于就业形势，减少失业，保持社会稳定。政府需要权衡改革的速度和经济的稳定性。其次，政府主导的微观经济的创新动力相对较弱。当包括国有商业银行在内的国有企业产权改革滞后时，国有商业银行没有内生的改革需求。政府必须积极推进产权改革，从根本上改变国有商业银行的行为模式。引进战略投资者、重组上市、组建股份制商业银行，对国有商业银行施加内外压力，激发其创新能力。产权改革的缺失导致国有商业银行软预算约束问题严重，商业银行行为异化。央行必须对相关金融机构实行"终身负责制"等措施，以约束商业银行的行为，加强风险管理。然而，有一种"储蓄贷款"的现象。究其原因，除了国有产权外，国有银行的市场化程度不高，政府本身采取的监管措施也是非市场化的。

(二) 逐步推进性

从改革的发展过程可以看出，利率市场化改革是渐进的。在改革初期，由于市场经济观念、金融市场基本条件和政府监管相对薄弱，我国利率市场化改革需要长期研究和适应。在改革初期，最重要的是树立市场经济的观念。要使资金供求符合市场规律和市场规律的运行，需要一段时间的宣传教育。从某种意义上说，贷款利率市场化改革试点具有促进和普及市场经济理念的作用。金融交易的市场基础设施和各种金融市场的建立不是一蹴而就的。到目前为止，银行间债券市场和交易所债券市场之间仍然存在严重的分离。政府学会依靠市场力量来实现资本配置对效率的间接影响是一个渐进的过程。在利率市场化的过程中，世界上最常见的三种间接政策工具，即再贴现率、法定存款准备金率和公开市场操作，已经逐步建立起来。政府维持经济稳定的政策目标决定了其改革进程的渐进性。

（三）可控性

从改革的各个阶段的演变来看，政府一直保持着金融经济的稳定性和改革的可控性。从利率市场化改革的总体思路来看，有计划、有系统的利率市场化改革体现了利率市场化改革的可控性。外币利率改革首先进行，主要是因为外币利率调整的主动权不在我们手中，而且调整是不可控的。临时控制小额外币利率的目的是尽可能保持人民币利率政策的独立性。此外，在中国经常性资本项目管理条件下，从事外汇业务的企业和个人与国际社会的联系相对较多，经济实力较强，对利率市场化的接受度较高，还可以抵御利率市场化带来的不确定性风险。为了可控性，先发行大额定期，再发行小需求利率。这一系列改革措施可能有助于减少短期资本流入和流出，减少金融动荡。因此，中国"五个一"和"五个后"的利率改革步骤是为了保持经济和金融稳定，确保风险可控的改革进程。

（四）谨慎性

中国利率市场化的总体思路是先放开货币市场和债券市场的利率，然后逐步推进存贷款利率市场化。按照"先外币、后本币""先贷款、后存款""先长期大额、后短期小额"的顺序，逐步建立由市场供求决定的利率形成机制。这种改革思想体现了谨慎改革的特点。事实上，沟通模式是一种在小范围内观察飞行员，然后在大范围内传播的方式，这是审慎改革的另一个证明。

第二节 国外利率市场化的改革实践

一、美国利率市场化：市场驱动型

（一）历程

美国的利率市场化进程始于 20 世纪 60 年代，以 1986 年 4 月取消 NOW 账户的利率上彻底废除存款利率管制为完成标志前后历时 25 年（1962～1986

年），具体历程及相关措施如表 3.2 所示。此后，美国实现了包括利率在内的各市场要素价格自由化并在金融自由化的方向上不断发展形成了全球最具活力的金融市场并使之成为美国核心竞争力的有力支撑。

表 3.2 美国利率市场化改革历程及措施

时间	利率市场化进程及措施
1962 年	定期存款上限提高到 4%，并取消对外国中央银行和政府存款的利率限额管理
1964~1965 年	两次提高定期存款利率上限
1970 年	放松对 10 万美元以上、90 天以内的大额存单的利率管制
1973 年	①规定 10 万美元以上存款不受"Q 条例"规定的利率限制，并取消所有大额存单的最高利率限制 ②取消 1000 万美元以上、期限 5 年以上的定期存款利率上限
1975 年	颁布《金融机构与国民经济讨论纲要》（FINE Re Port）
1978 年	允许存款机构引入短期货币市场存款账户（6 个月期限、1 万美元以上），并不受支票账户不能支付利息的限制
1980 年	允许所有金融机构开设 NOW 账户（可转让支付存款账户）业务
1982 年	①准许存款机构引入短期货币市场存款账户（91 天期限、7500 美元以上），并放松对 3 年 6 个月期限以上的定期存款的利率管制 ②准许存款机构引入货币市场存款账户（2500 美元以上） ③颁布《1982 年存款机构法》
1983 年	准许存款机构引入超级可转让提款通知书账户，并取消所有定期存款的利率上限
1986 年	取消附息支票（NOW）账户的利率上限，实现了利率的完全市场化

美国利率市场化改革可分为酝酿准备阶段和具体实施阶段。酝酿准备阶段，20 世纪 60 年代中后期，"金融脱媒"现象和金融创新举措已经引起了包括政府和美联储在内的广泛关注，这为放松管制减轻了压力。但由于对保护住房金融安全的考虑联邦政府废除"Q 条例"还是经历了相当漫长的过程。1970 年《放松对 10 万美元以上、90 天以内的大额存单的利率管制》、1973 年尼克松总统向国会递交《美国金融制度改革建议》以及 1975 年《金融机构与国民经济讨论纲要》（FINE Re Port）都分析了"Q 条例"的不良后果并建议分阶段予以废除。具体实施阶段，1978 年，允许存款机构引入短期货币

市场存款账户（6 个月期限、1 万美元以上），并不受支票账户不能支付利息的限制；《1980 年废止对存款机构管制及货币控制法》的颁布是美国利率市场化的重要标志，涉及了多方面的利率放松，6 年内将"Q 条例"所规定的利率上限逐步提高，1982 年；准许存款机构引入短期货币市场存款账户（91 天期限、7500 美元以上），并放松对 3 年 6 个月期限以上的定期存款的利率管制，同时准许存款机构引入货币市场存款账户（2500 美元以上），同年，美国颁布《1982 年存款机构法》准许存款金融机构开办货币市场存款账户（MMDA）及超级可转让支付账户（Super Now）存款，没有期限和利率的限制。这意味着此前关于不准对支票存款支付利息的规定已经作废，至此无论定期还是储蓄存款的利率管制都已完全废止，贷款利率的管制本来就较少此时也基本实现了市场化美国的利率市场化宣告完成。1983 年，准许存款机构引入超级可转让提款通知书账户，并取消所有定期存款的利率上限；1986 年 3 月底之前分阶段取消"Q 条例"对于一切存款机构持有的定期和储蓄存款的利率限制永久取消州政府对于住宅抵押贷款（包括利率可变的住宅抵押贷款）的利率限制超过 2.5 万美元的商业或农业贷款不受州政府贷款利率最高限的限制等。

（二）主要特点

（1）谨慎启动，采取渐进模式。因为美国采取分业经营金融体系相对更为复杂不同类型的金融机构对利率变动的反应也不同。至此美国政府在推进利率市场化时尤为谨慎从酝酿到完成历时 16 年。

（2）过程曲折，遭遇多方阻力。国会议员、普通大众都希望能够长期保持低利率，因此赞成利率管制，部分州政府也加入了抵制。

（3）整体推进，加套监管改革。如联邦政府在放松对金融业微观管制的同时，将对存款机构实施管理等权限上的限制，将准备金管理扩大到非美联储会员银行和非银行金融机构，有效加强了对货币体系的控制能力，有利于营造和保障有序竞争的市场环境。

（4）创新活跃，驱动市场发展。市场主体活跃的创新贯穿利率市场化始终，形成了利率市场化的内在驱动力，而市场化的稳步推进也不断为金融创新提供土壤和空间。

二、日本利率市场化：渐进式改革

（一）历程

日本 1977 年在内外部压力下启动了利率市场化改革，耗时 17 年于 1994 年基本实现了从国债、货币市场利率到存贷款利率的市场化，具体历程及相关措施如表 3.3 所示。其历程大体分为三个阶段：

表 3.3 　　　　　　　　　　　日本利率市场化改革历程及措施

时间	利率市场化进程及措施
1977 年	①银间拆借利率弹性化、票据买卖市场化 ②以招标方式发行中期国债
1978 年	开始允许银行间拆借利率弹性化及票据买卖的利率市场化
1979 年	①2 个月期票据贴现采取自由利率 ②发行自由利率的大额可转让定期存单（50000 万日元以上）
1985 年	①开办"市场利率联动性存款"（5000 万日元以上） ②取消大额定期存款利率管制（10 亿日元以上）
1989 年	①开办"市场利率联动性存款"（300 万日元以上） ②取消大额定期存款和"市场利率联动性存款"的利率管制（1000 万日元以上）
1991 年	贷款利率基本放开
1993 年	取消小额的定期存款和"市场利率联动性存款"的利率管制（1000 万日元以下）
1994 年	取消除活期存款外的所有存款的利率管制

（1）国债利率市场化阶段。日本政府由于 20 世纪 70 年代经济的急速下滑，为刺激经济增长，日益增加财政支出，政府成为社会资金主要需求者。为提高国债吸引力和流动性，1977 年 4 月日本批准银行可将所承购国债上市交易，实现国债一级、二级交易市场利率市场化。

（2）货币市场利率市场化阶段。1978 年日本政府开始允许银行间拆借利率弹性化及票据买卖的利率市场化，之后货币市场上交易品种不断丰富，大额及短期资金产品定价开始逐步市场化。1979 年大额可转让定期存单的首次发行，突破了 1947 年日本政府制定的《临时利率调整法》限制，可谓是日本利率市场化迈出了实质性一步。

（3）存贷款利率市场化阶段。在金融机构的贷款方面，1985 年，开办"市场利率联动性存款"（5000 万日元以上）以及取消大额定期存款利率管制（10 亿日元以上）；日本在 1991 年 4 月的长贷利率已不再使用长期的优惠贷款利率，而是在此前已基本实现市场化的短期优惠贷款利率基础上再加一定利差，贷款利率基本放开。而对于存款方面，日本所采取的办法则是先定期后活期、先大额后小额。首先，针对金融机构的定期存款，日本引入了货币市场存单（MMC）型的定期存款，该形式与大额可转让定期存款单市场利率会产生联动作用，能够起到逐步降低限额和交易单位的效果，放开了对于期限的限制，并且能够逐步地实现了由管制利率到自由利率的过渡，日本在 1993 年 6 月的定期存款利率自由化也基本实现了；其次，针对日本金融机构的活期存款，其引入了能够使流动性存款的储蓄职能与支付职能相互分离的新型储蓄存款，日本的赴储蓄职能部分逐步利率市场化，支付职能部分不再付息。日本的活期存款于 1994 年 10 月的利率自由化也为日本利率市场化的改革画上了句号。

（二）主要特点

日本利率市场化体现了较明显的渐进性和阶段性。先债券市场，然后货币市场，最后对于存贷款利率的管制进行合理地放松。在存贷款方面，实行从大额向小额、长期向短期，逐步扩大自主权，同时鼓励金融创新，最后全部取消利率管制，是利率市场化渐进式改革的成功范例。

三、韩国利率市场化：激进到平稳

（一）历程

韩国是在以政府为主导的情况下进行的有步骤的渐进式利率市场化改革。自 1981 年以来，韩国历经了长达 17 年才得以最终完成的利率市场化改革，尤其是由于时机不成熟的原因，其利率市场化的改革历程不得不经历了反复的过程，一个从放开到重新管制又到再次放开的波折过程，具体历程及相关措施如表 3.4 所示。韩国的利率市场化改革进程大体可以分为两个阶段。

表 3.4 韩国利率市场化改革历程及措施

时间	利率市场化进程及措施
1981 年	无管理利率商业票据开通
1982 年	取消政策性贷款的优惠利率
1984 年	①设定贷款利率的波动幅度代替贷款的利率上限 ②引入大额可协商存单 ③银行间拆借利率和未担保的企业债券发行利率自由化
1986 年	①公司债券、金融债券的发行利率以及可转让存单的利率可自由确定 ②发行的货币稳定债券的发行利率与市场利率挂钩
1989~1990 年	利率市场化停滞期间
1991 年	公布《对利率放宽管制的中长期计划》，宣布再次实行利率市场化改革
1997 年	几乎所有存贷款利率（除活期存款）都由金融机构自主决定

（1）第一阶段（1981~1988 年）。韩国在 1981 年 6 月所采取的无管理利率商业票据的方式成为利率市场化的开端；1982 年韩国对政策性贷款的优惠利率进行了取消，企业债券的收益率在银行的基本贷款利率的基础上上下浮动范围在 1 个百分点内是被允许的；在 1984 年 1 月，韩国贷款的利率上限被设定贷款利率的波动幅度的方式所代替，允许了银行可以通过审核借款人的信用等级信息来设定不同的利率；1984 年 7 月，引入了大额可协商存单的新型工具；1984 年 11 月，银行间拆借利率与未担保的企业债券的发行均实现了利率的自由化；1986 年 3 月，公司债券、金融债券的发行利率以及可转让存单的利率允许相关机构与企业自由确定；1986 年 6 月，韩国政府所发行的货币稳定债券的发行利率要求与市场利率直接挂钩；1988 年 10 月，除了一些政策性贷款以外的所有贷款利率以及一部分存款利率得到了放开。韩国经历来了这一系列的改革，利率市场化基本完成了。

1989 年初，受世界经济不利影响，韩国宏观经济形势恶化，通货膨胀加剧，市场利率急剧攀升，加之企业经营困难等，导致韩国政府不得不通过

"窗口指导"对利率再次管制。至此，韩国第一阶段的"激进式"利率市场化改革只能被迫中断了，1989～1990 年为利率市场化停滞阶段。

（2）第二阶段（1991～1997 年）。韩国央行和财政部通过在 1991 年 8 月公布的《对利率放宽管制的中长期计划》，宣布了将再次对金融体系实行利率市场化的改革，并且按从"非银行机构到银行机构、从贷款到存款、贷款利率从短期到长期、存款利率从长期到短期、从大额到小额"逐步推进的五大原则，同时还出台了相应的分步计划，由此可以看出韩国对于这次的改革明显放慢了市场化的步伐。1997 年，韩国政府规定金融机构可以自主决定除了活期存款以外的几乎所有存贷款的利率，标志着利率市场化改革完成。

（二）主要特点

（1）金融市场的放开速度快于金融机构。特别是货币市场、债券市场的融资工具利率市场化最先完成，政府债券也逐步实现市场利率发行。

（2）非银行金融机构放开的速度要快于银行。主要由于银行在国民经济中的地位和作用更为重要，政府对其监管更严。

（3）贷款放开要快于存款。主要因为在金融体系中，存款利率的影响面十分广泛，所以采取相关措施时需要更为谨慎。在存款中长期、大额存款先于短期、小额存款放开。

四、巴西利率市场化：曲折中前行

（一）历程

1976 年，巴西试水废除利率管制，但这种迅速彻底的利率市场化策略导致巴西国内利率急剧上升并加剧波动，对经济金融造成负面影响，巴西在 1979 年恢复了管制。巴西债务危机爆发后，在国际货币基金组织干预下，1988 年巴西重新开始系统性、有步骤的利率市场化改革。例如，通过立法加强了中央银行独立性，宣布取消贷款利率上限，并在 1989 年实现了存款利率完全自由化，具体历程及相关措施如表 3.5 所示。

表 3.5   巴西利率市场化改革历程及措施

时间	利率市场化进程及措施
1976 年	尝试废除利率管制
1979 年	恢复利率管制
1988 年	通过立法加强中央银行独立性，宣布取消贷款利率上限
1989 年	实现存款利率完全自由化
1994 年	实行"雷亚尔计划"发行了新货币

除取消存贷款利率限制、加强中央银行地位外，巴西还同步推进了一系列金融自由化改革。一是允许商业银行实行混业经营，银行出现集团化趋势；二是切断中央银行与巴西银行之间的联系，防止政府赤字货币化；三是降低商业银行存款准备金率，扩大商业银行业务发展空间；四是允许外资进入股票市场；五是向外资开放银行业；六是 1994 年巴西开始实行"雷亚尔计划"，发行了新货币。此外，巴西进一步健全了银行监管体系，建立起存款保险制度。

（二）主要特点

在利率市场化过程中，巴西并未进行大规模的国有银行私有化，而且定向贷款仍在社会融资中占有重要地位，因而在实现利率市场化的同时，与之相配套的金融自由化改革并不彻底。

第三节　利率市场化进程中我国商业银行体系运行平稳性分析

上节中对我国利率市场化进程及其特点进行了梳理与分析，将利率市场化进程分为五个阶段。这五个阶段中的出台的各种政策文件势必会对宏观经济的各个方面产生重要的影响，特别是对我国的商业银行的平稳性产生了直接的影响，接下来我们来探讨利率市场化改革会对商业银行运行的平稳性产生什么样的影响。

关于商业银行的平稳性，肖丽（2014）认为金融开放背景下，银行业具有持续的清偿能力，能够抵御和控制来自银行内部的风险。其从资本充足率、不良贷款率、银行流动性、外资银行进入和银行公司治理五个方面对我国银行平稳性进行了分析。本书参考肖丽（2014）、秦德强（2014）、高新宇（2007）的研究方法，采用安全性、流动性和盈利性三个关键指标对我国银行体系的运行是否平稳进行分析。银行业的运行是否安全主要是指当面临资产方面的风险时该银行机构是否具有良好的抵御和防范能力，整个系统具有良好的抵御和防范能力反映其运行的平稳。判定商业银行是否具有良好的流动性是指是否能满足银行客户随时提款的要求，只有存取款业务的正常执行才能保证银行系统运行的平稳。同时只有保证整个银行系统的盈利性，才能维持其平稳持续健康的运行。

对于银行体系关键指标的分析，本书将结合多个指标进行考虑。在商业银行安全能力分析中，主要根据核心资本充足率和资本充足率这两项指标对银行是否具有防范风险的能力进行分析，在此基础上，依据拨备覆盖率、不良贷款率指标来分析商业银行的信贷资产的质量。在对商业银行的流动性进行分析时，本书主要依据商业银行的流动性比率这一指标进行衡量分析。在对盈利性进行分析时，本书按照商业银行的税后利润、资产利润率和资本利润率这三项指标进行衡量，从而得出反映商业银行盈利状况的一般规律。

一、利率市场化起步阶段商业银行体系运行平稳性分析（1978~1996 年）

在利率市场化起步阶段，我国正处于经济体制改革的初始阶段，计划经济在市场中仍占有主导地位。利率改革主要只是对利率的管制稍加放松但并不明显，主要表现在利率浮动的范围需经中国人民银行批准。由于处于利率市场化改革的起步阶段，对于商业银行体系运行的政策支持还在探索阶段。由于该阶段距离现在已经比较久远，限于当时披露的原因，大量的数据已经不可得，所以本部分的数据均来自知网文献。由于数据缺失比较严重，本阶段仅考虑四大国有商业银行（中国银行、中国农业银行、中国工商银行、中国建设银行）且未将已获得的数据作为图表列式。

（一）利率市场化的起步阶段商业银行安全性分析

利率市场化起点同时也是我国改革开放的起点。参考叶春茂等（1997）的研究数据，在这个阶段中我国商业银行的资本充足率变化具有以下几个特点：

（1）商业银行资本增长不平衡，年增长额（率）十分有限，且呈减缓趋势。1979～1987年，我国商业银行资本只增加了512.1亿元，1988～1991年，银行资本增加了433.6亿元，1988～1991年的增加额是1979～1987年增加额的84.7%。除少数年份资本增加额在百亿元以上，其余大部分年份的年增加额却只有几十亿元。再从银行资本的环比发展速度来看，其增长的总体趋势是下降的，即由1980年的11.51%下降到1991年的4.39%。

（2）银行资本占各项贷款和资金来源总额的比重都呈逐年下降趋势。1991年末我国银行各项贷款、资金来源总额分别达到1806.4亿元和21042.7亿元，比1979年末分别增长了7.86倍和8.73倍，而银行资本1991年末为1373.6亿元，比1979年末增长了2.21倍，增长比例极不协调。银行资本占银行各项贷款、资金来源总额的比重分别由1979年的21%和19.8%锐减到1991年的7.6%和6.5%。[①]

（3）几大国有商业银行的核心资本充足率和全部资本充足率均呈逐年下降的趋势，发展形势不容乐观。

进一步观察该阶段我国商业银行不良贷款率、不良贷款额和拨备覆盖率指标。我国银行的不良贷款额度是逐年增多的。由于所有制的关系，政府、企业和银行都将银行的资金视为国有资产。这种契约关系使银行经营面临着巨大的经营风险，造成了商业银行的高不良贷款额、高不良贷款率与低拨备覆盖率。

（二）利率市场化起步阶段商业银行流动性分析

在利率市场化的起步阶段，从流动性供给方面看，主要依靠新增存款量来支持。参考裴权中（1997）的研究，1985～1993年国家银行存款以每年25%左右的速度递增，以居民储蓄存款的增长为最，1995年末全部存款占总资金来源的72%，储蓄存款又占总存款的56%，与此同时，贷款的回收与周

---

① 中国人民银行官网。

转速度却呈现下降的趋势，从全国看，资金周转缓慢具有普遍性，这说明，银行存款来源补充得快，贷款回收得慢，银行的流动性供给主要靠存款的增加而获得。在该阶段中我国银行持有流动性资产水平较低，流动性比例较小，应付突发性大额流动需求的能力较差，应当加强短期优良证券的投资比重。

（三）利率市场化起步阶段商业银行盈利性分析

在利率市场化的起步阶段，由于商业银行总体数据难以获得，我们以四大国有银行相关数据进行分析。本书参考叶樱（1996）的研究数据，1985~1994 年四大国有商业银行资产收益率的变化。由数据可知，长期以来我国四大国有银行的资产总额不断增加，并始终保持着 15% 以上的增长速度。但随着资产总额的快速增加，四大国有银行的资产收益率却呈现出较为明显的下降趋势。

二、利率市场化稳步推进和重大突破阶段商业银行体系运行平稳性分析（1996~2012 年）

在利率市场化稳步推进阶段中政府对于利率的管制日渐宽松，陆续推出了各种改革措施，如同业拆借市场利率的开放等，这个阶段中我国逐步实现了利率市场化。在重大突破阶段我国的利率市场化在外币与债券市场取得了突破。银行业相关部门对于商业银行系统性风险防范意识增强，但相应风险管控措施力度还需进一步加强。

（一）利率市场化稳步推进阶段和重大突破阶段商业银行安全性分析

在利率市场化稳步推进阶段和重大突破阶段，由于该期间核心资本充足率数据缺失，我们着眼于资本充足率进行分析，资本充足率呈现出稳步上升的现象。具体表现为：1996 年末商业银行的资本充足率为 4.36%，2012 年资本充足率超过了 16%。1996~2002 年虽然资本充足率有过小的波动，2002~2004 年资本充足率出现短暂的下滑，但 2004~2012 年资本充足率迅速拉升。具体内容见图 3.1。

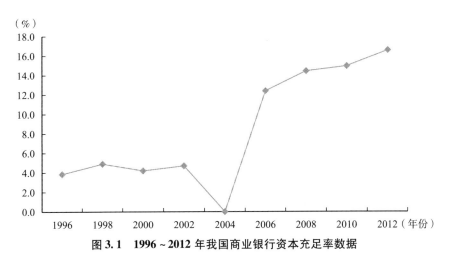

图 3.1　1996~2012 年我国商业银行资本充足率数据

资料来源：国泰安数据库。

　　拨备覆盖率在利率市场化稳步推进阶段和重大突破阶段呈现出明显的快速增长趋势。由于早期数据难以获得，部分数据我们以 2002 年为起始点。如图 3.2 所示，商业银行拨备覆盖率从 2002 年的 105.0% 上升到 2012 年的 295.5%，总计上升了近 191 个百分点，且每年的拨备覆盖率均保持在 100%

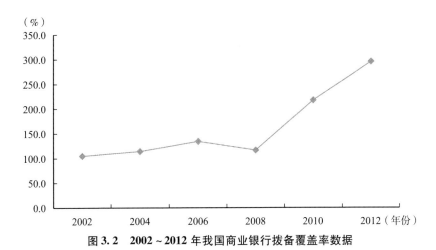

图 3.2　2002~2012 年我国商业银行拨备覆盖率数据

资料来源：国泰安数据库。

以上，可见相关监管部门始终重视商业银行风险的管控。单独从拨备覆盖率这一指标衡量银行业的风险并不够科学有效，因此，结合银行利率市场化稳步推进阶段和重大突破阶段的不良贷款率来看（如图 3.3 所示），虽有波动但整体呈现明显的下降趋势，从 1996 年的 29.4% 下降到 2012 年的 0.95%，下降了约 28 个百分点，可见由于金融危机的冲击，监管部门对于商业银行的风险管控力度有了显著的加强。

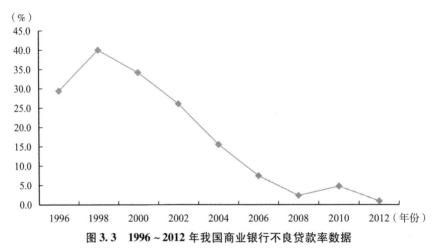

图 3.3 1996 ~ 2012 年我国商业银行不良贷款率数据

资料来源：国泰安数据库。

（二）利率市场化稳步推进阶段和重大突破阶段商业银行流动性分析

在利率市场化稳步推进阶段和重大突破阶段，流动性比例呈现出较为明显的下降趋势，如图 3.4 所示，商业银行流动性比例在 2000 年为 85.12%，在 2012 年商业银行流动性比例则为 45.80%，如图 3.4 所示，商业银行流动性比例不断降低，相关监管部门对于风险的管控力度不够，管控意识与措施还待加强。

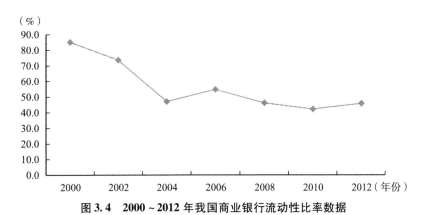

图 3.4　2000~2012 年我国商业银行流动性比率数据

资料来源：国泰安数据库。

(三) 利率市场化稳步推进阶段和重大突破阶段商业银行盈利性分析

在利率市场化稳步推进阶段和重大突破阶段，我国商业银行资产利润率与资本利润率均实现了由负到正的转变，商业银行在发展中实现了扭亏为盈，资产利润率由 1996 年的 - 0.40% 增加至 2012 年的 1.30%，资本利润率由1996 年的 - 4.0% 上升至 2012 年的 19.8%，税后利润也由 2008 年的 5833.6亿元增长到 2012 年的 15115.4 亿元，具体内容见表 3.6。

表 3.6　　1996~2012 年我国商业银行税后利润、资产利润率和资本利润率数据

年份	税后利润（亿元）	资产利润率（%）	资本利润率（%）
1996	—	- 0.40	- 4.0
1998	—	- 0.20	- 3.8
2000	—	0.00	0.5
2002	—	0.30	6.3
2004	—	0.30	8.3
2006	—	0.87	18.22
2008	5833.6	1.10	19.5
2010	8990.9	1.10	19.2
2012	15115.4	1.30	19.8

资料来源：1996~2012 年《金融统计年鉴》、薛峰《我国商业银行产业组织结构与产业竞争力研究》。

三、利率市场化加速发展阶段商业银行体系运行平稳性分析（2012～2015 年）

在我国利率市场化加速发展阶段，存贷款利率市场化方面取得显著成果。陆续通过进一步扩大利率浮动区间、放开金融机构贷款利率管制，取消金融机构贷款利率下限等有效的措施，进而提升商业银行体系运行的平稳性。

（一）利率市场化加速发展阶段商业银行安全性分析

在利率市场化加速发展阶段，资本充足率基本上维持了一个比较平稳的状态，具体数据如图 3.5 所示。商业银行的资本充足率在 2015 年 1 月由 4% 上升到 6%；同时，各商业银行还应设立专项资金，即"资本防护缓冲资金"，其资金总数应不少于该银行资产的 2.5%，由此，银行的核心一级资本率上调至 7%。该项规定在 2016 年 1 月到 2019 年 1 月之间分阶段实施。核心资本充足率从 2013 年第一季度的 9.85% 提升至 2015 年第四季度的 10.91%。

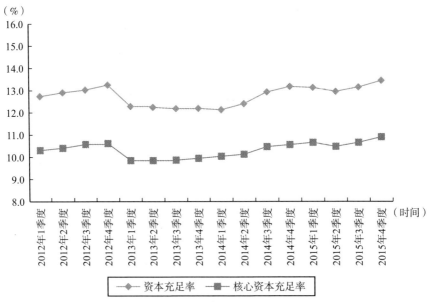

图 3.5　2012～2015 年我国商业银行资本充足率、核心资本充足率季度数据

资料来源：国泰安数据库。

如图 3.5 所示，在加速发展阶段商业银行的资本充足率与核心资本充足率均保持在比较高的水平，均满足监管部门的最低要求。2012～2015 年我国商业银行资本充足率均保持在 12% 以上，核心资本充足率均在 9% 以上，这两项指标远高于监管部门的标准要求。从整体上看，核心资本充足率与资本充足率两项指标都呈现提高的趋势，其中，资本充足率从 2013 年第一季度的 12.28% 提高到 2015 年第四季度的 13.45%。

从图 3.6 中可以看出，我国商业银行坏账准备金的使用比率在利率市场化加速发展阶段有较为明显的下降趋势，拨备覆盖率在 2013 年第一季度与 2015 年第四季度阶段内逐步下降，但仍然均超过 100%，说明金融危机发生之后的近五年中，由于经济发展迅速，银行业虽然面临着较为严峻的风险问题，但坏账准备金的使用比率整体下降，体现了银行业的监管部门对风险有着良好的管控，使得银行业的风险水平在可控的范围之内。而从图 3.7 中可以看出，该阶段银行业的不良贷款率水平整体呈上升趋势，从 2013 年第一季度的 0.96% 上升至 2015 年第四季度的 1.67%，可见我国商业银行面临着复杂的发展环境，风险形势依然严峻，对风险监管的意识需要进一步增强，监管力度与措施也应不断完善。

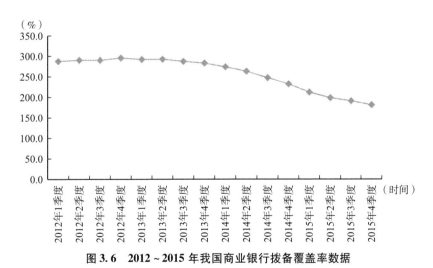

图 3.6　2012～2015 年我国商业银行拨备覆盖率数据

资料来源：国泰安数据库。

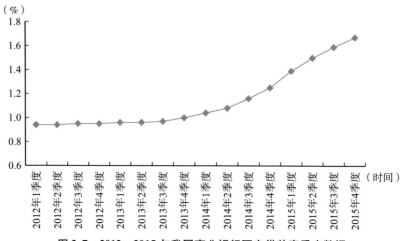

图 3.7　2012～2015 年我国商业银行不良贷款率季度数据

资料来源：国泰安数据库。

（二）利率市场化加速发展阶段商业银行流动性分析

在利率市场化加速发展阶段，如图 3.8 所示，商业银行流动性比例在该阶段始终在 40%～50% 之间震荡，保持着相对的稳定。这表明金融危机爆发之后，政府不断采取了一系列的调控措施，对商业银行的流动性风险的管控

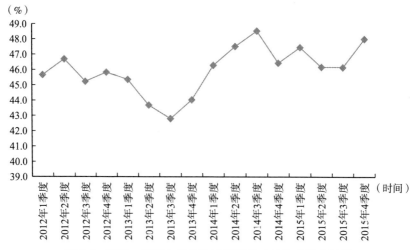

图 3.8　2012～2015 年我国商业银行流动性比率季度数据

资料来源：国泰安数据库。

效果良好。然而在 2013 年第三季度时流动性比例达到最低点,为 42.8%,这是由于当时通货膨胀问题较为突出,政府为了抑制这一现象采取了严格的宏观调控政策,同时央行上调了存款准备金率,使得在这个时期流动性比率达到了最低点。

(三)利率市场化加速发展阶段商业银行盈利性分析

在利率市场化加速发展阶段,如图 3.9 所示,我国商业银行平均资本利润率在 14.5% ~ 20.5% 间波动,2015 年平均资本利润率降幅最大,为 2.61%,2019 年平均资本利润率降至 12 年中最低,为 10.96%。从总体上看,我国商业银行的平均资本利润率和平均资产利润率均有下降趋势。而我国商业银行净利润一直处于上升阶段,但增幅却逐渐放缓,其中在 2015 年达到增幅最低,为 2.43%。

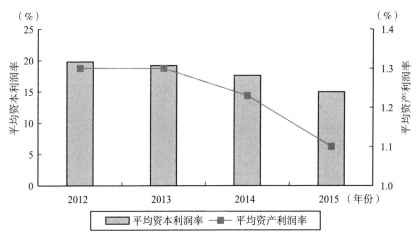

图 3.9 2012 ~ 2015 年我国商业银行的平均资本利润率和平均资产利润率

资料来源:国泰安数据库。

商业银行提高其盈利能力有利于在激烈的市场竞争中占据有利的地位,从而增强其防范各种风险的能力。如表 3.7 所示,近年来我国商业银行整体税后利润呈上升趋势,资产利润率和资本利润率整体呈不断下降趋势。

表 3. 7   2012～2015 年我国商业银行税后利润、资产利润率和资本利润率季度数据

时间	税后利润（亿元）	资产利润率（%）	资本利润率（%）
2012 年第一季度	3260	1.43	22.34
2012 年第二季度	6616	1.41	22.29
2012 年第三季度	9810	1.39	21.54
2012 年第四季度	12386	1.28	19.85
2013 年第一季度	3688	1.37	21
2013 年第二季度	7531	1.38	21.19
2013 年第三季度	11216	1.36	20.67
2013 年第四季度	14180	1.27	19.17
2014 年第一季度	4276	1.4	20.8
2014 年第二季度	8583	1.37	20.66
2014 年第三季度	12645	1.35	19.78
2014 年第四季度	15548	1.23	17.59
2015 年第一季度	4436	1.29	17.76
2015 年第二季度	8715	1.23	17.26
2015 年第三季度	12925	1.2	16.68
2015 年第四季度	15926	1.1	14.98

资料来源：国泰安数据库。

四、利率市场化完全市场化阶段商业银行体系运行平稳性分析（2015 年至今）

我国的利率管制在此阶段已基本消失，利率市场化基本完成。主要节点为央行 2015 年宣布"双降"政策，一年内五次降准降息，并对商业银行和农村合作金融机构等不再设置存款利率浮动上限（胡婧，2016）。

（一）利率市场化完全市场化阶段商业银行安全性分析

在完全市场化阶段，核心资本充足率与资本充足率两项指标在各个阶段都显现出一定的稳定性。如图 3.10 所示，资本充足率从利率市场化加速发展

阶段基本保持在 13% 的水平提高到完全市场化阶段的 14% 水平，核心资本充足率从利率市场化加速发展阶段基本保持在 10% 的水平提高到完全市场化阶段的 11% 水平，可见我国商业银行体系的安全性在稳中向好。

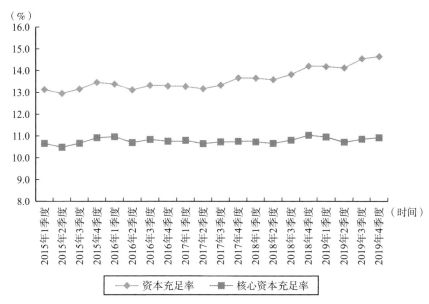

图 3.10　2015～2019 年我国商业银行资本充足率、核心资本充足率季度数据

资料来源：国泰安数据库。

拨备覆盖率与不良贷款率在完全市场化阶段均保持稳定，由图 3.11 和图 3.12 可以看出拨备覆盖率维持在 180% 水平上下、不良贷款率维持在 1.8% 水平上下。拨备覆盖率与不良贷款率的稳定一定程度上反映了商业银行风险得到了有效的控制，可见利率市场化改革对于整个银行业的风险水平存在着较为重要的作用。表明在经历金融危机这种全球性的危机之后，我国商业银行对风险监管的意识进一步增强，并通过一系列的防范措施使得风险逐步变得较为可控。

综合资本充足率与核心资本充足率、拨备覆盖率与不良贷款率来看，在金融危机爆发后的五年左右，我国银行业对风险监管采取的措施成效显著，但由于经济的快速发展，不可避免地将面临更多的挑战，商业银行系统性风险形势仍较严峻，需要银行业各部门继续加大力度采取防范风险的措施。

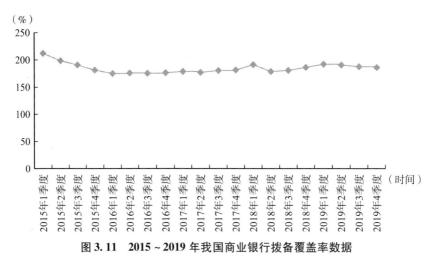

图 3.11　2015 ~ 2019 年我国商业银行拨备覆盖率数据

资料来源：国泰安数据库。

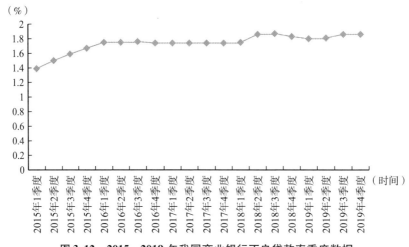

图 3.12　2015 ~ 2019 年我国商业银行不良贷款率季度数据

资料来源：国泰安数据库。

（二）利率市场化完全市场化阶段商业银行流动性分析

在完全市场化阶段，由图 3.13 可以看出流动性比率呈现出明显的上升趋势，这是由于政府为了刺激经济采取宽松的货币政策和积极的财政政策，在这阶段中流动性比率不断攀升，到 2019 年第四季度流动性比率达到

58.46%。完全市场化阶段流动性比率的稳步上升，表明我国商业银行体系的风险随着利率市场化改革的推进得到了较为显著的改善，进一步说明政府的相关政策对风险的管控卓有成效。

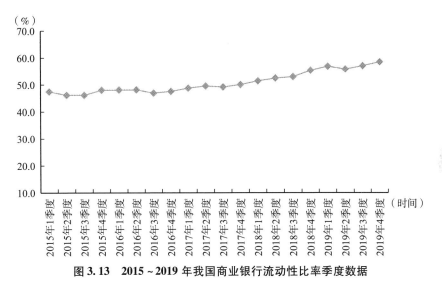

图 3.13　2015～2019 年我国商业银行流动性比率季度数据

资料来源：国泰安数据库。

（三）利率市场化完全市场化阶段商业银行盈利性分析

在对盈利性进行分析时，我们按照商业银行的税后利润、资产利润率和资本利润率这三项指标进行衡量，从而得出反映商业银行盈利状况的一般规律。如表 3.8 所示，在利率市场化完全市场化阶段，我国商业银行整体税后利润呈上升趋势，在 2019 年年底商业银行税后利润达到 19932 亿元，资产利润率和资本利润率整体呈不断下降趋势。

表 3.8　2015～2019 年我国商业银行税后利润、资产利润率和资本利润率季度数据

时间	税后利润（亿元）	资产利润率（%）	资本利润率（%）
2015 年第一季度	4436	1.29	17.76
2015 年第二季度	8715	1.23	17.26
2015 年第三季度	12925	1.2	16.68

续表

时间	税后利润（亿元）	资产利润率（%）	资本利润率（%）
2015 年第四季度	15926	1.1	14.98
2016 年第一季度	4716	1.19	15.93
2016 年第二季度	8991	1.11	15.16
2016 年第三季度	13290	1.08	14.58
2016 年第四季度	16490	0.98	13.38
2017 年第一季度	4933	1.07	14.77
2017 年第二季度	9703	1.04	14.48
2017 年第三季度	14274	1.02	13.94
2017 年第四季度	17477	0.92	12.56
2018 年第一季度	5222	1.05	14
2018 年第二季度	10322	1.03	13.7
2018 年第三季度	15118	1	13.15
2018 年第四季度	18302	0.9	11.73
2019 年第一季度	5715	1.02	13.24
2019 年第二季度	11334	1	13.02
2019 年第三季度	16507	0.97	12.28
2019 年第四季度	19932	0.87	10.96

资料来源：国泰安数据库。

　　综上所述，自利率市场化改革开始以来，我国宏观经济处于持续高速发展的状态，GDP 增长迅速，商业银行的资产规模不断扩大，整体上看我国商业银行处于平稳的状态。即使遭受了 2008 年经济危机，我国银行资产规模也保持了较高的增长速度，年均增速在 20% 左右，银行资产规模的快速增长也一定程度上表明我国商业银行面临的风险形势依然严峻。结合利率市场化进程中五个阶段有关我国商业银行体系运行平稳性的数据来分析，我国商业银行资本充足率与核心资本充足率由下降趋势逆转为上升的趋势，且增速保持相对稳定，可以发现我国商业银行体系的安全性呈现出稳中向好的趋势。通过商业银行流动比率的分析，我国商业银行流动性风险总体保持下降趋势，商业银行流动性呈现出持续性的上升。但近几年来，我国经济周期进入了下行阶段，经济增长速度放缓，商业银行贷款增速相对放缓，由于商业银行收益的主要来源仍是利息收入，因此在这个阶段中商业银行的盈利性有所降低。总览我国利率市场化改革各阶段中商业银行体系运行平稳性的关键指标，表明银行业的监管部门对风险起到了良好的管控作用，但由于经济的快速发展，商业银行系统性风险形势仍较严峻，银行业各部门应持续加强风险防范意识，不断加大系统性风险管控措施力度，将风险始终保持在可控的范围。

第四节　利率市场化背景下我国商业银行系统性风险的影响因素

从上节分析中可以看出，近年来我国商业银行受金融危机影响较深，其经营总体来说较为稳健，防御风险的能力逐年提升，盈利能力呈逐年提高的趋势，流动性也有所改善。与此同时，随着利率市场化进程的不断推进，我国商业银行面临着信用风险和不良贷款的增多，而且处于经济下行期的资产扩张能力有限。在利率市场化背景下我国商业银行面临着诸多风险挑战，因此我们更应密切关注商业银行系统性风险并警惕以下五个方面：

一、外界突发因素可能降低商业银行系统稳定性

在利率市场化改革不断深化的背景下，2020年的突发疫情对国内实体经济构成严重冲击。而外部冲击是商业银行系统性风险的重要影响因素，银行业应建立系统性风险外部预警系统（吴涛，2021）。银行加大逆周期调节，降低贷款利率、降费等让利实体经济，银行加大风险计提和不良风险处置力度，加之同业竞争激烈与监管环境变化等，银行面临的存贷息差压力有所增大。根据中国人民银行发布的2021年第二季度中国货币政策执行报告可知，2021年前6个月，贷款加权平均利率为5.07%，较上年同期下降0.07个百分点，较上年全年下降0.08个百分点。其中，企业贷款利率降幅更大，前6个月企业贷款加权平均利率为4.63%，较上年同期下降0.16个百分点，较上年全年下降0.09个百分点，实体经济融资成本稳中有降。伴随着我国利率

市场的进一步放开，在市场上的利率上升时，那些经济实力较强、信用较好的资金使用者有可能会因为资金使用的成本过高而短暂性的不使用借贷，而对利率不具有高敏感度的资金需求者在这时会积极寻找市场上的借贷，这样一来在资本市场中这些高风险客户会占据过高比例，从而降低商业银行系统稳定性。

二、地方融资平台风险可能引发不良贷款和信用危机

在利率市场化背景下，商业银行的净利差明显缩窄，中国影子银行业务爆炸式增长，商业银行流动性大幅度下降使得系统性风险积聚（姚思旭，2020）。而地方融资平台作为具有中国特色的影子银行业务形式，对于商业银行的系统性风险产生着重要影响。从我国金融行业目前发展情况来看，地方融资公司迅速发展并在金融体系中占据着一定的比重，地方融资平台公司中庞大的贷款规模很可能会带来较多数量的不良贷款，即使其本身不良贷款率较低，这种数量庞大的不良贷款会给金融体系造成强烈的冲击。

之所以地方融资平台会对银行体系造成一定程度的不良影响，主要是因为地方性的债务融资项目大部分是准经营或非经营的性质，对于其基础设施来说，本身不具有偿债能力或能力较低。因此，当地政府一般情况下会通过出售土地开发权来获取土地出让金和借新还旧的方式偿还债务。根据地方政府融资平台手册可知，截至 2021 年 4 月 19 日，全部 12308 只未跨市场发行的城投债中，有 7502 只的资金用途为偿还存量债务、占比达到 60.95%，这 10.27 万亿的未跨市场发行的城投债中，有 6.60 万亿的资金用途为偿还存量债务、占比达到 64.27%。这意味着新发行城投债的资金用途，有 70% 左右是用于置换，仅有 30% 是用于真正投入基础设施建设。当融资环境一旦开始收紧，融资平台自身的风险将有加速暴露的可能性。然而借新还旧和出售土地开发权这两种方式并不能形成良好的循环。对于借新还旧来说，正常情况下融资平台每年都会有到期的贷款，集中到期时需要偿还的数额巨大；对于出售土地开发权这种方式来说，中央对房地产的调控越来越严格，房地产市场相应地会收紧，从而购房需求相应地减少，导致与房地产行业相关的财政收入会相应减少。在这种情况下，房地产开发商拿地的成本也会随之上升，会相应地减少土地开发的需求，从而造成土地出让金的收入减少。

三、商业银行同业业务发展快速可能扩大系统性风险

在利率市场化背景下，我国银行同业业务快速发展，创新出各种类型的同业业务。但是应该注意到的是伴随着同业业务的出现，同业业务的出现风险也随之而来。通过阻断银行同业拆借市场业务对系统性风险的传导机制是有效的防范风险的途径（盖曦，2014）。同业业务是商业银行流动性管理工具，不少中小银行都通过同业业务来实现其自身规模扩张。但是，同业业务中也出现了大量套利、资金表外空转等乱象，滋生诸多金融风险。自 2014 年我国监管部门先后发布一系列政策通知对同业业务进行规范和整治、引导资金进入实体经济以来，同业业务市场迎来拐点，同业资产、同业负债双双大幅缩量，资金空转、套利现象得到遏制。2014~2019 年，上市银行买入返售金融资产业务整体规模下降了 42.72%，而在此期间，具有"同业之王"之称的兴业银行的买入返售金融资产更是缩减了 6747.73 亿元。

然而，根据银保监会发布的数据可知，2020~2021 年第一季度，我国商业银行同业资产出现明显的增长趋势。2020 年半数以上的上市银行，特别是股份制银行的买入返售金融资产规模激增。其中，浦发银行、中信银行、光大银行、招商银行买入返售金融资产分别同比增长 1171.35%、1016.23%、537.78% 和 162.72%。这主要是因为，受新冠肺炎疫情影响，在"货币总量适度、流动性合理充裕"的政策目标下，央行累计推出 9 万多亿元的货币政策支持措施，使得 2020 年全年资金价格较低，平均为 2.66%。同时，疫情状态下银行难以找到优质资产也进一步导致了银行间同业业务量的激增。

拆借类同业业务能够在一定程度上满足商业银行间的短期资金流动，但拆入资金占存款余额的比例越高，表明银行自由流动性资金越缺乏，银行面临着较大的流动性风险。此外，银行的存款资金可能会出现季节性短缺，此时多家银行同时缺乏流动性资金，通过同业业务拆入资金，使得该业务成本提高，且不一定能够拆解到资金去弥补资金缺口，这易引发银行体系流动性风险。对于返售与回购类同业业务来说，商业银行为获取超额利润、躲避监管，会将其产品进行嵌套包装，一项业务涉及银行、券商、信托公司等金融机构，这使得业务的真实风险被掩盖，会增加实体经济融资成本与操作风险。此外，到期无法收回的融资资金会导致银行脆弱性，进而放大系统性风险。

四、银行收入的不确定性可能降低商业银行系统稳定性

在利率市场化过程中，商业银行的收入主要来自银行的利息收入，尽管近几年商业银行不断对业务结构进行优化，积极拓展银行业务促进其多元化发展，但非利息收入在银行收入中的占比仍然较低。在利率市场化推行了之后，商业银行能够自主定价，可以依据银行对资本市场动态的判定和资金的供求情况来进行定价。在这种经营模式下，各商业银行之间很可能会出现较为激烈的竞争，从而使得银行的存款规模扩大，商业银行可以即时上调存款的利率，提高资金的使用成本，与此同时能够使得银行贷款利率降低，尽量吸收高端客户，这样一来银行贷款收益下降，存贷款缩小，银行的利润空间减少，从而导致银行缺口的绝对值增大，银行承担的风险会变多。对于非利息收入，同样也会导致商业银行系统性风险：首先，非利息收入的发展能够使银行摆脱对传统贷款业务的依赖，加快利率市场化进程，而利率市场化会对银行系统性风险产生影响；其次，随着商业银行在信贷市场上的利润空间受到挤压，非利息收入已成为商业银行逐利的抢占点，加剧了银行间的竞争，而竞争程度的提高同样会对银行系统性风险产生影响；最后，同业资产增加银行收益的同时也带来了巨大风险隐患，非利息收入的发展能够降低银行对同业资产业务的依赖从而起到降低银行系统性风险的作用。

五、资产价格变动可能增加商业银行系统性风险

在利率市场化改革不断深化发展的背景下，商业银行存贷利差由于市场定价机制的作用不断缩小，银行传统存贷业务受到巨大冲击。随着利率市场进程的不断推进，商业银行的利差收入因其之间的激烈竞争而持续缩窄，加剧了银行业的系统性风险（王琪，2020）。我国目前已经进入了利率市场化的完全市场化阶段，意味着市场决定资本市场中的资金价格，然而由于资本市场中存在着信息不对称的现象，因此可能会造成资金使用者的道德风险和逆向选择等问题，从而造成银行信贷客户结构的恶化。由于市场机制的作用，利率波动会向股票市场与房地产市场进行传递，导致股价和房价等资产价格泡沫的产生，进而引发各类资产价格的波动。金融系统的稳定性会受到资产

价格波动的影响，从而在股票市场和房地产市场之间形成金融链条，增加了商业银行的系统性金融风险。为了应对由资产价格变动引发的商业银行系统性风险，各银行机构应当提升利率定价能力，推进行业数据的精细化管理，同时监管部门应当加强宏观审慎监管，对资产市场预警不断完善，建立有效的系统性风险长期调控体系。

综上所述，我国商业银行系统性风险受到多种因素影响，这些因素复杂多样且随着利率市场化改革的不断推进而呈现出新的影响路径。因此为了有效预防与管控商业银行系统性风险，相关银行业监管部门应加强风险防控意识，加大防范措施实施力度。而厘清我国商业银行系统性风险测度模型是落实有关措施的前提与基础，于是我们将在本章的第六节对于商业银行系统性风险测度模型的构建与分析进行阐述。

第五节　我国商业银行系统性风险测度及预警分析

一、我国商业银行系统性风险测度分析

（一）选择测度方法

1. 既有测度方法的比较与筛选

商业银行系统性风险的形成原因隐秘且复杂，表现形式因所在领域不同而不同，所以在对风险进行研究与测度时，可从不同角度出发。根据穆萨（Moussa，2011）对相关学者系统性风险测度进行的总结，可将测度方法分为两类：一是基于资产负债表的结构化方法，如指标变量法、网络分析法、矩阵法、风险管理法；二是基于股市、债市等市场信息建立的一般模型，如CoVaR法、Shapley值法及SES和MES等。

根据第二章第二节"商业银行系统性风险识别及量化方法"的分析，模型构建法和基于报表数据的指标分析法具有共同之处，其共同优点主要表现在：第一，较容易获得度量所需数据，分析过程清晰明确，有助于分析者快速准确地发现潜在风险，具有较强的可操作性；第二，将理论与实际相结合，

更加全面地考虑各个影响因素，对商业银行系统性风险的各个环节进行监管，使得监管者可以监管违约银行，从而控制银行系统的风险，有效防止系统性风险的进一步传染；第三，把系统性风险测度与微观金融风险管理较为恰当地进行结合。

尽管有多种度量方法，但是每种方法均存在一定的缺点：首先，表现为评估的形式比较简单，而系统性风险是一个非常复杂的系统。出于对数据采集的难度与付出收益比考虑，往往选择的形式就比较简单；其次，表现为片面的评估角度，这些方法往往将汇率预期等排除在外；最后，较为完备的评价体系尚未完成，所设计的指标体系是否具有较大的说服力仍然是不可知的。出于对已有度量方法的缺陷考虑，本书将从一个较为整体的全局视角设计评价指标体系，同时设计出风险预警机制。

2. 指标选取原则

（1）全面性原则。选取了宏观经济、国际收支、金融市场和银行自身情况作为衡量系统性风险的指标。

（2）可操作性原则。该原则有两层含义：一是大部分数据都要有可获得性，可以从各级政府部门网站上面直接获取；二是不适用定性指标，减少人为因素的干扰。

（3）层次性原则。在设计指标时候充分考虑到指标体系的复杂性，建立分层次的指标体系。

（4）规范性原则。所选择的指标兼顾《巴塞尔协议》等的要求与我国的基本国情。

（二）构建我国商业银行系统性风险指标体系

银行系统性风险的爆发是多种因素共同作用的结果，而非某种单一力量所为，因此只采用银行体系内部指标或者单一的指标去衡量是不可靠的。本书根据我国商业银行的具体情况，构建了一级、二级和三级指标，其中二级指标主要涉及以下四个方面：

1. 宏观经济指标

宏观经济指标反映了我国宏观经济发展的整体状况。本书选取如下指标来表示宏观经济指标：宏观经济景气指数、国房景气指数、GDP 增长率、固定资产投资增长率、城镇登记失业率、CPI 以及 PPI 同比增长率。

（1）宏观经济景气指数（编码 X_1）。宏观经济景气指数是由一致指数、先行指数、滞后指数和预警指数构成。一致指数能够反映我国经济的发展趋势，是由工业生产、社会需求、就业和社会收入四个指标合并而来；先行指数是由一组先行指标合成，该先行指标领先于一致指数，能够预测我国经济走势；落后于一致指数的滞后指标能够合成得到滞后指数，能够确认经济循环的峰与谷；预警指数是由工业生产指数、固定资产投资、社会消费品零售总额、海关进出口总额、工业企业利润总额、城镇居民人均可支配收入、财政收入、金融机构各项贷款、货币供应 M2 和居民消费价格指数合成而来。相关数据主要来自中国经济景气检测中心（www. cemac. org. cn）。

（2）国房景气指数（编码 X_2）。房地产业是中国经济的重要组成部分，国房景气指数是由国家统计局编制的，它的临界点值为 100，若指标值大于 100 则说明景气，若指标值小于 100 则说明不景气。

（3）GDP 增长率（编码 X_3）。正常情况下，一国经济形势越好，投资和消费需求高，市场信贷信心充足，发生金融系统性风险的概率就越小。GDP 增长率与国家经济发展水平息息相关，GDP 增长越快银行越能获得大量的盈利。但是过快的增长速度也表明经济发展出现了过热现象，银行在盈利层面可能会发生危机。过慢的增长速度表明宏观经济下行、银行获利较少，银行放贷规模缩小，经济发展可能会出现衰退，甚至引发系统性风险。本书以年度国内生产总值同比增速来表示 GDP 增长率，且该指标为适度指标，以数据样本的平均值来表示。相关数据来自国家统计年鉴。

（4）固定资产投资增长率（编码 X_4）。作为一国经济发展的根本，该指标必须保持在一定的水平上，如果过高则会有滋生泡沫的风险。当前，固定资产投资对我国经济发展起着至关重要的作用（徐策，2011），其增长率对我国经济周期发展趋向具有决定作用，影响着我国经济发展上行或下行的态势。相关数据来自《国家统计年鉴》。

（5）城镇登记失业率（编码 X_5）。该指标反映了一个国家经济发展的宏观状况，是衡量一国就业情况的关键指标，实现充分就业并能合理控制失业率，这关乎我国经济发展和社会稳定。城镇登记失业率是指期末城镇登记失业人口与城镇劳动人口的比率，考虑到我国劳动力就业弹性系数，我国的实际失业率水平应该稳定在 2.5% 左右，同时应当设置预警值 5%。

（6）通货膨胀率（编码 X_6）。当流通中的货币量超过经济发展实际需要的货币量时，会出现货币贬值，物价水平持续全面上涨，我们称这种现象为通货膨胀。该指标值应当维持在一定的水平上。本书以全年居民消费价格同比增长率来衡量该指标，数据来自《国家统计年鉴》。

（7）PPI 同比（编码 X_7）。生产者物价指数（PPI），是一种用来度量制造商产品出厂的平均价格变化情况的指标，能够反映我国价格水平的整体波动。若该指标值比预期的数值大，则表明具有发生通货膨胀的风险。如果该指标值小于预期的数值，则说明存在通货紧缩的风险。

2. 银行系统脆弱性层面指标

银行系统脆弱性层面指标指的是判断银行自身是否存在风险的指标。《巴塞尔协议》作为一种国际法则，专门用作各国的监管机构对银行风险进行监管，尤其注意信用风险、操作风险和市场风险的监管。本书选取存款准备金率、资本充足率和不良贷款率作为银行系统脆弱性层面指标。

（1）存款准备金率（编码 X_8）。存款准备金率是一种货币政策工具，是我国央行用来调节银行体系流动性的重要手段，使之处于充分适度的状态。我国商业银行的信贷规模随着存款准备金率的提高、货币供应量的减少而缩减；反之，增强。在系统性风险评估指标体系中，该指标为负向指标，数据来自中国人民银行网站。

（2）资本充足率（编码 X_9）。资本充足率越高，银行对风险造成损失的偿付能力越强，银行体系抵御信用风险和市场风险的能力越强，银行系统性风险发生的概率降低。在系统性风险评估指标体系中，该指标属于反向指标，数据来自中国银监会年报。

（3）不良贷款率（编码 X_{10}）。不良贷款率是评价银行贷款质量的关键指标，计算公式为不良贷款除以贷款总额。不良贷款率水平较高时，银行收回贷款会比较难，容易引发贷款违约风险以及银行倒闭危机。贷款质量对于预防和管理银行信用风险具有重要作用，银行资产质量越好，其风险抵御能力就越强。在评估系统性风险的指标体系里，该指标为正向指标。本书选取不良贷款率作为代理变量，以实现指标方向的一致性。数据来自中国人民银行网站。

3. 资本市场层面指标

我国资本市场与银行体系具有紧密关系，通常在系统性风险发生前，资本市场已经出现了波动迹象，所以可以通过观察资本市场指标来判断系统性风险。本书选取三个变量衡量证券市场指标：股票总市值/GDP、上证综合指数波幅和上证 A 股平均市盈率。

（1）股票总市值/GDP（编码 X_{11}）。该指标与证券市场发展程度成正相关关系，股票总市值与 GDP 的比值越高，证券市场发展越成熟，且在我国经济发展中起到重要作用；但指标过低会引起证券市场的供不应求，提高股价。股票市场的波动与银行体系具有密切联系，股指的波动较为强烈会给银行的资产价值带来损失。相关数据来自中国人民银行网站。

（2）上证综合指数波幅（编码 X_{12}）。反映股票市场繁荣程度。

（3）上证 A 股平均市盈率（上 A）（编码 X_{13}）。该指标过高或者过低都会影响商业银行的系统性风险。在系统性风险评估指标体系中，股票市场市盈率属于适度指标，在本书中，适度值以数据样本的平均值来表示。

4. 国际收支指标

国际收支指标反映国际收支平衡、国际资金转移和资本借贷情况。本书中国际收支指标主要包括外汇占款同比增速、外汇储备同比增速、短期外债/外汇储备、进出口差额/GDP 和 FDI/GDP 同比增速。

（1）外汇占款同比增速（编码 X_{14}）。该指标是指为了收购外汇而投放的本国货币。我国基础货币的投放主要是通过外汇占款形式，外汇占款的同比增速提高，则说明当前我国的贸易量增加，或者是热钱流入比较多；而外汇占款的同比增速下降则表明当前我国的贸易量下降，也说明当前热钱的流出速度较快。

（2）外汇储备同比增速（编码 X_{15}）。外汇储备指的是一国官方存储的以外币形式表示的债权。该指标数值越高，风险抵御能力越强。当央行买入商业银行卖出的外汇资产，商业银行可以通过对自己得来的本币收入发放信贷，又会形成新的广义货币供给。在系统性风险评估指标体系中，该指标属于适度指标，本书以数据样本的平均值表示适度值。

（3）短期外债/外汇储备（编码 X_{16}）。该指标反映一国/地区对短期外债的偿还能力。在对系统性风险进行评估的指标体系中，该指标属于正向指标。

（4）进出口差额/GDP（编码 X_{17}）。该指标反映了国外资金流入对国内经济发展所需资金的重要作用。该数据来源于国家统计年鉴。

（5）FDI/GDP 同比增速（编码 X_{18}）。外部因素对我国银行体系的影响随着经济全球化的发展越来越显著。作为一种长期投资，外国直接投资相比短期投资要承担的责任和义务更多，FDI/GDP 反映了外商直接投资对一国经济的重要程度，故该指标的比值越大，越能够说明该国对外商直接投资的依存程度越强，外资冲击对该国的影响越严重，该国的经济的发展将会因为外商直接投资的减少而受到冲击。

我国银行系统性风险指标体系的构建具体如表3.9所示。

表 3.9 　　　　　　　　　　商业银行系统性风险测量指标体系

测量构念	测量维度	量化测量指标	指标类型	编码
商业银行系统性风险	宏观经济层面	宏观经济景气指数	适度	X_1
		国房景气指数	适度	X_2
		GDP 增长率	适度	X_3
		固定资产投资增长率	适度	X_4
		城镇登记失业率	适度	X_5
		通货膨胀率	适度	X_6
		PPI 同比	适度	X_7
	银行系统脆弱性层面	存款准备金率	适度	X_8
		资本充足率	反向	X_9
		不良贷款率	正向	X_{10}
	资本市场层面	股票总市值/GDP	适度	X_{11}
		上证综合指数波幅	适度	X_{12}
		平均市盈率（上 A）	适度	X_{13}
	国际冲击层面	外汇占款同比增速	适度	X_{14}
		外汇储备同比增速	适度	X_{15}
		短期外债/外汇储备	正向	X_{16}
		进出口差额/GDP	适度	X_{17}
		FDI/GDP	适度	X_{18}

注：指标类型是指三层次量化的测量指标与商业银行系统性风险之间存在正向、负向或适度关系，其中适度关系是该指标存在保证商业银行系统性风险水平最低的最优数值。

商业银行系统性风险的形成原因隐秘且复杂，所以在对风险进行研究与测度时，可从不同角度出发。本书从宏观经济层面、银行系统脆弱性层面、资本市场层面以及国际冲击层面去测量商业银行系统性风险是很有必要的。在金融加大开放的背景下，国内银行置身于国内、国际政治经济环境、宏观政策中，也受到来自多方面因素影响。当前我国正处于经济结构转型、增长动能不足、风险释放的关键期，银行系统性风险来自宏观经济、银行系统脆弱性、资本市场、国际冲击四个方面，故从这四个方面构建测度模型。相关学者对商业银行系统性风险测量也采取了类似的做法，李辰颖（2020）从宏观经济和银行系统两方面建立评估银行系统性风险的指标体系。

首先，银行系统指标与商业银行系统性风险直接相关。其源自商业银行系统内部，反映了银行体系自身状况和稳定性，该指标可用于分析银行系统是否存在危机或破产风险。张天顶（2019）采用银行规模、资产与权益资本比率、不良贷款率、营业收入增长率等指标测度商业银行系统性风险。其次，在资本市场方面。我国资本市场与银行体系具有紧密关系，通常在系统性风险发生前，资本市场已经出现了波动迹象，因此，监管当局可以通过观察资本市场的变化来识别银行系统性风险，并采取有效措施进行干预。最后，商业银行系统还会受到宏观因素的影响，宏观经济与国际冲击均可以视为外部宏观环境的影响，前者是国内的经济环境，后者是国外的经济环境。宏观经济层面的指标反映了我国宏观经济发展的整体情况，宏观经济作为银行业发展的基础，其整体上的良好发展状态能够有效刺激并推动银行体系的发展。由于经济全球化的影响，金融开放必然带来套利套汇需求，人民币升值幅度加大，冲击汇率稳定引起实际汇率的上升，出口竞争力的下降，当跨境资本流动完全放开时，会有更多国外资本投入我国资本市场，外汇占款增加导致货币供给量增大，使得资金供过于求，利差缩小，直接影响利率市场化进程，引发利率波动程度加大。如果缺乏有效监管，商业银行可能会盲目增加信贷投入，一旦跨境资本发生反转或者回流，会导致流动性不足引发系统性风险。国际冲击指标反映国际收支平衡、国际资金转移和资本借贷情况，会影响到国内的经济状况、对外经济政策和货币汇率。内外部环境均会影响到商业银行系统性风险。刘春航和朱元倩（2011）从宏观经济冲击、银行自身经营脆弱性以及传染等角度构建了我国银行业系统性风险的度量框架。具体来看：

第一，宏观经济层面。宏观经济作为银行业发展的基础，其整体上的良好发展状态能够有效刺激并推动银行体系的发展。本书选取宏观经济景气指数、国房景气指数、GDP 增长率、固定资产投资增长率、城镇登记失业率、

CPI 以及 PPI 同比增长率等指标来表示宏观经济指标。这些指标能够很好地反映商业银行面临的宏观经济现状，选取这些指标衡量宏观经济是可行的。

第二，本书选取外汇占款同比增速、外汇储备同比增速、短期外债/外汇储备、进出口差额和 FDI/GDP 等指标代表国际收支指标。这些指标反映国际收支平衡、国际资金转移和资本借贷情况，影响一国的国内经济状况、对外经济政策和货币汇率，能够综合反映商业银行面对的国际冲击。

第三，银行系统指标反映了银行体系自身状况和稳定性，《巴塞尔协议》作为一种国际法则，专门用作各国的监管机构对银行风险进行监管，尤其注意信用风险、操作风险和市场风险的监管。因此本书选取存款准备金率、资本充足率和不良贷款率 3 个变量代表银行系统指标。该指标可用于分析银行系统是否存在危机或破产风险。这些指标能够很好地反映商业银行自身的状况，选取这些指标衡量宏观经济是具有实际意义的。

第四，我国资本市场与银行体系具有紧密关系，通常在系统性风险发生前，资本市场已经出现了波动迹象，因此，监管当局可以通过观察资本市场的变化来识别银行系统性风险，并采取有效措施进行干预。本书选取股票总市值/GDP、上证综合指数波幅和上证 A 股平均市盈率 3 个变量衡量证券市场指标。

综上所述，本书从宏观经济、银行系统脆弱性、资本市场、国际冲击四个方面选出了 18 个指标测度我国商业银行系统性风险，所选用是基于学界对有关问题研究而确定的衡量银行系统性风险的重要指标。

（三）样本选取与数据来源

截至目前，我国上市商业银行共有 18 家，但是中国农业银行、光大银行、江苏银行和贵阳银行上市时间较短。考虑到数据可得性，本书排除这 4 家上市银行，并将剩下的 14 家商业银行按照股权性质划分为国有商业银行和非国有商业银行。其中，国有商业银行包括中国工商银行、中国银行、中国建设银行、中国交通银行，非国有商业银行包括兴业银行、上海浦东发展银行、平安银行、中国民生银行、招商银行、中信银行、华夏银行、南京银行、宁波银行、北京银行。考虑到 2007 年后我国新会计准则开始执行，14 家上市银行也基本完成上市并开始重视创新业务发展，为保证样本数据的规范性，本书选取 2007 年第一季度至 2019 年第四季度的数据作为研究样本，并构建面板数据。本书数据来源为国泰安（CSMAR）数据库、万得（Wind）数据库、新浪财经、东方财富网以及各上市银行的年度财务报表。

KMO 和 Bartlett 球形检验是进行主成分分析的先验条件，表 3.10 报告了本书的检验结果，可以发现，KMO 值为 0.654，Bartlett 球形检验的 p 值接近 0，表明本书选取的变量相关性较高，适合作主成分分析，具体内容见表 3.10。

表 3.10 　　　　　　　　　　　　**KMO 和 Bartlett 球形检验结果**

项目		系数
KMO 检验		0.654
Bartlett 球形检验	近似方差	707.325
	df	153
	sig.	0.000

（四）我国商业银行系统性风险现状测度与分析

1. 数据预处理

在具体测量时，为了使 18 个指标与商业银行系统性风险保持正的相关性，避免由于指标趋势不同对测量结果产生偏差，有必要对所有指标进行趋同化处理。此外，指标体系中各指标的数值类型和来源存在明显差异，为消除不同量纲对度量标准的影响，还需要将系统性风险指标体系内单位不同的指标进行数据标准化转换。对于缺失的数据，则通过查阅文献寻找数据缺失区间的个别数值，再采用插值法补充剩余缺失值。

（1）趋同化处理。指的是将指标正向化处理。具体而言，正向指标（如，不良贷款率、短期外债/外汇储备指标）保持不变：$X_i' = X_i$，其中 X_i 为初始值，X_i' 为正向化处理后的指标；对于负向指标（如资本充足率）取初始值的相反数：$X_i' = -X_i$；适度指标则对原始值与该指标适度值的差额取绝对值：$X_i' = |X_i - X_i^m|$，X_i^m 为初始指标的适度值。

（2）无量纲处理。对趋同化处理后的数据进行无量纲处理，可以统一各类指标的量纲和表现形式，以便下一步比较和测量，根据标准化公式得出 $X_i'' = \dfrac{X_i - \overline{X_i}}{S_i}$ 无量纲处理后数据，其中 X_i'' 表示无量纲处理后指标，$\overline{X_i}$ 表示指标 X_i 的平均值，S_i 表示指标 X_i 的标准差。

2. 商业银行系统性风险的测度

（1）指标共同度分析。

表 3.11 报告了各评价指标的初始共同度和抽取后的共同度，将各指标初始共同度设为 1，抽取主成分后的共同度均高于 0.7，多数指标在 0.8~0.9，表明全部指标与其他指标可测量的共同性质较多，因此选取的指标适宜作主成分分析。

表 3.11   各评价指标共同度

变量	初始值	抽取名	变量	初始值	抽取名
GDP 同比增长	1.000	0.861	短期外债/外汇储备	1.000	0.859
CPI	1.000	0.759	不良贷款率	1.000	0.822
城镇登记失业率	1.000	0.739	上证综合指数	1.000	0.895
资本充足率	1.000	0.946	宏观经济景气指数	1.000	0.761
PPI 同比	1.000	0.822	进出口差额/GDP	1.000	0.821
外汇占款同比	1.000	0.746	国房景气指数	1.000	0.711
外汇储备同比增速	1.000	0.839	固定资产投资增长率	1.000	0.773
上证综合指数波幅	1.000	0.895	存款准备金率	1.000	0.785
平均市盈率	1.000	0.744	FDI/GDP	1.000	0.757

（2）主成分抽取结果。

表 3.12 报告了基于方差解释度次序的主成分抽取结果，主成分抽取遵循以下三个原则：第一，特征根大于 1；第二，累计解释方差大于 80%；第三，陡坡检验图通过陡坡检验，选取陡坡突然急剧升高之后的部分。如表 3.12 所示，前 5 个主成分的初始特征根均大于 1，且累计方差达到 80.753%，其中这 5 个主成分的方差贡献率分别为 21.262%、17.614%、15.998%、13.432%、12.446%。进一步地，对各指标数据进行陡坡检验，陡坡检验是根据各主成分特征值的大小按顺序排列成一条坡线，如图 3.14 所示，从第 5 个主成分开始坡线急剧升高，因此选取前 5 个主成分是合适的。

表 3.12 商业银行系统性风险测量指标体系

成分	初始特征根			被提取的载荷平方和		
	合计	方差（%）	累计方差（%）	合计	方差（%）	累计方差（%）
1	4.804	26.689	26.689	3.827	21.262	21.262
2	3.959	21.996	48.685	3.171	17.614	38.876
3	2.517	13.984	62.669	2.880	15.998	54.874
4	2.025	11.250	73.919	2.418	13.432	68.306
5	1.230	6.834	80.753	2.240	12.446	80.753
6	0.702	3.902	84.654			
7	0.530	2.942	87.596			
8	0.461	2.559	90.155			
9	0.408	2.266	92.421			
10	0.321	1.785	94.206			
11	0.303	1.685	95.892			
12	0.223	1.240	97.132			
13	0.156	0.865	97.997			
14	0.138	0.766	98.763			
15	0.094	0.524	99.287			
16	0.063	0.353	99.640			
17	0.042	0.231	99.871			
18	0.023	0.129	100.000			

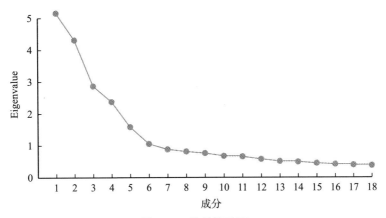

图 3.14 陡坡检验图

（3）主成分指标归类与命名。

表 3.13 报告了各指标在 3 个主成分上的载荷系数估计值，载荷系数越大，表示该指标在对应的主成分上贡献度越高。在此基础上对各主成分指标进行筛选、归类和重新命名。

表 3.13　　　　　　　　　　　　旋转后载荷矩阵

变量	成分				
	1	2	3	4	5
外汇占款同比增速	0.861*	0.211	0.148	0.122	-0.124
外汇储备同比增速	0.851*	0.060	0.251	0.322	-0.005
短期外债/外汇储备	0.804*	-0.156	0.332	-0.032	-0.198
进出口差额/GDP	0.678*	-0.180	0.393	-0.228	0.111
FDI/GDP	0.653*	0.317	-0.478	0.010	0.003
存款准备金率	0.200	0.942*	-0.095	0.043	0.085
不良贷款率	0.163	0.830*	-0.318	0.261	0.101
资本充足率	-0.340	0.818*	0.061	0.100	-0.153
宏观经济景气指数	0.282	-0.211	0.781*	0.152	0.252
国房景气指数	0.279	-0.181	0.778*	0.221	0.092
GDP 增长率	0.080	0.429	0.703*	0.343	-0.243
固定资产投资增长率	0.401	-0.010	0.610*	-0.313	0.393
平均市盈率（上 A）	-0.210	0.137	0.205	0.843*	-0.208
上证综合指数波幅	0.186	0.054	0.043	0.815*	0.203
上证综合指数	0.262	0.501	0.123	0.652*	0.034
城镇登记失业率	-0.071	0.247	0.191	0.030	0.798*
PPI 同比	0.130	-0.349	0.088	-0.169	0.756*
CPI	-0.389	0.050	-0.053	0.221	0.744*

注：*表示某一主成分包含的主要指标。

由表 3.13 显示,第 1 主成分中外汇占款同比增速(X_{14})、外汇储备同比增速(X_{15})、短期外债/外汇储备(X_{16})、进出口差额/GDP(X_{17})、FDI/GDP(X_{18})5 个指标载荷系数较大,反映出国际冲击状况,本书将该主成分命名为"国际冲击风险",其解释了 21.262% 的系统性风险综合水平。伴随经济全球化的逐步加深,我国金融市场越来越受到外部因素的影响,国际冲击维度反映了国际贸易、国际资本借贷以及国际资金转移状况,外部冲击的增加会对我国商业银行系统的稳定性产生巨大影响。国际经验也表明,金融体系危机的爆发和国际收支的不平衡密切相关,卡明斯基和莱因哈特(Kaminsky and Reinhart,1999)在对历经国际冲击和银行系统性风险的 20 个国家研究发现,超过半数的国家在发生银行系统性危机的同时存在国际收支不平衡。

第 2 主成分中存款准备金率(X_8)、资本充足率(X_9)、不良贷款率(X_{10})3 个指标载荷系数较大,反映出商业银行系统自身脆弱性状况,本书将该主成分命名为"银行系统脆弱性",其解释了 17.614% 的系统性风险综合水平。银行系统脆弱性指标体现了银行系统在某一时点的整体银行业系统性风险水平,以及在内部不同个体之间的分布和传染情况。当前经营模式的复杂性和多样性不仅增加了投资风险和自身系统的脆弱性,还增强了风险在银行体系内的传染性,使得大规模系统性风险不断积累。

第 3 主成分中宏观经济景气指数(X_1)、国房景气指数(X_2)、GDP 增长率(X_3)、固定资产投资增长率(X_4)4 个指标载荷系数较大,其解释了 15.998% 的系统性风险综合水平。自国际金融危机后我国内需乏力、外需不振,经济增长更依赖大规模基础设施建设投资和房地产开发投资,国家房地产景气指数和固定资产投资增长率可以有效反映出中国经济持续增长方式。

第 4 主成分中股票总市值/GDP(X_{11})、上证综合指数波幅(X_{12})、平均市盈率(上 A)(X_{13})3 个指标载荷系数较大,反映出证券市场风险,本书将该主成分命名为"证券市场风险",其解释了 13.432% 的系统性风险综合水平。证券市场风险维度一方面体现了证券市场的发育状况,一国证券化程度越高,表明证券市场在该国经济体系中越重要,另一方面市盈率、上证综合指数波幅等指标也体现了经济体证券化程度与之相伴的风险状况,股票市盈率越高,表明其价格和价值偏差越大,使得投资者承担的投资风险越大,而上证综合指数的波动所产生的放量和缩量等不规则交易行为，也往往会诱发股票市场的投机交易。

第 5 主成分中城镇登记失业率（X_5）、CPI（X_6）、PPI 同比（X_7）3 个指标载荷系数较大，反映出经济运行稳健性，本书将该主成分命名为"经济运行稳健性"，其解释了 12.446% 的系统性风险综合水平。经济运行的稳健性程度体现了一国国内经济环境的健康状况，城镇登记失业率、CPI、PPI 反映出一国就业率水平、物价水平和制造业水平的稳健性，能在总体上反映经济运行的质量。

通过对各主成分指标抽取、归类和重新命名，形成我国商业银行系统性风险评估指标体系最终整体框架，如表 3.14 所示。

表 3.14　　　　　　　　　商业银行系统性风险评估指标体系整体框架

第一层次指标	第二层次指标	第三层次指标		因子载荷	T 值	CR 值	AVE 值	Cronbach α 系数
		指标名称	编码					
商业银行系统性风险	国际冲击风险	外汇占款同比增速	X_{14}	0.810	13.670	0.881	0.611	0.886
		外汇储备同比增速	X_{15}	0.957	17.822			
		短期外债/外汇储备	X_{16}	0.723	11.324			
		进出口差额/GDP	X_{17}	0.892	14.929			
		FDI/GDP	X_{18}	0.764	12.570			
	银行系统脆弱性	存款准备金率	X_8	0.936	15.948	0.857	0.637	0.868
		不良贷款率	X_9	0.814	13.163			
		资本充足率	X_{10}	0.539	7.402			
	经济增长方式风险	宏观经济景气指数	X_1	0.942	16.141	0.836	0.656	0.858
		国房景气指数	X_2	0.762	12.370			
		GDP 增长率	X_3	0.643	10.332			
		固定资产投资增长率	X_4	0.871	13.858			
	证券市场风险	平均市盈率（上 A）	X_{11}	0.898	14.992	0.785	0.664	0.821
		上证综合指数波幅	X_{12}	0.861	13.748			
		股票总市值/GDP	X_{13}	0.717	11.112			

续表

第一层次指标	第二层次指标	第三层次指标		因子载荷	T 值	CR 值	AVE 值	Cronbach α 系数
		指标名称	编码					
商业银行系统性风险	经济运行稳健性	城镇登记失业率	X_5	0.809	13.666	0.769	0.623	0.807
		CPI	X_6	0.515	8.119			
		PPI 同比	X_7	0.622	9.465			

（4）商业银行系统性风险指标体系结构的拟合性验证。

进一步对我国商业银行系统性风险评估指标体系整体框架进行信度和效度检验。模型拟合结果如表 3.14 所示。信度检验结果表明各指标的 Cronbach α 系数均在 0.8 以上，表明指标体系的可靠性程度较高；关于指标体系的效度检验，本书分别计算各指标的标准化因子载荷值及其测量误差，在此基础上计算出各指标相应的平均方差抽取量（AVE）值，各指标的标准化因子载荷的 T 值全部大于 1.96，表明基本适配指标理想，并且指标体系的组合信度（CR）均在 0.7 以上，表明指标体系的内在质量理想；此外，各指标平均方差抽取量（AVE）值均高于 0.5，CFA 各拟合系数都处于优秀水平（$\chi^2/\mathrm{d}f$ = 1.852，RMSEA = 0.062，GFI = 0.95，CFI = 0.95，NFI = 0.96），说明了测量指标能有效反映其共同因素构念的潜在特质。最后，综合上述分析结果，可以认为，商业银行系统性风险评价指标体系的信度和效度都得到了很好的数据支撑。

二、我国商业银行系统性风险预警分析

（一）商业银行系统性风险综合评估

第一步，根据具体指标载荷矩阵计算前 5 个主成分分值，作为指标体系中第二层次的风险水平，如式（3.1）所示：

$$Y_i = \sum_{j=1}^{N_i} \rho_j X_j \tag{3.1}$$

式（3.1）中，Y_i 为第 i 个主成分，N_i 为第 i 个主成分包含的指标数量，

X_j 为第 j 个具体指标，ρ_j 表示第 j 个具体指标所对应的因子载荷系数。表 3.15 报告了 SPSS 输出的前 5 个主成分得分矩阵，基于此可计算前 5 个主成分具体分值。

表 3.15　　　　　　　　　　　成分得分系数矩阵

指标名称（编码）	成分				
	1	2	3	4	5
外汇占款同比增速（X_{14}）	0.057	0.011	0.262	−0.004	−0.086
外汇储备同比增速（X_{15}）	0.056	−0.070	0.264	0.111	−0.017
短期外债/外债余额（X_{16}）	−0.068	−0.256	−0.019	0.121	−0.136
进出口差额/GDP（X_{17}）	0.155	−0.034	0.150	−0.116	−0.025
FDI/GDP（X_{18}）	−0.172	−0.027	0.366	0.003	0.029
存款准备金率（X_8）	0.002	0.294	0.032	−0.102	−0.008
资本充足率（X_9）	0.056	0.308	−0.217	−0.063	−0.111
不良贷款率（X_{10}）	−0.119	0.175	0.111	0.048	0.056
宏观经济景气指数（X_1）	0.253	−0.018	−0.078	0.038	0.037
国房景气指数（X_2）	0.254	−0.018	−0.081	0.061	−0.033
GDP 增长率（X_3）	0.250	0.177	−0.188	0.048	−0.199
固定资产投资增长率（X_4）	0.234	0.074	−0.025	−0.168	0.060
平均市盈率（上 A）（X_{11}）	−0.010	−0.064	−0.087	0.371	−0.047
上证综合指数波幅（X_{12}）	−0.099	−0.161	0.126	0.401	0.163
股票总市值/GDP（X_{13}）	−0.022	0.027	0.081	0.255	0.026
城镇登记失业率（X_5）	0.042	0.089	−0.052	−0.007	0.317
CPI（X_6）	−0.077	−0.012	−0.082	0.129	0.368
PPI 同比（X_7）	0.004	−0.101	0.075	−0.026	0.332

第二步，以各主成分旋转后的特征值为权重，计算商业银行系统性风险

综合得分，如式（3.2）所示：

$$Z = \sum_{k=1}^{5} \frac{\lambda_k Y_k}{\sum_{k=1}^{5} \lambda_k} \tag{3.2}$$

式（3.2）中，Z 为商业银行系统性风险综合水平，Y_k 为第 k 个主成分对应的旋转后的特征值，结合式（3.1）和式（3.2），可以得出 2005 年第一季度至 2019 年第四季度商业银行系统性风险综合水平演化进程。

（二）商业银行系统性风险预警

为了从定性角度考察商业银行系统性风险的累计程度，追溯预警风险的来源与结构，实现向监管部门提供实时风险预警，本书采取从低阶到高阶的顺序对各级指标进行风险阈值划分，确定各层级的风险等级，设计从低到高的"多层级风险预警机制"。具体地，首先对第三层级指标进行风险等级划分，由前文分析可知，经过趋同化和无量纲化后的三级指标均值为 0，标准差为 1，且与商业银行系统性风险变化方向一致，基于此，本书参照张萌（2015）研究，将区间 $[\min(X_i''), 0]$ 设为无风险区间，当具体指标观测值落入这一区间，表明基本处于无风险阶段，监管部门无须特别关注；将 $\left(0, \frac{\max(X_i'')}{3}\right]$ 设为低风险区间，当具体指标观测值落入这一区间，表明处于低风险阶段，监管部门需要适度关注；将 $\left(\frac{\max(X_i'')}{3}, \frac{2\max(X_i'')}{3}\right]$ 设为中等风险区间，如果具体指标观测值落入这一区间，则表明该指标处于中等风险阶段，对此监管部门需要高度关注；将 $\left(\frac{2\max(X_i'')}{3}, \max(X_i'')\right]$ 设为高风险区间，当具体指标观测值落入这一区间，表明处于高风险阶段，监管部门需要对此进行密切关注。具体如表 3.16 所示。同理，由于其他层级指标是由第三层级指标平均加权计算得出，因而风险阈值划分与预警机制与第三层级具有一致性。

表 3.16 商业银行系统性风险指标预警机制

风险阈值	指标区间	预警等级	关注程度
—	$\left[\min(X_i''),\ 0 \right]$	无风险	无须关注
0	$\left(0,\ \dfrac{\max(X_i'')}{3} \right]$	低风险	适度关注
$\dfrac{\max(X_i'')}{3}$	$\left(\dfrac{\max(X_i'')}{3},\ \dfrac{2\max(X_i'')}{3} \right]$	中风险	高度关注
$\dfrac{2\max(X_i'')}{3}$	$\left(\dfrac{2\max(X_i'')}{3},\ \max(X_i'') \right]$	高风险	密切关注

结合 2005 年第一季度至 2019 年第四季度商业银行系统性风险综合水平，可以得出不同风险区间相应的预警等级和所需关注度。可以发现，我国商业银行系统性风险大致经历了中/高风险→低/无风险→中/高风险三个阶段。第一阶段中或高风险时期包括 2005 年第一季度至 2006 年第一季度，以及 2007 年第三季度至 2008 年第一季度，其中在 2007 年第三季度和第四季度出现了高风险等级预警，并且在 2007 年第三季度达到了 0.9395 最高风险等级预警。第二阶段低风险或无风险时期包括 2008 年第二季度至 2014 年第四季度，其中 2011 年第三季度出现了 - 0.7921 最低风险水平。第三阶段中风险或高风险时期包括 2015 年第一季度至 2019 年第四季度，其中在 2015 年第二季度至第四季度出现了高风险等级预警，表明当前我国商业银行系统性风险已步入稳步上升阶段。

根据我国商业银行系统性风险的结构分布演进过程，可以发现 2005 ~ 2019 年商业银行系统性风险的结构分布大致可以划分为五个阶段。2005 年第一季度至 2006 年第一季度中，国际冲击风险和商业银行体系脆弱性处于较高水平是增强系统性风险的重要因素，尽管经济增长方式风险和经济运行风险较低有助于降低商业银行系统性风险，但根据前文分析可知，其系统重要性程度低于国际冲击风险和银行体系脆弱性，因此总体而言这一阶段的系统性风险综合水平处于中风险等级。

2006 年第二季度至 2007 年第二季度，商业银行系统脆弱性程度呈逐步下降趋势，但仍然是增强系统性风险的主要因素，经济增长方式风险开始逐步显现，国际冲击风险、证券市场风险和经济运行稳健性风险较低，总体而言，主要风险的逐步下降和其余风险程度较低导致这一阶段的商业银行系统性风险综合水平处于无风险/低风险等级。

2007 年第三季度至 2008 年第一季度，证券市场风险的增长成为增强商业银行系统性风险的最重要因素，2007 年下半年证券市场风险、经济增长方式风险和银行系统脆弱性的逐步累积导致 2008 年第一季度经济运行发生大幅动荡，但这一时期我国商业银行业受国际金融危机的冲击较小。从总体来说，商业银行自身体系的脆弱性、内外部经济增长方式的风险、证券市场的风险和经济运行的稳定性目前皆处于高风险的水平，商业银行系统性风险的综合水平处于中高风险水平。

2008 年第二季度起截至 2014 年第四季度，国际冲击风险处于无风险或低风险水平。银行体系脆弱性、经济增长方式和经济运行稳定性均呈现先增后减的倒 U 形的风险发展趋势，证券市场风险呈现先降低后小幅升高趋势，但在整体系统性风险影响因素中所占比重较低。总体而言，这一阶段各类风险均处于较低水平或处于下降趋势，因此导致商业银行系统性风险处于无/低风险等级。

2015 年第一季度至 2019 年第四季度，国际冲击风险和经济增长方式风险成为增强商业银行系统性风险的主要因素，银行系统脆弱性和证券市场风险是降低系统性风险的主要因素，但其降低幅度明显小于国际冲击风险和经济增长方式风险的增强幅度，且后两者的系统性风险重要性低于前者，经济运行稳健性风险逐步上升，因此导致这一阶段商业银行系统性风险处于中/高风险等级。

商业银行系统性风险评估与预警结果如表 3.17 所示。

三、我国系统重要性商业银行评估分析

系统重要性银行概念的源于 2008 年全球金融危机，大型金融机构的倒闭是此次危机的关键，根据巴塞尔委员会（BIS）通过的《巴塞尔协议》，系统重要性银行是指那些业务规模大、可替代性小、复杂性和关联性程度高，并在全球市场最为活跃的银行，这类银行一旦发生经营风险将波及整个银行体系甚至金融体系。众多研究表明，系统重要性金融机构特别是系统重要性银行（SIBs）已成为维持全球金融体系和国际社会平稳发展的关键。

表3.17　　商业银行系统性风险评估与预警结果

时间	国际冲击风险 (0.263297)		银行系统脆弱性 (0.218122)		经济增长方式风险 (0.198110)		证券市场风险 (0.166334)		经济运行稳健性 (0.154124)		商业银行系统性风险	
	风险水平	预警等级	风险水平	预警等级	风险水平	预警等级	风险水平	预警等级	风险水平	预警等级	风险水平	预警等级
2005 年第一季度	1.6613	高风险	1.4738	中风险	-1.7648	无风险	0.0598	低风险	0.2574	低风险	0.4589	中风险
2005 年第二季度	2.1748	高风险	1.3172	中风险	-1.9598	无风险	0.1689	低风险	0.3976	低风险	0.5610	中风险
2005 年第三季度	2.1241	高风险	1.3301	中风险	-2.1017	无风险	0.1959	低风险	0.6502	低风险	0.5658	中风险
2005 年第四季度	1.2471	中风险	1.5584	中风险	-1.7922	无风险	0.1771	低风险	-0.0116	无风险	0.3409	中风险
2006 年第一季度	-0.1656	无风险	1.9811	高风险	0.1361	低风险	-0.5022	无风险	-0.0753	无风险	0.3203	中风险
2006 年第二季度	-0.4550	无风险	2.2108	高风险	0.9681	中风险	-1.1815	无风险	-0.2920	无风险	0.3127	低风险
2006 年第三季度	-0.8233	无风险	2.5245	高风险	0.4537	低风险	-1.0765	无风险	-0.8922	无风险	0.1072	低风险
2006 年第四季度	-0.5204	无风险	1.3635	中风险	-0.2235	无风险	-0.2810	无风险	-1.1374	无风险	-0.1059	无风险
2007 年第一季度	-0.4846	无风险	1.4871	中风险	0.3694	低风险	0.0491	低风险	-1.6254	无风险	0.0276	低风险
2007 年第二季度	-0.7093	无风险	1.3788	中风险	0.9854	中风险	1.0907	低风险	-1.2436	无风险	0.2990	低风险
2007 年第三季度	-0.5975	无风险	0.9162	中风险	0.8254	中风险	4.1720	高风险	0.2561	低风险	0.9395	高风险
2007 年第四季度	-0.7959	无风险	0.7670	低风险	1.3272	高风险	2.9533	高风险	0.0457	低风险	0.7190	高风险
2008 年第一季度	-0.2701	无风险	-0.7620	无风险	-0.5480	无风险	2.9075	高风险	2.3028	高风险	0.4927	中风险
2008 年第二季度	-0.3087	无风险	-0.3608	无风险	-0.6339	无风险	0.1249	低风险	1.8765	高风险	0.0244	低风险
2008 年第三季度	-0.1496	无风险	-0.3617	无风险	-1.3111	无风险	-0.1084	无风险	1.3795	中风险	-0.1834	无风险
2008 年第四季度	-0.8698	无风险	0.3366	低风险	0.3567	低风险	-0.4329	无风险	0.0186	低风险	-0.1541	无风险

时间	国际冲击风险 (0.263297)		银行系统脆弱性 (0.218122)		经济增长方式风险 (0.198110)		证券市场风险 (0.166334)		经济运行稳健性 (0.154124)		商业银行系统性风险	
	风险水平	预警等级	风险水平	预警等级	风险水平	预警等级	风险水平	预警等级	风险水平	预警等级	风险水平	预警等级
2009 年第一季度	-1.4993	无风险	0.4976	低风险	0.8725	中风险	-0.7658	无风险	1.8376	高风险	0.0425	低风险
2009 年第二季度	-1.1729	无风险	0.3880	低风险	0.2470	低风险	-1.2139	无风险	2.5712	高风险	0.0191	低风险
2009 年第三季度	-1.0080	无风险	0.2001	低风险	-0.3246	无风险	-1.1851	无风险	2.3482	高风险	-0.1213	无风险
2009 年第四季度	-1.4632	无风险	0.6683	低风险	0.7723	中风险	-0.5298	无风险	0.8121	低风险	-0.0494	无风险
2010 年第一季度	-0.7848	无风险	-0.1077	无风险	1.0226	中风险	-0.5196	无风险	-0.0830	无风险	-0.1268	无风险
2010 年第二季度	-0.7254	无风险	-0.3661	无风险	0.0692	低风险	-0.7144	无风险	-0.1273	无风险	-0.3956	无风险
2010 年第三季度	-0.8355	无风险	-0.6643	无风险	-0.7170	无风险	-0.5309	无风险	-0.6557	无风险	-0.6963	无风险
2010 年第四季度	-0.8884	无风险	-0.7644	无风险	-0.8507	无风险	-0.6706	无风险	-0.5506	无风险	-0.7656	无风险
2011 年第一季度	-0.5107	无风险	-1.0109	无风险	-0.7851	无风险	-0.4395	无风险	0.3485	低风险	-0.5299	无风险
2011 年第二季度	-0.8227	无风险	-1.2462	无风险	-0.8394	无风险	-0.1151	无风险	0.5117	低风险	-0.5950	无风险
2011 年第三季度	-1.0966	无风险	-1.1129	无风险	-1.3199	无风险	-0.1080	无风险	0.1225	低风险	-0.7921	无风险
2011 年第四季度	-0.6628	无风险	-0.9469	无风险	-1.4773	无风险	0.1974	低风险	-0.8360	无风险	-0.7698	无风险
2012 年第一季度	0.0035	低风险	-0.7820	无风险	-0.5774	无风险	-0.2017	无风险	-1.1352	无风险	-0.4926	无风险
2012 年第二季度	-0.0577	无风险	-0.9027	无风险	-0.1186	无风险	0.4014	低风险	-0.9987	无风险	-0.3227	无风险
2012 年第三季度	0.0422	低风险	-0.9500	无风险	-0.1873	无风险	0.4919	低风险	-0.7031	无风险	-0.2598	无风险
2012 年第四季度	0.0067	低风险	-0.8309	无风险	-0.4705	无风险	0.1260	低风险	-1.1490	无风险	-0.4288	无风险

续表

时间	国际冲击风险 (0.263297)		银行系统脆弱性 (0.218122)		经济增长方式风险 (0.198110)		证券市场风险 (0.166334)		经济运行稳健性 (0.154124)		商业银行系统性风险	
	风险水平	预警等级	风险水平	预警等级	风险水平	预警等级	风险水平	预警等级	风险水平	预警等级	风险水平	预警等级
2013年第一季度	-0.0239	无风险	-0.7518	无风险	-0.9185	无风险	0.2401	低风险	-0.9581	无风险	-0.4600	无风险
2013年第二季度	-0.3227	无风险	-0.6028	无风险	-0.3145	无风险	-0.0092	无风险	-1.0944	无风险	-0.4489	无风险
2013年第三季度	-0.4417	无风险	-0.4894	无风险	-0.5195	无风险	0.0068	低风险	-0.7954	无风险	-0.4474	无风险
2013年第四季度	-0.4187	无风险	-0.5213	无风险	-0.3763	无风险	0.0055	低风险	-0.7816	无风险	-0.4181	无风险
2014年第一季度	-0.1621	无风险	-0.5439	无风险	0.0709	低风险	-0.0812	无风险	-0.6961	无风险	-0.2680	无风险
2014年第二季度	-0.3199	无风险	-0.5993	无风险	0.2424	低风险	0.1918	低风险	-0.8698	无风险	-0.2691	无风险
2014年第三季度	0.0521	低风险	-0.6127	无风险	0.7900	中风险	-0.2981	无风险	-0.4644	无风险	-0.0846	无风险
2014年第四季度	0.6109	低风险	-0.7476	无风险	0.8628	中风险	-0.3624	无风险	-0.2457	无风险	0.0706	低风险
2015年第一季度	1.1706	中风险	-0.5512	无风险	1.4286	高风险	-0.4545	无风险	0.1867	低风险	0.4242	中风险
2015年第二季度	1.5319	高风险	-0.6160	无风险	1.5553	高风险	0.3785	低风险	0.6816	低风险	0.7451	高风险
2015年第三季度	1.6617	高风险	-0.7389	无风险	1.3883	高风险	0.0127	低风险	0.7416	低风险	0.6678	高风险
2015年第四季度	1.6986	高风险	-0.2595	无风险	1.6769	高风险	-1.0126	无风险	0.6022	低风险	0.6472	高风险
2016年第一季度	1.7980	高风险	-0.4645	无风险	0.9099	中风险	-0.3362	无风险	0.0723	低风险	0.3759	中风险
2016年第二季度	1.6342	高风险	-0.6958	无风险	0.8310	中风险	-0.1857	无风险	-0.8359	无风险	0.2044	低风险
2016年第三季度	1.4175	中风险	-0.5854	无风险	0.9912	中风险	-0.2665	无风险	0.2825	低风险	0.4411	中风险
2016年第四季度	1.3315	中风险	-0.4495	无风险	0.9786	中风险	-0.3683	无风险	-0.0457	无风险	0.3781	中风险

续表

时间	国际冲击风险 (0.263297)		银行系统脆弱性 (0.218122)		经济增长方式风险 (0.198110)		证券市场风险 (0.166334)		经济运行稳健性 (0.154124)		商业银行系统性风险	
	风险水平	预警等级	风险水平	预警等级	风险水平	预警等级	风险水平	预警等级	风险水平	预警等级	风险水平	预警等级
2017 年第一季度	1.2910	中风险	-0.4345	无风险	0.9819	中风险	-0.3254	无风险	0.0563	低风险	0.3563	中风险
2017 年第二季度	1.3342	中风险	-0.6558	无风险	0.8430	中风险	-0.2123	无风险	-0.8234	无风险	0.2743	低风险
2017 年第三季度	1.4175	中风险	-0.5886	低风险	0.9654	中风险	-0.2523	无风险	0.2643	低风险	0.4357	中风险
2017 年第四季度	1.3125	中风险	0.0467	无风险	0.8786	中风险	-0.3345	无风险	-0.0325	无风险	0.3576	中风险
2018 年第一季度	1.2980	中风险	-0.4633	无风险	0.8043	中风险	-0.3245	无风险	0.0634	低风险	0.3754	中风险
2018 年第二季度	1.3342	中风险	-0.6251	无风险	0.8563	中风险	-0.1123	无风险	-0.8246	无风险	0.2733	低风险
2018 年第三季度	1.3375	中风险	-0.5455	无风险	0.9632	中风险	-0.2532	无风险	0.2678	低风险	0.4567	中风险
2018 年第四季度	1.2915	中风险	-0.4325	无风险	0.9632	中风险	-0.3654	无风险	-0.3421	无风险	0.3674	中风险
2019 年第一季度	1.2999	中风险	-0.5622	无风险	0.9456	中风险	-0.3362	无风险	0.0452	低风险	0.3975	中风险
2019 年第二季度	1.3333	中风险	-0.5934	无风险	0.8567	中风险	-0.1976	无风险	-0.3421	无风险	0.2452	低风险
2019 年第三季度	1.4743	中风险	-0.5432	无风险	0.9573	中风险	-0.2543	无风险	0.2576	低风险	0.4574	中风险
2019 年第四季度	1.3642	中风险	-0.4854	无风险	0.9567	中风险	-0.3643	无风险	1.2432	中风险	0.3634	中风险

鉴于系统重要性银行在银行业和金融体系中的重要地位，如何明确系统重要性银行的评估标准并对其实施差异化监管成为当前研究者和监管部门重点关注的课题。金融危机之前，研究者多关注"太大而不能倒"的金融机构，将规模作为评估系统重要性机构的唯一标准。金融危机之后，2009 年英国金融服务局、金融稳定理事会等机构发布的《系统重要性金融机构、市场和工具的评估指引》将"规模""可替代性""复杂性"定义为系统重要性银行的评估标准。巴塞尔委员会于 2011 年 11 月发布的《全球系统重要性银行：评估方法和附加资本吸收要求》中，提出了一种新的全球系统重要性银行评估方法，认为考察某一银行的系统重要性应从该银行的倒闭对全球金融市场的冲击程度来衡量，而不是该银行发生破产风险的可能性。BIS 采用规模、可替代性、复杂性、关联性以及跨境活动五项特征指标评估全球系统重要性金融机构，并对每项指标赋予 20% 的权重，这五大类指标涵盖了 12 项子指标，是对系统重要性银行较为全面合理的评估方法。巴塞尔银行监督管理委员会在 2011 年采用全球系统重要性银行指标法对 29 家全球系统重要性银行进行了评估，此次评估结果中国银行也位列其中。次年，在巴塞尔银行监督管理委员会更新的 28 家全球系统重要性银行中，中国银行也再次入选全球系统重要性银行。

2008 年国际金融危机的教训和经验表明，系统重要性金融机构业务规模较大、复杂程度较高，风险交叉传染性较强，如果发生重大风险事件而无法持续经营，可能对金融系统甚至宏观经济运行带来严重损害。因此，预防"规模虽大但不能倒"问题、减少商业银行负外部性、加强对系统性重要金融机构的监管，成为当下全球金融监管改革的重要共识和内容。从国际层面看，金融稳定理事会每年都会发布全球系统重要性银行名单，并建立相应的监管框架。许多国家根据巴塞尔银行监管委员会制定的指引，建立了国内系统重要性银行监管政策体系。因此，有必要了解我国的商业银行系统重要性，从而可以在利率市场化背景下面对日趋复杂的商业环境，更好地把握商业银行可能面临的风险，达到"四两拨千斤"的效果。基于以往研究经验，本书同样选择指标法构建我国系统重要性指标评估体系，这是由于尽管当前我国银行业中四大国有银行规模巨大，具有明显的系统重要性，但是指标评估法能够对系统重要性来源进行有效追踪并预测系统重要性银行的未来发展和变化趋势，不仅有助于协助商业银行降低自身系统性风险，还能辅助监管部门有效识别系统重要性银行，进而对商业银行进行差异化监管。

（一）系统重要性银行评估指标体系的设计

2011年，中国银监会颁布的《中国银行业新监管标准实施指引》中指出，为明确系统重要性银行的定义，对国内系统重要性银行的评估应当重点考虑以下四个因素：规模、可替代性、复杂性和关联性。因此，根据该标准，本书排除了全球系统重要性银行指标法中的跨境活动指标，并根据中国银行业的实际情况修改了其他指标，建立了具有中国特色的商业银行体系重要性评价指标体系。每个指标的选择如下：

1. 规模

规模是单个银行相对于整体银行业系统重要性的最重要特征。布朗和丁（Brown and Din，2011）研究指出，某一银行的系统重要性取决于其为整体银行体系提供的金融产品和服务的数量及质量。银行规模越大，当其面临困境或破产时对整体银行系统带来的潜在损失和冲击就越大，而其他银行也很难有实力弥补或替代其相关业务，这无疑对银行业信心带来巨大打击。全球系统重要性银行指标法将规模指标类定义为《巴塞尔协议Ⅲ》中计算杠杆率所采用的风险敞口，包括表外资产和表内资产。由于我国商业银行总体表外资产规模较小，表内资产足以很好体现商业银行的规模水平，此外考虑到全球系统重要性银行指标法中计算风险敞口需要将表外资产转换为表内资产，而计算过程的准确性会在一定程度上影响计量结果的精确度，因此本书采用商业银行表内资产总额作为银行规模的计量指标。

2. 可替代性

可替代性是指当单个银行面临困境或破产时，其他银行无法取代并提供相同或类似的金融产品和服务。某一银行提供的服务可替代性越小，则它在整体银行系统中就越重要。现实中，系统重要性银行所提供的关键性金融服务占有率很高，在短时间内的确无法取代，当它陷入困境时，不仅会使客户花费更多成本寻找相同服务，还会造成服务缺口和市场流动性不足，继而对整体银行业产生深远影响。为衡量单个银行提供服务的可替代性程度，全球系统重要性银行指标法选择支付系统清算与结算发生额、托管资产额以及证券市场承销各类股票与债券交易额3个指标。然而根据当前我国银行业发展的实际情况，现阶段我国商业银行提供的关键性金融服务主要为信贷业务。

与此同时，伴随利率市场化改革的迅猛发展，传统存贷业务盈利空间的逐步缩水也开始倒逼商业银行开始寻求金融产品和服务的创新。因此本书采用以下两个指标衡量单个银行的可替代性程度。第一，发放贷款及垫款额。基于以往研究可知，单个银行发放贷款及垫款总额越大，当陷入危机时，会提前收回贷款，导致借贷方资金断链，面临破产，因此某一银行发放的贷款及垫款额越大，对银行业和实体经济的影响越强，系统重要性程度也高。第二，手续费及其佣金收入。商业银行通过办理担保业务、咨询业务、代保管业务、结算等代理业务以及办理受托贷款及投资业务等进行金融业务的创新而取得手续费及佣金收入。

3. 复杂性

复杂性是指一家银行业务类型、组织结构和操作流程的复杂程度，银行复杂程度越高，当其陷入危机时，需要处置的时间也越长，成本越高。全球系统重要性银行指标法的复杂指标包括场外衍生品的名义价值、三级资产、交易资产的价值和可供出售资产的价值。由于我国银行业财务报表中没有汇报三级资产数据，因此本书剔除这一指标，选择交易性金融资产与负债、可供出售金融资产和衍生金融资产与负债作为商业银行复杂性的衡量指标，其中交易性金融资产与负债和可供出售的金融资产具有风险溢出效应，当一家银行交易账户持有大量金融债券和可出售的金融资产，当其面临经营困境时，会选择大量抛售持有债券以偿还债务，这可能导致债券价格在短时间内急剧暴跌，影响持有相同债券的其他金融机构进而引发系统性危机。

4. 关联性

关联性是指单个银行作为整体金融网络的组成部分，当其出现经营危机时，由于没有偿债能力，它的财务风险会产生客户溢出效应，影响与其有业务关联或合同义务的银行。总体而言，银行之间的关联性能够通过金融网络传染风险并引发系统性危机，某一银行与其他银行关联性越大，其系统重要性程度就越高。全球系统重要性银行指标法选择银行间资产、银行间负债和批发融资比率作为衡量银行相关性的指标。批发融资比率是指银行从零售融资（主要是零售存款和债券）以外的批发融资市场获得的融资资金。批发融资比率 =（总负债 - 零售融资）/总资产，然而，结合之前的研究，可以看出，在中国，总负债和零售融资之间的差异不能充分反映银行从其他机构的批发融资。因此，本书中的相关指标仅包括金融系统中的总资产和总负债，其中金融系统中的资产包括银行和其他金融机构的存款、贷款资金和购买用于转售的金融资产,金融系统中的负债包括来自银行和其他金融机构的存款、借入资金以及出售和回购的金融资产。

表 3.18 显示了本书中全球系统重要性银行指标法和本书系统重要性银行评估方法之间的比较。

表 3.18　　　　G-SIBs 指标法与本书系统重要性银行评估方法对比

指标类	子指标	
	G-SIBs 指标法	本书选取的方法
规模	《巴塞尔协议Ⅲ》杠杆率定义中的风险敞口	总资产规模
可替代性	支付系统清算与结算发生额	发放贷款及垫款额
	托管资产额	手续费及佣金收入
	证券市场承销各类股票与债券交易额	
复杂性	场外衍生产品名义价值	衍生金融资产与负债
	三级资产	
	交易性资产价值	交易性金融资产与负债
	可供出售资产价值	可供出售金融资产
关联性	银行间资产	金融系统内资产
	银行间负债	金融系统内负债
	批发融资比率	
跨境活动	跨境的债权	不包括
	跨境的债务	

(二) 商业银行系统重要性评估指标权重的测度与分析

1. 熵值法模型设计

本书预设的指标体系属于多指标分层次测量范畴,这类指标体系权重测算方法主要有两种:主观赋权法(AHP 层次分析法、Delphi 法、最小平方法等)和客观赋权法(包括熵值法、EFA、CFA 等)。以往研究多采用主观均等赋权的方式确定指标权重,为了充分利用数据的原始信息,更加接近有效值以及有效降低测量误差的影响，本书采用熵值法（entropy method）这种应用较为广泛的客观赋权法测度各商业银行系统性风险。熵（entropy）的基本定义源于热力学理论，国外学者香农（Shannon）最早将熵引入信息论中，并将其定义为对一种不确定性的度量，其所包含的信息量越大，所代表的不确定性越小，则熵值就越小。

熵值法运用于确定指标权重的做法最早是由米斯特鲁利（Mistrulli，2010）提出，按照商业银行间风险关联程度与系统重要性这两个重要因素对熵进行测度。众多研究表明，通过对指标变异程度的测量确定指标权重，有助于避免过多的主观因素对测量结果造成的数据偏差，提高测量精确度。本书中，熵值法确定指标权重的基本步骤是：

第一步，设定 X_{ij} 为第 j 项指标下第 i 个商业银行的指标值，其中 $i \in [1, n]$，$j \in [1, m]$，$n = 16$，即研究样本为 16 家上市银行，$m = 14$，即包含 14 项测算指标。由于原始指标具有量纲差异，在计算之前需要消除量纲对指标体系评价结果的影响，对于正向指标的处理方式为：

$$X_{ij} = \frac{X_{ij} - \min X_{ij}}{\max X_{ij} - \min X_{ij}}, \quad (X_{ij} \in [0, 1], i \in [1, n], j \in [1, m]) \quad (3.3)$$

对于负向指标的处理方式为：

$$X_{ij} = \frac{\max X_{ij} - X_{ij}}{\max X_{ij} - \min X_{ij}}, \quad (X_{ij} \in [0, 1], i \in [1, n], j \in [1, m]) \quad (3.4)$$

第二步，计算指标数据矩阵 $X = (X'_{ij})_{n \times m}$ 测算第 j 项指标下第 i 个商业银行指标值的特征比重：

$$P_{ij} = \frac{X'_{ij}}{\sum_{i=1}^{n} X_{ij}}, \quad (i \in [1, n], j \in [1, m]) \quad (3.5)$$

则第 j 项指标的熵值为：

$$e_j = \frac{\sum_{i=1}^{n} P_{ij} \ln P_{ij}}{\ln(n)}, \quad (e_j \geq 0, i \in [1, n], j \in [1, m]) \quad (3.6)$$

第三步，计算第 j 项指标的差异系数，确定各指标的权重。根据熵方法，j 指数的指数值差异越大，指数中包含的信息量越大，对方案评价的贡献越大，信息熵越小，权重越大。设定第 j 项指标的差异性系数为 $g_i = 1 - e_j$，测算第 j 项指标的权重为：

$$W_j = \frac{g_j}{\sum_{i=1}^{m} g_j} , \quad (j \in [1, m]) \tag{3.7}$$

第四步，测算各上市银行系统重要性指数为：

$$R_i = \sum_{i=1}^{n} W_j \times P_{ij} , \quad (i \in [1, n], j \in [1, m]) \tag{3.8}$$

2. 指标权重测算结果

由于本书样本中数据均为正数，且熵值法采用的是某一指标占该指标总和的比重，所有测量对象的量纲一致，因此对系统重要性银行的评估可省略数据正向化和标准化处理。根据公式计算各指标值的特质比重、熵值和权重，具体如表 3.19 所示。

表 3.19 　　　　　　　　　商业银行系统重要性评估指标体系

一级指标	一级指标权重（％）	二级指标	二级指标权重（％）
U1 规模	5.6586	U1 资产规模	5.6586
U2 可替代性	11.7810	U21 发放贷款及垫款额	6.5954
		U22 手续费及佣金收入	5.1856
U3 复杂性	50.8834	U31 交易性金融资产	9.0687
		U32 交易性金融负债	15.3224
		U33 可供出售金融资产	6.2360
		U34 衍生金融资产	9.5845
		U35 衍生金融负债	10.6719
U4 关联性	31.6768	U41 存放同业款项	6.5039
		U42 拆出资金额	5.2511
		U43 买入返售金融资产额	5.9623
		U44 同业及其他金融机构存放款项	3.3196
		U45 拆入资金	6.0582
		U46 卖出回购金融资产款	4.5817

3. 系统重要性银行评估结果

本书选取 16 家上市商业银行作为样本，研究区间为 2006～2019 年，根据式（3.8），利用国泰安（CSMAR）数据库和上市银行年度报表数据对各银行系统重要性进行评估，实证结果如下：

表 3.20 为 2019 年度我国各商业银行系统重要性指数排序表，由于本研究开展时 2020 年报表数据尚未公布，这里采用 2019 年底数据。从规模指标上看，中国银行名列第一，中国工商银行、交通银行和建设银行分别位列二、三、四位；从可替代性程度上看，排名第一的仍然是中国银行，工商银行、交通银行和中国建设银行分别位列第二、第三、第四；从复杂性上看，中国工商银行得分 1.308、2.955 和 2.0421，位列第一，中国银行、中国农业银行和中国建设银行得分分别为 0.034、0.031 和 0.026；从关联性上看，中国农业银行得分最高，为 0.022，紧随其后的是中国银行、中国建设银行和工商银行；2019 年各商业银行系统重要性指数总得分最高的是中国工商银行，为 0.058 分，这表明 2019 年中国工商银行对我国整个商业银行体系的系统性风险贡献最高，排在第二、第三名的分别是中国农业银行和中国银行。从总体得分来看，中国工商银行、中国农业银行、中国建设银行和中国银行得分接近并遥遥领先，说明它们在 2019 年度是系统重要性银行。华夏银行和宁波银行得分最低，处于最后两位。

表 3.20   我国各商业银行系统重要性指数排序（2019 年底）

银行	规模	可替代性	复杂性	关联性	总得分	排名
中国银行	0.8007	1.6431	1.3084	2.2358	5.9880	4
中国建设银行	0.8737	1.9193	2.0421	1.7808	6.6159	3
中国工商银行	1.0575	2.3350	2.8119	2.0529	8.2573	1
中国农业银行	0.8471	1.5288	2.9559	2.7834	8.1151	2
兴业银行	0.2523	0.4073	0.8374	0.4401	1.9371	7
交通银行	0.3407	0.6504	1.0348	1.2386	3.2644	5
浦发银行	0.2402	0.4299	0.4365	0.6934	1.8000	9
平安银行	0.1194	0.3191	0.1536	0.4326	1.0246	13
中国民生银行	0.2152	0.5752	0.1945	0.8811	1.8661	8
招商银行	0.2607	0.6753	0.4333	0.7812	2.1505	6
中信银行	0.2439	0.5163	0.2777	0.5523	1.5902	10

续表

银行	规模	可替代性	复杂性	关联性	总得分	排名
光大银行	0.1508	0.3421	0.1243	0.5526	1.1698	12
华夏银行	0.0962	0.2023	0.0816	0.3171	0.6972	14
北京银行	0.0878	0.1321	0.1294	0.8403	1.1896	11
南京银行	0.0383	0.0490	0.1670	0.0955	0.3499	15
宁波银行	0.0341	0.0559	0.0953	0.0774	0.2627	16

资料来源：各商业银行年报。

为进一步检验哪些因素对系统重要性贡献最大，对 2019 年规模等因素与总得分进行相关性分析，相关性系数矩阵如表 3.21 所示。可以发现，银行系统重要性程度与复杂性的相关系数最大，达到 0.982，相关性系数依次减少的为关联性、可替代性和规模。这表明近年来我国上市银行从事金融衍生品的比重在逐年提高，金融创新能力逐步增强，银行业务经营的复杂程度已成为影响系统重要性程度的首要因素。此外当前我国银行业同质化程度仍然居高不下，传统信贷业务是上市银行的主要利润来源，成为影响银行系统重要性程度的次要因素。

表 3.21　　　　　　　　　　**2019 年各指标及总得分间的相关性**

项目	规模	可替代性	复杂性	关联性	总得分
规模	1	0.990**	0.943**	0.922**	0.957**
可替代性	0.990**	1	0.905**	0.885**	0.965**
复杂性	0.943**	0.905**	1	0.896**	0.982**
关联性	0.922**	0.885**	0.896**	1	0.967**
总得分	0.957**	0.965**	0.982**	0.967**	1

注：***、** 和 * 分别表示在 1%、5% 和 10% 水平上显著，括号内为 t 值。
资料来源：各商业银行年报。

表 3.22 列出了 2013~2019 年我国商业银行系统重要性指数排序，结合表 3.21 可以发现，如假定以 5% 作为系统重要性指数阈值，则 2013~2019 年

表3.22 2013~2019年我国商业银行系统重要性指数排序

银行	2013年			2014年			2015年			2016年			2017年			2016年			2017年			2018年			2019年		
	R_i	排名	STBs	R_i	排名	STBs	R_i	排名	STBs	R_i	排名	STBs	R_i	排名	STBs	R_i	排名	STBs	R_i	排名	STBs	R_i	排名	STBs	R_i	排名	STBs
中国银行	58.66	1	√	38.26	1	√	33.21	1	√	28.74	1	√	34.99	1	√	18.37	3	√	17.42	3	√	12.94	4	√	14.29	4	√
中国建设银行	12.31	3	√	11.11	3	√	11.27	4	√	12.46	3	√	11.12	4	√	11.38	4	√	11.40	4	√	20.57	2	√	16.31	3	√
中国工商银行	13.35	2	√	17.86	2	√	13.11	2	√	15.82	2	√	13.19	1	√	24.26	1	√	30.34	1	√	27.23	1	√	26.59	1	√
中国农业银行	12.29	4	√	9.88	4	√	11.68	3	√	10.19	4	√	12.63	2	√	18.98	2	√	17.62	2	√	16.82	3	√	17.90	2	√
兴业银行	2.15	8	·	2.32	8	·	3.57	8	·	2.60	11	·	2.72	9	·	3.55	7	·	2.77	7	·	2.20	8	·	2.44	8	·
交通银行	6.05	5	√	5.88	5	√	6.78	5	√	7.02	5	√	6.36	5	√	6.00	5	√	5.97	5	√	5.56	5	√	5.67	5	√
浦发银行	2.32	7		1.22	11		2.50	10		2.85	10		2.12	11		2.32	10		1.72	11		2.06	9		2.23	9	
平安银行	0.40	15		0.71	14		1.42	13		0.85	14		0.61	15		1.07	13		1.11	13		0.99	13		1.38	11	
中国民生银行	1.45	9		2.25	9		1.99	12		3.57	9	·	2.13	10		1.96	11		2.13	9		1.50	10		1.91	10	
招商银行	3.54	6		3.33	7		4.19	7		4.70	6		3.46	7		3.09	8		3.12	6		3.58	6		3.95	6	
中信银行	1.38	11		1.76	10		2.29	11		3.63	8		3.42	8		2.52	9		2.40	8		2.45	7		2.71	7	
光大银行	1.45	9		3.63	6		4.34	6		4.17	7		4.54	6		4.35	6		1.77	10		1.47	11		1.18	12	
华夏银行	1.24	12		0.83	13		2.59	9		2.36	12		1.17	13		1.11	12		0.93	14		0.54	15		0.89	14	
北京银行	1.09	13		1.15	12		1.18	14		0.94	13		1.46	12		1.01	14		0.59	15		0.82	14		0.99	13	
南京银行	0.41	14		0.34	15		0.36	15		0.67	16		0.51	16		0.48	16		0.25	16		0.24	16		0.50	16	
宁波银行	0.19	16		0.14	16		0.35	16		0.75	15		1.13	14		0.73	15		1.15	12		1.25	12		0.73	15	

注：√代表系统重要性银行，·代表系统重要性潜力银行，空格代表非系统重要性银行。

国有商业银行一直占据我国系统重要性银行的前四位，充分说明了大型国有商业银行在我国银行业占据着举足轻重的地位，这是由于国有商业银行不仅在资产规模和存贷款额上占有很大的份额，而且受到政府扶持，资金来源充足，客户对国有银行的信用最为认可，国有银行也可凭借良好的信誉将资金贷给运营稳健的国有大型企业，使得资金得以良性循环。此外，国有大型银行搭建的人才吸引平台更能汇聚大量高素质人才，以保证银行资金管理的科学性和有效性。如果以 2% 作为系统重要性指数阈值，则部分股份制商业银行也有入围系统重要性银行，且呈现逐年增加的趋势，例如，光大银行在 2013~2019 年成长为系统重要性银行，浦发银行、中信银行也自 2008 年成长为系统重要性银行。然而关于商业银行系统重要性阈值的选取尚需进一步研究，其直接决定了我国系统重要性银行的名单。

参考巴曙松和高江健（2012）的分类可将表 3.22 中的银行分为三类：第一类为系统重要性银行，即包括中国农业银行、中国建设银行、中国银行、中国工商银行的四大国有商业银行；第二类银行是指存在商业银行系统重要性潜力的银行，目前只有交通银行符合条件。虽然交通银行的系统重要性得分远低于四大国有系统重要性银行，但是当交通银行发生金融危机时，也有很大的可能会对金融体系的稳定造成一定程度的冲击。此外，随着经济的发展，交通银行的经营规模将不断扩大，这使得它很可能在未来发展成为一家具有系统重要性的银行。因此，中国银保监会在系统重要性监管实践中也应密切关注交通银行系统重要性的变化，对其当下的监管措施进行不断地调整。第三类银行是除去第一类和第二类的非系统重要性银行。中国银保监会和政府应为这类银行提供良好的金融发展环境，促进其快速发展，但采取这些措施的同时也将有可能会降低现下系统重要性银行的系统重要性。在利率市场化的背景下，对系统重要性银行的监管应重点关注不同系统重要性银行的系统性风险源，并针对不同的风险源采取相应的监管和防范措施，以最大限度地降低银行的系统性风险。

第四章

利率市场化背景下我国商业银行
系统性风险的诱发机制

在梳理利率市场化的相关理论以及国内外发展经验后，上一章重点阐述了我国利率市场化的改革进程，即"先外币后本币、先贷款后存款、先长期后短期、先大额后小额"的推进顺序，在推进时间上大致可以分为起步阶段（1978～1996年）、稳步推进阶段（1996～1998年）、重大突破阶段（1998～2012年）、加速发展阶段（2012～2014年）和完全市场化阶段（2015年至今）。同时从商业银行安全性、流动性、盈利性三个视角分别对上述五个阶段商业银行体系运行的平稳性进行分析，充分体现出我国利率市场化改革进程中政府推动性、逐步推进性、可控性以及谨慎性等特点。最后，亦从外界突发因素、地方融资平台、同业业务发展、银行收入不确定性以及资产价格变动五个因素出发，基于理论视角分析其对商业银行系统性风险的影响程度，并在章末充分阐述了我国商业银行系统性风险的指标测度与结果评估。

在本章内容中，将基于前述理论与实证结果

的基础上，从横向和纵向两个评价视角来探讨利率市场化背景下我国商业银行系统性风险的诱发机制。在横向研究中，首先按照风险产生的起因，将商业银行风险分为信用风险、利率风险、操作风险、流动性风险和经营风险；其次，基于银行风险异质性角度，采用中介效应探讨利率市场化如何基于上述五种风险诱发商业银行的系统性风险；最后，亦采用链式中介效应进一步探讨利率市场化如何从资产业务、负债业务以及中间业务视角出发，再基于上述五种风险诱发商业银行的系统性风险。在纵向研究中，在前述本书理论与实证的基础上，将利率市场化划分为贷款利率市场化和存款利率市场化两个不同阶段，深层次探讨商业银行系统性风险的诱发机制。

第一节　利率市场化背景下商业银行系统性风险诱发机制的理论分析

一、利率市场化背景下商业银行系统性风险诱发机制的横向分析

巴塞尔银行监管委员会于 1997 年 9 月公布《有效银行监管的核心原则》，其中关于商业银行风险的分类主要明确为市场风险、信用风险和操作风险三大类（杨凯生等，2018），在后续的研究过程中，多数学者认为市场风险主要为利率风险（李成等，2015），同时指出流动性风险、经营风险也是商业银行风险的重要表现形式（官学清，2010）。因此，本书结合我国商业银行在业务经营过程中的实际情况，同时按照银行风险的起因，将商业银行风险划分为信用风险、利率风险、操作风险、流动性风险和经营风险，分别讨论在利率市场化背景下，商业银行的各类业务将会受到何种影响，以及基于这些业务是如何诱发了上述风险。

（一）利率市场化背景下商业银行系统性风险诱发机制——基于银行风险异质性角度

1. 利率市场化背景下信用风险对商业银行系统性风险的诱发机制

商业银行的一切业务都是基于银行主体与客户主体之间相互信任而建立，

因而信用风险是银行最主要的风险之一。利率市场化背景下，首先，多数低效率企业的贷款利率出现大幅度提升，以至于这部分企业的融资成本与还贷压力同时增加，在负债压力大于正常经营收入时，就会出现较多的违约现象，从而引发商业银行潜在的信用风险。同时，房地产业的抵押贷款违约率亦会受利率水平波动的直接影响，个人信用风险将会导致系统性风险的敏感度进一步上升（裴辉儒等，2021）。其次，利率市场化会滋生多重逆向风险，主要是因为商业银行基于市场利益的考量，通过放宽资金借贷标准来提升盈利能力。例如，通过提高贷款利率来扩大利差，然而却疏忽了信用风险的集中与加大，一方面易受到潜在挤兑与传染性风险的影响（Stiglitz et al.，1981），在长期的资金流动和信用放贷之后可能会导致整个银行业资金供需失衡（周天芸等，2012），另一方面还会使银行自身的竞争力有所减弱、不良贷款率上升（张伟，2016）。最后，开放经济下的利率与汇率之间存在着极为紧密的关联机制，利率市场化会通过影响经济主体运行来引发汇率频繁波动，因此造成的结果是个人可支配收入减少（主要是基于财富效应的作用），同样会使个人贷款违约率上升，亦即加剧商业银行信用风险和系统性风险（吴炳辉等，2014）。

综上来看，利率市场化背景下，上述一系列不确定性因素最终会导致银行信用风险上升，甚至会使得银行破产而面临清算，一旦单个银行的破产行为传染到整个行业，便会诱发银行业乃至整个金融业的系统性风险。

2. 利率市场化背景下利率风险对商业银行系统性风险的诱发机制

在利率市场化改革执行之前，我国的基准利率是由中央银行直接制定和颁布的强制性执行利率，利率水平的波动范围较小，对商业银行的冲击并不明显。在利率市场化改革之后，利率由市场上货币供需量的均衡水平来决定，市场利率波动变得更加频繁和剧烈，这种利率层面的波动性和不确定性将会引致商业银行存贷款业务的种类及数目产生错配，进而加剧商业银行利率风险以及金融市场（或金融机构）的脆弱性（Shaw，1973；黄金老，2001）。具体来看，首先是因为各项利率管制的放开（先贷款后存款），银行之间的竞争会进一步加大，因此各银行会通过压缩自身利润来提高市场竞争力，这样就出现了商业银行存贷差整体缩小的情况，利率风险爆发的概率就会增大。其次，利率波动频率的增强亦能够使短期内银行机构利息成本、利率追踪成本以及风险管制的成本增加，在对商业银行的收入和利润形成一定冲击的同时，提高了利率风险的承担水平，还会造成资产负债期限结构错配等危机，从而诱发商业银行利率风险以及系统性风险（吴成颂和王琪，2019；陈清等，2017）。最后，由于当下正处于商业周期扩张时期，央行在实行紧缩型货币政策之后，国债收益率降低，导致商业银行长短期利差均会大幅度下降，长短期利率面临倒挂危机，同样会给商业银行造成较大的利率风险（李知俞，2018）。

综合来看，商业银行之间的利率风险存在较为紧密的关联性，同时考虑商业银行存贷业务中复杂的竞争性，单个银行的利率风险与其他银行的风险密切相关，因而多个商业银行利率风险爆发必定会导致整个银行业系统性风险的增加。

3. 利率市场化背景下操作风险对商业银行系统性风险的诱发机制

基于市场决定下的利率体制，利率频繁波动会进一步增加商业"产品－客户－业务"流程以及"执行－交割－流程"管理中的操作错误，即便是细微的差错都极可能导致银行资金流动性出现枯竭情况，为银行业带来灭顶之灾（即诱发系统性风险）。首先，利率变动能够引起商业银行内部制度出现失灵，同时可能导致银行外部结构出现勾结套利现象，进而加大银行业务操作风险（魏巍等，2017）。此外，商业银行经营人员在完成资金交易、资产筛选识别以及投后管理等业务环节中，因不遵守有关制度规章导致局部风险事件发生，在风险级别达到一定程度时会出现聚集现象，亦会引发系统性风险（朱晋娴等，2018）。另从银行"委托－代理"机制不完善角度考虑，利率市场化背景下，会出现银行成员偏离理性的行为，即出现"人情利率"等，由此产生的操作风险会打破正常的经营规则，严重的会使利率脱离真实，产生更大的风险（李知俞，2018）。

更为重要的是，在利率市场化背景下，操作风险与其他银行业务风险具有一定的联动效应。一方面，即使轻微的操作风险未造成系统性风险这类严重后果，但客户信息安全出现危机、清算系统失灵、电子银行出错等风险也会使得客户的体验变差，以致影响了客户交易的正常进行，客户很可能停止在银行的一切业务，转向其他银行。一旦客户关闭账户，便会影响银行的流动性头寸，使得银行的流动性降低，风险便传染至其他银行，这种情况下依旧会引发整个银行系统性风险。另一方面，操作风险会导致银行的声誉将会受到影响，造成银行声誉降低和投资者信心减弱，银行声誉质量的高低决定了银行获取资金成本的高低。一旦发生声誉危机，各方面的客户要么提前支取资金，要么要求更高的回报率或资产担保，这将会进一步加大流动性风险，而商业银行的流动性枯竭往往是引发单个银行破产和银行业系统性风险的根本原因。

因此，利率市场化背景下，商业银行的操作风险不能被忽视，更要注意的是与其他风险的联动效应，如果对操作风险管控不严，必定会由单个影响多个银行主体，进而导致整个银行业系统性风险的增加。

4. 利率市场化背景下流动性风险对商业银行系统性风险的诱发机制

商业银行主要以资金借贷业务为主，本质上是一个服务于全行业的金融中介，由于涉及大量资金资产的流动，所以是流动性风险的潜在主体。伴随着利率市场化的改革，商业银行相较于之前能够获得更多的资金定价权，银行之间的相互竞争加大，导致其经营成本上升。于是为了利益最大化，势必会以"低流动性、高收益"的资产为主要投资方向，但此种方式忽略了这部分资金变现能力不足等缺点，在急需变现之际就会导致流动性风险的产生。同时，利率市场化改革使得商业银行内部的资金流向收益率更高的金融机构，也会降低商业银行的流动性创造和表内流动性创造（吴成颂和唐越，2019），从而进一步加剧银行资产流动性风险向系统性风险的转化。而且，利率市场化改革使得商业银行内部的资金流向收益率更高的金融机构，以及会影响商业银行股票的超额收益率，间接导致银行资产流动性风险增加，在单个银行风险传染至多个银行风险时就会引致银行业整体的系统性风险（裴辉儒等，2021）。在存款利率市场化之后，银行存款稳定性降低、负债成本加大，商业银行一方面会通过加大同业市场批发资金的比例，另一方面压低降息的优质流动性资产储备，虽然会丰富银行负债来源以及资产投向，但亦会导致银行总体流动性缓冲区受到挤压，进而增加流动性风险。

综上所述，在利率市场化背景下，流动性风险不仅会给经营不善的银行带来毁灭性的打击，还会严重影响其他健康银行乃至优质性银行的正常经营秩序，商业银行会因为流动性枯竭导致破产（林俊山，2016）。单个银行的流动性风险并不是孤立的，如果处理不善会使得整个银行业都会面临着巨大导致的流动性风险，最终诱发整个行业的系统性风险，这也是金融系统脆弱性的表现之一。

5. 利率市场化背景下经营风险对商业银行系统性风险的诱发机制

利率市场化背景下，利率波动的增加会使得商业银行经营风险增加（解川波，2006）。首先，利率波动性的增大将会使得商业银行内外（如资产、负债以及表外业务）都处于不断变化之中，由于我国商业银行长期以来是在利率管制的条件下经营，在管理利率风险的方法、经验和人才等方面存在较大缺陷。尤其是在利率市场化的初期，影响利率水平的因素众多，把握和预测市场利率水平的难度更大，商业银行的经营风险无疑会因此增加，由此引致的经营不稳是其向系统性风险演化的主导因素（雷雨瑶，2015）。此外，我国商业银行因为经营风险管理能力和资本充足率等方面还未达到应对利率市场化冲击的强度（张建华，2012），大部分银行面对利率市场化带来的改变与竞争，都表现得有点无法适应（应才鸽，2015）。

更为重要的是，受困于利率波动引致的存贷利差等影响，一方面商业银行整体利润会减少，这是造成经营风险的直接原因，另一方面商业银行之间的竞争会加剧，以致降低银行存储与信贷等标准，甚至为了提升盈利水平，商业银行大力开拓非息业务（董涛，2017），导致传统盈利模式受到挑战。再者，非利息收入虽然短期内解决了银行经营利润以及生存问题，但是长期来看，势必会增加商业银行的杠杆风险，进一步使经营风险增加（高蓓等，2019）。同时，非息收入亦具有高波动性的特征，此类风险具有很强的传染性，是诱发系统性风险的主导因素（孔丹凤等，2015）。

因此，在利率市场化背景下，商业银行的经营面临诸多的改变和挑战，上述因素都会从不同角度增加商业银行的经营风险，无论是银行的直接利润受损还是间接竞争增加，都具有起初是单个风险，后期发生集聚效应，最终引致整个银行业的系统性风险。

（二）利率市场化背景下商业银行系统性风险的诱发机制——基于银行业务异质性的链式中介作用

1. "利率市场化 - 银行业务 - 信用风险 - 系统性风险"的链式中介效应

第一，从资产业务的角度。利率市场化之后，由市场决定的利率机制逐步解除了对商业银行利差的保护，并随着这一利率政策的推进，政府对于商业银行资产负债之间的利差空间保护逐渐式微（张兵等，2014）。所以商业银行为了获取更多的经营利益会忽略风险，发放超出合理区间的贷款，甚至给一些信用不佳的企业或个人提供贷款。此外，银行将会提高贷款利率以弥补负债业务的成本。高贷款利率使得企业的融资成本上升，在金融市场上经营绩效较好的企业通常融资渠道也更为丰富，所以这类企业往往会向融资成本相对较低的金融机构进行融资。反之，那些经营业绩较差、风险较高的中小企业由于融资渠道的单一反而成为了银行客户。优质客户的流失使得商业银行只能向高风险客户提供贷款（Maddaloni，2011）。由此可见，上述行为均会导致商业银行不良贷款率攀升，资产质量恶化，信用风险增加。

第二，从负债业务的角度。存款是商业银行负债的主要部分，也是其主要的资金来源。在利率市场化背景下，各商业银行的存款利率定价变得灵活，出于个人利益的考量以及利率多变的影响，存款大客户对商业银行的忠诚度并不高（蔡真，2017）。因此，商业银行的存款成本将会加大，但是出于银行生存以及持续经营的考虑，并不会降低对存款拼抢的热度。为了争抢市场份额，商业银行不断增加存款利率以吸引更多的居民储蓄（中国工商银行四川省分行课题组等，2015），并且这一现象在规模小、影响力小、信誉度相对较低的中小型银行中更为显著。另外，商业银行不得不将资金运用于高收益信贷项目中以弥补高存款利率引致的资金成本的增加。而对于银行来说，这类高收益项目往往意味着更高的信用风险。

第三，从中间业务的角度。在利率市场化背景下，银行业的竞争越发激烈，各银行之间也开始进一步加强中间业务的创新和发展，以期提升自身的核心竞争力。各银行为了扩大市场份额，提高自身中间业务经营业绩，有时会放宽甚至忽视对客户信用状况的审核。例如，阿贝迪法尔等（Abedifar et al.，2018）曾指出，规模较大的中间业务会带来信用风险；郑荣年和牛慕鸿（2007）搜集了中间业务相关的数据，经实证检验后发现，商业银行的信用风险的高低与中间业务开展的数量之间存在显著的正相关关系，即：中间业务开展的数量越多，商业银行面临的信用风险越高。

信用风险增强会使储户和交易相关方对银行的支付能力存疑，会减少在银行的存款甚至发生挤兑现象。存款人和交易方的提前支取行为增加了银行资金外流的压力，银行不得不到市场上寻求新的客户以获得新的存款来源。在客户心理和市场传言的作用下，存款人和交易方会要求更高的风险补偿，银行也因此不得不提高存款利率。尽管如此，银行也仍然有可能面临无法获得存款的窘境。另外，即使还有少部分储户没有提前支取存款，大规模的资金外流也很有可能使银行无法按时足额的偿付利息和应对储户对到期存款的支取行为。这些将最终导致银行资金链断裂，面临破产清算。一旦单个银行的破产行为传染到整个行业，整个银行业甚至金融机构都将面临系统性风险。

2. "利率市场化 – 银行业务 – 利率风险 – 系统性风险"的链式中介效应

第一，从资产业务的角度。长期以来，我国金融市场处于利率管制状态，存贷利差由央行控制并长期保持稳定，银行主要向大型企业或风险较低、资产质量较高的项目提供信贷支持，这使其未能充分地意识到把控利率风险的必要性。在利率市场化背景下，随着存贷款利率的放开，商业银行客户结构发生改变，大型企业等优质客户减少，以中小企业为代表的高风险客户增加，考虑到信贷风险增加，从而对商业银行的贷款风险定价能力提出了更高的要求，要确保所定贷款利率覆盖其承担的风险（王林磊，2015）。但目前我国商业银行缺乏科学合理的贷款定价机制，对客户尤其是中小企业的客户信用风险很难做出准确的判断，定价粗放，因而提高了商业银行资产业务的利率风险。另外，在利率市场化背景下，商业银行尚缺乏足够的经验应对频繁的利率波动，这会使得商业银行在对贷款定价时出现失误，利率风险增大。

第二，从负债业务的角度。由前文的分析可知，在利率市场化背景下，我国商业银行利率风险预警体系尚未健全，这一方面使得金融市场上资金供需状况的波动将会对存款利率波动幅度和频率造成较大影响。另一方面，由于杠杆效应的影响，商业银行存款业务的敏感性增强，导致银行风险控制的能力下降，从而加大了存款利率风险。

第三，从中间业务的角度。在推行利率市场化前，存贷款利率由央行管控，这严重制约了我国商业银行利率定价能力。随着利率市场化进程的推进，利率存在较强的波动性，这加大了商业银行构建以利率为标的资产的相关金融产品时的难度，因而也使得银行难以准确把控其面临的收益风险（王在全，2013）。因此，由于对风险和收益难以进行准确预期，导致价格因素将会对银行经营状况产生更加显著的影响。在这种情况下，商业银行对中间业务的定价机制只得基于市场资金运作，这亦会产生较大的市场风险性，最终使得银行面临更高的利率风险。

利率市场化背景下，商业银行面临极具波动性的市场利率，会导致贷款业务的信贷风险增加，同时由于杠杆效应的影响，也会造成对存款业务的敏感性加大。而且，利率波动亦会使具有利率期限的金融产品出现价值损失风险，银行的收益变得极不稳定。上述因素均会加大利率风险，甚至可能导致单个银行破产，当风险出现集聚现象，最终会引发银行业系统性风险。

3. "利率市场化 – 银行业务 – 流动性 – 系统性风险"的链式中介效应

第一，从资产业务的角度。在利率市场化背景下，国内资本市场资金供小于求，银行间进行同业拆借也存在较大的难度。资本市场的持续低迷使得同业存款也逐渐走低，自由化的市场环境将催生直接融资渠道的形成和发展，为了维持存贷利差的稳定性，银行不断减少高流动性低收益资产的持有量，同时增持高收益低流动性资产，而这些高收益的资产也一定具有高风险，从而增加了不良贷款，加重流动性风险（杜金富和张红地，2021）。同时，为了获得更多的存款，银行大量发售理财产品，导致整个银行业都陷入流动性紧缺的困境。当由于资产到期或持有人提前支取等原因需要变现时，各类难以预期的问题频频发生，增加了银行进行资产变现的时困难，即便可以变现，价值也将显著低于市场化前的市场价格，从而加大流动性风险。

第二，从负债业务的角度。在利率市场化背景下，一方面，随着银行自主经营能力的提高以及同业间竞争愈发激烈，市场上出现了越来越多的创新型金融产品。另一方面，居民投资理财意识不断提升。居民在处置闲余资金时有了更多选择。这使得以储蓄存款为主要资金来源的商业银行面临较大的流动性压力。储蓄存款的不足有可能给商业银行资产业务带来流动性不足的问题。楼文龙（2015）指出，在利率市场化背景下，投资产品的利率波动性增强。收益率的大小是居民进行投资抉择时的重要因素。资金流向将会随着收益率即利率的高低在各类金融产品间不断变换，这进一步弱化了银行资金来源的稳定性。

第三，从中间业务的角度。张羽和李黎（2010）以我国银行业 1986 ~ 2008 年的数据为样本，通过对中间业务收入波动性和传统存贷业务收入波动性进行比较后发现，相较于传统的利息收入，中间业务收入波动性更为剧烈。并且，随着中间业务收入占比不断增加，银行的风险和收益错配问题更加突出，进而恶化营业收入的稳定性，使得银行流动性风险加剧。殷敖（2017）指出，在利率市场化背景下，中间业务的发展显著增加了银行盈利的固定营业成本、时间成本和机会成本，过多资金成本的占用也会使得银行流动性短缺，进而带来商业银行的经营风险的增加。

利率市场化背景下，当单个银行由于流动性紧缺在金融市场大规模地变卖银行资产时，不仅会使得本银行的资产价值下跌，还会造成市场上其他银行的资产价值缩水。在银行业中，首先单个银行由于经营不善等原因出现了流动性紧缺的问题，并通过折价转卖资产的方式以满足偿还债务的需求。当大量折价的银行资产流入市场后，其他银行的资产价值也随之下跌。因此，更多的银行面临经营亏损和流动性紧缺的问题，也不得不低价抛售资产以获取流动性。资产价值因此进一步下跌，银行流动性进一步下降。到最后，当变卖资产的方式也不能满足银行的流动性需求时，银行只能宣布破产倒闭，商业银行系统性风险自此爆发。同时，当某个银行由于流动性紧缺发生挤兑现象后，由于信息不对称，引起市场的恐慌情绪，经营状况良好的银行也会因此受到公众质疑，在"羊群效应"的作用下存款人纷纷提前支取贷款，其他银行无辜受到牵连。由此可见，流动性风险不仅会给经营不善的银行带来毁灭性的打击，还会严重影响其他健康银行乃至优质性银行的正常经营秩序，增加了系统性风险爆发的概率。

4. "利率市场化–银行业务–操作风险–系统性风险"的链式中介效应

第一，从资产业务的角度。在利率市场化背景下，银行间竞争日益激烈。迫于竞争压力，银行的决策层、管理层以及经营层均可能进行违规操作。首先，决策层可能为了抢占市场分割违背安全性经营原则，向未达到审核标准的企业或个人提供贷款。同时，银行的管理层可能传递虚假的经营状况以达到迎合上级的目的。而这将进一步影响决策层制定风险应对策略的准确性和有效性。另外，在对经营层缺乏监督管理的情况下，经营层可能进一步降低信贷标准以达到业绩考核要求，或在未达到业绩考核标准时传递虚假经营信息，或者向客户隐瞒银行产品的风险情况，从而使银行的操作风险增加（张雨婷，2016）。

第二，从负债业务的角度。在利率市场化背景下，利率定价机制的不完善会使得某些经营出现问题的银行更有可能冒险，利用不正常利率进行竞争，掩盖本身的不良现状。其中，发行高收益产品或提供过高的存款利率是常用的手段，这样的行为一方面扰乱了行业中正常的竞争秩序，另一方面会使得银行面临更高的操作风险（王在全，2013）。

第三，从中间业务的角度。银行在实际经营之中，客户经理的前途和收入与其办理的中间业务的数量有关。办理中间业务的一般流程是，客户经理将借款人的资信证明提供给信贷员，经信贷员审核合格后借款人方可获得贷款。值得注意的是，在整个流程中虽然审核是否通过由信贷员决定，然而客户经理才最了解借款人状况。所以，在道德风险的存在下，客户经理会为了自身利益帮助借款人隐瞒甚至篡改信用状况，使得贷款的发放量与借款人的还款能力不匹配，即造成贷款的超额发放，从而使个人的道德风险转化为银行的操作风险（张雨婷，2016）。

在利率市场化的背景下，利率波动会造成商业银行的三大业务操作程序更为复杂，这是造成操作风险的一个影响面。同时，利差的减小均会给商业银行管理层与经营层带来一定的影响，这种影响主要体现在收入水平层面，因此，银行管理层与经营层等人员可能会利用业务操作过程的一些漏洞满足自己的个人需求。操作风险具有出现频率高等特点，是导致银行风险发生的间接因素，如果不建立风险预警机制，甚至可能会造成系统性风险的发生。

5."利率市场化-银行业务-经营风险-系统性风险"的链式中介效应

第一，从资产业务的角度。在利率管制阶段，商业银行只能接受既定的贷款利率。银行向高风险企业提供贷款并不能获得较高的收益反而增加了自身经营风险，因此，在未实行利率市场化前高风险企业通常难以获得银行信贷。但在利率市场化背景下，商业银行由于经营竞争压力上升、风险偏好放大，投机性企业和庞氏企业获得贷款的可能性就会大大增加。结合前文的分析可知，在利率市场化背景下，迫于竞争压力商业银行极有可能放宽信贷标准以达到市场份额增长的目的。也就是说，在利率市场化背景下，企业由于经营不善等原因导致的债务违约问题会通过信贷业务转化为银行自身的经营风险，其外在表现则是银行资产业务中不良贷款率的上升。张灿（2016）指出该种现象在利率市场化推行初期更为显著，并会在短期内导致银行不良贷款率攀升，经营风险增加。

第二，从负债业务的角度。在利率市场化背景下，虽然存款利率都会上升，但存贷款之间的利差会缩小，以净利息收入为主要收入来源的银行将面临营业收入增速下降的问题。一方面，这是由我国利率市场化进程特点决定的。我国进行利率市场化改革本着"先贷款、后存款"的原则。因此，相较于存款利率市场化，贷款利率市场化改革更加深入和完善，再结合我国目前的经济状况，使得贷款利率上浮空间有限。另一方面，随着我国金融体系的不断完善，银行负债业务端除了要应对银行间同业竞争，还要考虑其他货币市场、资本市场带来的冲击。商业银行为了稳定资金来源不得不向市场提供更具吸引力的存款利率，进而使得存款利率上调幅度较大。所以，在存款利率上调幅度较大、贷款利率上调幅度较小的情况下，银行的营业收入降低，存贷利差缩小。邱隽一（2017）指出，在利率市场化背景下，存贷利差缩小将会导致银行盈利能力降低。在这种情况下，相较于大型国有银行，中小型银行更可能提供更具竞争力的存贷款利率以提升自身核心竞争力。而这也会导致大型国有银行所定利率受到中小型银行的冲击，但是国有资产信贷规模非常大，因此冲击度和影响力较大，增加了其经营风险，甚至威胁到其在市场条件下的生存。

第三，从中间业务的角度。在利率市场化背景下，各银行纷纷创新中间业务模式以应对市场竞争压力。然而，梅西卡（Mercieca，2007）指出中间业务的开展并非银行收入的利好因素，其过度开展反而会带来银行经营风险的增加。具体来说，中间业务风险与附加值由于其种类的不同而存在较大的差异。以赚取手续费佣金的中间业务为例，其下属子业务如代理业务、托管业务等风险与附加值较低，而担保类业务等风险与附加值则较高，其中，一些期货等衍生品业务又具有较高的杠杆性，这些最终将会上升为银行的经营风险。

综合来看，利率市场化背景下，商业银行的三大业务均具有经营业务上的变化，也面临更多的经营风险。一方面，高风险的贷款业务会增加，不良贷款率亦会上升；另一方面，受利益驱动的中间业务扩展，也会增加银行的业务量以及银行的杠杆率。此外，由于经营风险具有很强的联动性，会导致其他风险的上升，进而引发商业银行系统性风险。

二、利率市场化背景下商业银行系统性风险诱发机制的纵向分析

（一）贷款利率市场化背景下商业银行系统性风险的诱发机制

第一，从资产业务的角度。在贷款利率市场化背景下，贷款利率上限逐步放开，整体出现上浮的变动，由前文的分析可知，这种情况会导致贷款企业融资成本加大。因此，企业为了维持既有盈利能力，更有可能将资金运用于高风险项目以获得超额收益。而且，商业银行与企业间的信息传递不对等使得银行不能完全监督借款企业的行为，无法对企业的具体资金流向准确把控，进一步刺激了借款企业在获得贷款后的高风险项目投资，产生道德风险，而单个企业的道德风险将会进一步转化为银行的经营风险。同时，

较高的融资成本将会导致企业的利润水平降低，自我资产累积能力减弱，企业债务率继而升高，以此增加了商业银行的不良贷款率，使得银行信用风险增加（齐向荣，2013）。在极端情况下，当这些高风险企业由于经营状况恶化等原因无法按时足额偿还贷款，银行将会面临流动性短缺的状况，流动性风险亦出现加大情形。更为重要的是，在贷款利率市场化下，利率的波动性往往也会随着其总体水平的升高而迅速加大，此时利率管理难度的上升导致商业银行难以适应利率水平的不稳定与波动，进而导致其利率风险的增加（李春红和董晓亮，2012）。由于商业银行缺乏系统的贷款利率定价机制与风险管理机制，贷款"寻租"以及借机提高贷款利率等情况就很有可能在商业银行贷款业务中涌现，从而会使贷款利率失真，引发商业银行的操作风险。

第二，从负债业务的角度。我国利率市场化进程本着"先放开贷款利率，再放开存款利率"的原则。随着贷款利率市场化进程的推进，贷款下限放开，商业银行为了优质客户不断下调贷款利率。而在贷款利率市场化背景下，存款利率尚由央行决定，商业银行并不能通过降低存款利率以弥补由贷款利率下行带来的存贷利差缩小，商业银行利润率降低，经营风险增大。同时，为了弥补存贷利差缩小带来的不利影响，一方面，商业银行针对中小企业会收取更高的贷款利率（Boyd et al.，2005），而由前文的分析可知，中小企业融资成本的上升最终会导致商业银行流动性风险、信用风险、经营风险以及操作风险的增加。另一方面，商业银行会增加高收益资产的投资，而这类资产往往流动性较差、信用风险较高（裴辉儒和赵婧，2021）。由此可见，在贷款利率市场化背景下，随着贷款利率下限的放开，其对负债业务的不利影响会转嫁给资产业务，最终体现为银行各类风险的增加。

第三，从中间业务的角度。在贷款利率市场化背景下，由于利率下限的放开，商业银行出于竞争的考量会降低贷款利率，导致银行存贷利差缩小，各银行之间也因此开始进一步加强中间业务的创新和发展，以期提升自身的核心竞争力（Karas et al.，2013；Hou et al.，2013）。张羽等（2010）的研究发现，中间业务收入的波动性远大于传统利息收入，中间业务收入比重的不断增加将使得银行的风险和收益更加不匹配，恶化营业收入的稳定性，进而使得银行流动性风险加剧。由于贷款利率改革的影响，银行之间的竞争会加剧，部分银行会为了经营业绩而放松客户的资质审核，信用资质不过关的客户较多时，就会导致信用风险的上升。银行在实际的经营过程中，会出现部分为了私利而协助客户信贷造假，严重的会导致贷款发放量与借款人实际还款能力不符等情况，从而诱发操作风险。同时，收益与风险的不可预测性会导致客户行为的不确定性，由此产生的价格不稳定因素将加剧其对商业银行的经营干扰程度，因此，商业银行对中间业务产品的定价不得不基于市场资金运作，而这将引起巨大的市场风险，最终也会体现为银行利率风险的增加。

综合以上分析可知，在贷款利率市场化背景下，贷款利率的上下浮动会使得银行的资产业务以及中间业务受到不同程度的负面影响，而这些最终体现为银行信用风险、利率风险、流动性风险、操作风险以及经营风险的增加。根据前文的分析可知，如果商业银行缺乏有效应对各类风险的机制，以上任何一种风险均可能导致银行破产，最终将会转化为银行业的系统性风险。

（二）存款利率市场化背景下商业银行系统性风险的诱发机制

第一，从资产业务的角度。在存款利率市场化背景下，存款利率的高低是客户选择存款银行的关键因素。各大银行为了揽储展开了激烈的价格竞争，纷纷调高存款利率，以至于资金成本上升。银行为了维持盈利能力，将会增加对高收益资产（如股票、期权等）的投资，同时降低其所持有的低收益资产（如国债等）。而高收益资产往往流动性较低，进而使得银行流动性风险增加。同时，在揽储愈加困难的情况下，为了维持存贷利差的稳定，银行更倾向于把有限的资金用于高收益信贷项目中去（黄贤环和姚荣荣，2021），因此，在利润的驱使下，银行很可能向一些资质不足的企业或个人提供贷款。此举会导致不良贷款率上升以及资产业务质量恶化，商业银行信用风险增加（陆静等，2014）。另外，银行将会提高贷款利率以弥补负债业务的成本。贷款利率的升高增加了企业的融资成本。那些规模较大、经营状况良好的企业由于在金融市场上融资渠道较为丰富，将不会受到影响，而规模较小、经营状况较差的企业由于自身经营风险较高，融资渠道较为单一，只能向商业银行进行融资。另外，逆向选择风险和信息不对称使得银行虽然承担了高风险，却没有得到高收益的补偿，这更是加剧了银行的经营风险。更为重要的是，在存款利率市场化背景下，存款利率的频繁波动带来了贷款利率的频繁波动，增加了银行对资产业务的定价难度。由于我国商业银行缺乏科学合理的贷款定价机制，对客户尤其是中小企业的客户信用、风险很难做出准确的判断，因而在利率市场化背景下将面临更高的利率风险。

第二，从负债业务的角度。在存款利率市场化背景下，银行可以根据市场供求关系的变化，确定适宜的存款利率，以获得收益最大化。然而，我国商业银行在利率定价机制方面尚存在缺陷。这使得商业银行无法准确地判断市场上的资金供需关系，从而无法保证其所定利率的准确性和有效性。此时，利率难以反映真实的资金供求情况，偏离了金融市场上的均衡利率，将加大商业银行存款业务的利率风险（Keeley，1990；Repullo，2004）。同时，在存款利率市场化背景下，存款利率过低使得商业银行无法从市场上获得资金，引致流动性风险增加，而且存款利率过高会使得存贷利差缩小，利润持续下降，银行会面临亏损或破产等经营风险。负债业务定价机制方面的缺陷增加了问题银行通过异常利率进行恶性竞争的可能性，例如，某些经营困难的银行可能通过发行高收益产品或提供过高的存款利率以掩饰其所面临的财务困境。一方面，这种行为扰乱了行业的正常竞争秩序，会对其他银行的正常经营造成不利影响；另一方面，进一步增加了自身出现经营危机的可能性，使得自身操作风险增加。存款利率市场化背景下，存款利率上升，银行导致获得存款隐性成本增加，激烈的存款竞争，导致存款来源的不稳定性增加，银行的流动性风险增加。负债业务成本的增加还会使得银行风险偏好上升，将资金投放在高风险领域以弥补资金成本，最终也会使得银行资产业务质量恶化，信用风险增加。

第三，从中间业务的角度。在存款利率市场化背景下，银行间从非价格竞争逐渐演变为价格竞争，不断抬高存款利率并降低贷款利率，存贷利差的缩小使得以增加中间业务模式变得更为复杂，也会积极在业务上进行创新（Karas et al.，2013；Hou et al.，2013）。银行中间业务创新自身具有两面性，因为创新在促进银行盈利能力提升的同时，也会增加商业银行面临的风险。具体来说，中间业务创新的复杂性使得银行难以准确地把控资金流动性水平，进而导致流动性风险增加。对于规模较大的商业银行来说，中间业务的开展还会诱发信用风险的增加，且中间业务种类越多，这种风险越大（Abedifar，2018；郑荣年等，2007）。因此，就银行利润视角来看，中间业务确实会在短期内缓解因存款利率市场化导致的利润差，但是从长期发展来看，中间业务的扩宽势必会干扰银行存款主营业务以及加大银行业务风险，甚至会造成商业银行的系统性风险。

因此，在存款利率市场化背景下，利率变动会引致银行资产业务、负债业务以及中间业务相较于之前发生较大的变动，这些变动会导致银行各项业务风险增加。在各项风险发生集聚现象时，会使单个银行出现危机甚至破产，考虑到银行是处理存贷业务的金融中介，风险具有较强的传染性，因此最终将会转化为银行业的系统性风险。

第二节　利率市场化背景下商业银行系统性风险诱发机制的实证分析

一、模型及研究方法的选取

（一）利率市场化对商业银行系统性风险影响的检验模型

将利率市场化变量、商业银行系统性风险变量以及控制变量等引入模型，以验证推论利率市场化对各种风险的影响，由于面板数据模型综合截面数据模型和时间序列模型的优点，能够有效识别模糊因素，因此本书建立面板数据模型进行分析。具体如下：

$$商业银行系统性风险变量_{i,t} = F(利率市场化变量_{i,t}，银行自身经营状况$$
$$变量_{i,t}，宏观经济变量_{i,t})$$

其中，i 指某一家银行，t 代表各年份的季度。本书基于 14 家上市银行 2007 年第一季度至第四季度，分析利率市场化对商业银行系统性风险可能存在的影响，模型的具体表现形式如下：

$$Z_{i,t} = \alpha_0 + \alpha_1 LILV_{i,t} + \alpha_2 Control_{i,t} + \varepsilon \qquad (4.1)$$

（二）利率市场化背景下商业银行系统性风险诱发机制检验模型

1. 基于银行风险角度下商业银行系统性风险诱发机制检验模型

考虑到自变量 X 对因变量 Y 的影响，如果自变量 X 是通过影响变量 M 进

而影响因变量 Y 的，则称 M 为中介变量。最早提出的中介效应检验方法的是巴伦和肯尼在 1986 年提出的依次检验方法，即依次检验系数 c、系数 a 和系数 b 的显著性，如果三个系数都显著则中介效应显著，否则中介效应不显著（Baron and Kenny, 1986）。但是依次检验法回归系数涉及的原假设最多，并且是对中介效应的间接检验，当中介效应较弱时，很容易得出不存在中介效应的结论，检验的功效很低。

对于中介效应的直接检验应当是确定中介路径是否存在，即检验 $a \times b$ 是否显著，若显著，研究假设提出的中介路径存在；反之，中介路径则不存在。需要指出的是，中介效应是否成立并不需要对主效应进行检验，即并不需要检验第一个方程中的系数 c 的显著性，因为 $c = a \times b + c'$（Zhao et al., 2010）。

由于依次检验法是对中介效应的间接检验，检验功效很低，在 2004 年，温忠麟等基于索伯（Sobel）于 1982 年提出的 Sobel 检验法，建立了一套检验中介效应的流程，用下列方程来描述变量之间的关系：

$$Y = cX + e_1 \tag{4.2}$$
$$M = aX + e_2 \tag{4.3}$$
$$Y = c'X + bM + e_3 \tag{4.4}$$

这一方法直到目前为止仍被很多人使用，根据知网数据显示，截至 2017 年 9 月，这篇文章已被引用 4876 次。本书的研究中涉及五个并列的中介变量，但五个中介变量之间相关关系不显著，所以本书采用温忠麟的三步法分别对五类银行风险做中介效应检验，并比较五类银行风险在利率市场化进程与商业银行系统性风险之间的中介作用的大小。

由此，我们分别构建以下模型：

$$M_{ij} = \alpha_0 + \alpha_1 LILV \tag{4.5}$$
$$Z_i = \alpha_1 + c_1 LILV + b_1 M_{ij} \tag{4.6}$$

其中，i 取 0（国有控股）、1（非国有控股），j 取 1（信用风险，即 $M_{i1} = NPL$）、2（利率风险，即 $M_{i2} = IRSR$）、3（操作风险，即 $M_{i3} = K$）、4（流动性风险，即 $M_{i4} = LDR$）、5（经营风险，即 $M_{i5} = BROKEN$）。

2. 基于业务与风险双重角度下商业银行系统性风险诱发机制检验模型

针对银行资产业务、负债业务以及中间业务在利率市场化对于银行系统性风险中是否起到链条中介的作用，选取 Bootstrap 方法进行检验，这一方法由美国统计学家埃夫隆集合众多学者的思想在 1979 年提出，并在近 30 年间不断被修正和完善。

Bootstrap 法的基本原理为：以研究样本作为抽样总体，从研究样本中采取并放回抽样的方式反复抽取一定数量的样本，将平均每次抽样的参数作为最后估计结果。该方法在统计上具有更高的可信度，使参数估计更加准确、研究结论更加可靠。其方法可分为参数 Bootstrap 和非参数 Bootstrap 两类。非参数 Bootstrap 方法的基本思想是将原样本当作"总体"，通过有放回地重复抽样，并抽取大量新的子样本以获得参数估计值，这模仿了从总样本中随机抽取子样本的过程。

鉴于本书的研究中涉及三个并列的链式中介变量，但三个链式中介变量之间相关关系不显著，所以本书采用偏差校正的非参数百分位 Bootstrap 方法分别对三种银行业务做链式中介效应检验，并比较三种银行业务在利率市场化进程与系统性风险之间的中介作用的大小。

二、样本来源与变量选取

（一）样本来源

本书选取我国 14 家上市商业银行作为研究样本，并截取 2008～2020 年各季度数据构建面板数据。截至 2020 年底，中国共有 54 家上市商业银行，但与样本所选期间一致的只有 14 家上市商业银行，分别是：4 家国有大型股份制商业银行——中国工商银行、中国银行、中国建设银行、交通银行；7 家全国性股份制商业银行——浦发银行、民生银行、招商银行、华夏银行、兴业银行、中信银行、平安银行；3 家城市商业银行——南京银行、北京银行、宁波银行。鉴于部分样本银行于 2007 年才上市，2007 年之前数据确实较多，为了保证数据的完整性，故本书选取 2008～2020 作为研究期间。相关数据主要来自国泰安（CSMAR）数据库、各银行官网的季度报告，宏观数据主要来源于《中国统计年鉴》和国家统计局。14 家上市商业银行具体信息如表 4.1 所示。

表 4.1　　　　　　　　　　　14 家上市商业银行

银行分类		股票代码	银行名称	上市时间
国有商业银行	国有大型股份制商业银行	601988	中国银行	2006 年 6 月 22 日
		601939	中国建设银行	2007 年 9 月 14 日
		601398	中国工商银行	2006 年 10 月 16 日
		601328	交通银行	2007 年 4 月 24 日
非国有商业银行	全国性股份制商业银行	601166	兴业银行	2007 年 1 月 22 日
		600000	浦发银行	1999 年 9 月 22 日
		000001	平安银行	1991 年 4 月 3 日
		600016	中国民生银行	2000 年 11 月 22 日
		600036	招商银行	2002 年 3 月 22 日
		601998	中信银行	2007 年 4 月 18 日
		600015	华夏银行	2003 年 8 月 25 日
	城市商业银行	601169	北京银行	2007 年 9 月 10 日
		601009	南京银行	2007 年 7 月 11 日
		002142	宁波银行	2007 年 7 月 11 日

（二）变量测度

1. 被解释变量：商业银行系统性风险

以宏观经济与商业银行系统的全局视角，在充分考虑利率市场化背景下的外部因素并重点关注宏观层面风险的基础上，构建包含宏观经济风险、银行系统风险、证券市场风险、国际收支风险等各种系统性风险形式的综合性评估指标体系，同时设计风险预警机制，从而实现对商业银行系统性风险的准确、有效、深入评估。具体参见第三章第三节我国商业银行系统性风险指标体系的构建。

2. 解释变量：利率市场化

借鉴王舒军和彭建刚（2014）的研究方法，本书将利率市场化划分为 5 个一级指标和 12 个二级指标。一级指标分别为存款市场利率、贷款市场利率、货币市场利率、债券市场利率以及理财产品收益率；二级指标分别为人民币存款利率、外币存款利率、人民币贷款利率、外币贷款利率、同业拆借利率、票据贴现利率、债券发行利率、债券回购利率、现券交易利率、银行理财产品收益率、货币基金收益率、信托基金收益率。12个二级指标基本涵盖每个一级指标的具体内容。同时，鉴于利率市场化是一个渐进的过程，本书采用（0～1）为利率市场化程度赋值，数值越大表示利率市场化程度越高。利率市场化的具体进程如表4.2所示。

表4.2　　　　　　　　　　　利率市场指标体系

指数	一级指标	权重	二级指标	权重
利率市场化	存款利率	0.3170	人民币存款利率	0.8750
			外币存款利率	0.1250
	贷款利率	0.3170	人民币贷款利率	0.8750
			外币贷款利率	0.1250
	货币市场利率	0.1647	同业拆借利率	0.7500
			票据贴现利率	0.2500
	债券市场利率	0.1074	债券发行利率	0.6000
			债券回购利率	0.2000
			现券交易利率	0.2000
	理财产品收益率	0.0939	银行理财产品收益率	0.5370
			货币基金收益率	0.2047
			信托产品收益率	0.2583

权重选择上，本书同样依据王舒军和彭建刚（2014）提出的定性与定量相结合的层次分析法，构造判别矩阵，并利用Matlab 7.0对判别矩阵进行一致性检验。得出存款利率、贷款利率、货币市场利率、债券市场利率、理财产品收益率的权重分别为0.3170、0.3170、0.1647、0.1074、0.0939。具体指标权重如表4.2所示。

将表4.3中指标赋值结果与表4.2中各指标权重相乘并加总，得出2008～2020年各年的存款利率市场化指数、贷款利率市场化指数、非存贷利率市场化指数以及利率市场化综合指数，如表4.4所示。

表 4.3   **利率市场化测度指标体系**

时间 （年/季度）	存款市场 利率		贷款市场 利率		货币市场 利率		债券市场利率			理财产品收益率		
	人民币 存款	外币 存款	人民币 贷款	外币 贷款	同业 拆借	票据 贴现	债券 发行	债券 回购	现券 交易	理财 产品	货币 基金	信托 基金
2008 年第一季度	0.3	0.8	0.7	1	1	0.5	1	1	1	0.6	0.5	0.6
2008 年第二季度	0.3	0.8	0.7	1	1	0.5	1	1	1	0.6	0.5	0.6
2008 年第三季度	0.3	0.8	0.7	1	1	0.5	1	1	1	0.6	0.5	0.6
2008 年第四季度	0.3	0.8	0.7	1	1	0.5	1	1	1	0.6	0.5	0.6
2009 年第一季度	0.3	0.8	0.7	1	1	0.5	1	1	1	0.7	0.6	0.7
2009 年第二季度	0.3	0.8	0.7	1	1	0.5	1	1	1	0.7	0.6	0.7
2009 年第三季度	0.3	0.8	0.7	1	1	0.5	1	1	1	0.7	0.6	0.7
2009 年第四季度	0.3	0.8	0.7	1	1	0.5	1	1	1	0.7	0.6	0.7
2010 年第一季度	0.3	0.8	0.7	1	1	0.5	1	1	1	0.8	0.7	0.8
2010 年第二季度	0.3	0.8	0.7	1	1	0.5	1	1	1	0.8	0.7	0.8
2010 年第三季度	0.3	0.8	0.7	1	1	0.5	1	1	1	0.8	0.7	0.8
2010 年第四季度	0.3	0.8	0.7	1	1	0.5	1	1	1	0.8	0.7	0.8
2011 年第一季度	0.3	0.8	0.7	1	1	0.5	1	1	1	0.9	0.8	0.9
2011 年第二季度	0.3	0.8	0.7	1	1	0.5	1	1	1	0.9	0.8	0.9
2011 年第三季度	0.3	0.8	0.7	1	1	0.5	1	1	1	0.9	0.8	0.9
2011 年第四季度	0.3	0.8	0.7	1	1	0.5	1	1	1	0.9	0.8	0.9
2012 年第一季度	0.4	0.8	0.8	1	1	0.5	1	1	1	1	0.9	1
2012 年第二季度	0.4	0.8	0.8	1	1	0.5	1	1	1	1	0.9	1
2012 年第三季度	0.4	0.8	0.8	1	1	0.5	1	1	1	1	0.9	1
2012 年第四季度	0.4	0.8	0.8	1	1	0.5	1	1	1	1	0.9	1
2013 年第一季度	0.5	0.8	1	1	1	0.5	1	1	1	1	1	1
2013 年第二季度	0.5	0.8	1	1	1	0.5	1	1	1	1	1	1
2013 年第三季度	0.5	0.8	1	1	1	0.5	1	1	1	1	1	1
2013 年第四季度	0.5	0.8	1	1	1	0.5	1	1	1	1	1	1
2014 年第一季度	0.8	0.8	1	1	1	1	1	1	1	1	1	1
2014 年第二季度	0.8	0.8	1	1	1	1	1	1	1	1	1	1

续表

时间 （年/季度）	存款市场 利率		贷款市场 利率		货币市场 利率		债券市场利率			理财产品收益率		
	人民币 存款	外币 存款	人民币 贷款	外币 贷款	同业 拆借	票据 贴现	债券 发行	债券 回购	现券 交易	理财 产品	货币 基金	信托 基金
2014 年第三季度	0.8	0.8	1	1	1	1	1	1	1	1	1	1
2014 年第四季度	0.8	0.8	1	1	1	1	1	1	1	1	1	1
2015 年第一季度	1	1	1	1	1	1	1	1	1	1	1	1
2015 年第二季度	1	1	1	1	1	1	1	1	1	1	1	1
2015 年第三季度	1	1	1	1	1	1	1	1	1	1	1	1
2015 年第四季度	1	1	1	1	1	1	1	1	1	1	1	1
2016 年第一季度	1	1	1	1	1	1	1	1	1	1	1	1
2016 年第二季度	1	1	1	1	1	1	1	1	1	1	1	1
2016 年第三季度	1	1	1	1	1	1	1	1	1	1	1	1
2016 年第四季度	1	1	1	1	1	1	1	1	1	1	1	1
2017 年第一季度	1	1	1	1	1	1	1	1	1	1	1	1
2017 年第二季度	1	1	1	1	1	1	1	1	1	1	1	1
2017 年第三季度	1	1	1	1	1	1	1	1	1	1	1	1
2017 年第四季度	1	1	1	1	1	1	1	1	1	1	1	1
2018 年第一季度	1	1	1	1	1	1	1	1	1	1	1	1
2018 年第二季度	1	1	1	1	1	1	1	1	1	1	1	1
2018 年第三季度	1	1	1	1	1	1	1	1	1	1	1	1
2018 年第四季度	1	1	1	1	1	1	1	1	1	1	1	1
2019 年第一季度	1	1	1	1	1	1	1	1	1	1	1	1
2019 年第二季度	1	1	1	1	1	1	1	1	1	1	1	1
2019 年第三季度	1	1	1	1	1	1	1	1	1	1	1	1
2019 年第四季度	1	1	1	1	1	1	1	1	1	1	1	1
2020 年第一季度	1	1	1	1	1	1	1	1	1	1	1	1
2020 年第二季度	1	1	1	1	1	1	1	1	1	1	1	1
2020 年第三季度	1	1	1	1	1	1	1	1	1	1	1	1
2020 年第四季度	1	1	1	1	1	1	1	1	1	1	1	1

表 4.4   四类利率市场化指数

时间	存款利率市场化指数	贷款利率市场化指数	非存贷利率市场化指数	利率市场化综合指数
2008 年第一季度	0.3125	0.6938	0.8181	0.6424
2008 年第二季度	0.3125	0.6938	0.8181	0.6424
2008 年第三季度	0.3125	0.6938	0.8181	0.6424
2008 年第四季度	0.3125	0.6938	0.8181	0.6424
2009 年第一季度	0.3125	0.6938	0.8515	0.6518
2009 年第二季度	0.3125	0.6938	0.8515	0.6518
2009 年第三季度	0.3125	0.6938	0.8515	0.6518
2009 年第四季度	0.3125	0.6938	0.8515	0.6518
2010 年第一季度	0.3125	0.6938	0.8848	0.6612
2010 年第二季度	0.3125	0.6938	0.8848	0.6612
2010 年第三季度	0.3125	0.6938	0.8848	0.6612
2010 年第四季度	0.3125	0.6938	0.8848	0.6612
2011 年第一季度	0.3125	0.6938	0.9182	0.6705
2011 年第二季度	0.3125	0.6938	0.9182	0.6705
2011 年第三季度	0.3125	0.6938	0.9182	0.6705
2011 年第四季度	0.3125	0.6938	0.9182	0.6705
2012 年第一季度	0.4438	0.8250	0.9515	0.7632
2012 年第二季度	0.4438	0.8250	0.9515	0.7632
2012 年第三季度	0.4438	0.8250	0.9515	0.7632
2012 年第四季度	0.4438	0.8250	0.9515	0.7632
2013 年第一季度	0.5313	1	0.9583	0.8483
2013 年第二季度	0.5313	1	0.9583	0.8483
2013 年第三季度	0.5313	1	0.9583	0.8483
2013 年第四季度	0.5313	1	0.9583	0.8483
2014 年第一季度	0.7500	1	1	0.9407
2014 年第二季度	0.7500	1	1	0.9407
2014 年第三季度	0.7500	1	1	0.9407

续表

时间	存款利率市场化指数	贷款利率市场化指数	非存贷利率市场化指数	利率市场化综合指数
2014 年第四季度	0.7500	1	1	0.9407
2015 年第一季度	1	1	1	1
2015 年第二季度	1	1	1	1
2015 年第三季度	1	1	1	1
2015 年第四季度	1	1	1	1
2016 年第一季度	1	1	1	1
2016 年第二季度	1	1	1	1
2016 年第三季度	1	1	1	1
2016 年第四季度	1	1	1	1
2017 年第一季度	1	1	1	1
2017 年第二季度	1	1	1	1
2017 年第三季度	1	1	1	1
2017 年第四季度	1	1	1	1
2018 年第一季度	1	1	1	1
2018 年第二季度	1	1	1	1
2018 年第三季度	1	1	1	1
2018 年第四季度	1	1	1	1
2019 年第一季度	1	1	1	1
2019 年第二季度	1	1	1	1
2019 年第三季度	1	1	1	1
2019 年第四季度	1	1	1	1
2020 年第一季度	1	1	1	1
2020 年第二季度	1	1	1	1
2020 年第三季度	1	1	1	1
2020 年第四季度	1	1	1	1

3. 中介变量

（1）信用风险：不良贷款率（NPL）。

信用风险是在商业银行的贷款业务中所承担的最大风险损失。本书在查阅关于商业银行信用风险研究的相关文献后，选择了大部分学者所使用的衡量指标不良贷款率（NPL）作为商业银行信用风险的代理变量（Dell and Ma，2010；牛晓健，2013；张蕊和吕江林，2017），即银行年末不良贷款额与贷款总额之比。在其他文献中使用的其他指标来衡量信用风险，例如，王家华（2016）使用贷款损失准备金率度量商业银行信用风险，是信用风险的正向替代指标，即贷款损失准备金率越高，代表该商业银行的信用风险越高。总之，商业银行信用风险的度量方法多种多样，但各有千秋，具体选择哪种方法要考虑数据的可得性等因素。鉴于数据获取的可行性和现研究方法的趋向，本书使用不良贷款率（NPL）作为商业银行信用风险的衡量指标，不良贷款率越大，意味着银行的高风险资产越多，信用风险越高，根据定价覆盖风险原则，其贷款利率也相应较高，因此利差越大（彭建刚和王舒军，2014）。不良贷款率（NPL）主要来自样本上市商业银行各季度报告对其的披露。

（2）利率风险：利率敏感性比率（IRSR，单位：亿元）。

关于商业银行利率风险研究的文献比较丰富，对于商业银行利率风险的衡量方法主要可以归纳为两种。其一是利率敏感性缺口，即利率敏感性资产与利率敏感性负债的差额（张莉和杜学文，2010；姚远，2011）；其二是利率敏感性比率，即一定时期利率敏感资产与利率敏感负债的比率（谢四美，2014），用公式可以表示为：利率敏感性比率（IRSR）= 利率敏感性资产（RSA）/利率敏感性负债（RSL）。利率敏感性资产与利率敏感性负债分别代表一段时期内需按照市场利率重新定价的资产与负债。其中，利率敏感性资产包括存放同业、存放央行款项、买入返售金融资产、客户贷款及垫款、可供出售金融资产以及应收款项等生息资产；利率敏感性负债包括向央行借款、同业存放、卖出回购金融资产、客户存款、应付债券等付息债务。

鉴于利率风险期指标与其他风险指标数据的协调性，本书选自利率敏感性比率这一数值较小的方法。如表4.5所示，当利率敏感性比率在1上下波动时，不管是大于1还是小于1，利率风险都比较小；若与1相差比较大，说明利率风险比较大（谢四美，2014）。当 IRSR > 1，代表存在正缺口，属于资产敏感型,当市场利率上升时,银行净利息收入会随之增加。当 $IRSR < 1$,代表存在负缺口,属于负债敏感型,当市场利率上升时,银行净利息收入将有所减少。

表 4.5 利率敏感性比率对利率的影响情况

利率敏感性比率（$IRSR$）	银行资产负债状况	利率变动趋势	净利息收入变动
$IRSR = 1$	资产负债匹配	上升	增加
		下降	减少
$IRSR > 1$	资产敏感	上升	增加
		下降	减少
$IRSR < 1$	负债敏感	上升	减少
		下降	增加

（3）操作风险：监管管理成本（K）。

关于商业银行操作风险的度量方法主要有指标测量法和流程测量法。本书使用指标测量法对上市商业银行的操作风险进行测度（梁春勇，2017），主要内容是银行通过操作风险产生的监管管理成本，等于银行的总收入（GI）和巴塞尔委员会设定的固定比例范围的乘积，为使数据更加平稳，本书对上述乘积取对数作为测度我国商业银行操作风险的代理指标，即 $K = \ln(GI \times \alpha)$，$\alpha$ 是一个固定值，由巴塞尔委员会设定，一般的取值范围是 17% ~ 20% 之间，如果按照银行业对于资本要求标准，α 的取值一般选择是 15%。本书将取 α 值为 15%，在指标测量法中，当 α 值固定时，银行总收入 GI 越高，银行在操作中控制风险的监督管理成本 K 越高，银行产生操作风险的可能性越低；相反，当年银行总收入 GI 越低，则意味着银行在操作中控制风险的监督管理成本 K 越低，那么银行当年的操作风险就会有一定程度的增加。

（4）流动性风险：存贷比（LDR）。

流动性风险一直是商业银行面临的主要风险，银行的流动性包括资产的流动性和负债的流动性。银行主要通过吸收存款获取资金，再用吸收存款来发放贷款，可见存款、贷款分别是商业银行负债和资产的主要内容。而存贷比（LDR）是衡量商业银行流动性风险的关键因素（林汀，2017），故本书用存贷比（*LDR*）作为商业银行流动性风险的代理指标。且存贷比越高，商业银行流动性风险越高。存贷比（*LDR*）的计算公式为：*LDR* = 贷款总额／存款总额。

（5）经营风险：银行破产风险（*BROKEN*）。

本书借鉴有关文献对商业银行经营风险的衡量方法（王家华和王瑞，2016；吴言林和沈强，2018），采用银行破产风险 Z 值来衡量商业银行的经营风险。Z 值越大，说明该商业银行稳健性水平越高，破产风险水平越小；相反，Z 值越小，说明该商业银行稳健性水平越低，那么破产风险水平也就越大。Z 值的计算公式为：

$$BROKEN_{i,t} = \frac{ROA_{i,t} + CAR_{i,t}}{\sigma(ROA_{i,t})} \tag{4.7}$$

其中，*BROKEN* 是 Z 值，*ROA* 是资本利润率，$\sigma(ROA_{i,t})$ 是 *ROA* 的标准差，*CAR* 表示资本充足率。与其他类似指标相比，Z 值的优势主要体现在：首先，综合考虑了不同风险对经营稳定的影响，能全面地反映银行经营风险影响因素的全貌；其次，Z 值模型中的关键因素与理论基础有较高的一致性，抑制商业银行涉足高风险业务能帮助银行保持稳定的运营模式；最后，Z 值模型的相关假设与目前我国商业银行政策相一致，随着我国利率市场化的完成，我国也出台了相应的存款保险制度，国家不再承担保证银行免于破产的义务；研究银行破产的相关模型具有重大意义。

4. 控制变量

在实际研究中，除了利率市场化，还存在许多影响商业银行系统性风险的因素，但鉴于本书主要研究利率市场化对商业银行系统性风险的影响机制，我们将其余影响因素作为控制变量加入模型，避免遗漏变量造成的结论偏差。

首先，从银行自身特征来说，我们选取银行资产规模对数 ln*Size*、资本充足率 *CAR*、资本利润率 *ROA*，分别控制各个商业银行的银行规模、偿债能力、盈利能力。选取这三个财务指标作为微观控制变量的原因是：第一，规模越大的银行对风险管控的能力越强；第二，银行的偿债能力越强，抵御风险的能力越强；第三，如果银行具有良好的盈利能力，说明客户还本付息的可能性较大，贷款的风险较小。另外，添加了成本收入比 *CIR*，成本收入比是衡量商业银行盈利效率的指标，反映银行每获得一单位收入需要付出的成本，该指标为银行的业务及管理费与营业收入的比值。

其次，在宏观经济环境方面，我们选取广义货币供应量增速 *M*、全国 GDP 增长率 *GdpR* 作为宏观经济控制变量，分别控制经济周期和货币政策因素对商业银行系统性风险的影响。选取这两个宏观控制变量的原因是：第一，在经济周期的繁荣期时，银行可能会因为宏观经济的乐观表现而加大对高收益业务的投资，以求更大收益，这么做的同时也提高了银行面临的风险水平；第二，宽松的货币政策会带来信贷利率下调，银行融资成本降低，风险偏好上升。具体变量定义如表4.6所示。

表4.6 变量定义

类别	变量名称		变量符号	单位	变量定义
被解释变量	商业银行系统性风险		*Z*	%	详见第三章第三节
解释变量	利率市场化		*LILV*	—	利率市场化综合指数
中介变量	信用风险	不良贷款率	*NPL*	%	不良贷款/总贷款
	利率风险	利率风险敏感度	*IRSR*	%	利率敏感性资产/利率敏感性负债
	操作风险	监督管理成本	*K*	元	$\ln(GI \times a)$
	流动性风险	存贷比	*LDR*	%	贷款总额/存款总额
	经营风险	银行破产风险	*BROKEN*	%	(总资产收益率 + 资本充足率)/σ(总资产收益率)
控制变量	资产规模		ln*Size*	元	总资产的对数
	资本充足率		*CAR*	%	资本总额/加权风险资产总额
	资本利润率		*ROA*	%	净利润/总资产
	成本收入比		*CIR*	%	业务及管理费/营业收入
	GDP 增长率		*GdpR*	%	(当年 GDP − 去年同期 GDP)/去年同期 GDP
	广义货币供应量增速		*M*	%	(当年广义货币供应量 − 去年同期广义货币供应量)/去年同期广义货币供应量

（三）利率市场化对银行系统性风险的链条中介检验模型

针对银行资产业务、负债业务以及中间业务在利率市场化对于银行系统性风险中是否起到链条中介的作用，选取第四章第二节中的 Bootstrap 方法进行检验。

Bootstrap 法可分为参数 Bootstrap 和非参数 Bootstrap 两类。常用的非参数 Bootstrap 方法包括非参数百分位 Bootstrap 方法和偏差校正的非参数百分位 Bootstrap 方法。

鉴于本书的研究中涉及三个并列的链式中介变量，但三个链式中介变量之间相关关系不显著，所以本书采用偏差校正的非参数百分位 Bootstrap 方法分别对三种银行业务做链式中介效应检验，并比较三种银行业务在利率市场化进程与系统性风险之间的中介作用的大小。

三、变量描述性统计及相关检验

（一）统计性描述结果分析

在进行实证分析之前，先利用 Stata 从全样本、4 家国有商业银行及 10 家非国有商业银行三个样本模型分别进行变量描述性统计分析，得到最大值、最小值、均值和标准差，结果如表 4.7 所示。

被解释变量方面，商业银行系统性风险 Z 最小值为 - 3.717，最大值为 2.890，标准差为 1.846，表明我国商业银行系统性风险在 2008 ~ 2020 年总体差异较大。

中介变量方面，衡量我国商业银行信用风险的不良贷款率的最大值为 5.150%，最小值为 0.340%，标准差为 0.494，这说明我国城市商业银行之间不良贷款率差异较大，而均值为 1.218%，偏向于最小值 0.340%，表明我国商业银行整体的不良贷款率较小，大部分符合《巴塞尔协议Ⅲ》不良贷款率不高于 5% 这一规定。并且发现国有商业银行的不良贷款率均值比非国有商业银行高，波动更小；商业银行利率风险敏感度的均值为 1.131%，最大值为 1.620%，最小值为 0.730%，且国有和非国有商业银行的利率风险无明显差异；表征商业银行操作风险的均值为 22.160%，最大值为 25.610%，最小值为 18.490%，且国有商业银行的操作风险略高于非国有商业银行；表征商业银行流动性风险的存贷比最大值为 2.661%，最小值为 0.540%，均值为 1.288%；表征商业银行经营风险的均值为 4.953%，最大值为 7.237%，最小值为 1.149%。

表 4.7　描述性分析

变量名	变量定义	全样本				国有商业银行				非国有商业银行			
		均值	标准差	最小值	最大值	均值	标准差	最小值	最大值	均值	标准差	最小值	最大值
Z	商业银行系统性风险	-1.353	1.846	-3.717	2.890	-1.353	1.849	-3.717	2.890	-1.353	1.846	-3.717	2.890
LILV	利率市场化	0.860	0.152	0.642	1.000	0.860	0.152	0.642	1.000	0.860	0.152	0.642	1.000
NPL	不良贷款率	1.218	0.494	0.340	5.150	1.386	0.374	0.810	2.770	1.151	0.520	0.340	5.150
$IRSR$	利率风险敏感度	1.131	0.143	0.730	1.620	1.092	0.139	0.815	1.330	1.147	0.142	0.730	1.620
K	监督管理成本	22.160	1.426	18.490	25.610	23.520	0.831	21.710	25.610	21.610	1.238	18.490	24.500
LDR	存贷比	1.288	0.297	0.540	2.661	1.271	0.297	0.697	1.799	1.295	0.297	0.540	2.661
$BROKEN$	银行破产风险	4.953	0.508	1.149	7.237	5.099	0.360	3.683	6.283	4.894	0.545	1.149	7.237
$lnSize$	资产规模	28.800	1.265	25.140	31.140	30.170	0.602	28.450	31.140	28.250	1.021	25.140	29.700
CAR	资本充足率	12.670	2.086	8.110	28.130	13.770	1.435	11.090	17.520	12.230	2.144	8.110	28.130
ROA	资本利润率	0.260	0.079	-0.570	0.496	0.280	0.067	0.047	0.467	0.252	0.086	-0.570	0.496
CIR	成本收入比	0.302	0.071	0.151	0.617	0.284	0.058	0.158	0.430	0.309	0.075	0.151	0.617
$GdpR$	GDP增长率	7.234	3.057	-6.800	12.100	7.234	3.062	-6.800	12.100	7.234	3.057	-6.800	12.100
M	广义货币供应量增速	13.940	5.150	8.200	29.310	13.940	5.159	8.200	29.310	13.940	5.152	8.200	29.310

解释变量方面，利率市场化指数 *LILV* 最小值为 0.642，最大值为 1，表明中国利率市场化进程在 2009～2020 年期间有较大幅度的提升，已达到较高利率市场化水平。从利率市场化进程来看，我国在 2011 年前对利率的管制较为宽松，利率市场化提升速度缓慢，而在 2011 年后，随着中国人民银行新一轮利率市场化改革的推进，我国利率市场化进程明显加快。

控制变量方面，银行资产规模最大值为 31.14，最小值为 25.14，标准差为 1.265，表明本样本上市商业银行的资产规模差异不大，而从国有商业银行与非国有商业银行的描述性统计数据来看，国有商业银行具有更大的资产规模；银行的资本充足率最大值为 28.130%，最小值为 8.110%，标准差为 2.086，说明我国上市商业银行资本充足率差异较大，资本充足率均值为 12.670%，明显高于我国目前对商业银行资本充足率为 8% 的监管要求；资本利润率最大值为 0.496%，最小值为 –0.570%，标准差为 0.0785，说明在银行资本利润率方面，我国各上市银行不存在太大差异，但普遍较低，甚至有些非国有商业银行的资本利润率为负数。GDP 增长率最大值为 12.100%，最小值为 –6.800%，均值为 7.234%，标准差为 3.057，说明我国 GDP 虽由于疫情原因有过短暂跌落，但总体仍处于稳步增长中。广义货币供应量增速都为正值，标准差为 5.150，说明我国在 2008～2020 年货币供应量呈上升趋势且每年的货币供应量增幅差距较大。

（二）相关性分析

对模型进行回归分析时，需要模型中变量之间无严重的共线性，所以需要进行变量的相关性检验，从而确定模型设定是否合理。相关性分析结果如表 4.8 所示。

由表 4.8 相关性分析可知，利率市场化与商业银行系统性风险存在一定的关联性。数据具体表现为利率市场化综合指数对商业银行系统性风险产生显著的负向影响，相关系数为 –0.263。同时，我们发现控制变量与商业银行系统性风险也存在一定的相关关系。资本利润率、成本收入比、GDP 增长率、广义货币供应量增速都与商业银行系统性风险呈正相关，银行总资产对数、资本充足率都与商业银行系统性风险呈负相关。此外，利率市场化与利率风险敏感度、存贷比及银行破产风险都呈负相关，利率市场化与不良贷款率、监督管理成本都呈正相关。

表4.8

相关性分析

变量	Z	LILV	NPL	IRSR	K	LDR	BROKEN	lnSize	ROA	CAR	CIR	GdpR	M
Z	1												
LILV	-0.263***	1											
NPL	0.184***	0.289***	1										
IRSR	0.351***	-0.199***	-0.165***	1									
K	-0.285***	0.493***	0.365***	-0.329***	1								
LDR	0.369***	-0.481***	-0.253***	0.493***	-0.478***	1							
BROKEN	0.137***	-0.134***	-0.179***	0.164***	-0.109***	0.220***	1						
lnSize	-0.220***	0.436***	0.335***	-0.202***	0.959***	-0.358***	-0.00600	1					
ROA	0.123***	-0.225***	-0.216***	0.104***	-0.0260	0.236***	0.475***	0.0140	1				
CAR	-0.110***	0.213***	0.154***	-0.338***	0.224***	-0.195***	0.284***	0.154***	0.188***	1			
CIR	0.104***	-0.455***	-0.225***	0.154***	-0.378***	0.198***	0.0250	-0.355***	-0.311***	-0.313***	1		
GdpR	0.306***	-0.612***	-0.196***	0.320***	-0.373***	0.483***	0.204***	-0.310***	0.234***	-0.250***	0.361***	1	
M	0.479***	-0.790***	-0.221***	0.241***	-0.447***	0.458***	0.106***	-0.372***	0.103***	-0.274***	0.414***	0.415***	1

同时，所有变量间的相关系数基本上都小于 0.8，可见变量间不存在严重的共线性问题，说明本书所有变量的选择都是合理的。相关性分析为下一步研究奠定了基础。

（三）单位根检验

为防止出现伪回归，模型中的变量必须是平稳的，单位根检验是检验变量是否平稳的常用方法。单位根检验的原假设是存在单位根（存在单位根就是不平稳），若所用变量通过单位根检验拒绝原假设，则说明本书选用数据具有平稳性。而面板数据单位根检验的原假设分为两种。第一，截面之间存在一个想通过的单位根，检验方法包括：LLC 检验、HT 检验和 Breitung 检验；第二，截面之间存在不同的单位根，检验方法包括：IPS 检验、Fisher-ADF 检验、Fisher-PP 检验。本书采用 LLC 检验、Fisher-ADF 检验，检验结果如表 4.9 所示。

表 4.9 单位根检验结果

变量名	LLC	Fisher-ADF	结论
LILV	− 2. 3909 *** (0. 0084)	3. 1689 *** (0. 0008)	平稳
NPL	− 1. 6523 *** (0. 0492)	4. 3798 *** (0. 0000)	平稳
IRSR	10. 5812 *** (0. 0000)	− 2. 7954 *** (0. 0026)	平稳
K	− 3. 3800 *** (0. 0004)	3. 0569 *** (0. 0011)	平稳
LDR	1. 7475 *** (0. 0403)	− 2. 0118 *** (0. 0211)	平稳
Z	− 3. 9434 *** (0. 0000)	4. 5216 *** (0. 0000)	平稳

注：***、** 和 * 分别表示在 1%、5% 和 10% 水平上显著，括号内为 t 值。

本书选取了解释变量、中介变量进行单位根检验，结果如表 4.9 所示。在 5% 置信水平下，不良贷款率（*NPL*）、银行破产风险（*Z*）、利率市场化综合指数（*LILV*）、利率风险敏感度（*IRSR*）、监督管理成本（*K*）、存贷比（*LDR*）均拒绝原假设，即均通过平稳性检验。

（四）Hausman 检验

在检验解释变量、中介变量为平稳序列后，需要选择合适的面板数据模型进行回归。首先，从时间上看，样本银行间存在差异；从截面上看，不同的时期也存在差异，无法将面板数据简单地混合在一起，使用普通最小二乘法对参数进行估计可能会出现较大的偏差。因此，本书需要在随机效应模型和固定效应模型中选择最佳模型进行回归。固定效应模型假设个体中不随时间变化的变量与自变量或者被解释变量相关且包含个体影响效果的变量是内生的，而随机效应模型的假设则相反。

本书选择 Hausman 检验来确定面板数据回归时应该选择固定效应模型还是随机效应模型。Hausman 检验原假设为个体不随时间变化的变量与自变量或者被解释变量无关，该假设的含义是在 5% 的置信水平下应该选择随机效应模型，如果拒绝原假设，则应选择固定效应模型。由于本书选取的被解释变量较多，因此分别对每个被解释变量所在的模型进行 Hausman 检验。此外，由于国有商业银行与非国有股份制银行之间在资产规模、风险管理能力等方面存在一定的差异性，为考察利率市场化对商业银行系统性风险的差异性影响，本书也对分样本中所有模型进行 Hausman 检验，具体检验结果及结论如表 4.10 所示。

表 4.10　　　　　　　　　　　　Hausman 检验结果

类别	变量名	chi2（7）	p 值	检验结果
全样本	*Z*	149.02	0.0000	固定效应模型
	NPL	107.46	0.0000	固定效应模型
	IRSR	150.46	0.0000	固定效应模型
	K	142.85	0.0000	固定效应模型
	LDR	149.50	0.0000	固定效应模型
	Broken	148.20	0.0000	固定效应模型

续表

类别	变量名	chi2（7）	p 值	检验结果
国有商业银行	Z	77.00	0.0000	固定效应模型
	NPL	30.11	0.0000	固定效应模型
	IRSR	66.95	0.0000	固定效应模型
	K	72.67	0.0000	固定效应模型
	LDR	54.98	0.0000	固定效应模型
	Broken	77.96	0.0000	固定效应模型
非国有商业银行	Z	132.28	0.0000	固定效应模型
	NPL	90.91	0.0000	固定效应模型
	IRSR	125.55	0.0000	固定效应模型
	K	131.04	0.0000	固定效应模型
	LDR	130.23	0.0000	固定效应模型
	Broken	131.81	0.0000	固定效应模型

四、回归结果分析

（一）利率市场化背景下商业银行系统性风险诱发机制的横向分析

本书将对全样本、4 家国有商业银行、10 家非国有商业银行的 2008～2020 年的数据分别进行回归分析，并在上文 Hausman 检验的基础上，针对不同样本的不同风险选择合适的回归方法，并根据回归分析结果，结合当前利率管制已经放开，利率改革进入新的过渡阶段的背景，分析利率市场化对银行各类风险的影响及原因。另外，通过探究利率市场化对银行各类风险的影响在不同银行之间的异质性，可以为不同类型银行在稳定发展、规避风险方面提供参考意见。

1. 利率市场化对商业银行系统性风险实证分析

针对模型（4.1），根据本书 Hausman 检验的结果，使用固定效应模型分别对全样本、国有商业银行以及非国有商业银行进行回归，具体回归结果如表 4.11 所示。

表 4.11　　　　　　　　　利率市场化对商业银行系统性风险的影响

变量名	Z		
	全样本	国有商业银行	非国有商业银行
LILV	14. 5615 *** (16. 6999)	19. 6765 *** (12. 8781)	17. 2756 *** (15. 6985)
ln*SIZE*	− 3. 2355 *** (− 13. 7113)	− 7. 9662 *** (− 11. 9707)	− 3. 7156 *** (− 13. 4057)
ROA	− 0. 3494 (− 0. 3954)	0. 3461 (0. 1691)	− 0. 5831 (− 0. 6210)
CAR	− 0. 0763 ** (− 2. 2886)	0. 1378 (1. 2071)	− 0. 0470 (− 1. 3758)
CIR	− 3. 3876 *** (− 2. 9314)	− 1. 0489 (− 0. 5011)	− 2. 0624 (− 1. 5626)
GdpR	0. 0854 *** (3. 5731)	− 0. 0140 (− 0. 3311)	0. 0633 ** (2. 3086)
M	0. 2058 *** (11. 4651)	0. 1747 *** (5. 7513)	0. 1848 *** (8. 8456)
常数项	77. 8943 *** (11. 5087)	218. 0271 *** (10. 9649)	87. 0777 *** (11. 4591)
固定效应	YES	YES	YES
r2_a	0. 47	0. 61	0. 51
F	95	47	78
样本数	728	208	520

注：***、** 和 * 分别表示在 1%、5% 和 10% 水平上显著，括号内为 t 值。

根据表 4.11，利率市场化对商业银行系统性风险的影响分析，以及利率市场化对国有商业银行、非国有商业银行系统性风险影响的差异性分析如下：

（1）对于全样本来说，*LILV* 对 Z 的影响在 1% 水平上显著为正，即利率市场化与商业银行系统性风险呈显著正相关，且相关系数为 14. 5615，表明随着利率市场化的不断推进，我国上市银行系统性风险不断提高。一方面，利率市场化带来利率限制的取消使得商业银行筹资成本和竞争压力相应上升，为了获得更高回报，其可能会做出激进的贷款决策，为高利率、高风险的项目提供信贷；而贷款利息压力同样会迫使企业放弃低收益的稳健型投资，转向与高成本贷款相符的高风险项目，提高了道德风险；由此，商业银行资产质量下降、违约概率增加，进一步加大了其系统性风险。另一方面，存款利率市场化使得"脱媒"程度进一步加深，资金供应者为调拨资金，往往会在银行体系、资本市场和货币市场间来回转换，为保持商业银行资产规模的扩张速度和盈利能力的提高，银行将加大从银行间同业市场获取资金的比例，并不断降低优质流动性资产的储备，引发单个或多个商业银行的流动性风险，进而传染至整个银行业，加剧其整体的系统性风险。

（2）如图4.1所示，我国商业银行系统性风险在1995～2020年整体上处于下降趋势。但在2015年，股市从"牛市"起步到"疯牛"的形成再到股市暴跌，导致整个金融业的个股流动性下降，由此波及商业银行，造成系统性风险急剧增长。

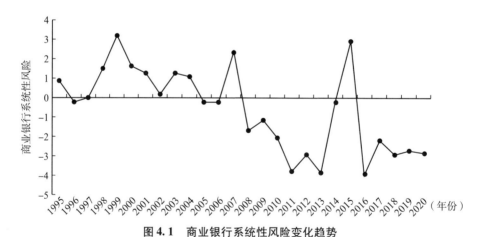

图4.1　商业银行系统性风险变化趋势

资料来源：商业银行年报。

从表4.11和图4.1可观察出，在1%显著性水平上，利率市场化对国有商业银行系统性风险的影响程度为19.6765，对非国有商业银行系统性风险的影响系数为17.2756，即利率市场化可以显著增大国有商业银行、非国有商业银行的系统性风险。通过比较得知，尽管利率市场化对国有商业银行和非国有商业银行的系统性风险都有影响，但其对国有商业银行的影响更大，我们考虑：一方面，国有商业银行作为大型银行，其资产规模、资本利润率以及资本充足率等都明显高于非国有商业银行；另一方面，国有商业银行更易受到国家优惠政策的支持，其业务往来方往往都是行业重要性企业。因此，国有商业银行作为系统重要性银行，其自身发生风险会对整个行业产生显著影响。在利率市场化改革过程中，国有商业银行为积极响应国家政策号召，先行改变存贷款利率上限，由此而产生的市场反应不确定性使得国有商业银行的系统性风险凸显。因此，在利率市场化进程中，国有商业银行系统性风险受影响程度高于非国有商业银行。

2. 信用风险在利率市场化对商业银行系统性风险的中介效应分析

针对模型（4.5）和模型（4.6），根据 Hausman 检验的结果，本书使用固定效应模型分别对全样本、国有商业银行以及非国有商业银行进行回归，具体回归结果如表 4.12 所示。

表 4.12　信用风险在利率市场化对商业银行系统性风险的中介效应分析

变量	全样本		国有商业银行		非国有商业银行	
	NPL	*Z*	*NPL*	*Z*	*NPL*	*Z*
LILV	1.5583 *** (5.9430)	12.9714 *** (15.2432)	2.4092 *** (6.9479)	15.6908 *** (9.9048)	3.1901 *** (9.7413)	15.8029 *** (13.2843)
NPL		1.0204 *** (8.5664)		1.6543 *** (5.6712)		0.4617 *** (3.1075)
ln*SIZE*	− 0.4410 *** (− 6.2152)	− 2.7855 *** (− 12.0684)	− 1.7204 *** (− 11.3914)	− 5.1200 *** (− 6.4290)	− 0.7907 *** (− 9.5871)	− 3.3505 *** (− 11.2109)
ROA	− 2.2608 *** (− 8.5083)	1.9576 ** (2.2154)	− 3.7903 *** (− 8.1611)	6.6164 *** (3.0080)	− 2.0521 *** (− 7.3441)	0.3643 (0.3718)
CAR	0.0258 ** (2.5700)	− 0.1026 *** (− 3.2159)	0.0648 ** (2.4991)	0.0307 (0.2848)	0.0336 *** (3.3068)	− 0.0625 * (− 1.8260)
CIR	− 2.4655 *** (− 7.0944)	− 0.8719 (− 0.7654)	− 2.1797 *** (− 4.5883)	2.5570 (1.2496)	− 1.8158 *** (− 4.6231)	− 1.2241 (− 0.9161)
GdpR	0.0014 (0.1933)	0.0840 *** (3.6892)	− 0.0203 ** (− 2.1169)	0.0196 (0.4934)	− 0.0135 * (− 1.6555)	0.0695 ** (2.5508)

续表

变量	全样本		国有商业银行		非国有商业银行	
	NPL	*Z*	*NPL*	*Z*	*NPL*	*Z*
M	−0.0050 (−0.9314)	0.2110 *** (12.3302)	−0.0070 (−1.0210)	0.1863 *** (6.5846)	−0.0200 *** (−3.2242)	0.1941 *** (9.2728)
常数项	13.6446 *** (6.7039)	63.9714 *** (9.6226)	52.2502 *** (11.5785)	131.5888 *** (5.4939)	21.7904 *** (9.6360)	77.0181 *** (9.3919)
固定效率	YES	YES	YES	YES	YES	YES
r2_a	0.22	0.52	0.50	0.66	0.37	0.51
F	32	101	31	52	47	71
样本数	728	728	208	208	520	520

注：*** 、** 和 * 分别表示在1%、5%和10%水平上显著，括号内为 t 值。

根据表4.12，信用风险在利率市场化对商业银行系统性风险的中介效应分析，以及其在对国有商业银行、非国有商业银行样本中的差异性分析如下：

（1）对于全样本来说，*LILV* 对 *NPL* 的影响在1%水平上显著为正，即利率市场化与信用风险呈显著正相关，且相关系数为1.5583，表明随着利率市场化的不断推进，我国上市银行信用风险不断提高。一方面，利率市场化带来利率水平的上升，以至企业融资成本相应增加。而经营绩效较好的企业融资渠道较多，会选择融资成本较低的渠道，但经营绩效较差、风险管控能力差的企业因融资渠道单一，尽管商业银行利率较高，仍选择向商业银行提出贷款申请，这样就会出现"劣币驱逐良币"现象，即具有潜在信用风险的贷款人往往是那些排队申请贷款的人，不断导致商业银行贷款客户整体的经营能力下降，风险系数上升。另一方面，利率管制时期，上市商业银行存贷利差受到保护，较高的利差水平为商业银行赚取利润提供契机。但随着政府对利率水平管制的不断放开，尽管存贷款利率不断上升，存贷利差仍在缩小。为保证自身市场份额与利润的不断增长，商业银行不断扩展业务，扩大信贷投放规模，将资金投入能带来更高收益的高风险项目中，最终会加剧商业银行的信贷风险。

结合全样本的中介效应检验结果，*LILV* 与 *NPL* 对于 *Z* 的影响均在1%水平上显著为正，且相关系数分别为12.9714 和1.0204，表明信用风险在利率市场化对商业银行系统性风险的影响中起到中介作用。我们考虑：低质量的贷款项目和高风险的投资项目一旦出现偏差，意味着商业银行信用风险爆发，很可能造成其资金链的断裂，加剧商业银行的脆弱性。而由此引发的大规模挤兑效应将使商业银行的风险防范体系受到挑战，最终使得商业银行系统性风险的爆发概率大幅上升。

（2）如图4.2所示，样本区间内，国有商业银行和非国有商业银行的不良贷款率均呈现先下降后上升的趋势。相比之下，非国有商业银行不良贷款率水平较低。

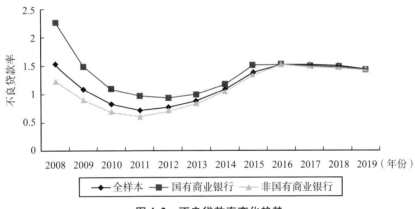

图4.2 不良贷款率变化趋势

资料来源：各商业银行年报。

从表4.12可观察出，在1%显著性水平上，利率市场化对国有商业银行信用风险的影响程度为2.4092，对非国有商业银行信用风险的影响系数为3.1901，即利率市场化可以显著增大国有商业银行、非国有商业银行的信用风险。通过比较得知，尽管利率市场化对国有商业银行和非国有商业银行的信用风险都有影响，但其对非国有商业银行的影响更大。我们考虑：一方面，虽然近年来非国有商业银行发展迅速，但在资产规模、资本充足率等方面仍与国有商业银行存在较大差距。另一方面，国有商业银行在客户群体中的熟知度以及信任度较高，是企业融资优先考虑对象。国有商业银行便可优先选择信用记录较好的企业提供服务，而且国有商业银行信贷审查制度更加完善。而非国有商业银行在政府对存贷款利率的管制放开后，为维持利润的不断增长以及相应的市场占有率，通常会不断地扩大信贷规模。信贷规模的扩大无疑会降低贷款标准，为不能提供充分担保抵押的客户或信用度较差的客户提供贷款促使非国有商业银行信用风险凸显。因此，在利率市场化改革中，国有商业银行信用风险受影响程度低于非国有商业银行。

而分样本的中介效应检验结果也显示，LILV 与 NPL 对于 Z 的影响均在 1% 水平上显著为正。在国有商业银行样本中，LILV 与 NPL 对于 Z 的影响程度分别为 15.6908 和 1.6543，在非国有商业银行样本中，LILV 与 NPL 对于 Z 的影响程度分别为 15.8029 和 0.4617，也就是说，信用风险在国有商业银行样本中的中介效应更大。

3. 利率风险在利率市场化对商业银行系统性风险的中介效应分析

针对模型（4.5）和模型（4.6），根据 Hausman 检验的结果，本书使用固定效应模型分别对全样本、国有商业银行以及非国有商业银行进行回归，具体回归结果如表 4.13 所示。

表 4.13   利率风险在利率市场化对商业银行系统性风险的中介效应分析

变量	全样本		国有商业银行		非国有商业银行	
	$IRSR$	Z	$IRSR$	Z	$IRSR$	Z
LILV	0.4614 *** (5.9870)	13.2961 *** (15.3227)	0.8817 *** (7.7724)	17.5203 *** (10.1752)	0.6306 *** (6.0307)	16.1206 *** (14.3513)
$IRSR$		2.7422 *** (6.6381)		2.4454 ** (2.5849)		1.8318 *** (3.9599)
ln$SIZE$	-0.0654 *** (-3.1365)	-3.0561 *** (-13.2479)	-0.3126 *** (-6.3267)	-7.2018 *** (-10.0073)	-0.1094 *** (-4.1556)	-3.5151 *** (-12.6509)
ROA	0.4197 *** (5.3736)	-1.5002 * (-1.7141)	0.4561 *** (3.0019)	-0.7693 (-0.3729)	0.3422 *** (3.8351)	-1.2099 (-1.2884)
CAR	-0.0160 *** (-5.4366)	-0.0324 (-0.9797)	-0.0368 *** (-4.3413)	0.2278 * (1.9335)	-0.0118 *** (-3.6437)	-0.0253 (-0.7426)
CIR	0.4131 *** (4.0445)	-4.5205 *** (-3.9832)	0.7694 *** (4.9505)	-2.9303 (-1.3391)	0.4057 *** (3.2355)	-2.8056 ** (-2.1344)
$GdpR$	0.0087 *** (4.1279)	0.0615 *** (2.6185)	0.0039 (1.2424)	-0.0235 (-0.5624)	0.0054 ** (2.0833)	0.0534 ** (1.9657)

续表

变量	全样本		国有商业银行		非国有商业银行	
	IRSR	*Z*	*IRSR*	*Z*	*IRSR*	*Z*
M	0.0045 *** (2.8481)	0.1934 *** (11.0350)	0.0012 (0.5265)	0.1718 *** (5.7326)	0.0027 (1.3414)	0.1800 *** (8.7213)
常数项	2.4615 *** (4.1145)	71.1445 *** (10.6995)	9.8801 *** (6.6923)	193.8663 *** (8.9266)	3.5528 *** (4.9207)	80.5698 *** (10.5064)
固定效应	YES	YES	YES	YES	YES	YES
r2_a	0.21	0.50	0.59	0.62	0.14	0.52
F	30	94	44	43	14	73
样本数	728	728	208	208	520	520

注：***、** 和 * 分别表示在1%、5%和10%水平上显著，括号内为t值。

根据表4.13，利率风险在利率市场化对商业银行系统性风险的中介效应分析，以及其在对国有商业银行、非国有商业银行样本中的差异性分析如下：

（1）对于全样本来说，*LILV* 与利率敏感性比率 *IRSR* 在1%的显著水平上呈现正相关关系，相关系数为0.4614，表明利率市场化的推进使我国上市银行利率风险加剧。一方面，随着利率市场化的推进，利率管制逐步放开，银行存款业务竞争加剧，为了保证存款业务的稳定，银行会被迫提高存款利率，这时银行的利息支出就会增加，为了弥补利息支出的增加，银行会提高贷款业务的利率来增加利息收入，导致利率波动更加频繁且难以预测，加剧了银行的利率风险。同时，长期的利率波动使银行不能及时根据利率波动来调整存贷业务的利率，会增大银行面临的利率损失。另一方面，商业银行的资产与负债具有静态的利率风险结构，表现为存款期限结构呈现短期化，贷款期限结构趋于长期化，存在较大的利率风险敞口，利率的波动必然会相应地导致银行当期收益与资产净值的变动，影响银行的稳健性经营，加剧利率风险。

结合全样本的中介效应检验结果，*LILV* 与 *IRSR* 对于 *Z* 的影响均在1%水平上显著为正，且相关系数分别为13.2961和2.7422，表明利率风险在利率市场化对商业银行系统性风险的影响中起到中介作用。我们考虑：存贷款利率上限放开后，为进一步争夺市场，商业银行在提高利率水平的同时也造成了贷款业务风险和存款业务成本的显著提升，给商业银行带来了一定的利率风险。而这种风险在各个银行之间具有较高的关联性，一旦商业银行利率风险爆发，将会提高整个银行业的系统性风险。

（2）从图4.3来看，随着利率市场化的推进，全样本和非国有商业银行的利率风险敏感度变动比较一致，均呈现出先"下降—上升—下降"的趋势，总体来看，波动较大；而国有商业银行的利率风险敏感度变动很小，总体来看，比较稳定。表明利率市场化对非国有商业银行的利率风险影响更大。

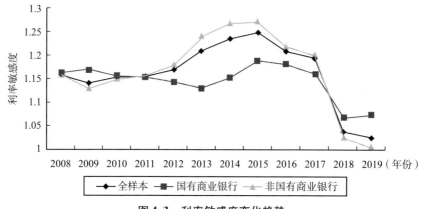

图4.3　利率敏感度变化趋势

资料来源：各商业银行年报。

从表4.13可以看到，利率市场化对国有商业银行和非国有商业银行之间的利率风险的影响程度上存在一定差异。对于国有商业银行，利率市场化对其利率风险影响系数为0.8817，而利率市场化对非国有商业银行利率风险的影响系数为0.6306，且均在1%水平上显著，即利率市场化可以显著增大国有商业银行与非国有商业银行的利率风险。通过比较得知，尽管利率市场化对国有商业银行和非国有商业银行利率风险都有影响，但其对非国有商业银行的影响更大，我们认为可能基于以下原因：国有银行作为我国银行体系的主体，一直在国内银行业占据着主导地位，相较于非国有商业银行来说，其客户基础与盈利能力在存贷款市场上具有一定的优势。所以，国有商业银行往往并不会盲目地对客户资源进行抢夺，而是会根据金融市场的情况与商业法则对利率进行较为合理的定价，可以较好地规避利率风险的影响。而非国有商业银行一方面由于在存贷款市场上处于较为劣势的地位，另一方面其利润来源又主要是利差收入，因此为了保证自己在市场上的地位，不得不对自身利率水平进行调整，不仅导致利率水平的上升速度加快，还会使利率水平上升幅度增高，此时由于利率水平的剧烈波动，相关的金融工具的利率会相应发生变动，使得非国有商业银行利率风险上升。因此，非国有商业银行利率风险受影响程度高于国有商业银行。

而分样本的中介效应检验结果也显示，LILV 与 $IRSR$ 对于 Z 的影响均在 1% 水平上显著为正。在国有商业银行样本中，LILV 与 $IRSR$ 对于 Z 的影响程度分别为 17.5203 和 2.4454，在非国有商业银行样本中，LILV 与 $IRSR$ 对于 Z 的影响程度分别为 16.1206 和 1.8318，也就是说，利率风险在非国有商业银行样本中的中介效应更大。

4. 操作风险在利率市场化对商业银行系统性风险的中介效应分析

针对模型（4.2）和模型（4.3），根据 Hausman 检验的结果，本书使用固定效应模型分别对全样本、国有商业银行以及非国有商业银行进行回归，具体回归结果如表 4.14 所示。

表 4.14　操作风险在利率市场化对商业银行系统性风险的中介效应分析

变量	全样本		国有商业银行		非国有商业银行	
	K	Z	K	Z	K	Z
LILV	−1.1254 *** (−5.1846)	14.2426 *** (16.0610)	−2.0785 *** (−5.5362)	19.4170 *** (11.7974)	−0.8727 *** (−2.9684)	17.0203 *** (15.3645)
K		−0.2833 * (−1.8787)		−0.1248 (−0.4297)		−0.2926 * (−1.7567)
ln$SIZE$	1.3513 *** (23.0031)	−2.8527 *** (−9.1588)	1.6905 *** (10.3381)	−7.7551 *** (−9.3636)	1.2847 *** (17.3505)	−3.3397 *** (−9.5502)
ROA	−1.1286 *** (−5.1306)	−0.6691 (−0.7448)	−1.7173 *** (−3.4151)	0.1317 (0.0624)	−0.8439 *** (−3.3640)	−0.8300 (−0.8760)
CAR	0.0772 *** (9.3076)	−0.0544 (−1.5433)	0.1705 *** (6.0786)	0.1591 (1.2761)	0.0671 *** (7.3604)	−0.0273 (−0.7621)
CIR	−1.3237 *** (−4.6012)	−3.7627 *** (−3.2139)	−2.2412 *** (−4.3574)	−1.3287 (−0.6050)	−0.9655 *** (−2.7381)	−2.3449 * (−1.7672)

续表

变量	全样本		国有商业银行		非国有商业银行	
	K	Z	K	Z	K	Z
GdpR	0.0032 (0.5340)	0.0863 *** (3.6165)	0.0371 *** (3.5804)	−0.0093 (−0.2139)	−0.0047 (−0.6354)	0.0619 ** (2.2627)
M	−0.0093 ** (−2.0838)	0.2032 *** (11.3037)	0.0029 (0.3826)	0.1750 *** (5.7489)	−0.0115 ** (−2.0610)	0.1815 *** (8.6659)
常数项	−15.9680 *** (−9.4769)	73.3704 *** (10.2294)	−27.2332 *** (−5.5738)	214.6273 *** (10.0111)	−14.0454 *** (−6.9185)	82.9682 *** (10.4548)
固定效应	YES	YES	YES	YES	YES	YES
r2_a	0.85	0.47	0.81	0.60	0.86	0.51
F	584	84	129	41	459	69
样本数	728	728	208	208	520	520

注：***、** 和 * 分别表示在1%、5%和10%水平上显著，括号内为 t 值。

根据表4.14，操作风险在利率市场化对商业银行系统性风险的中介效应分析，以及其在对国有商业银行、非国有商业银行样本中的差异性分析如下：

（1）对于全样本来说，LILV 对 K 的影响在1%水平上显著为负，即利率市场化与信用风险呈显著负相关，且相关系数为 −1.1254。监督管理成本 K 越高，商业银行总收入越大，操作风险越小。因此，实证结果表明利率市场化不断的改革促使商业银行降低了监督管理成本，进而增加了商业银行的操作风险。一方面，利率市场化助推互联网金融等金融模式的发展。民营银行、非银行金融机构业务不断扩大，在投资理财、支付结算、托管等领域和商业银行的经营模式强烈地竞争。商业银行由低风险、高收入的发展方式向高风险、低收入的发展态势转变，造成银行在利率市场化进程中为保持日常经营所需降低监督管理成本，导致商业银行操作风险的提高。另一方面，利率市场化进程的强力冲击使得商业银行大多将经营重点转向零售银行业务，造成银行面临了大量的"飞单"和非法集资等操作风险，而商业银行风险管理体系的不完善及其内控机制的不健全将进一步导致商业银行操作风险的提高。

结合全样本的中介效应检验结果，LILV 对于 Z 的影响在1%水平上显著为正，相关系数为 14.2426；而 K 对于 Z 的影响均在 10% 水平上显著为负，相关系数为 -0.2833，表明操作风险在利率市场化对商业银行系统性风险的影响中起到中介作用。我们考虑：利率市场化改革使得商业银行面临来自民营银行及其他非银行金融机构的激烈竞争，结合互联网金融的浪潮，为争得更多营业利润，商业银行往往选择利用新的技术开发新的金融业务、金融产品，在技术和监管体系尚不完善的情况下，商业银行的操作风险由此产生。一旦某家商业银行的操作风险爆发就会引发客户的挤兑行为，而由此引发的大规模挤兑效应将使商业银行的风险防范体系受到挑战，最终使得商业银行系统性风险的爆发概率大幅上升。

（2）如图 4.4 所示，样本区间内，利率市场化对非国有商业银行的操作风险影响较为明显。

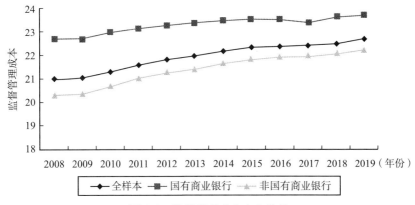

图 4.4　监督管理成本变化趋势

资料来源：各商业银行年报。

从表 4.14 可观察出，在 1% 显著性水平上，利率市场化对国有商业银行操作风险的影响程度为 -2.0785，对非国有商业银行操作风险的影响系数为 -0.8727，即利率市场化可以显著增大国有商业银行、非国有商业银行的操作风险。通过比较得知，尽管利率市场化对国有商业银行和非国有商业银行的操作风险都有影响，但其对国有商业银行的影响更大。我们考虑：从图 4.4 可以看出国有商业银行监督管理成本比非国有商业银行高，国有商业银行对风险的监督管理工作一直都比较完善，国有商业银行只愿意适度增加其监督管理成本，而非国有商业银行由于监督管理成本低，需要增加较多成本投入去控制风险。在利率市场化的严重冲击下，国有商业银行划拨的监督管理成本并不符合实际所需，因此，国有商业银行操作风险受影响程度高于非国有商业银行。

而分样本的中介效应检验结果也显示，LILV 与 K 对于 Z 的影响具有显著差异。在国有商业银行样本中，LILV 对 Z 的影响在 1% 的水平上显著，相关系数为 19.4170，而 K 对于 Z 的影响程度为 -0.1248 但并不显著；在非国有商业银行样本中，LILV 对于 Z 的影响在 1% 的水平上显著，相关系数为 17.0203，而 K 对于 Z 的影响程度为 -0.2926 且在 10% 的水平上显著。也就是说，操作风险在国有商业银行样本中的中介效应不成立，而在非国有商业银行样本中的中介效应成立。

5. 流动性风险在利率市场化对商业银行系统性风险的中介效应分析

针对模型（4.5）和模型（4.6），根据 Hausman 检验的结果，本书使用固定效应模型分别对全样本、国有商业银行以及非国有商业银行进行回归，具体回归结果如表 4.15 所示。

表 4.15 流动性风险在利率市场化对商业银行系统性风险的中介效应分析

变量	全样本		国有商业银行		非国有商业银行	
	LDR	Z	LDR	Z	LDR	Z
LILV	0.2839 ** (1.9671)	14.3004 *** (16.5370)	0.9577 *** (5.8951)	18.4135 *** (11.1936)	0.6593 *** (3.2911)	17.0381 *** (15.3363)
LDR		0.9197 *** (4.0925)		1.3187 ** (1.9826)		0.3603 (1.4727)
lnSIZE	-0.1611 *** (-4.1231)	-3.0874 *** (-13.0724)	-0.6142 *** (-8.6797)	-7.1563 *** (-9.2139)	-0.2417 *** (-4.7904)	-3.6285 *** (-12.8176)
ROA	0.4755 *** (3.2511)	-0.7867 (-0.8935)	0.7993 *** (3.6732)	-0.7079 (-0.3371)	0.2492 (1.4581)	-0.6729 (-0.7160)
CAR	-0.0346 *** (-6.2770)	-0.0444 (-1.3118)	-0.0985 *** (-8.1110)	0.2677 ** (2.0449)	-0.0244 *** (-3.9259)	-0.0382 (-1.1028)
CIR	0.1022 (0.5344)	-3.4816 *** (-3.0455)	1.3527 *** (6.0773)	-2.8326 (-1.2510)	-0.1142 (-0.4753)	-2.0212 (-1.5328)

续表

变量	全样本		国有商业银行		非国有商业银行	
	LDR	Z	LDR	Z	LDR	Z
GdpR	0.0194 *** （4.9045）	0.0675 *** （2.8104）	- 0.0077 * （- 1.7132）	- 0.0038 （- 0.0909）	0.0193 *** （3.8573）	0.0564 ** （2.0282）
M	0.0083 *** （2.8040）	0.1982 *** （11.0990）	- 0.0027 （- 0.8401）	0.1782 *** （5.9020）	0.0063 * （1.6673）	0.1826 *** （8.7223）
常数项	5.7099 *** （5.0965）	72.6432 *** （10.6578）	19.8186 *** （9.3735）	191.8931 *** （8.0850）	7.5989 *** （5.4933）	84.3398 *** （10.7926）
固定数	YES	YES	YES	YES	YES	YES
r2_a	0.38	0.48	0.82	0.61	0.29	0.51
F	67	87	132	42	33	69
样本数	728	728	208	208	520	520

注：*** 、** 和 * 分别表示在 1% 、5% 和 10% 水平上显著，括号内为 t 值。

根据表 4.15，利率市场化对商业银行流动性风险的影响分析，以及利率市场化对国有商业银行、非国有商业银行流动性风险影响的差异性分析如下：

（1）对于全样本来说，LILV 与存贷比 LDR 在 5% 的显著水平上呈现正相关关系，相关系数为 0.2839，表示商业银行的存贷比与利率市场化综合指数呈显著正相关，即利率市场化改革的不断推进使得商业银行的流动性风险上升。一方面，政府逐渐放开利率管制，存款利率、贷款利率均上升，但贷款利率上升幅度大于存款利率，因此银行存贷利差不断缩小，即商业银行债务成本上升的同时资产收益下降，最终引发流动性风险。利率市场化将定价权逐渐转移至市场主体，其直接后果是银行间竞争加剧，存贷利差收窄（李春红，2015）。存贷利差收窄的同时意味着商业银行利率空间被挤压，进而加剧银行间的揽储竞争，进一步增大了流动性风险。另一方面，我国商业银行采用"借短贷长"的经营模式，在利率市场化改革后，为了弥补存贷利差收窄对利润造成的不利影响，商业银行将进行信用扩张、放大自身风险偏好，会把低风险的流动性资产投入高风险领域。因此，商业银行迫于利润压力，放大风险承担能力，增加流动性风险。此外，利率波动导致的金融资产价格下跌很可能被投资者解读为宏观经济不景气的信号，进而会导致资金外逃而产生流动性风险。

结合全样本的中介效应检验结果，*LILV* 与 *LDR* 对于 *Z* 的影响均在 1% 水平上显著为正，且相关系数分别为 14.3004 和 0.9197，表明流动性风险在利率市场化对商业银行系统性风险的影响中起到中介作用。我们考虑：利率市场化改革过程中，商业银行逐渐被赋予了更多的资产定价权，日益激烈的竞争使其为吸引客户调高利率，进而增加其业务成本。为了获得更多的经营所需资金，商业银行会挑选低流动性、高收益的资产项目投资，而这类资产的变现速度往往无法满足突发情况的需求。此外，差异化的经营战略也可能造成银行内部资金向其他收益率更高的金融机构转移，进而造成流动性风险的爆发。

（2）如图 4.5 所示，随着利率市场化的推进，国有商业银行存贷比上升趋势较为明显，非国有商业银行存贷比存在先下降后上升趋势。

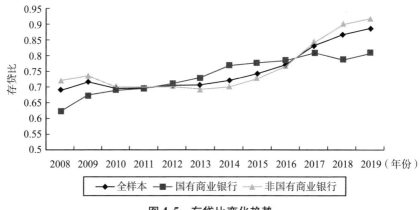

图 4.5 存贷比变化趋势

资料来源：各商业银行年报。

从表 4.15 可以看到，利率市场化对国有商业银行和非国有商业银行之间的流动性风险的影响程度上存在一定差异。对于国有商业银行，利率市场化对其流动性风险影响系数为 0.9577，而利率市场化对非国有商业银行流动性风险的影响系数为 0.6593，且均在 1% 水平上显著，即利率市场化可以显著增大国有商业银行与非国有商业银行的利率风险。通过比较得知，尽管利率市场化对国有商业银行和非国有商业银行流动性风险都有影响，但其对国有商业银行的影响更大，我们考虑：一方面，国有商业银行作为国家政策指导窗口，在利率市场化进程中起到"排头兵"的模范带头作用，因而大型银行更多地通过增持流动性低但收益高的资产项目来保持其经营稳定性，因此国有商业银行的流动性风险受利率市场化影响十分显著。另一方面，国有商业银行为大型银行，服务对象多为大型企业，交易金额大多十分庞大，且随着利率市场化的推进和互联网金融的兴起，银行业存款竞争更加激烈，资金来源的稳定性下降，流动性风险加剧。

而分样本的中介效应检验结果也显示，*LILV* 与 *IDR* 对于 *Z* 的影响具有显著差异。在国有商业银行样本中，*LILV* 与 *IRSR* 对于 *Z* 的影响程度分别为 18.4135 和 1.3187，分别在 1% 和 5% 的水平上显著为正；而在非国有商业银行样本中，*LILV* 对于 *Z* 的影响在 1% 的水平上显著，相关系数为 17.0381，而 *LSR* 对于 *Z* 的影响程度为 0.3603 但并不显著，也就是说，流动性风险在国有商业银行样本中起到中介作用，在非国有商业银行样本中中介效应并不成立。

6. 经营风险在利率市场化对商业银行系统性风险的中介效应分析

针对模型（4.5）和模型（4.6），根据 Hausman 检验的结果，本书使用固定效应模型分别对全样本、国有商业银行以及非国有商业银行进行回归，具体回归结果如表 4.16 所示。

表 4.16　经营风险在利率市场化对商业银行系统性风险的中介效应分析

变量	全样本		国有商业银行		非国有商业银行	
	BROKEN	*Z*	*BROKEN*	*Z*	*BROKEN*	*Z*
LILV	1.2307 *** (4.6792)	14.5168 *** (16.3861)	0.8809 ** (2.1927)	20.0278 *** (12.9897)	1.3993 *** (3.7851)	17.1614 *** (15.3677)
BROKEN		0.0363 (0.2910)		− 0.3988 (− 1.4762)		0.0816 (0.6148)
ln*SIZE*	− 0.1475 ** (− 2.0720)	− 3.2302 *** (− 13.6384)	− 0.3130 * (− 1.7885)	− 8.0910 *** (− 12.0967)	− 0.1330 (− 1.4281)	− 3.7047 *** (− 13.3313)
ROA	2.9828 *** (11.1911)	− 0.4577 (− 0.4771)	2.9998 *** (5.5746)	1.5423 (0.7025)	3.1221 *** (9.8974)	− 0.8380 (− 0.8160)
CAR	0.0528 *** (5.2507)	− 0.0782 ** (− 2.3002)	0.1290 *** (4.2956)	0.1893 (1.5897)	0.0501 *** (4.3688)	− 0.0510 (− 1.4671)

续表

变量	全样本		国有商业银行		非国有商业银行	
	BROKEN	*Z*	*BROKEN*	*Z*	*BROKEN*	*Z*
CIR	2.1696 *** (6.2241)	-3.4664 *** (-2.9187)	1.1206 ** (2.0359)	-0.6021 (-0.2855)	2.6539 *** (5.9854)	-2.2791 * (-1.6673)
GdpR	0.0181 ** (2.5148)	0.0847 *** (3.5276)	0.0161 (1.4542)	-0.0075 (-0.1782)	0.0208 ** (2.2553)	0.0616 ** (2.2341)
M	0.0099 * (1.8372)	0.2055 *** (11.4104)	0.0086 (1.0806)	0.1781 *** (5.8648)	0.0121 * (1.7280)	0.1838 *** (8.7667)
常数项	5.7724 *** (2.8275)	77.6847 *** (11.4060)	10.6136 ** (2.0299)	222.2595 *** (11.0957)	4.9079 * (1.9225)	86.6770 *** (11.3576)
固定效应	YES	YES	YES	YES	YES	YES
r2_a	0.23	0.47	0.19	0.61	0.25	0.51
F	34	83	8	42	27	69
样本数	728	728	208	208	520	520

注：***、**和*分别表示在1%、5%和10%水平上显著，括号内为t值。

根据表4.16，利率市场化对商业银行经营风险的影响分析，以及利率市场化对国有商业银行、非国有商业银行经营风险影响的差异性分析如下：

（1）对于全样本来说，*LILV*与*BROKEN*在1%的显著水平上呈现正相关关系，相关系数为1.2307。破产风险指数越小，商业银行抵御风险的能力越差，经营风险越高，因此，利率市场化的不断推进降低了商业银行的经营风险。本书认为主要有以下两方面的原因：一方面，利率市场化打破了商业银行传统的经营管理模式，一些商业银行会上浮贷款利率进而获得更多的贷款利息收入，为银行增加更多的获利能力，会对其经营绩效和稳健性带来正面影响。另一方面，传统的金融管制环境下，商业银行经营风险主要由于公司内部管理不善导致，而利率市场化后，资产定价透明度的提高抑制了商业银行内部的"暗箱"操作，此外，商业银行金融创新如火如荼地进行，新开发的产品和服务也能为其带来更多收益，进一步降低商业银行的经营风险。

结合全样本的中介效应检验结果，*LILV*对于*Z*的影响在1%水平上显著为正，相关系数为14.5168；而*BROKEN*对于*Z*的相关系数为0.0363，但并不显著，表明经营风险在利率市场化对商业银行系统性风险的影响中并未起到中介作用。我们考虑：利率市场化改革在对商业银行传统盈利模式造成冲击的同时，也将利率决定权更多赋予市场，使得商业银行能够通过高风险项目追求高利润，提高了银行的盈利能力。但这种高收益并不能降低银行整体的经营风险，因此，经营风险在利率市场化对商业银行系统性风险的中介效应并不显著。

（2）如图 4.6 所示，样本区间内，国有商业银行与非国有商业银行波动趋势相似，均为先下降后上升，再下降又上升。由图 4.6 可知，国有商业银行破产风险高于非国有商业银行。

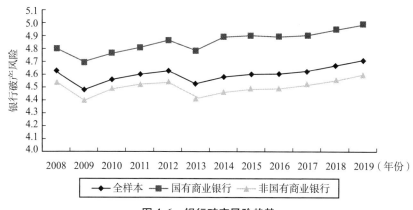

图 4.6　银行破产风险趋势

资料来源：各商业银行年报。

从表 4.16 可以看到，利率市场化对国有商业银行和非国有商业银行之间的经营风险的影响程度上存在一定差异。对于国有商业银行，利率市场化对其经营风险影响系数为 0.8809，而利率市场化对非国有商业银行经营风险的影响系数为 1.3993，且分别在 5% 和 1% 水平上显著，即利率市场化可以显著降低国有商业银行与非国有商业银行的利率风险。通过比较得知，尽管利率市场化对国有商业银行和非国有商业银行经营风险都有影响，但其对非国有商业银行的影响更大，我们考虑：政府放开利率管制，存贷款利率收窄使商业银行经营行为发生了变化，但国有商业银行由于网点规模和储蓄存量规模，受到利率市场化的冲击程度小于非国有商业银行（吴言林和沈强，2018）。

而分样本的中介效应检验结果也显示，*LILV* 与 *BROKEN* 对于 *Z* 的影响具有显著差异。在国有商业银行样本中，*LILV* 对于 *Z* 的影响在 1% 的水平上显著，相关系数为 20.0278，而 *LSR* 对于 *Z* 的影响程度为 −0.3988 但并不显著；在非国有商业银行样本中，*LILV* 对于 *Z* 的影响在 1% 的水平上显著，相关系数为 17.1614，而 *LSR* 对于 *Z* 的影响程度为 0.0816 但并不显著。也就是说，经营风险在国有商业银行样本和非国有商业银行样本中的中介效应均不成立。

7. 利率市场化背景下基于业务与银行风险角度下商业银行系统性风险诱发机制实证结果分析

本书按照赵等（Zhao et al.，2010）提出的中介效应分析程序，参照海斯（Hayes，2013）提出的 Bootstrap 方法进行中介效应检验，样本量选择5000 份，在 95% 置信区间下，通过 SPSS 21.0 得出了基于三种银行业务的链式模型中介效应检验结果。

在利率市场化基于不同业务，通过银行信用风险对系统性风险的影响路径中（如表 4.17 所示），从直接效应和间接效应的结果可以看出：在全样本中，基于资产业务和中间业务的链式中介效应检验结果（LLCI = −0.028，ULCI = −0.008；LLCI = 0.036，ULCI = 0.090）没有包含 0，且链式中介效应大小分别为 −0.215 和 0.769；其中，根据赵等（Zhao et al.，2010）的说法，资产与中间业务在商业银行中分别发挥竞争的链式中介效应和互补的链式中介效应；而相比之下，基于负债业务的链式中介效应检验结果包含 0（LLCI = −0.007，ULCI = 0.010，LLCI 值与 ULCI 值之间包含 0），即排除基于负债业务的链式中介路径可能性。在国有商业银行样本中，仅有基于资产业务的链式中介效应检验结果（LLCI = −0.047，ULCI = −0.003）没有包含 0，其链式中介效应大小为 −0.242，表明国有商业银行中的资产业务通过信用风险对系统性风险具有显著的链式中介效应；此外，根据赵等（Zhao et al.，2010）的说法，国有商业银行中基于资产业务的链式中介效应与直接效应作用相反，称这种中介作用为竞争的中介效应；国有商业银行基于负债业务及中间业务的链式中介效应检验结果均包括 0，即在利率市场化动态改革中，国有商业银行不太可能基于负债业务及中间业务通过信用风险对商业银行系统性风险造成影响。而在非国有商业银行样本中，基于资产业务与中间业务的链式中介效应检验中均不包括 0（LLCI = −0.092，ULCI = −0.049；LLCI = 0.039，ULCI = 0.097），且中介效应大小分别为 −0.971 和 0.804；其中，根据赵等（Zhao et al.，2010）的说法，资产业务与中间业务在非国有商业银行中分别发挥竞争的链式中介效应和互补的链式中介效应；而相比之下，基于负债业务的链式中介效应检验结果包含 0（LLCI = −0.009，ULCI = 0.023）即排除基于负债业务的链式中介路径可能性。

表 4.17　　　　　　信用风险在利率市场化对商业银行系统性
风险中的链式中介效果检验：基于业务异质性角度

银行性质	中介变量	作用路径	中介效应	标准误	T 值	p 值	95% 置信区间	
							LLCI	ULCI
全样本	资产业务（LTA）	LILV-Z	6.638	0.682	9.739	0	5.302	7.974
		LILV-LTA-NPL-Z	−0.215	0.005	—	—	−0.028	−0.008
	负债业务（DTB）	LILV-Z	7.165	0.680	10.544	0	5.833	8.497
		LILV-DTB-NPL-Z	0.009	0.004	—	—	−0.007	0.010
	中间业务（NII）	LILV-Z	7.495	0.737	10.176	0	6.051	8.939
		LILV-NII-NPL-Z	0.769	0.014	—	—	0.036	0.090
国有商业银行	资产业务（LTA）	LILV-Z	8.898	1.118	7.961	0	6.707	11.088
		LILV-LTA-NPL-Z	−0.242	0.011	—	—	−0.047	−0.003
	负债业务（DTB）	LILV-Z	9.062	1.104	8.206	0	6.897	11.226
		LILV-DTB-NPL-Z	−0.027	0.005	—	—	−0.016	0.005
	中间业务（NII）	LILV-Z	9.061	1.124	8.059	0	6.857	11.265
		LILV-NII-NPL-Z	−0.164	0.015	—	—	−0.049	0.010
非国有商业银行	资产业务（LTA）	LILV-Z	6.088	0.908	6.703	0	4.308	7.868
		LILV-LTA-NPL-Z	−0.971	0.011	—	—	−0.092	−0.049
	负债业务（DTB）	LILV-Z	7.316	0.858	8.522	0	5.634	8.999
		LILV-DTB-NPL-Z	0.071	0.008	—	—	−0.009	0.023
	中间业务（NII）	LILV-Z	6.760	0.986	6.859	0	4.829	8.692
		LILV-NII-NPL-Z	0.804	0.015	—	—	0.039	0.097

综上所述，商业银行倾向于影响资产业务和中间业务来影响信用风险，进而作用于商业银行系统性风险；从银行异质性角度，在利率市场化动态改

革中，国有商业银行更有可能基于资产业务通过影响信用风险进而影响系统性风险；而非国有商业银行基于资产业务及中间业务影响信用风险进而对系统性风险产生影响的可能性相对更大。

在利率市场化基于不同业务，通过银行利率风险对系统性风险的影响路径中（如表4.18所示），从直接效应和间接效应的结果可以看出：在全样本中，仅有基于资产业务的链式中介效应检验结果（LLCI = 0.003，ULCI = 0.018）没有包含0，其链式中介效应大小为0.107，表明商业银行中的资产业务通过利率风险对系统性风险具有显著的链式中介效应；此外，根据赵等（Zhao et al.，2010）的说法，商业银行中基于资产业务的链式中介效应与直接效应作用相同，称这种中介作用为互补的中介效应；商业银行基于负债及中间业务的链式中介效应检验结果均包括0，即在利率市场化动态改革中，商业银行不太可能基于负债及中间业务通过利率风险对商业银行系统性风险造成影响。在国有商业银行样本中，基于资产业务和中间业务的链式中介检验结果（LLCI = 0.009，ULCI = 0.045；LLCI = 0，ULCI = 0.043）均没有包含0，表明国有商业银行中的资产业务和中间业务通过利率风险对系统性风险具有显著的链式中介效应，且大小分别为0.321和0.248；此外，根据赵等（Zhao et al.，2010）的说法，国有商业银行中基于资产业务和中间业务的链式中介效应与直接效应作用相同，称这种中介作用为互补中介效应；而基于负债业务的链式中介效应检验结果中包含0（LLCI = − 0.039，ULCI = 0.014），即排除国有商业银行在利率市场化改革中通过负债业务对利率风险进而对商业银行系统性风险产生影响的可能性。在非国有商业银行样本中，基于资产业务和负债业务的链式中介检验结果（LLCI = 0.059，ULCI = 0.105；LLCI = 0.005，ULCI = 0.029）均没有包含0，表明在国有商业银行中，基于资产业务和负债业务对利率风险进而影响系统性风险的链式中介路径作用显著，且中介效应大小分别为0.994和0.203；其中，根据赵等（Zhao et al.，2010）的说法，资产业务与负债业务在非国有商业银行中均发挥互补的链式中介效应；而相比之下，基于中间业务的链式中介效应检验结果包含0（LLCI = − 0.031，ULCI = 0.006）即排除基于中间业务的链式中介路径可能性。

表 4.18　　　　利率风险在利率市场化对商业银行系统性风险中的
链式中介效果检验：基于业务异质性角度

银行性质	中介变量	作用路径	中介效应	标准误	T值	p值	95%置信区间	
							LLCI	ULCI
全样本	资产业务（*LTA*）	*LILV-Z*	6.625	0.724	9.154	0	5.207	8.044
		LILV-LTA-IRSR-Z	0.107	0.004	—	—	0.003	0.018
	负债业务（*DTB*）	*LILV-Z*	6.831	0.727	9.395	0	5.406	8.256
		LILV-DTB-IRSR-Z	− 0.019	0.003	—	—	− 0.008	0.006
	中间业务（*NII*）	*LILV-Z*	6.568	0.786	8.36	0	5.028	8.107
		LILV-NII-IRSR-Z	0.142	0.007	—	—	− 0.002	0.025
国有商业银行	资产业务（*LTA*）	*LILV-Z*	5.535	1.419	3.902	0	2.755	8.315
		LILV-LTA-IRSR-Z	0.321	0.009	—	—	0.009	0.045
	负债业务（*DTB*）	*LILV-Z*	5.305	1.472	3.604	0	2.420	8.189
		LILV-DTB-IRSR-Z	− 0.137	0.013	—	—	− 0.039	0.014
	中间业务（*NII*）	*LILV-Z*	5.72	1.428	4.006	0	2.921	8.518
		LILV-NII-IRSR-Z	0.248	0.011	—	—	0	0.043
非国有商业银行	资产业务（*LTA*）	*LILV-Z*	8.145	0.903	9.023	0	6.375	9.914
		LILV-LTA-IRSR-Z	0.994	0.012	—	—	0.059	0.105
	负债业务（*DTB*）	*LILV-Z*	7.641	0.886	8.627	0	5.905	9.377
		LILV-DTB-IRSR-Z	0.203	0.006	—	—	0.005	0.029
	中间业务（*NII*）	*LILV-Z*	6.031	1.027	5.873	0	4.018	8.043
		LILV-NII-IRSR-Z	− 0.154	0.010	—	—	− 0.031	0.006

综上所述，商业银行倾向于影响资产业务来影响利率风险，进而作用于商业银行系统性风险；从银行异质性角度，在利率市场化动态改革中，国有商业银行更有可能基于资产业务和中间业务通过影响利率风险进而影响系统性风险；而非国有商业银行基于资产业务及负债业务影响利率风险进而对系统性风险产生影响的可能性相对更大。

在利率市场化基于不同业务，通过银行操作风险对系统性风险的影响路径中（如表 4.19 所示），从直接效应和间接效应的结果可以看出：在全样本中，基于资产业务和中间业务的链式中介效应检验结果（LLCI = 0.005，UL-CI = 0.017；LLCI = -0.020，ULCI = -0.004）没有包含0，且链式中介效应大小分别为0.108和-0.139；其中，根据赵等（Zhao et al.，2010）的说法，资产与中间业务在商业银行中分别发挥互补的链式中介效应和竞争的链式中介效应；而相比之下，基于负债业务的链式中介效应检验结果包含0（LLCI = -0.006，ULCI = 0）即，排除基于负债业务的链式中介路径可能性。在国有商业银行样本中，基于三种业务的链式中介检验结果（LLCI = -0.003，UL-CI = 0.026；LLCI = -0.017，ULCI = 0.006；LLCI = -0.004，ULCI = 0.028）均没有包含0，表明国有商业银行中三种业务通过操作风险对系统性风险的链式中介效应均不显著；结合前文可知，这是由于操作风险在利率市场化对商业银行系统性风险中的中介效应并不成立。在非国有商业银行样本中，仅有基于资产业务的链式中介效应检验结果（LLCI = 0.022，ULCI = 0.042）没有包含0，其链式中介效应大小为0.436，表明非国有商业银行中的资产业务通过操作风险对系统性风险具有显著的链式中介效应；此外，根据赵等（Zhao et al.，2010）的说法，非国有商业银行中基于资产业务的链式中介效应与直接效应作用相同，称这种中介作用为互补的中介效应；非国有商业银行基于负债及中间业务的链式中介效应检验结果均包括0，即在利率市场化动态改革中，非国有商业银行不太可能基于负债及中间业务通过操作风险对商业银行系统性风险造成影响。

表4.19　　　　操作风险在利率市场化对商业银行系统性风险中的
链式中介效果检验：基于业务异质性角度

银行性质	中介变量	作用路径	中介效应	标准误	T值	p值	95%置信区间	
							LLCI	ULCI
全样本	资产业务（LTA）	LILV-Z	7.244	0.733	9.878	0	5.807	8.681
		LILV-LTA-K-Z	0.108	0.003	—	—	0.005	0.017
	负债业务（DTB）	LILV-Z	7.421	0.736	10.090	0	5.980	8.863
		LILV-DTB-K-Z	-0.029	0.002	—	—	-0.006	0
	中间业务（NII）	LILV-Z	6.889	0.800	8.606	0	5.320	8.458
		LILV-NII-K-Z	-0.139	0.004	—	—	-0.020	-0.004

续表

银行性质	中介变量	作用路径	中介效应	标准误	T值	p值	95%置信区间	
							LLCI	ULCI
国有商业银行	资产业务（LTA）	LILV-Z	7.228	1.439	5.023	0	4.408	10.048
		LILV-LTA-K-Z	0.079	0.007	—	—	-0.003	0.026
	负债业务（DTB）	LILV-Z	7.221	1.441	5.011	0	4.397	10.046
		LILV-DTB-K-Z	-0.035	0.006	—	—	-0.017	0.006
	中间业务（NII）	LILV-Z	7.325	1.442	5.078	0	4.498	10.151
		LILV-NII-K-Z	0.091	0.008	—	—	-0.004	0.028
非国有商业银行	资产业务（LTA）	LILV-Z	8.174	0.937	8.726	0	6.338	10.010
		LILV-LTA-K-Z	0.436	0.005	—	—	0.022	0.042
	负债业务（DTB）	LILV-Z	7.925	0.907	8.738	0	6.147	9.702
		LILV-DTB-K-Z	0.011	0.001	—	—	-0.002	0.003
	中间业务（NII）	LILV-Z	6.582	1.042	6.314	0	4.539	8.625
		LILV-NII-K-Z	-0.036	0.003	—	—	-0.009	0.005

综上所述，商业银行倾向于影响资产业务和中间业务来影响操作风险，进而作用于商业银行系统性风险；从银行异质性角度，在利率市场化动态改革中，国有商业银行基于三种业务通过影响操作风险进而影响系统性风险的可能性并不大；而非国有商业银行更有可能基于资产业务通过影响操作风险进而影响系统性风险。

在利率市场化基于不同业务，通过银行流动性风险对系统性风险的影响路径中（如表4.20所示），从直接效应和间接效应的结果可以看出：在全样本中，基于资产业务和负债业务的链式中介效应检验结果（LLCI = 0.006，ULCI = 0.023；LLCI = -0.011，ULCI = -0.004）没有包含0，且链式中介效应大小分别为0.170和-0.111；其中，根据赵等（Zhao et al.，2010）的说法，资产业务与负债业务在商业银行中分别发挥互补的链式中介效应和竞争的链式中介效应；而相比之下，基于中间业务的链式中介效应检验结果包含0（LLCI = -0.010，ULCI = 0.004），即排除基于中间业务的链式中介路径可能性。在国有商业银行样本中，基于三种业务的链式中介检验结果（LLCI =

－0.002，ULCI＝0.040；LLCI＝－0.066，ULCI＝0.022；LLCI＝－0.009，ULCI＝0.04）均包含0，表明国有商业银行中三种业务通过流动性风险对系统性风险的链式中介效应均不显著；结合前文，这可能是由于国有银行的三种主要业务对于系统性风险的影响效果并不显著，最终导致链式中介效应不成立。在非国有商业银行样本中，基于资产业务和负债业务的链式中介效应检验结果（LLCI＝0.042，ULCI＝0.075；LLCI＝－0.011，ULCI＝－0.003）均没有包含0，表明非国有商业银行中的资产业务和负债业务通过流动性风险对系统性风险具有显著的链式中介效应，且大小分别为0.498和－0.068；此外，根据赵等（Zhao et al.，2010）的说法，非国有商业银行中基于资产业务和负债业务的链式中介效应均与直接效应作用相同，称这种中介作用为互补的中介效应；非国有商业银行基于中间业务的链式中介效应检验结果包括0，即在利率市场化动态改革中，非国有商业银行不太可能基于中间业务通过流动性风险对商业银行系统性风险造成影响。

表4.20　　流动性风险在利率市场化对商业银行系统性风险中的链式中介效果检验：基于业务异质性角度

银行性质	中介变量	作用路径	中介效应	标准误	T值	p值	95%置信区间	
							LLCI	ULCI
全样本	资产业务（LTA）	LILV-Z	7.403	0.731	10.132	0	5.971	8.835
		LILV-LTA-IDR-Z	0.170	0.004	—	—	0.006	0.023
	负债业务（DTB）	LILV-Z	7.420	0.735	10.102	0	5.981	8.860
		LILV-DTB-IDR-Z	－0.111	0.002	—	—	－0.011	－0.004
	中间业务（NII）	LILV-Z	7.080	0.795	8.906	0	5.522	8.638
		LILV-NII-IDR-Z	－0.036	0.004	—	—	－0.010	0.004
国有商业银行	资产业务（LTA）	LILV-Z	9.306	1.292	7.201	0	6.773	11.839
		LILV-LTA-IDR-Z	0.199	0.011	—	—	－0.002	0.040
	负债业务（DTB）	LILV-Z	8.920	1.280	6.968	0	6.411	11.429
		LILV-DTB-IDR-Z	－0.190	0.022	—	—	－0.066	0.022
	中间业务（NII）	LILV-Z	9.371	1.298	7.219	0	6.827	11.915
		LILV-NII-IDR-Z	0.179	0.012	—	—	－0.009	0.040

银行性质	中介变量	作用路径	中介效应	标准误	T 值	p 值	95% 置信区间	
							LLCI	ULCI
非国有商业银行	资产业务（LTA）	LILV-Z	8.078	0.933	8.662	0	6.250	9.905
		LILV-LTA-IDR-Z	0.498	0.009	—	—	0.042	0.075
	负债业务（DTB）	LILV-Z	7.780	0.915	8.500	0	5.986	9.574
		LILV-DTB-IDR-Z	−0.068	0.002	—	—	−0.011	−0.003
	中间业务（NII）	LILV-Z	6.427	1.047	6.137	0	4.375	8.480
		LILV-NII-IDR-Z	−0.090	0.007	—	—	−0.024	0.004

　　综上所述，商业银行倾向于影响资产业务和负债业务来影响流动性风险，进而作用于商业银行系统性风险；从银行异质性角度，在利率市场化动态改革中，国有商业银行基于三种业务通过影响流动性风险进而影响系统性风险的可能性并不大；而非国有商业银行更有可能基于资产业务和负债业务通过影响流动性风险进而影响系统性风险。

　　在利率市场化基于不同业务，通过银行经营风险对系统性风险的影响路径中（如表4.21所示），从直接效应和间接效应的结果可以看出：在全样本中，仅有基于负债业务的链式中介效应检验结果（LLCI = 0，ULCI = 0.002）没有包含0，其链式中介效应大小为 −0.010，表明商业银行中的负债业务通过经营风险对系统性风险具有显著的链式中介效应；此外，根据赵等（Zhao et al.，2010）的说法，商业银行中基于负债业务的链式中介效应与直接效应作用相反，称这种中介作用为竞争的中介效应；商业银行基于资产及中间业务的链式中介效应检验结果均包括0，即在利率市场化动态改革中，商业银行不太可能基于资产及中间业务通过经营风险对商业银行系统性风险造成影响。在国有商业银行样本中，基于三种业务的链式中介检验结果（LLCI = −0.006，ULCI = 0；LLCI = −0.002，ULCI = 0.004；LLCI = −0.005，ULCI = 0.003）均包含0，表明国有商业银行中三种业务通过经营风险对系统性风险的链式中介效应均不显著；结合前文，这可能是由于国有银行的三种主要业务对于系统性风险的影响效果并不显著，最终导致链式中介效应不成立。在非国有商业银行样本中，基于资产业务和负债业务的链式中介效应检验结果

（LLCI = - 0.012，ULCI = - 0.003；LLCI = 0.001，ULCI = 0.011）均没有包含 0，表明非国有商业银行中的资产业务和负债业务通过经营风险对系统性风险具有显著的链式中介效应，且大小分别为0.068 和 - 0.016；此外，根据赵等（Zhao et al.，2010）的说法，非国有商业银行的资产业务与负债业务在非国有商业银行中分别发挥互补的链式中介效应和竞争的链式中介效应；非国有商业银行基于中间业务的链式中介效应检验结果包括 0，即在利率市场化动态改革中，非国有商业银行不太可能基于中间业务通过经营风险对商业银行系统性风险造成影响。

表 4.21　　　经营风险在利率市场化对商业银行系统性风险中的
链式中介效果检验：基于业务异质性角度

银行性质	中介变量	作用路径	中介效应	标准误	T 值	p 值	95% 置信区间	
							LLCI	ULCI
全样本	资产业务（LTA）	LILV-Z	7.134	0.748	9.540	0	5.668	8.600
		LILV-LTA-BROKEN-Z	0.010	0	—	—	0	0
	负债业务（DTB）	LILV-Z	7.463	0.752	9.925	0	5.989	8.937
		LILV-DTB-BROKEN-Z	-0.010	0	—	—	0	0.002
	中间业务（NII）	LILV-Z	7.004	0.814	8.607	0	5.409	8.599
		LILV-NII-BROKEN-Z	-0.010	0	—	—	0	0
国有商业银行	资产业务（LTA）	LILV-Z	8.23	1.417	5.808	0	5.452	11.007
		LILV-LTA-BROKEN-Z	0.007	0.002	—	—	-0.006	0
	负债业务（DTB）	LILV-Z	8.242	1.402	5.878	0	5.493	10.990
		LILV-DTB-BROKEN-Z	0.003	0.001	—	—	-0.002	0.004
	中间业务（NII）	LILV-Z	8.331	1.425	5.847	0	5.538	11.123
		LILV-NII-BROKEN-Z	0.001	0.002	—	—	-0.005	0.003
非国有商业银行	资产业务（LTA）	LILV-Z	7.741	0.943	8.211	0	5.893	9.588
		LILV-LTA-BROKEN-Z	0.068	0.002	—	—	-0.012	-0.003
	负债业务（DTB）	LILV-Z	7.893	0.930	8.483	0	6.069	9.716
		LILV-DTB-BROKEN-Z	-0.016	0.003	—	—	0.001	0.011
	中间业务（NII）	LILV-Z	6.554	1.058	6.193	0	4.480	8.628
		LILV-NII-BROKEN-Z	-0.006	0.005	—	—	-0.008	0.012

综上所述，商业银行倾向于影响负债业务来影响经营风险，进而作用于商业银行系统性风险；从银行异质性角度，在利率市场化动态改革中，国有商业银行基于三种业务通过影响经营风险进而影响系统性风险的可能性并不大；而非国有商业银行更有可能基于资产业务和负债业务通过影响经营风险进而影响系统性风险。

（二）利率市场化背景下商业银行系统性风险诱发机制的纵向分析

本书按照埃夫隆（Efron，2010）提出的链式中介效应分析程序，参照海斯（Hayes，2013）提出的 Bootstrap 方法进行链式中介效应检验，样本量选择是 5000 份，在 95% 置信区间下，通过 SPSSAU 得出基于三种银行业务的链式中介效应检验结果；其间，根据表 4.4 所测算利率市场化指数表，选择 2008~2013 年度作为贷款利率市场化改革阶段，选取 2008~2015 年度作为存款利率市场化改革阶段，并分别使用贷款利率市场化指数与存款利率市场化指数在纵向上深入探究不同阶段利率市场化指数对商业银行系统性风险的诱发机制。

1. 信用风险在不同利率市场化阶段对商业银行系统性风险中的链式中介效果分析

在不同利率市场化阶段，基于不同业务通过银行信用风险对系统性风险的影响路径中（如表 4.22 所示），从直接效应和间接效应的结果可以看出：

表 4.22　　　　　信用风险在不同利率市场化阶段对商业银行
系统性风险中的链式中介效果检验

银行性质	时期	中介变量	作用路径	中介效应	标准误	T 值	p 值	95% 置信区间	
								LLCI	ULCI
全样本	贷款利率市场化	资产业务（LTA）	LILVD-Z	−1.709	0.715	−2.389	0.017	−3.112	−0.307
			LILVD-LTA-NPL-Z	0.053	0.007	—	—	−0.009	0.018
		负债业务（DTB）	LILVD-Z	−2.075	0.727	−2.855	0.005	−3.499	−0.650
			LILVD-DTB-NPL-Z	−0.281	0.008	—	—	−0.037	−0.005
		中间业务（NII）	LILVD-Z	−1.775	0.742	−2.394	0.017	−3.228	−0.322
			LILVD-NII-NPL-Z	−0.211	0.008	—	—	−0.029	0.002

续表

银行性质	时期	中介变量	作用路径	中介效应	标准误	T 值	p 值	95% 置信区间	
								LLCI	ULCI
全样本	存款利率市场化	资产业务（LTA）	LILVC-Z	7.337	0.388	18.910	0	6.577	8.098
			LILVC-LTA-NPL-Z	0	0.002	—	—	-0.005	0.006
		负债业务（DTB）	LILVC-Z	7.278	0.405	17.964	0	6.484	8.072
			LILVC-DTB-NPL-Z	-0.160	0.008	—	—	-0.038	-0.007
		中间业务（NII）	LILVC-Z	7.649	0.423	18.098	0	6.821	8.477
			LILVC-NII-NPL-Z	-0.059	0.012	—	—	-0.028	0.020
国有商业银行	贷款利率市场化	资产业务（LTA）	LILVD-Z	-0.045	0.979	-0.045	0.964	-1.963	1.874
			LILVD-LTA-NPL-Z	-2.856	0.040	—	—	-0.226	-0.070
		负债业务（DTB）	LILVD-Z	-0.595	0.904	-0.658	0.512	-2.368	1.177
			LILVD-DTB-NPL-Z	-0.934	0.036	—	—	-0.135	0.004
		中间业务（NII）	LILVD-Z	-0.390	0.918	-0.425	0.672	-2.189	1.408
			LILVD-NII-NPL-Z	0.099	0.021	—	—	-0.040	0.046
	存款利率市场化	资产业务（LTA）	LILVC-Z	7.120	0.651	10.936	0	5.844	8.396
			LILVC-LTA-NPL-Z	-1.192	0.056	—	—	-0.256	-0.040
		负债业务（DTB）	LILVC-Z	6.013	0.649	9.259	0	4.741	7.286
			LILVC-DTB-NPL-Z	-1.233	0.062	—	—	-0.289	-0.042
		中间业务（NII）	LILVC-Z	6.729	0.590	11.404	0	5.572	7.885
			LILVC-NII-NPL-Z	-0.013	0.020	—	—	-0.049	0.035
非国有商业银行	贷款利率市场化	资产业务（LTA）	LILVD-Z	-1.625	0.926	-1.754	0.081	-3.440	0.191
			LILVD-LTA-NPL-Z	-0.491	0.012	—	—	-0.062	-0.015
		负债业务（DTB）	LILVD-Z	-2.467	0.918	-2.689	0.008	-4.266	-0.669
			LILVD-DTB-NPL-Z	-0.338	0.009	—	—	-0.045	-0.007
		中间业务（NII）	LILVD-Z	-2.311	0.970	-2.384	0.018	-4.212	-0.411
			LILVD-NII-NPL-Z	-0.582	0.012	—	—	-0.067	-0.021
	存款利率市场化	资产业务（LTA）	LILVC-Z	7.708	0.497	15.498	0	6.734	8.683
			LILVC-LTA-NPL-Z	-0.118	0.009	—	—	-0.035	0

续表

银行性质	时期	中介变量	作用路径	中介效应	标准误	T 值	p 值	95% 置信区间	
								LLCI	ULCI
非国有商业银行	存款利率市场化	负债业务（DTB）	LILVC-Z	7.315	0.515	14.197	0	6.305	8.325
			LILVC-DTB-NPL-Z	-0.144	0.008	—	—	-0.037	-0.006
		中间业务（NII）	LILVC-Z	7.807	0.578	13.513	0	6.675	8.939
			LILVC-NII-NPL-Z	-0.197	0.015	—	—	-0.053	0.007

商业银行全样本在贷款利率市场化阶段，仅有基于负债业务的链式中介效应检验结果（LLCI = -0.037，ULCI = -0.005）没有包含 0，其链式中介效应大小为 -0.281，表明贷款利率市场化阶段商业银行中的负债业务通过信用风险对系统性风险具有显著的链式中介效应；此外，根据赵等（Zhao et al.，2010）的说法，商业银行在贷款利率市场化阶段基于负债业务的链式中介效应与直接效应作用相同，即均为负，称这种中介作用为互补的中介效应；商业银行基于资产及中间业务的链式中介效应检验结果均包括 0，即在贷款利率市场化动态改革阶段，商业银行不太可能基于资产及中间业务通过信用风险对商业银行系统性风险造成影响。而商业银行全样本存款利率市场化阶段，仅有基于负债业务的链式中介效应检验结果（LLCI = -0.038，ULCI = -0.007）没有包含 0，其链式中介效应大小为 -0.160，表明存款利率市场化阶段商业银行中的负债业务通过信用风险对系统性风险具有显著的链式中介效应；此外，根据赵等（Zhao et al.，2010）的说法，商业银行在存款利率市场化阶段基于负债业务的链式中介效应与直接效应作用相反，称这种中介作用为竞争的中介效应；商业银行基于资产业务及中间业务的链式中介效应检验结果均包括 0，即在存款利率市场化动态改革阶段，商业银行不太可能基于资产业务及中间业务通过信用风险对商业银行系统性风险造成影响。

国有商业银行样本贷款利率市场化阶段，仅有基于资产业务的链式中介效应检验结果（LLCI = -0.226，ULCI = -0.070）没有包含 0，其链式中介效应大小为 -2.856，表明贷款利率市场化阶段国有商业银行中的资产业务通过信用风险对系统性风险具有显著的链式中介效应；此外，根据赵等（Zhao et al.，2010）的说法，国有商业银行在贷款利率市场化阶段基于资产业务的链式中介效应与直接效应作用相同，且均为负，称这种中介作用为互补的中介效应；国有商业银行基于负债及中间业务的链式中介效应检验结果均包括0，即在贷款利率市场化动态改革阶段，国有商业银行不太可能基于负债及中间业务通过信用风险对商业银行系统性风险造成影响。而国有商业银行样本存款利率市场化阶段，基于资产业务和负债业务的链式中介效应检验结果（LLCI = −0.256，ULCI = −0.040；LLCI = −0.289，ULCI = −0.042）均没有包含0，表明存款利率市场化阶段国有商业银行中的资产业务和负债业务通过信用风险对系统性风险具有显著的链式中介效应，且大小分别为 −1.192和 −1.233；此外，根据赵等（Zhao et al.，2010）的说法，国有商业银行的资产与负债业务在国有商业银行中均发挥竞争的链式中介效应；国有商业银行基于中间业务的链式中介效应检验结果包括0，即在存款利率市场化动态改革中，国有商业银行不太可能基于中间业务通过信用风险对商业银行系统性风险造成影响。

非国有商业银行样本贷款利率市场化阶段，基于资产业务、负债业务和中间业务的链式中介效应检验结果（LLCI = −0.062，ULCI = −0.015；LLCI = −0.045，ULCI = −0.007；LLCI = −0.067，ULCI = −0.021）均没有包含0，其链式中介效应大小分别为 −0.491、−0.338 和 −0.582，表明贷款利率市场化阶段非国有商业银行中的资产业务、负债业务和中间业务通过信用风险对系统性风险均具有显著的链式中介效应；此外，根据赵等（Zhao et al.，2010）的说法，非国有商业银行在贷款利率市场化阶段基于资产业务、负债业务和中间业务的链式中介效应均与直接效应作用相同，即均为负，称这种中介作用为互补的中介效应。而非国有商业银行样本存款利率市场化阶段，基于资产业务和负债业务的链式中介效应检验结果（LLCI = −0.035，ULCI = 0；LLCI = −0.037，ULCI = −0.006）均没有包含0，表明存款利率市场化阶段非国有商业银行中的资产业务和负债业务通过信用风险对系统性风险具有显著的链式中介效应，且大小分别为 −0.118 和 −0.144；此外，根据赵等（Zhao et al.，2010）的说法，非国有商业银行的资产与负债业务在国有商业银行中均发挥竞争的链式中介效应；非国有商业银行基于中间业务的链式中介效应检验结果包括0，即在存款利率市场化动态改革中，非国有商业银行不太可能基于中间业务通过信用风险对商业银行系统性风险造成影响。

综上所述，在两种利率市场化阶段，商业银行都倾向于影响负债业务来影响信用风险，进而作用于商业银行系统性风险，但其直接效应作用相反：贷款利率市场化会降低商业银行系统性风险，而存款利率市场化则会增加商业银行系统性风险。从利率市场化阶段异质性角度，在贷款利率市场化动态改革中，国有商业银行更有可能基于资产业务通过影响信用风险进而影响系统性风险，非国有商业银行则可以基于三种业务通过影响信用风险进而影响系统性风险；在存款利率市场化动态改革中，国有商业银行和非国有商业银行均更有可能基于资产业务和负债业务通过影响信用风险进而影响系统性风险，而不通过中间业务对信用风险乃至系统性风险产生影响。

2. 利率风险在不同利率市场化阶段对商业银行系统性风险中的链式中介效果分析

在不同利率市场化阶段，基于不同业务通过银行利率风险对系统性风险的影响路径中（如表4.23所示），从直接效应和间接效应的结果可以看出：

表 4.23　　　　利率风险在不同利率市场化阶段对商业银行

系统性风险中的链式中介效果检验

银行性质	时期	中介变量	作用路径	中介效应	标准误	T 值	p 值	95% 置信区间	
								LLCI	ULCI
全样本	贷款利率市场化	资产业务（LTA）	LILVD-Z	−2.217	0.875	−2.534	0.012	−3.932	−0.502
			LILVD-LTA-IRSR-Z	0.104	0.001	—	—	0.001	0.006
		负债业务（DTB）	LILVD-Z	−2.278	0.869	−2.621	0.009	−3.981	−0.574
			LILVD-DTB-IRSR-Z	0.283	0.003	—	—	0.004	0.017
		中间业务（NII）	LILVD-Z	−1.948	0.901	−2.161	0.031	−3.714	−0.181
			LILVD-NII-IRSR-Z	0.037	0	—	—	0	0
	存款利率市场化	资产业务（LTA）	LILVC-Z	8.435	0.450	18.728	0	7.552	9.317
			LILVC-LTA-IRSR-Z	0.013	0.002	—	—	−0.002	0.005
		负债业务（DTB）	LILVC-Z	8.584	0.455	18.860	0	7.692	9.476
			LILVC-DTB-IRSR-Z	0.120	0.006	—	—	0.010	0.034
		中间业务（NII）	LILVC-Z	8.895	0.484	18.395	0	7.947	9.843
			LILVC-NII-IRSR-Z	0.019	0.001	—	—	0.001	0.003

续表

银行性质	时期	中介变量	作用路径	中介效应	标准误	T值	p值	95%置信区间	
								LLCI	ULCI
国有商业银行	贷款利率市场化	资产业务（LTA）	LILVD-Z	1.054	1.309	0.805	0.423	-1.513	3.620
			LILVD-LTA-IRSR-Z	0.114	0.009	—	—	-0.010	0.027
		负债业务（DTB）	LILVD-Z	-1.493	1.557	-0.959	0.340	-4.544	1.559
			LILVD-DTB-IRSR-Z	-0.007	0.002	—	—	-0.007	0
		中间业务（NII）	LILVD-Z	-2.273	1.495	-1.520	0.132	-5.203	0.658
			LILVD-NII-IRSR-Z	0.002	0.001	—	—	-0.002	0.003
	存款利率市场化	资产业务（LTA）	LILVC-Z	8.960	0.913	9.819	0	7.172	10.749
			LILVC-LTA-IRSR-Z	-0.029	0.004	—	—	-0.019	-0.001
		负债业务（DTB）	LILVC-Z	7.248	0.992	7.309	0	5.304	9.191
			LILVC-DTB-IRSR-Z	0.370	0.012	—	—	0.009	0.056
		中间业务（NII）	LILVC-Z	6.624	0.976	6.786	0	4.711	8.537
			LILVC-NII-IRSR-Z	0.002	0.002	—	—	-0.005	0.005
非国有商业银行	贷款利率市场化	资产业务（LTA）	LILVD-Z	-1.393	1.013	-1.376	0.170	-3.379	0.592
			LILVD-LTA-IRSR-Z	0.697	0.014	—	—	0.037	0.094
		负债业务（DTB）	LILVD-Z	-2.354	1.050	-2.243	0.026	-4.412	-0.297
			LILVD-DTB-IRSR-Z	0.405	0.012	—	—	0.014	0.060
		中间业务（NII）	LILVD-Z	-1.709	1.118	-1.529	0.128	-3.900	0.481
			LILVD-NII-IRSR-Z	0.100	0.005	—	—	0.003	0.022
	存款利率市场化	资产业务（LTA）	LILVC-Z	8.814	0.512	17.210	0	7.810	9.818
			LILVC-LTA-IRSR-Z	0.124	0.009	—	—	0.042	0.075
		负债业务（DTB）	LILVC-Z	8.783	0.544	16.142	0	7.716	9.849
			LILVC-DTB-IRSR-Z	0.058	0.005	—	—	0.005	0.025
		中间业务（NII）	LILVC-Z	9.373	0.617	15.180	0	8.163	10.583
			LILVC-NII-IRSR-Z	-0.013	0.003	—	—	0.002	0.013

　　商业银行全样本在贷款利率市场化阶段，基于资产业务和负债业务的链式中介效应检验结果（LLCI = 0.001，ULCI = 0.006；LLCI = 0.004，ULCI =

0.017）均没有包含 0，其链式中介效应大小分别为 0.104 和 0.283，表明贷款利率市场化阶段商业银行中的资产业务和负债业务通过利率风险对系统性风险具有显著的链式中介效应；此外，根据赵等（Zhao et al.，2010）的说法，商业银行在贷款利率市场化阶段基于资产业务和负债业务的链式中介效应均与直接效应作用相反，即均为正，称这种中介作用为竞争的中介效应；商业银行基于中间业务的链式中介效应检验结果包括 0，即在贷款利率市场化动态改革阶段，商业银行不太可能基于中间业务通过利率风险对商业银行系统性风险造成影响。而商业银行全样本存款利率市场化阶段，基于负债业务和中间业务的链式中介效应检验结果（LLCI = 0.010，ULCI = 0.034；LLCI = 0.001，ULCI = 0.003）均没有包含 0，其链式中介效应大小分别为 0.120 和 0.019，表明存款利率市场化阶段商业银行中的负债业务和中间业务通过利率风险对系统性风险具有显著的链式中介效应；此外，根据赵等（Zhao et al.，2010）的说法，商业银行在存款利率市场化阶段基于负债业务和资产业务的链式中介效应均与直接效应作用相同，称这种中介作用为互补的中介效应；商业银行基于资产业务的链式中介效应检验结果包括 0，即在存款利率市场化动态改革阶段，商业银行不太可能基于资产业务通过利率风险对商业银行系统性风险造成影响。

国有商业银行样本贷款利率市场化阶段，基于资产业务、负债业务和中间业务的链式中介效应检验结果（LLCI = -0.01，ULCI = 0.027；LLCI = -0.007，ULCI = 0；LLCI = -0.002，ULCI = 0.003）均包含 0，其链式中介效应大小分别为 0.114、-0.007 和 0.002，表明国有商业银行样本在贷款利率市场化阶段，基于三种业务通过利率风险对系统性风险的链式中介效应均不显著。而国有商业银行样本存款利率市场化阶段，基于资产业务和负债业务的链式中介效应检验结果（LLCI = -0.019，ULCI = -0.001；LLCI = 0.009，ULCI = 0.056）均没有包含 0，表明存款利率市场化阶段国有商业银行中的资产业务和负债业务通过利率风险对系统性风险具有显著的链式中介效应，且大小分别为 -0.029 和 0.370；此外，根据赵等（Zhao et al.，2010）的说法，国有商业银行的资产与负债业务在国有商业银行中分别发挥竞争和互补的链式中介效应；国有商业银行基于中间业务的链式中介效应检验结果包括 0，即在存款利率市场化动态改革中，国有商业银行不太可能基于中间业务通过利率风险对商业银行系统性风险造成影响。

非国有商业银行样本贷款利率市场化阶段，基于资产业务、负债业务和中间业务的链式中介效应检验结果（LLCI = 0.037，ULCI = 0.094；LLCI = 0.014，ULCI = 0.060；LLCI = 0.003，ULCI = 0.022）均没有包含0，其链式中介效应大小分别为0.697、0.405和0.100，表明贷款利率市场化阶段非国有商业银行中的资产业务、负债业务和中间业务通过利率风险对系统性风险均具有显著的链式中介效应；此外，根据赵等（Zhao et al.，2010）的说法，非国有商业银行在贷款利率市场化阶段基于资产业务、负债业务和中间业务的链式中介效应均与直接效应作用相反，即均为正，称这种中介作用为竞争的中介效应。同样地，非国有商业银行样本存款利率市场化阶段，基于资产业务、负债业务和中间业务的链式中介效应检验结果（LLCI = 0.042，ULCI = 0.075；LLCI = 0.005，ULCI = 0.025；LLCI = 0.002，ULCI = 0.013）均没有包含0，其链式中介效应大小分别为0.124、0.058和 −0.013，表明存款利率市场化阶段非国有商业银行中的资产业务、负债业务和中间业务通过利率风险对系统性风险均具有显著的链式中介效应；此外，根据赵等（Zhao et al.，2010）的说法，非国有商业银行在存款利率市场化阶段基于资产业务和负债业务的链式中介效应均与直接效应作用相同，称这种中介作用为互补的中介效应，而基于中间业务的链式中介效应与直接效应作用相反，称这种中介作用为竞争的中介效应。

综上所述，在贷款利率市场化阶段，商业银行倾向于影响资产业务和负债业务来影响利率风险，进而作用于商业银行系统性风险，而在存款利率市场化阶段，商业银行倾向于影响负债业务和中间业务来影响利率风险，进而作用于商业银行系统性风险，且其直接效应作用相反：贷款利率市场化会降低商业银行系统性风险，而存款利率市场化则会增加商业银行系统性风险。从利率市场化阶段异质性角度，在贷款利率市场化动态改革中，非国有商业银行则可以基于三种业务通过影响利率风险进而影响系统性风险，而国有商业银行基于这三种业务通过影响利率风险对系统性风险的效应并不显著；在存款利率市场化动态改革中，国有商业银行和非国有商业银行均有可能基于资产业务、负债业务和中间业务通过影响利率风险进而影响系统性风险。

3. 操作风险在不同利率市场化阶段对商业银行系统性风险中的链式中介效果分析

在不同利率市场化阶段，基于不同业务通过银行操作风险对系统性风险的影响路径中（如表4.24所示），从直接效应和间接效应的结果可以看出：

表4.24　　　　　操作风险在不同利率市场化阶段对商业银行
系统性风险中的链式中介效果检验

银行性质	时期	中介变量	作用路径	中介效应	标准误	T值	p值	95%置信区间	
								LLCI	ULCI
全样本	贷款利率市场化	资产业务（LTA）	LILVD-Z	−1.973	0.840	−2.348	0.019	−3.620	−0.326
			LILVD-LTA-K-Z	−0.232	0.004	—	—	−0.019	−0.003
		负债业务（DTB）	LILVD-Z	−2.019	0.841	−2.401	0.017	−3.667	−0.371
			LILVD-DTB-K-Z	−0.256	0.005	—	—	−0.021	−0.003
		中间业务（NII）	LILVD-Z	−1.002	0.848	−1.180	0.239	−2.664	0.661
			LILVD-NII-K-Z	0.461	0.008	—	—	0.008	0.038
	存款利率市场化	资产业务（LTA）	LILVC-Z	8.205	0.439	18.678	0	7.344	9.066
			LILVC-LTA-K-Z	−0.022	0.003	—	—	−0.009	0.002
		负债业务（DTB）	LILVC-Z	8.166	0.454	17.976	0	7.275	9.056
			LILVC-DTB-K-Z	−0.131	0.006	—	—	−0.027	−0.005
		中间业务（NII）	LILVC-Z	8.918	0.456	19.546	0	8.024	9.813
			LILVC-NII-K-Z	0.518	0.013	—	—	0.040	0.090
国有商业银行	贷款利率市场化	资产业务（LTA）	LILVD-Z	0.931	1.303	0.714	0.477	−1.623	3.484
			LILVD-LTA-K-Z	−0.219	0.004	—	—	−0.014	0
		负债业务（DTB）	LILVD-Z	−2.009	1.511	−1.329	0.187	−4.971	0.953
			LILVD-DTB-K-Z	−0.429	0.010	—	—	−0.037	0.001
		中间业务（NII）	LILVD-Z	−2.266	1.423	−1.592	0.115	−5.055	0.524
			LILVD-NII-K-Z	0.012	0.003	—	—	−0.006	0.008
	存款利率市场化	资产业务（LTA）	LILVC-Z	9.251	0.769	12.027	0	7.743	10.758
			LILVC-LTA-K-Z	−0.010	0.004	—	—	−0.004	0.013
		负债业务（DTB）	LILVC-Z	8.304	0.957	8.675	0	6.427	10.180
			LILVC-DTB-K-Z	−0.007	0.024	—	—	0.028	0.125
		中间业务（NII）	LILVC-Z	7.824	0.869	9.001	0	6.121	9.528
			LILVC-NII-K-Z	0	0.002	—	—	−0.004	0.005

续表

银行性质	时期	中介变量	作用路径	中介效应	标准误	T 值	p 值	95% 置信区间 LLCI	95% 置信区间 ULCI
非国有商业银行	贷款利率市场化	资产业务（LTA）	LILVD-Z	-0.986	1.020	-0.966	0.335	-2.985	1.014
			LILVD-LTA-K-Z	-0.430	0.009	—	—	-0.046	-0.011
		负债业务（DTB）	LILVD-Z	-1.696	1.008	-1.683	0.094	-3.670	0.279
			LILVD-DTB-K-Z	-0.272	0.007	—	—	-0.032	-0.004
		中间业务（NII）	LILVD-Z	-0.046	1.055	-0.044	0.965	-2.115	2.022
			LILVD-NII-K-Z	0.845	0.017	—	—	0.016	0.079
	存款利率市场化	资产业务（LTA）	LILVC-Z	8.159	0.541	15.069	0	7.098	9.220
			LILVC-LTA-K-Z	-0.147	0.007	—	—	-0.030	-0.004
		负债业务（DTB）	LILVC-Z	8.602	0.522	16.482	0	7.579	9.625
			LILVC-DTB-K-Z	-0.086	0.005	—	—	-0.019	0
		中间业务（NII）	LILVC-Z	9.493	0.573	16.567	0	8.370	10.616
			LILVC-NII-K-Z	0.894	0.023	—	—	0.060	0.152

商业银行全样本在贷款利率市场化阶段，基于资产业务、负债业务和中间业务的链式中介效应检验结果（LLCI = -0.019，ULCI = -0.003；LLCI = -0.021，ULCI = -0.003；LLCI = 0.008，ULCI = 0.038）均没有包含 0，其链式中介效应大小分别为 -0.232、-0.256 和 0.461，表明商业银行样本在贷款利率市场化阶段，基于三种业务通过操作风险对系统性风险均具有显著的链式中介效应；此外，根据赵等（Zhao et al.，2010）的说法，商业银行在贷款利率市场化阶段基于资产业务和负债业务的链式中介效应均与直接效应作用相同，称这种中介作用为互补的中介效应；而基于中间业务的链式中介效应与直接效应相反，表现出竞争的中介效应。而商业银行全样本存款利率市场化阶段，基于负债业务和中间业务的链式中介效应检验结果（LLCI = -0.027，ULCI = -0.005；LLCI = 0.040，ULCI = 0.090）均没有包含 0，其链式中介效应大小分别为 -0.131 和 0.518，表明存款利率市场化阶段商业银行中的负债业务和中间业务通过操作风险对系统性风险具有显著的链式中介效应；此外，根据赵等（Zhao et al.，2010）的说法，商业

银行在存款利率市场化阶段基于负债业务的链式中介效应与直接效应相反，称这种中介作用为竞争的中介效应，而基于中间业务的链式中介效应均与直接效应作用相同，称这种中介作用为互补的中介效应；商业银行基于资产业务的链式中介效应检验结果包括0，即在存款利率市场化动态改革阶段，商业银行不太可能基于资产业务通过操作风险对商业银行系统性风险造成影响。

国有商业银行样本贷款利率市场化阶段，仅有基于资产业务的链式中介效应检验结果（LLCI = − 0.014，ULCI = 0）没有包含0，其链式中介效应大小为 − 0.219，表明贷款利率市场化阶段国有商业银行中的资产业务通过操作风险对系统性风险具有显著的链式中介效应；此外，根据赵等（Zhao et al.，2010）的说法，国有商业银行在贷款利率市场化阶段基于资产业务的链式中介效应与直接效应作用相反，称这种中介作用为竞争的中介效应；国有商业银行基于负债及中间业务的链式中介效应检验结果均包括0，即在贷款利率市场化动态改革阶段，国有商业银行不太可能基于负债及中间业务通过操作风险对商业银行系统性风险造成影响。而国有商业银行样本存款利率市场化阶段，仅有基于负债业务的链式中介效应检验结果（LLCI = 0.028，ULCI = 0.125）没有包含0，其链式中介效应大小为 − 0.007，表明存款利率市场化阶段国有商业银行中的负债业务通过操作风险对系统性风险具有显著的链式中介效应；此外，根据赵等（Zhao et al.，2010）的说法，国有商业银行在存款利率市场化阶段基于负债业务的链式中介效应与直接效应作用相反，称这种中介作用为竞争的中介效应；国有商业银行基于资产及中间业务的链式中介效应检验结果均包括0，即在存款利率市场化动态改革阶段，国有商业银行不太可能基于资产及中间业务通过操作风险对商业银行系统性风险造成影响。

非国有商业银行样本贷款利率市场化阶段，基于资产业务、负债业务和中间业务的链式中介效应检验结果（LLCI = − 0.046，ULCI = − 0.011；LLCI = − 0.032，ULCI = − 0.004；LLCI = 0.016，ULCI = 0.079）均没有包含0，其链式中介效应大小分别为 − 0.430、− 0.272 和 0.845，表明贷款利率市场化阶段非国有商业银行中的资产业务、负债业务和中间业务通过操作风险对系统性风险均具有显著的链式中介效应；此外，根据赵等（Zhao et al.，2010）的说法，非国有商业银行在贷款利率市场化阶段基于资产业务和负债业务的链式中介效应均与直接效应作用相同，即均为负，称这种中介作用为互补的中介效应，而基于中间业务的链式中介效应与直接效应作用相反，称这种中介作用为竞争的中介效应。同样的，非国有商业银行样本存款利率市场化阶段，基于资产业务、负债业务和中间业务的链式中介效应检验结果（LLCI = − 0.030，ULCI = − 0.004；LLCI = − 0.019，ULCI = 0；LLCI = 0.060，ULCI = 0.152）均没有包含 0，其链式中介效应大小分别为 − 0.147、− 0.086 和 0.894，表明存款利率市场化阶段非国有商业银行中的资产业务、负债业务和中间业务通过操作风险对系统性风险均具有显著的链式中介效应；此外，根据赵等（Zhao et al.，2010）的说法，非国有商业银行在存款利率市场化阶段基于资产业务和负债业务的链式中介效应均与直接效应作用相反，称这种中介作用为竞争的中介效应，而基于中间业务的链式中介效应与直接效应作用相同，称这种中介作用为互补的中介效应。

综上所述，在贷款利率市场化阶段，商业银行可以基于资产业务、负债业务和中间业务来影响操作风险，进而作用于商业银行系统性风险，而在存款利率市场化阶段，商业银行倾向于影响负债业务和中间业务来影响操作风险，进而作用于商业银行系统性风险，且其直接效应作用相反：贷款利率市场化会降低商业银行系统性风险，而存款利率市场化则会增加商业银行系统性风险。从利率市场化阶段异质性角度，在贷款利率市场化动态改革中，国有商业银行更倾向于通过资产业务影响操作风险进而影响系统性风险，而非国有商业银行则可以基于三种业务通过影响操作风险进而影响系统性风险；在存款利率市场化动态改革中，国有商业银行更倾向于通过负债业务影响操作风险进而影响系统性风险，而非国有商业银行则可以基于资产业务、负债业务和中间业务通过影响操作风险进而影响系统性风险。

4. 流动性风险在不同利率市场化阶段对商业银行系统性风险中的链式中介效果分析

在不同利率市场化阶段，基于不同业务通过银行流动性风险对系统性风险的影响路径中（如表 4.25 所示），从直接效应和间接效应的结果可以看出：

表 4.25 　　　　　流动性风险在不同利率市场化阶段对商业银行

系统性风险中的链式中介效果检验

银行性质	时期	中介变量	作用路径	中介效应	标准误	T 值	p 值	95% 置信区间	
								LLCI	ULCI
全样本	贷款利率市场化	资产业务（LTA）	LILVD-Z	−1.945	0.873	−2.228	0.027	−3.657	−0.234
			LILVD-LTA-IDR-Z	0.118	0.001	—	—	0.001	0.005
		负债业务（DTB）	LILVD-Z	−1.953	0.873	−2.237	0.026	−3.664	−0.242
			LILVD-DTB-IDR-Z	0.021	0.001	—	—	0	0.005
		中间业务（NII）	LILVD-Z	−1.780	0.893	−1.994	0.047	−3.529	−0.030
			LILVD-NII-IDR-Z	−0.016	0.001	—	—	−0.004	0
	存款利率市场化	资产业务（LTA）	LILVC-Z	8.563	0.448	19.125	0	7.686	9.441
			LILVC-LTA-IDR-Z	0.001	0.001	—	—	−0.002	0.003
		负债业务（DTB）	LILVC-Z	8.602	0.451	19.053	0	7.717	9.487
			LILVC-DTB-IDR-Z	0.030	0.002	—	—	0.001	0.009
		中间业务（NII）	LILVC-Z	8.824	0.480	18.366	0	7.882	9.765
			LILVC-NII-IDR-Z	−0.028	0.003	—	—	−0.011	0
国有商业银行	贷款利率市场化	资产业务（LTA）	LILVD-Z	1.125	1.328	0.847	0.399	−1.478	3.728
			LILVD-LTA-IDR-Z	0.743	0.023	—	—	0.045	0.136
		负债业务（DTB）	LILVD-Z	0.964	1.441	0.669	0.505	−1.861	3.788
			LILVD-DTB-IDR-Z	−1.699	0.076	—	—	−0.290	0.011
		中间业务（NII）	LILVD-Z	0.044	1.499	0.029	0.977	−2.893	2.982
			LILVD-NII-IDR-Z	0.080	0.018	—	—	−0.034	0.039
	存款利率市场化	资产业务（LTA）	LILVC-Z	9.078	0.832	10.912	0	7.447	10.708
			LILVC-LTA-IDR-Z	0.116	0.011	—	—	0.008	0.051
		负债业务（DTB）	LILVC-Z	9.437	0.854	11.051	0	7.764	11.111
			LILVC-DTB-IDR-Z	−2.131	0.073	—	—	−0.428	−0.137
		中间业务（NII）	LILVC-Z	9.649	0.891	10.835	0	7.903	11.394
			LILVC-NII-IDR-Z	−0.010	0.009	—	—	−0.020	0.016

银行性质	时期	中介变量	作用路径	中介效应	标准误	T 值	p 值	95% 置信区间	
								LLCI	ULCI
非国有商业银行	贷款利率市场化	资产业务（LTA）	LILVD-Z	-0.775	1.032	-0.751	0.454	-2.798	1.249
			LILVD-LTA-IDR-Z	-0.319	0.004	—	—	-0.025	-0.008
		负债业务（DTB）	LILVD-Z	-1.037	1.035	-1.002	0.317	-3.066	0.992
			LILVD-DTB-IDR-Z	-0.004	0.003	—	—	-0.007	0.007
		中间业务（NII）	LILVD-Z	-0.564	1.090	-0.518	0.605	-2.700	1.571
			LILVD-NII-IDR-Z	0.054	0.006	—	—	-0.012	0.013
	存款利率市场化	资产业务（LTA）	LILVC-Z	8.976	0.510	17.583	0	7.975	9.977
			LILVC-LTA-IDR-Z	-0.102	0.007	—	—	-0.026	0
		负债业务（DTB）	LILVC-Z	8.910	0.520	17.146	0	7.892	9.929
			LILVC-DTB-IDR-Z	0.022	0.003	—	—	-0.004	0.010
		中间业务（NII）	LILVC-Z	9.510	0.590	16.114	0	8.354	10.667
			LILVC-NII-IDR-Z	0.089	0.011	—	—	-0.016	0.029

商业银行全样本在贷款利率市场化阶段，仅有基于资产业务的链式中介效应检验结果（LLCI = 0.001，ULCI = 0.005）没有包含 0，其链式中介效应大小为 0.118，表明贷款利率市场化阶段商业银行中的资产业务通过流动性风险对系统性风险具有显著的链式中介效应；此外，根据赵等（Zhao et al.，2010）的说法，商业银行在贷款利率市场化阶段基于资产业务的链式中介效应与直接效应作用相反，称这种中介作用为竞争的中介效应；商业银行基于负债及中间业务的链式中介效应检验结果均包括 0，即在贷款利率市场化动态改革阶段，商业银行不太可能基于负债及中间业务通过流动性风险对商业银行系统性风险造成影响。而商业银行全样本存款利率市场化阶段，仅有基于负债业务的链式中介效应检验结果（LLCI = 0.001，ULCI = 0.009）没有包含 0，其链式中介效应大小为 0.030，表明存款利率市场化阶段商业银行中的负债业务通过流动性风险对系统性风险具有显著的链式中介效应；此外，根

据赵等（Zhao et al.，2010）的说法，商业银行在存款利率市场化阶段基于负债业务的链式中介效应与直接效应相同，称这种中介作用为互补的中介效应；商业银行基于资产业务和中间业务的链式中介效应检验结果包括0，即在存款利率市场化动态改革阶段，商业银行不太可能基于资产业务和中间业务通过流动性风险对商业银行系统性风险造成影响。

国有商业银行样本贷款利率市场化阶段，仅有基于资产业务的链式中介效应检验结果（LLCI = 0.045，ULCI = 0.136）没有包含0，其链式中介效应大小为0.743，表明贷款利率市场化阶段国有商业银行中的资产业务通过流动性风险对系统性风险具有显著的链式中介效应；此外，根据赵等（Zhao et al.，2010）的说法，国有商业银行在贷款利率市场化阶段基于资产业务的链式中介效应与直接效应作用相同，称这种中介作用为互补的中介效应；国有商业银行基于负债及中间业务的链式中介效应检验结果均包括0，即在贷款利率市场化动态改革阶段，国有商业银行不太可能基于负债及中间业务通过流动性风险对商业银行系统性风险造成影响。而国有商业银行样本存款利率市场化阶段，基于资产业务和负债业务的链式中介效应检验结果（LLCI = 0.008，ULCI = 0.051；LLCI = −0.428，ULCI = −0.137）没有包含0，其链式中介效应大小为0.116和−2.131，表明存款利率市场化阶段国有商业银行中的资产业务和负债业务通过流动性风险对系统性风险具有显著的链式中介效应；此外，根据赵等（Zhao et al.，2010）的说法，国有商业银行在存款利率市场化阶段基于资产业务的链式中介效应与直接效应作用相同，称这种中介作用为互补的中介效应，而基于负债业务的链式中介效应与直接效应作用相反，称这种中介作用为竞争的中介效应；国有商业银行基于中间业务的链式中介效应检验结果包括0，即在存款利率市场化动态改革阶段，国有商业银行不太可能基于中间业务通过流动性风险对商业银行系统性风险造成影响。

非国有商业银行样本贷款利率市场化阶段，仅有基于资产业务的链式中介效应检验结果（LLCI = −0.025，ULCI = −0.008）没有包含0，其链式中介效应大小为−0.319，表明贷款利率市场化阶段非国有商业银行中的资产业务通过流动性风险对系统性风险具有显著的链式中介效应；此外，根据赵等（Zhao et al.，2010）的说法，非国有商业银行在贷款利率市场化阶段基于资产业务的链式中介效应与直接效应作用相同，称这种中介作用为互补的中介效应；非国有商业银行基于负债及中间业务的链式中介效应检验结果均包括 0，即在贷款利率市场化动态改革阶段，非国有商业银行不太可能基于负债及中间业务通过流动性风险对商业银行系统性风险造成影响。同样地，非国有商业银行样本存款利率市场化阶段，仅有基于资产业务的链式中介效应检验结果（LLCI = − 0.026，ULCI = 0）没有包含 0，其链式中介效应大小为 − 0.102，表明存款利率市场化阶段非国有商业银行中的资产业务通过流动性风险对系统性风险具有显著的链式中介效应；此外，根据赵等（Zhao et al.，2010）的说法，非国有商业银行在存款利率市场化阶段基于资产业务的链式中介效应与直接效应作用相反，称这种中介作用为竞争的中介效应；非国有商业银行基于负债及中间业务的链式中介效应检验结果均包括 0，即在存款利率市场化动态改革阶段，非国有商业银行不太可能基于负债及中间业务通过流动性风险对商业银行系统性风险造成影响。

综上所述，在贷款利率市场化阶段，商业银行倾向于影响资产业务来影响流动性风险，进而作用于商业银行系统性风险，而在存款利率市场化阶段，商业银行更倾向于影响负债业务来影响流动性风险，进而影响商业银行系统性风险，且其直接效应作用相反：贷款利率市场化会降低商业银行系统性风险，而存款利率市场化则会增加商业银行系统性风险。从利率市场化阶段异质性角度，在贷款利率市场化动态改革中，国有商业银行和非国有商业银行均更倾向于通过资产业务影响流动性风险进而影响系统性风险；在存款利率市场化动态改革中，国有商业银行倾向于通过资产业务和负债业务影响流动性风险进而影响系统性风险，而非国有商业银行则更倾向于通过资产业务影响流动性风险进而影响系统性风险。

5. 经营风险在不同利率市场化阶段对商业银行系统性风险中的链式中介效果分析

在不同利率市场化阶段，基于不同业务通过银行经营风险对系统性风险的影响路径中（如表 4.26 所示），从直接效应和间接效应的结果可以看出：

表4.26 **经营风险在不同利率市场化阶段对商业银行**

系统性风险中的链式中介效果检验

银行性质	时期	中介变量	作用路径	中介效应	标准误	T值	p值	95%置信区间	
								LLCI	ULCI
全样本	贷款利率市场化	资产业务（LTA）	LILVD-Z	-2.114	0.858	-2.465	0.014	-3.795	-0.433
			LILVD-LTA-BROKEN-Z	-0.044	0.001	—	—	-0.006	-0.001
		负债业务（DTB）	LILVD-Z	-2.115	0.858	-2.466	0.014	-3.796	-0.434
			LILVD-DTB-BROKEN-Z	-0.014	0.001	—	—	-0.002	0
		中间业务（NII）	LILVD-Z	-1.954	0.880	-2.220	0.027	-3.680	-0.229
			LILVD-NII-BROKEN-Z	-0.088	0.004	—	—	-0.014	0
	存款利率市场化	资产业务（LTA）	LILVC-Z	8.512	0.439	19.380	0	7.651	9.373
			LILVC-LTA-BROKEN-Z	-0.005	0.001	—	—	-0.002	0.001
		负债业务（DTB）	LILVC-Z	8.606	0.450	19.117	0	7.723	9.488
			LILVC-DTB-BROKEN-Z	-0.006	0.001	—	—	-0.002	0
		中间业务（NII）	LILVC-Z	8.838	0.477	18.522	0	7.903	9.774
			LILVC-NII-BROKEN-Z	-0.040	0.004	—	—	-0.013	0.001
国有商业银行	贷款利率市场化	资产业务（LTA）	LILVD-Z	1.127	1.301	0.866	0.389	-1.424	3.677
			LILVD-LTA-BROKEN-Z	0.273	0.001	—	—	0	0.003
		负债业务（DTB）	LILVD-Z	-1.493	1.542	-0.968	0.336	-4.516	1.530
			LILVD-DTB-BROKEN-Z	0	0.002	—	—	-0.005	0.004
		中间业务（NII）	LILVD-Z	-2.280	1.501	-1.519	0.132	-5.223	0.662
			LILVD-NII-BROKEN-Z	-0.004	0.001	—	—	-0.002	0.002
	存款利率市场化	资产业务（LTA）	LILVC-Z	8.214	0.762	10.787	0	6.722	9.707
			LILVC-LTA-BROKEN-Z	0.350	0.013	—	—	0.008	0.057
		负债业务（DTB）	LILVC-Z	8.179	1.043	7.845	0	6.135	10.222
			LILVC-DTB-BROKEN-Z	-0.014	0	—	—	-0.002	0
		中间业务（NII）	LILVC-Z	7.568	0.947	7.994	0	5.712	9.423
			LILVC-NII-BROKEN-Z	0	0	—	—	0	0

银行性质	时期	中介变量	作用路径	中介效应	标准误	T 值	p 值	95% 置信区间	
								LLCI	ULCI
非国有商业银行	贷款利率市场化	资产业务（LTA）	LILVD-Z	-0.979	1.010	-0.97	0.333	-2.959	1.000
			LILVD-LTA-BROKEN-Z	-0.084	0.002	—	—	-0.011	-0.002
		负债业务（DTB）	LILVD-Z	-1.894	1.014	-1.868	0.063	-3.881	0.093
			LILVD-DTB-BROKEN-Z	-0.023	0.001	—	—	-0.004	0.001
		中间业务（NII）	LILVD-Z	-1.629	1.072	-1.520	0.130	-3.730	0.471
			LILVD-NII-BROKEN-Z	-0.158	0.008	—	—	-0.027	0.001
	存款利率市场化	资产业务（LTA）	LILVC-Z	8.989	0.506	17.781	0	7.999	9.980
			LILVC-LTA-BROKEN-Z	-0.013	0.001	—	—	-0.005	0
		负债业务（DTB）	LILVC-Z	8.767	0.533	16.462	0	7.723	9.811
			LILVC-DTB-BROKEN-Z	-0.010	0.001	—	—	-0.004	0.001
		中间业务（NII）	LILVC-Z	9.227	0.607	15.201	0	8.037	10.416
			LILVC-NII-BROKEN-Z	-0.084	0.010	—	—	-0.034	0.003

商业银行全样本在贷款利率市场化阶段，基于资产业务和中间业务的链式中介效应检验结果（LLCI = -0.006，ULCI = -0.001；LLCI = -0.014，ULCI = 0）均没有包含 0，其链式中介效应大小分别为 -0.044 和 -0.088，表明贷款利率市场化阶段商业银行中的资产业务和中间业务通过经营风险对系统性风险具有显著的链式中介效应；此外，根据赵等（Zhao et al.，2010）的说法，商业银行在贷款利率市场化阶段基于资产业务和中间业务的链式中介效应均与直接效应作用相同，即均为负，称这种中介作用为互补的中介效应；商业银行基于负债业务的链式中介效应检验结果包括 0，即在贷款利率市场化动态改革阶段，商业银行不太可能基于负债业务通过经营风险对商业银行系统性风险造成影响。而商业银行全样本存款利率市场化阶段，基于资产业务、负债业务和中间业务的链式中介效应检验结果（LLCI = -0.002，ULCI = 0.001；LLCI = -0.002，ULCI = 0；LLCI = -0.013，ULCI = 0.001）均包含 0，其链式中介效应大小分别为 -0.005、-0.006 和 -0.040，表明商业银行全样本在贷款利率市场化阶段，基于三种业务通过经营风险对系统性

风险的链式中介效应均不显著。

国有商业银行样本贷款利率市场化阶段，仅有基于资产业务的链式中介效应检验结果（LLCI = 0，ULCI = 0.003）没有包含 0，其链式中介效应大小为 0.273，表明贷款利率市场化阶段国有商业银行中的资产业务通过经营风险对系统性风险具有显著的链式中介效应；此外，根据赵等（Zhao et al.，2010）的说法，国有商业银行在贷款利率市场化阶段基于资产业务的链式中介效应与直接效应作用相同，称这种中介作用为互补的中介效应；国有商业银行基于负债及中间业务的链式中介效应检验结果均包括 0，即在贷款利率市场化动态改革阶段，国有商业银行不太可能基于负债及中间业务通过经营风险对商业银行系统性风险造成影响。而国有商业银行样本存款利率市场化阶段，仅有基于资产业务的链式中介效应检验结果（LLCI = 0.008，ULCI = 0.057）没有包含 0，其链式中介效应大小为 0.35，表明存款利率市场化阶段国有商业银行中的资产业务通过经营风险对系统性风险具有显著的链式中介效应；此外，根据赵等（Zhao et al.，2010）的说法，国有商业银行在存款利率市场化阶段基于资产业务的链式中介效应与直接效应作用相同，称这种中介作用为互补的中介效应；国有商业银行基于负债业务和中间业务的链式中介效应检验结果包括 0，即在存款利率市场化动态改革阶段，国有商业银行不太可能基于负债业务和中间业务通过经营风险对商业银行系统性风险造成影响。

非国有商业银行样本贷款利率市场化阶段，仅有基于资产业务的链式中介效应检验结果（LLCI = - 0.011，ULCI = - 0.002）没有包含 0，其链式中介效应大小为 - 0.084，表明贷款利率市场化阶段非国有商业银行中的资产业务通过经营风险对系统性风险具有显著的链式中介效应；此外，根据赵等（Zhao et al.，2010）的说法，非国有商业银行在贷款利率市场化阶段基于资产业务的链式中介效应与直接效应作用相同，称这种中介作用为互补的中介效应；非国有商业银行基于负债及中间业务的链式中介效应检验结果均包括 0，即在贷款利率市场化动态改革阶段，非国有商业银行不太可能基于负债及中间业务通过经营风险对商业银行系统性风险造成影响。而非国有商业银行样本存款利率市场化阶段，基于资产业务、负债业务和中间业务的链式中介效应检验结果（LLCI = - 0.005，ULCI = 0；LLCI = - 0.004，ULCI = 0.001；LLCI = - 0.034，ULCI = 0.003）均包含 0，其链式中介效应大小分别为 - 0.013、- 0.010 和 0.084，表明非国有商业银行样本在贷款利率市场化阶段,基于三种业务通过经营风险对系统性风险的链式中介效应均不显著。

综上所述,在贷款利率市场化阶段,商业银行倾向于影响资产业务和中间业务来影响经营风险,进而作用于商业银行系统性风险;而在存款利率市场化阶段,商业银行基于资产、负债和中间业务通过影响经营风险对系统性风险的效应并不显著,且两个阶段的直接效应作用相反:贷款利率市场化会降低商业银行系统性风险,而存款利率市场化则会增加商业银行系统性风险。从利率市场化阶段异质性角度,在贷款利率市场化动态改革中,国有商业银行和非国有商业银行均更倾向于通过资产业务影响经营风险进而影响系统性风险;在存款利率市场化动态改革中,国有商业银行更倾向于通过资产业务影响经营风险进而影响系统性风险,而非国有商业银行基于资产、负债和中间业务通过影响经营风险对系统性风险的效应并不显著。

五、研究结论与建议

(一)研究结论

本章首先从总体上研究了利率市场化进程对商业银行系统性风险的影响,利率市场化进程能够显著提高商业银行的系统性风险,并且这种作用在国有商业银行和非国有商业银行中同样显著存在。其次,从横向角度探究了银行异质风险在其中的中介作用,并进一步从银行业务视角出发,探讨其链式中介作用。最后,从纵向角度将利率市场化进程分为存款利率市场化阶段和贷款利率市场化阶段,探讨银行不同业务和异质风险在利率市场化影响商业银行系统性风险中的链式中介作用。通过以上分析我们可以得出以下结论:

1. 利率市场化背景下商业银行系统性风险诱发机制的横向研究结果

本章根据起因,将商业银行风险分为信用风险、利率风险、操作风险、流动性风险和经营风险,分别探究其在利率市场化影响商业银行系统性风险中的中介作用,结果表明,信用风险、利率风险和流动性风险在利率市场化进程提高商业银行系统性风险的过程中起到了显著中介作用,而操作风险则在其中起到遮掩作用。进一步区分商业银行性质的研究表明,国有商业和非国有商业银行在利率市场化进程中均可以通过信用风险和利率风险提高其系统性风险，而流动性风险仅在国有商业银行中起中介作用，操作风险则在非国有商业银行中起遮掩作用。

在此基础上，本章从银行业务视角出发，探讨银行不同业务和异质风险在利率市场化影响商业银行系统性风险中的链式中介作用，结果表明，利率市场化可以通过资产业务影响信用风险、利率风险和流动性风险，通过负债业务影响流动性风险和经营风险，通过中间业务影响信用风险和操作风险，进而影响商业银行系统性风险。进一步区分商业银行性质的研究发现，对于国有商业银行而言，利率市场化可以通过资产业务影响信用风险和利率风险，通过中间业务影响利率风险，进而影响国有商业银行系统性风险；而对于非国有商业银行而言，利率市场化可以通过资产业务影响信用风险、利率风险、操作风险、流动性风险和经营风险，通过负债业务影响利率风险、流动性风险和经营风险，通过中间业务影响信用风险，进而影响非国有商业银行系统性风险。

2. 利率市场化背景下商业银行系统性风险诱发机制的纵向研究结果

在存款利率市场化阶段，利率市场化可以通过负债业务影响信用风险、利率风险、操作风险和流动性风险，通过中间业务影响操作风险，进而影响商业银行系统性风险。进一步区分商业银行性质的研究发现，对于国有商业银行而言，利率市场化可以通过资产业务影响信用风险、利率风险、流动性风险和经营风险，通过负债业务影响信用风险、利率风险、操作风险和流动性风险，通过中间业务影响利率风险，进而影响国有商业银行系统性风险；而对于非国有商业银行而言，利率市场化可以通过资产业务影响信用风险、利率风险、操作风险、流动性风险和经营风险，通过负债业务影响信用风险、利率风险、操作风险和经营风险，通过中间业务影响利率风险、操作风险和经营风险，进而影响非国有商业银行系统性风险。

在贷款利率市场化阶段，利率市场化可以通过资产业务影响利率风险、操作风险、流动性风险和经营风险，通过负债业务影响信用风险、利率风险和操作风险，通过中间业务影响操作风险和经营风险，进而影响商业银行系统性风险。进一步区分商业银行性质的研究发现，对于国有商业银行而言，利率市场化可以通过资产业务影响信用风险、操作风险、流动性风险和经营风险，进而影响国有商业银行系统性风险；而对于非国有商业银行而言，利率市场化可以通过资产业务影响信用风险、利率风险、操作风险、流动性风险和经营风险，通过负债业务影响信用风险、利率风险和操作风险，通过中间业务影响信用风险、利率风险和操作风险，进而影响非国有商业银行系统性风险。

（二）研究建议

在整合上述研究结论的基础上，由于受利率市场化的巨大冲击，商业银行基于三大主营业务影响信用风险、利率风险、操作风险、经营风险及流动性风险，进而影响整个银行业的系统性风险，且在不同类型的银行之间以及不同的改革阶段均存在明显异质性。因此，我们提出以下几点尝试性的建议：

第一，在商业银行利率市场化改革中，着力健全存贷款利率定价机制，尤其是要降低流动性风险、利率风险以及操作风险发生的可能性。首先，由于长期的利率管控，商业银行缺乏科学合理的存贷款利率定价机制，在一些县级银行中，贷款利率定价权主要集中在几位主要银行负责人手中，导致放贷员只能按照既定的统一利率进行操作，使得贷款利率与市场利率脱节，定价权呈现粗放式管理。其次，商业银行内部应当成立专门的存贷款利率评估组织，定期对市场存贷款利率进行分析，依据银行自身的存贷款执行情况对利率进行评估，确定当期存贷款利率的合理区间，并逐级放权，做到贷款利率能在授权范围内合规执行。最后，加大对于存款贷款利率的研发工作，根据不同地区的经济发展情况，居民收入情况以及自身的运行效益合理开发信贷产品，对市场进行细分，精细化实行差别存贷款利率定价策略。

第二，商业银行应更加关注自身三大业务的发展，合理发展各类业务，加强业务创新力度，同时提高自身竞争力。无论是国有商业银行还是非国有商业银行，应当充分挖掘自身业务发展潜力，在资产业务方面，大力发展私募基金以及企业理财等方面的投资银行业务，做大做强旗下相关公司，加强公司与母体银行直接的联动协作，亦要强化相应衍生品的研发力度，满足市场需求。在负债业务方面，推动私人银行业务的发展，针对大额存款给予高额利率，提高服务质量，加强相关人才的引进、培养，为客户推出定制化理财方案以及专业的投资建议，促进高端个人资产管理业务的发展。在中间业务方面，我国商业银行可以借鉴外资银行的经验，一方面合理发展中间业务、投资业务和咨询业务等；另一方面推动资产证券化的发展，银行中大量的信贷资产可以通过证券化的手段，转移到投资者身上，降低不良贷款发生的可能性。同时，拓展完善资产托管以及信托业务，使得企业间的资金可以通过信托平台得以流动，这将增加商业银行收益的多元化，提高资本充足水平，以应对利率市场化动态改革可能引起的各类阶段性风险压力。

第三，银行业监管机构要切实建立和落实监管措施。针对不同性质商业银行可能面临的不同类型风险，应根据最新的《巴塞尔协议》的要求并结合我国银行业的现实情况对商业银行的监管指标及标准进行更新和完善，并对银行机构的相关指标进行实时监管。在经济增速较快时，重点关注上市银行的流动性风险，定期对各上市银行的运行情况进行评价，关注商业银行是否利用同业间拆借、理财等"影子银行"业务规避监管等情况。

在梳理利率市场化的相关理论以及国内外发展经验后，上一章重点阐述了我国利率市场化的改革进程，即"先外币后本币、先贷款后存款、先长期后短期、先大额后小额"的推进顺序，在推进时间上大致可以分为起步阶段（1978~1996 年）、稳步推进阶段（1996~1998 年）、重大突破阶段（1998~2012 年）、加速发展阶段（2012~2014 年）和完全市场化阶段（2015 年至今）。同时从商业银行安全性、流动性、盈利性三个视角分别对上述五个阶段商业银行体系运行的平稳性进行分析，充分体现出我国利率市场化改革进程中政府推动性、逐步推进性、可控性以及谨慎性等特点。最后，亦从外界突发因素、地方融资平台、同业业务发展、银行收入不确定性以及资产价格变动五个因素出发，基于理论视角分析其对商业银行系统性风险的影响程度，并在章末充分阐述了我国商业银行系统性风险的指标测度与结果评估。

在本章内容中，将基于前述理论与实证结果的基础上，从横向和纵向两个评价视角来探讨利率市场化背景下我国商业银行系统性风险的诱发机制。在横向研究中，首先，按照风险产生的起因，将商业银行风险分为信用风险、利率风险、操作风险、流动性风险和经营风险；其次，基于银行风险异质性角度，采用中介效应探讨利率市场化如何基于上述五种风险诱发商业银行的系统性风险；最后，亦采用链式中介效应进一步探讨利率市场化如何从资产业务、负债业务以及中间业务视角出发，再基于上述五种风险诱发商业银行的系统性风险。在纵向研究中，在前述本节理论与实证的基础上，将利率市场化划分为贷款利率市场化和存款利率市场化两个不同阶段，深层次探讨商业银行系统性风险的诱发机制。

利率市场化背景下商业银行系统性风险的冲击效应研究

在上一章研究中，基于利率市场化背景来探讨我国商业银行系统性风险的诱发机制，着重从横向和纵向两个视角进行科学研判。在横向诱发机制中，立于银行风险的异质性角度，采用中介效应探讨利率市场化如何基于信用风险、利率风险、操作风险、流动性风险和经营风险诱发商业银行的系统性风险。同时亦采用链式中介效应模型进一步探讨利率市场化如何从资产业务、负债业务以及中间业务视角出发，再基于上述五种风险诱发商业银行的系统性风险。在纵向研究中，立于前述本节理论与实证的基础上，将利率市场化划分为贷款利率市场化和存款利率市场化两个不同阶段，深层次探讨了商业银行系统性风险的阶段诱发机制。

由于利率市场化是金融市场中的一个核心概念，在分析利率市场化背景下商业银行系统性风险的冲击效应时，应从金融市场整体来分析，又基于金融市场自身构成体系来看，我国的金融市场可以分为资本市场、货币市场、外汇市场和商品市场。因此，在本章的研究中，将基于宏观视角探讨利率市场化背景下商业银行系统性风险的冲击效应。具体是从资本市场、货币市场、外汇市场以及商品市场四个宏观维度来展开，通过理论和实证两类分析范式对于这种冲击效应进行全方位阐释，并在章末对上述研究结论进行梳理，同时提出切实可行且具有战略前瞻性的政策建议。

第一节　利率市场化背景下商业银行系统性风险冲击效应的理论分析

一、利率市场化背景下资本市场对商业银行系统性风险冲击的理论分析

从 2013 年中国人民银行决定全面放开金融机构贷款利率管制以来，我国利率市场化的不断推进，金融创新逐步发展，以打破银行存款管制为发展动力的理财产品和余额宝等金融产品应运而生，同时国企制度不断进行改革，地方政府债务管理不断规范，这些现象的产生使得商业银行的信贷需求和资金供给有所下降，这给商业银行的盈利和发展带来了极大的挑战。以 2014 年为例，商业银行（包括大型商业银行、股份制商业银行、城市商业银行、农村商业银行和外资银行）总资产、年净利润增速均在下降，这样一来商业银行抵御系统性风险的能力也不容乐观。2018 年以来，外部受贸易战的冲击，内部受去杠杆政策改革的影响，内外因素的叠加作用使得金融市场遭受了明显的震荡。沪深 300 指数由 2018 年 1 月的局部高点 4403 点跌至 7 月初的局部低点 3295 点，体现了投资者对国际冲击和国内改革所带来的不确定性的担忧。为预防内外部的叠加影响对实体经济带来剧烈的冲击，金融监管部门仍延续 2017 年的强监管、严监管态势，降低宏观杠杆率，着力防范化解金融风险。2018 年 7 月 5 日，新一届国务院金融稳定发展委员会召开会议审议了由委员会办公室提出的打好防范化解重大风险攻坚战三年行动方案，并部署了近期工作，引导金融市场逐渐向成熟发展。

国内外已有学者对商业银行系统性风险防范的渠道进行研究，例如，收

购非银行企业、兼并同业银行、拓展非银行业务及调整商业银行业务结构等。商业银行系统性风险是否可以考虑将利率市场化和资本市场纳入其调控范畴，实现虚拟经济和实体经济的共同发展，不仅成为学术界和决策层所关注、思考的问题，同时也是随着实践的发展不断检验和论证的重大课题。本书拟从宏观经济稳定的关键变量，即从资产价格波动入手，分析这一变量在利率市场化背景下如何影响商业银行系统性风险。研究结果从以下几个方面作出贡献：第一，在现有文献方面，我们从利率市场化、资产价格波动等多个角度提供了能够降低银行业系统性风险的经验数据。迄今为止，鲜有文献考察了利率市场化、资产价格与系统性风险的关系，本书丰富了这一方面的研究内容。第二，在影响机制方面，本书以涵盖股价波动和房价波动的资产价格波动为中间变量，通过研究这一传导路径具体分析影响系统性风险强弱的因素，深化了人们对资产价格波动的认识，进而能够另辟蹊径地引起金融监管层对资产价格波动的重视。第三，在政策方面，能够为上市商业银行加强系统性风险控制提供一定的参考。构建新形势下适合我国国情的资本市场，不仅可以增加我国资本市场调控工具的选择，同时也可以为"新常态"下金融改革与宏观金融调控提供有益的参考，有利于实现我国金融体系治理能力现代化。

（一）利率市场化与银行业系统性风险

在利率市场化推行之后，各级政府的监管部门和银行的管理部门等均面临较为复杂的金融环境，陆静（2014）、夏越（2018）等认为利率市场化将给银行机构带来各方面的风险。从单个风险角度而言，吴炳辉和何建敏（2014）认为利率市场化改革将会从利率风险、流动性风险和信用风险等方面对银行业系统性风险产生影响。首先，以利率风险为视角，由于利率市场化改革的实施，市场上的利率水平将具有较强的不确定性，利率波动频率增强不仅使得短期内银行机构利息成本增加，对商业银行的收入和利润形成冲击，还会造成资产负债期限错配加剧，从而会增强商业银行的利率风险。其次，从信用风险角度分析，斯蒂格利茨和韦斯（Stiglitz and Weiss，2002）认为，利率的提高或引发风险激励效应和逆向选择效应，风险激励效应表明原本风险厌恶型的抵补性借款者为改善资产结构追求高风险收益，而逆向选择效应则反映银行客户中风险偏好型的贷款者占比提高，这两种效应均拉低了商业银行资产的平均质量，使得银行面临的信用风险加剧。

（二）利率市场化与资本市场

参照已有研究中对资本市场的相关探讨，例如，在《经济发展下的金融深化》和《经济发展中的货币与资本》书中就"金融抑制"和"金融深化"两个方面展开分析，探讨发展中国家金融深化与经济发展的问题，认为发展中国家通常存在金融抑制，如政府规定利率上限、实行信贷配给和外汇管制，导致实际利率水平过低、储蓄率较低、资本市场资金吃紧。针对二者只讨论封闭经济下的情况，学者引入银行中介机构，论述了封闭经济和开放经济条件下发展中国家利率变动对经济增长的作用，并据此建立经济增长函数等，本书以金融工具的基本性质为依据对资本市场进行分类，可分为股票市场、债券市场、投资基金，并从这三个方面对利率市场化与资本市场的关系进行分析。

在利率市场化与股票市场方面，斯莫劳克（Smirlock，2010）运用季度数据分析美国股市处于熊市时发现，股票价格在一定程度上取决于实际利率水平，当通货膨胀等相关变量一定时，利率与股价呈反方向变化，即实际利率的提高会使得股票价格下降。穆克塔迪尔·穆基特（Muktadir-Al-Mukit，2013）通过运用不同的计量经济学技术，对利率与股价波动之间的作用机制进行分析，结果表明利率与股价存在较为长期稳定的相关关系，并且得出了利率到股价单向格兰杰（Granger）因果关系。雅达利和萨夫达尔（Attari and Safdar，2013）通过建立 EGARCH 模型与 ARCH 模型运用实证分析对宏观经济基本面到股市系统性风险之间的传导机制，由实证结果发现宏观经济因素波动对股票收益存在较为显著的影响。劳建林（2014）以我国股票收益率和 7 日 SHIBOR 为数据基础，通过建立多元 GARCH-BEKK 模型对利率与股价指数之间的关系展开实证研究，并认为两者之间存在显著的波动溢出效应。胡一博（2016）以具有时变特征的 TVP-VAR 模型为基础分析了利率水平与股票价格指数之间的相关关系，结果显示股指水平对利率水平的冲击响应具有时变和结构性突变的特征，并且在短期内利率水平对股指的影响高于长期影响。杨继平和冯毅俊（2017）基于 EGARCH（RS-EGARCH）模型分析了市场利率的调整对股价收益率和波动率的作用机制，结果表明股市行情较好时，利率下调会提高股价收益率和波动率；当股市行情较差时，利率的下调会带来股价收益率的下降。

在对利率市场化与债券市场的研究中，弗洛特（Froot，1989）从货币政策角度出发以利率期限为分界线，分析了在长期利率和短期利率情况下利差对国债风险溢价的预测和解释能力。坎贝尔和安默（Campbell and Ammer，1991）通过对债券收益率进行分解从而解释长短期利差中包含了债券风险的溢价信息。杨晔（2008）利用期权调整价差（OAS）方法进一步证实了我国企业债券利率环境市场化程度日益加深，并认为通过建立市场化的定价机制以继续推进利率市场化进程是改善企业债券利率环境的有效途径。钱一鹤（2013）采用2011~2013年的银行间债券市场的中期票据数据，即"中证中票50"指数建立自回归模型，研究结果表明目前银行间债券市场具备较为合理的风险定价能力，并且该能力与流动性相关。刘天保（2017）在对地方政府债券的定价机制展开研究时发现，发行利率对债券定价具有重要影响作用。

除了股票市场和债券市场受利率市场化改革的影响程度较大之外，资本市场中的投资基金由于其掌握大量资金的机构投资者特征，市场利率的上调或下调则对基金规模和结构必然产生重要的影响。戴尔和戴蒙德（Dale and Domian，1997）根据1990~1994年的数据展开分析后发现，费率是对基金收益率产生影响的最不可或缺的因素。彭纳基（Pennacchi，2006）认为基金在吸收资金后可能会遭到流动性的冲击。科托明、史密斯和温特斯和德鲁（Kotomin，Smith and Winters，2014）表明基金市场中的机构投资者相对于个人投资者而言对短期利率的波动更为敏感。国内学者对利率与基金之间的关系也展开了相关研究。王雅丽和刘洋（2010）认为，在短期内无论利率的上调或下降都会使得基金收益率提高，而在长期内，基金的收益则与利率波动的方向一致。由于基金收益率会直接对其规模产生影响，因此进一步证明了市场利率对基金的影响关系。基于此研究基础，巴曙松和牛播坤（2014）表明基金与市场化的利率之间正形成积极高效的交互关系，这种协调关系会助推资本市场和银行机构的持续创新。柴用栋和曹剑飞（2014）通过研究互联网货币基金收益率与商业银行理财产品收益率、SHIBOR利率之间的关系发现，SHIBOR利率对银行机构基金理财产品和互联网货币基金收益率均存在正向脉冲响应。

（三）资本市场与银行业系统性风险

为防范以资本市场为基础的银行业系统性风险，需要从资本市场的不同角度对系统性风险影响的传导机制加以分析研究，为此相关学者已做出大量研究。综观现有研究成果，从资本市场的子市场，即股票市场、债券市场和投资基金市场出发，资本市场与银行业系统性风险之间的作用及传导机制可大致分为三类：

第一，股票市场与银行业系统性风险。传染性是商业银行系统性风险的重要特征之一，而股票市场的内部变化及关联度是系统性风险传染的主要途径。关于股票关联度与系统性风险之间的传染途径研究，现有研究主要集中在金融市场和金融机构层面。许多学者对金融市场的相关子市场之间的关联性展开了研究，费兆奇（2014）在对股市波动的传染性和一体化进行分析之后发现，股票市场的国际一体化水平具有时变特征。梁琪等（2015）采用复杂网络和溢出指数等方法分析了国际股票市场间的联动关系和风险传导机制，结果显示股市一体化提高并不一定导致风险联动增强。

第二，债券市场与银行业系统性风险。股票市场被业界相关人士公认为一国经济的"晴雨表"，因此大多数相关人士主要聚焦于股票市场的风险而忽视债券市场同样会对银行业系统性风险造成一定程度的影响。尤其我国利率的市场化机制尚未健全，在一定程度上仍受到政府的管制，且发债企业大多是国有企业，因此债券市场的系统性风险更易不受重视。徐然然（2012）以企业债券的系统性风险为研究出发点，采用实证分析的方法验证了债券市场同样容易引发系统性风险的事实，同时提出建立风险预警机制，加强风险管理等方面的相关建议。目前学者更多地从股票市场和债券市场之间的相关性角度出发，研究其对金融稳定所发挥的作用。史永东（2013）采用 Copula函数分位数相关测度思想，分析了股票市场和债券市场尾部相关性的渐进变化特征，研究结果表明投资者可以通过跨市场套利交易以使得资源配置得以优化，从而在股票市场和债券市场中形成"跷跷板"效应。

第三，基金市场与银行业系统性风险。于敦波和宋绪亮（2008）研究结果表明偏股型基金普遍表现出一定的选股与择时能力，且这些基金的风险水平低于市场基准组合。刘伟（2015）运用条件在险价值法和分位数回归法实证分析了量化基金市场的系统性风险，该学者认为 2013 年以来量化的基金市场所面临的系统性风险有增加的趋势，并且量化基金对市场风险溢出效应较为显著。孙秉文（2017）从多维视角出发，即基金收益、基金持股和基金交易三个方面运用六因子模型对我国主动管理型开放式股票型及混合型基金绩效及其交易能力进行综合评价，发现我国主动管理型开放式股票型基金能产生风险调整后收益，而混合型基金调整股票持仓水平的弹性则有助于基金经理发挥择时能力。

二、利率市场化背景下货币市场对商业银行系统性风险冲击的理论分析

利率代表着货币的价格，商业银行是储存货币的金融机构，前者的变化必定是后者商业银行系统性风险产生的重要原因。在以往的研究中，多数学者认为基于信息不对称的金融市场会引起逆向选择与道德风险问题，即利率越高，商业银行面临的风险越大。首先，逆向选择问题是指利率水平较高时，由于借款利息的增加而放弃借款，而对于借款需求较高的贷款人会积极寻求贷款，这在一定程度上就会导致贷款风险的产生。其次，道德风险问题是指利率较高时，借款人由于自身原因或是高利润动机，采取的与贷款人意愿相背离的活动，增加贷款违约的可能性。

在近些年的研究中，有学者认为长期的低利率环境亦会增加商业银行的系统性风险。例如，在 2007 年美国爆发的次贷危机后引发了全球性的金融危机，分析这次危机产生的主要原因，得出的结论集中于商业银行承担了过度的风险，美联储自 2002 年就一直实行宽松的货币政策，导致货币市场利率长期处于较低水平，这增加了商业银行对风险的容忍度，降低了它对风险的感知程度，致使其放松了贷款的价格条款，最终影响到银行贷款的整体质量。

国内外学者对利率市场化与银行风险的关系作了大量研究。一般认为，利率市场化主要以银行竞争、货币政策等为传导渠道。银行竞争渠道方面，部分学者认为利率市场化通过加剧银行业竞争增加银行风险：在存款价格竞争市场上，竞争的加剧会引起利率的不断攀升，增加商业银行的融资成本，被压缩的利润空间迫使商业银行倾向于从事高风险活动来抵补利润的下降；在贷款价格竞争市场上，竞争的加剧引起利率的不断下降，削弱了商业银行的盈利能力，商业银行进而放低贷款条件以期谋取更多利润，为顺利取得借款，借款人不仅倾向于选择具有较低甄别力和监督力的银行（Zhao et al.，2009），甚至会刻意隐瞒部分不利信息，加剧了借款人与银行之间的逆向选择问题（Broecker，1990）。但此结论受到一些学者的质疑：在存款价格竞争市

场上，克雷格和丁格尔（Craig and Dinger，2010）以银行间市场批发资金融资条件为研究视角，发现当无此约束时，存款价格竞争会导致整体银行业风险增加，而有此约束时，存款价格竞争降低了具有系统重要性高存款市场份额银行的风险，从而降低了整体银行业的风险；在贷款价格竞争市场上，"风险转移"假说认为当银行垄断势力较强时贷款利率会升高，贷款人偏好高风险项目以寻求更多利润来清偿增加的融资成本，从而导致银行不良贷款率增加，银行风险上升（Boyd and Nicolo，2005）。"利润边际"假说则认为此种情况下银行贷款收益的增多使其抵御风险的能力变强（Martinez Miera and Repullo，2010）。因此，银行价格竞争与银行风险并不是一种简单的线性关系，安金（Angkin，2010）、希门内斯等（Jimenez et al.，2013）通过实证分析证实了这种观点。

货币政策渠道方面，博里奥和朱（Borio and Zhu，2008）认为货币政策的改变会影响银行的风险感知和风险容忍度，降低对资产的定价，放松融资的价格和非价格条款，从而影响银行的资产组合风险水平。一般认为货币政策主要通过"估值"机制、"收益"机制、"预期管理"机制和"杠杆"机制产生作用。首先，货币政策会改变银行的资产估值收益、收入和现金流，并作用于银行信贷资产规模，进而影响到银行对待风险的态度（Adrian and Shin，2010）。其次，货币政策的改变影响了银行的资产组合收益率，由于收益黏性的存在，促使银行主动调整其资产组合策略，影响了银行面临的风险。再次，央行在经济衰退、失业率增加等情形下，通常会采取相对宽松的货币政策以刺激经济复苏，银行一旦判断宽松的货币政策环境可持续时，基于长期低利率的判断，会通过扩大信贷规模的方式增加银行收益，但这增加了银行风险（Altunbas，2009）。最后，货币政策的改变导致银行的资产组合收益率和盈利水平受到影响时，银行会违背 MM 定理，通过买卖资产而不是通过红利分配或者资本增减来应对，风险资产比例的变化会影响银行风险。刘生福等（2018）通过实证分析研究发现，伴随利率市场化水平不断提高，宽松（紧缩）性货币政策刺激（约束）商业银行冒险行为，但在流动性效应和价格效应的双重作用下，货币政策对银行风险承担行为的影响程度随着利率市场化程度加深而逐渐减弱。

其他渠道方面，周凯等（2013）认为理财、同业等创新型业务是我国商业银行应对利率市场化挑战所做出的战略选择，这些创新业务规避了资本充足率、存贷比等监管指标（黄小英等，2016），其结果往往会导致银行经营的不稳定（翟光宇等，2015）。阿戈拉基等（Agoraki et al.，2011）认为资本监管会通过高的创办资本、高的运营成本和高的资本充足率三大要求降低银行的风险，但赫尔曼特（Hellmann et al.，2000）则认为虽然资本监管可降低银行将资产投入高风险领域中的投机激励，但会损害银行的特许权价值，从而鼓励银行的投机行为。

三、利率市场化背景下外汇市场对商业银行系统性风险冲击的理论分析

协调推进利率、汇率市场化改革和资本账户开放是我国金融改革的重要内容。利率市场化改革自 1996 年拉开序幕，先后完成银行间同业拆解利率和债券利率市场化、贴现利率和贷款利率市场化以及存款利率市场化三个阶段。2015 年 10 月 24 日，中国人民银行继续下调存贷款基准利率，同时宣布放开存款利率上限，标志着我国利率管制基本放开。与利率市场化改革同步推进的还有汇率市场化改革，从 1994 年初实行以市场供求为基础的、单一的、有管理的浮动汇率制，到 2005 年 7 月实行以市场供求为基础、参考一篮子货币进行调节、有管理的浮动汇率制，我国汇率市场化改革取得了重大突破。此后，我国进一步推进汇率形成机制改革，完善人民币兑美元汇率中间价报价机制，增强人民币汇率弹性，人民币汇率双向浮动特征明显增强。在利率汇率改革的同时，资本项目改革按照"统筹规划、循序渐进、先易后难、留有余地"的原则分阶段、有选择地逐步推进。经过持续深入的改革实践，人民币资本项目可兑换取得显著成效，目前直接投资外汇管理已实现基本可兑换，跨境融资逐步转向宏观审慎管理，证券投资项下可兑换取得突破性进展。

中共十九大要求推动形成全面开放新格局，同时将防范化解重大风险列为全面建成小康社会决胜期三大攻坚战之首。在利率市场化改革初步完成，汇率形成机制改革取得重大突破的背景下，资本账户开放已成为金融改革领域的重大问题，如何更好地统筹贸易投资便利化和防范跨境资本流动风险之间的关系也成为学术界讨论的热点。利率市场化和汇率市场化改革给银行经营转型和风险管理体系构建带来了新的挑战（黄金老，2001），商业银行面临着利率、汇率双重风险的压力。同时，由于资本账户开放程度不断提高，

短期跨境资本流动更为频繁，更是为金融市场的稳定增添了新的不确定性。在全球经济一体化的背景下，国际金融风险跨市场、跨机构、跨币种、跨国境传染使得无论是宏观还是微观的风险管理变得更加复杂。风险管理失当会导致金融体系不能正常发挥功能，而由于商业银行在我国金融体系中占据着主导地位更是会遭受巨大的冲击。在国家对外开放和金融市场双向开放新格局下，为了更好地保障商业银行的健康稳定发展，切实履行好金融服务实体经济发展任务，对金融风险尤其是商业银行系统性风险的管控是非常有必要的。在汇率市场化改革和资本账户开放的进程中，一个必须要回答的问题是利率市场化与以汇率双向波动、短期跨境资本频繁流动为代表的外汇市场间是如何相互影响的？风险在利率市场和外汇市场中是如何传导的？对商业银行系统性风险产生怎样的冲击？本书试图对这些问题提供一些分析。

（一）利率市场化、汇率波动和短期跨境资本流动

皮尔和泰勒（Peel and Taylor，2002）利用非平抛利率平价理论对利率、汇率波动和短期跨境资本流动的关系进行了研究，认为非平抛利率平价曲线是利率和汇率间互动传导的理论基石，也是断定国际资本流动方向的重要标准；汇率则是利率与国际资本流动互动影响的重要传导渠道，它通过国际资本流动的"利率平价"效应调节市场货币供应，进而影响利率走向。利普席茨等（Lipschitz et al.，2006）研究认为跨境资本流动与国际利率变动之间呈负相关关系，而且真实汇率水平也会增强短期跨境资本流动的波动性。李和周（Li and Zhou，2009）认为由于人民币升值预期会形成一些国际热钱流动，这可能形成中国经济泡沫，应该保持高度警惕并谨慎对待人民币升值与加息之间的关系。近年来，学者们运用实证研究的方法，利用不同国家的数据对利率、汇率和国际资本流动的关系进行了研究，认为货币利率下降将引起货币贬值，而货币升值与跨境资本流动之间会相互影响（Combes，2012；Bruno and Shin，2015；Gudmundsson and Gylfi，2016；Gong and Dai，2017）。

国内学者现有研究也相继表明，长期内利差和人民币预期升值率都会影响中国短期资本流动，但是人民币升值预期的影响更加重要（王世华和何帆，2007）。中国短期国际资本流入存在套汇、套价、套利的"三重套利"倾向，其中以套汇为主，套价因素的影响次之，套利因素的影响较弱，并且短期国际资本的突发性变动可能会影响到汇率（吕光明和徐曼，2012；牛晓

健和钱旭，2014）。同时，短期国际资本流入也会引发人民币汇率升值、股价和房价上涨（朱孟楠和刘林，2010）。近年来，学者们采用非线性计量方法展开了研究，林乐芬和应玮瑄（2014）研究表明，汇率因素对短期国际资本流动影响最为显著，其次是资产价格因素，最后是利率因素；杨子晖和陈创练（2015）研究发现净利差、实际汇率升值和资本账户开放加剧了跨境资本流动；沈悦等（2017）通过实证研究发现，利率和汇率之间具有较强的双向联动效应。

因此，我们认为利率、汇率和短期跨境资本流动之间存在着相互影响。随着利率市场化改革的不断深入，市场化利率形成机制不断健全，金融机构自主定价能力提升，利差的变动会引起汇率波动和短期跨境资本的流动。汇率的频繁波动和短期跨境资本的大规模流出会引起央行的外汇市场干预和资本流动管制，同时改变货币政策以解决国内流动性的问题，均会影响利率的市场决定机制，对我国的利率市场化进程产生影响。同时，汇率波动与短期跨境资本流动之间存在着相互影响，人民币升值或升值预期强烈，短期跨境资本流入，而人民币贬值，短期跨境资本流出。当然，不排除一部分短期跨境资本因为人民币升值而获利流出，导致货币供给"剪刀差"扩大，股票价格下跌，引起短期资本继续流出（赵进文和张敬思，2013）。

（二）利率市场化、汇率波动和短期跨境资本流动对商业银行系统性风险的冲击

目前，研究利率市场化、汇率波动和短期跨境资本流动单个因素对商业银行系统性风险影响的文献较多，但鲜有文献同时研究三者对商业银行系统性风险的冲击，系统性不足。有关利率市场化对商业银行系统性风险的影响的研究中，国外学者研究认为利率市场化对商业银行产生较大冲击，可能会引发商业银行系统性风险。德利斯和科雷特（Delis and Kouretas，2011）认为实行利率管制国家一旦实行市场化，会使商业银行承受较高利率风险，继而影响金融体系的稳定。瓦霍等（Wahyoe et al.，2013）基于1994～2009年亚洲多家商业银行数据研究表明，市场化程度越高，商业银行的收入波动性和破产风险越大。国内学者大多认为利率市场化改革加大了商业银行吸收存款的难度，存贷利差收窄降低了商业银行盈利水平，利率市场化增大了商业银行的流动性风险、信用风险及经营风险（彭星和李斌，2015；项后军和闰

玉，2017）。但不可否认的是，利率市场化改革初期由于放开了长期的利率管制，增强了商业银行的利率定价自主性和经营活力，对商业银行的经营发展起到了一定的积极作用。

有关汇率波动对商业银行系统性风险的影响的研究中，部分学者在传统的货币危机模型基础上融入宏观经济部门各因素，理论分析发现汇率水平或汇率政策等影响商业银行系统性风险（Miller and Vallee，2010；Manzhos，2016）。还有部分学者在开放条件下利用传统的银行危机模型实证检验汇率等因素对商业银行系统性风险的影响（Kawamura，2007；Wiszniowski，2010；Adcock et al.，2017）。虽然我国人民币国际化程度越来越高，越来越多的境外央行或货币当局将人民币纳入官方外汇储备，但在国际市场上仍不是主导货币，货币错配现象依然存在。随着我国资本账户开放程度的加深，银行业国际化水平不断提高，其海外资产和负债将会逐渐增加（熊启跃等，2016），货币错配现象更为严重，如果汇率发生剧烈波动将对银行资产负债表的两端产生非对称影响，增加商业银行货币错配风险。同时，人民币贬值将会增加国内通货膨胀的压力，并通过影响进出口商品价格的变化，引起股价波动，股票、房地产等资产价格的上涨，资产价格泡沫逐渐累积，影响金融市场稳定性。

有关短期跨境资本流动对商业银行系统性风险的影响的研究中，国内外学者的研究主要有两类。第一，直接分析短期跨境资本流动对金融稳定和银行风险的影响。过度的短期跨境资本流动会造成利率、汇率和国内资产价格大幅度波动，进而影响国内金融市场的稳定，一旦经济形势恶化，极易引发系统性金融风险（Guo and Huang，2010；Unsal，2011；唐国强和王彬，2017；何国华和李洁，2017）。第二，从资本账户开放的视角研究资本账户开放对短期跨境资本流动的影响，以及这种关系是否会加剧短期跨境资本流动的波动性，是否会增加商业银行系统性风险（方显仓和孙琦，2014；方意等，2017）。虽然我国资本账户开放程度不断加深，但资本与金融项目尤其是证券投资项目还存在较为严格的管制，境外资金无法大规模的直接流向国内资本市场，因此短期跨境资本流动对商业银行系统性风险的直接影响有限。短期跨境资本大量流入会导致市场上基础货币投放量增加，市场上流动性增强，而且短期跨境资本大量流入会导致商业银行出现"过度借贷症"，信贷规模增加的同时市场利率不断下降，助推了国内股票、房地产等资产价格的非理性上涨，从而造成资产价格泡沫，商业银行系统性风险增加。此外，短期跨境资本频繁流动会显著增加汇率的波动性，而金融市场和外汇市场间具有紧密的关系，外部冲击会通过汇率波动渠道对商业银行系统性风险产生重要影响。

四、利率市场化背景下商品市场对商业银行系统性风险冲击的理论分析

商品市场波动直接影响着经济体的生产成本，其价格波动不仅会对实体经济产生冲击，也会对资本市场产生较为深远的影响。以原油价格大幅波动为代表的大宗商品价格波动，可能会导致区域性乃至全球性的金融危机。金融危机的爆发亦会造成货币政策的变动，政府部门甚至会采取非常规的货币政策来稳定金融体系，因此，又反过来影响大宗商品价格。进入 21 新世纪后，国际大宗商品价格剧烈波动，成为世界经济形势变动的一个新特点，我国正处于城市化和工业化快速推进阶段，对大宗商品尤其是石油、煤炭等矿物质资源的需求快速增长。同时，能源的消耗对经济的增长有非常大的影响，当能源价格较低的时候，经济发展较快，而相反，在能源价格较高的时候，经济发展减慢。自 2010 年以来，中国已经进入了一个发展的关键时期，我国正处于工业化发展的后期和加速期，在这个时期是以重化工业带动为一大特征。我国是一个人口众多的国家，资源虽广但是人均资源较少，尤其在改革开放的巨大发展浪潮中消耗了大量的资源。近年来，受全球经济增速明显放缓、国际大宗商品价格持续下跌以及国内经济结构调整深化等因素影响，加之国内利率市场化进程的稳步推进，对我国商业银行系统性风险产生重要影响。因此，加强商业银行系统性风险的预警防控，可以有效应对利率及商品市场产生的冲击。

（一）利率市场化与商品市场

利率是引导金融资源配置的信号，利率市场化改革必将对经济主体的利益产生重要影响。利率市场化的深入推进，必将改变经济主体的行为方式，对商品市场及商业银行系统性风险产生影响。商品市场交易直接影响着经济体的生产成本，其市场价格波动不仅会对实体经济产生冲击，也会对资本市场产生较为深远的影响。

利率与商品市场的关系极为密切。有学者认为，在通常情况下，利率上升，借款人的利息负担加重，往往会起到抑制商品市场需求的作用，从而在

某种程度上将最终有助于导致商品市场价格的下跌；反之，则会刺激商品市场需求增加，从而导致商品价格的上涨（高亢，1982）。

如前所述，国内对商品市场的研究主要体现在大宗商品价格方面，我国正处于城市化和工业化快速推进阶段，对大宗商品尤其石油、煤炭等矿物质资源的需求快速增长。大宗商品价格上涨和随后爆发的金融危机激发了广泛的政策辩论，究竟是利率、投机还是其他因素导致了空前幅度的大宗商品市场波动，引起了学术界和公众的高度关注。一方面，不少研究注意到大宗商品市场日益上升的金融化趋势和大量投机资金流入（Tang and Xiong，2012；Masters，2008），进而争论认为投机行为推动大宗商品价格变化（Singleton，2014；Janzen et al.，2018），投机资金向商品金融市场流动受到货币政策影响，又引致了利率政策与大宗商品价格关联的研究；另一方面，学术界也观察到国际市场不确定性和市场预期的明显变化，但二者如何与大宗商品价格互动影响少有文献涉及。

（二）利率市场化与银行业系统性风险

在利率市场化推行之后，无论是各级政府监管部门还是银行业管理部门均会面临较为复杂的金融环境。存贷款利率放开之前，银行部门通常习惯于在受到监管的金融环境中经营，然而改革进行之后，经营效果相对较差的银行可能会充分暴露其风险，从而衍生出新的风险。因此，利率市场化对银行业系统性风险的影响是学术界广泛关注的热点问题。黄金老（2001）回顾了国外关于利率市场化与银行业风险方面的研究，把利率市场化造成的风险根据其持续时间长短分为阶段性风险以及恒久性风险。其中，阶段性风险较为关注的是短期影响，即在利率取消之前的管制后商业银行无法适应市场化利率环境所形成的经营风险，这种风险在银行机构中具有普遍性、阶段性和系统性；而恒久性风险则注重长期影响，通常具有长期性和非系统性。

对单个风险角度而言，吴炳辉（2014）、项后军（2016）等认为利率市场化改革将会从利率风险、流动性风险和经营风险等方面对银行业系统性风险产生影响。首先，在利率风险方面，存款利率上限取消后，市场上的利率水平将具有较强的不确定性，银行业为争夺存款资金可能会竞相抬高存款利率，导致存款利率波动幅度增加，利率波动频率的增强不仅造成短期内商业银行利息成本增加，对商业银行的收入和利润形成冲击，还会造成资产负债期限错配加剧，从而加大商业银行的利率风险。商业银行如果不能及时调整自身的收入结构以应对这一冲击，可能会亏损甚至破产清算。

其次，在流动性风险方面，商业银行的流动性风险主要来自其作为金融中介机构所提供的存贷款服务，由于具有数额较大的资产规模和实现货币流动性转换的关键，银行机构成为流动性风险的潜在主体。当银行机构持有的低流动性金融资产转变为具有高流动性的金融负债时，金融负债相对于金融资产而言变现较为容易，由此便构成了银行机构潜在的流动性风险，从而提高了银行机构合理分配其资产负债期限结构的难度。

最后，在经营方面，由于当前我国银行机构的主要收入来源于利差收入，而利率市场化改革会造成银行存贷利差的收窄，高利差水平的降低会削弱银行的盈利能力，无法实现利润的最大化，银行收入的多样化难以发挥分散风险的作用（陆静，2014），因此放开利率可能导致一些金融机构高息揽存，追求高回报的项目，从而加大商业银行经营风险。

第二节　利率市场化背景下商业银行系统性风险冲击效应的实证分析

一、利率市场化背景下资本市场对商业银行系统性风险冲击的实证分析

（一）样本选取与数据来源

此处实证分析样本选取 2008～2019 年的季度数据。资料来自中国人民银行网站、中国银行保险监督管理委员会网站、国家统计局网站、上海银行间同业拆借利率网站和国泰安数据库等。采用 Eviews 9.0 进行实证分析和检验。

（二）变量设定

1. 利率市场化

参见第四章第二节利率市场化测度方法。利率市场化指数越大表示利率

市场化程度越高，具体赋值见表5.1。

表 5.1   2008 ~ 2019 年我国利率市场化各指标赋值及指标权重

| 年份 | 存款市场利率 (0.3170) | | 贷款市场利率 (0.3170) | | 货币市场利率 (0.1647) | | 债券市场利率 (0.1074) | | | 理财产品收益率 (0.0939) | | |
	人民币存款 (0.875)	外币存款 (0.125)	人民币贷款 (0.875)	外币贷款 (0.125)	同业拆借 (0.750)	票据贴现 (0.250)	债券发行 (0.600)	债券回购 (0.200)	现券交易 (0.200)	理财产品 (0.537)	货币基金 (0.205)	信托基金 (0.258)
2008	0.3	0.8	0.7	1	1	0.5	1	1	1	0.6	0.5	0.6
2009	0.3	0.8	0.7	1	1	0.5	1	1	1	0.7	0.6	0.7
2010	0.3	0.8	0.7	1	1	0.5	1	1	1	0.8	0.7	0.8
2011	0.3	0.8	0.7	1	1	0.5	1	1	1	0.9	0.8	0.9
2012	0.4	0.8	0.8	1	1	0.5	1	1	1	1	0.9	1
2013	0.5	0.8	1	1	1	0.5	1	1	1	1	1	1
2014	0.8	0.8	1	1	1	1	1	1	1	1	1	1
2015	1	1	1	1	1	1	1	1	1	1	1	1
2016	1	1	1	1	1	1	1	1	1	1	1	1
2017	1	1	1	1	1	1	1	1	1	1	1	1
2018	1	1	1	1	1	1	1	1	1	1	1	1
2019	1	1	1	1	1	1	1	1	1	1	1	1

2. 资本市场

根据现有学者对资本市场的相关研究，本书从股票市场、债券市场和基金市场三个方面分别选取上证综合指数波动率（SR）、中债新综合指数（BI）和基金复权净值增长率（FR）。

3. 商业银行系统性风险

本书通过建立我国商业银行系统性风险指标体系（参照第三章表3.9"商业银行系统性风险测量指标体系"），选取沪深股市16家主要上市商业银行数据为代表，测算出商业银行系统性风险值（$RISK$）作为被解释变量。借鉴唐旭和张伟（2002）和陈守东等（2006）学者们提出的构建我国金融风险预警指标体系的方法，从宏观经济层面、银行系统层面、证券市场层面以及国际冲击层面共选取了18个评价指标，然后对18个指标的数据进行趋同化和无量纲处理，采用主成分分析法，最终计算出2005年第三季度至2019年第四季度我国商业银行系统性风险值。

（三）数据处理与检验

通过对上述选取数据的整理，分别画出利率市场化指数、上证综合指数波动率、中债新综合指数、基金复权净值增长率和商业银行系统性风险指数的趋势图，如图 5.1 所示。图中纵坐标分别表示利率市场化指数 *IRL*、上证综合指数波动率 *SR*、中债新综合指数 *BI*、基金复权净值增长率 *FR* 和商业银行系统性风险指数 *RISK* 的数值，横坐标 *t* 则代表 2008~2017 年的时间变化。

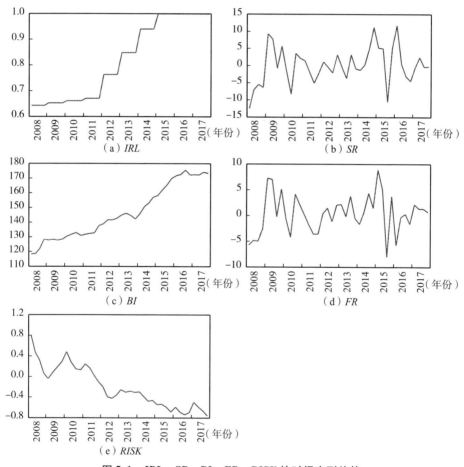

图5.1　*IRL*、*SR*、*BI*、*FR*、*RISK* 的时间序列趋势

根据图 5.1 各变量的波动趋势来看，利率市场化指数 *IRL*、中债新综合指数 *BI* 和商业银行系统性风险 *RISK* 的数值随时间变化而变化的波动比较明显，呈现出明显的上升或下降的趋势，其中上证综合指数波动率 *SR* 和基金复权净值增长率 *FR* 的数值随时间变化而上下震动较为剧烈，但其震荡具有一定的方式。由此可初步判定，*IRL*、*SR*、*BI*、*FR* 和 *RISK* 均是不平稳的。

(四) 单位根检验与滞后阶数确定

在对时间序列变量的数据进行处理过程中，首先应对变量是否平稳做出判断，如果对非平稳时间序列直接做回归，则可能会出现伪回归的情况，从而导致实证结果不具参考性，因此，应当对时间序列的各变量做平稳性检验。在考虑到 ADF 检验的优点基础上，本书延续相关学者实施平稳性检验的做法，采用 ADF 单位根检验方法对利率市场化指数 *IRL* 原序列、上证综合指数波动率原序列 *SR*、中债新综合指数对数序列 ln*BI*、基金复权净值增长率原序列 *FR* 和商业银行系统性风险指数 *RISK* 原序列实施平稳性检验，检验结果如表 5.2 所示。

表 5.2 各变量的 ADF 检验结果

变量	T 值	p 值	显著性水平		
			1%	5%	10%
IRL	-1.475411	0.5341	-3.632900	-2.948404	-2.612874
d*IRL*	-4.550441	0.0045	-4.234972	-3.540328	-3.202445
SR	-5.253419	0.0001	-3.610453	-2.938987	-2.607932
d*SR*	-6.307341	0.0000	-3.6329	-2.948404	-2.612874
ln*BI*	-0.866138	0.7883	-3.610453	-2.938987	-2.607932
dln*BI*	-5.089184	0.0002	-3.615588	-2.941145	-2.609066
FR	-5.537669	0.0000	-3.610453	-2.938987	-2.607932
d*FR*	-7.092404	0.0000	-3.621023	-2.943427	-2.610263
RISK	-2.313189	0.173	-3.610453	-2.938987	-2.607932
d*RISK*	-5.045347	0.0002	-3.615588	-2.941145	-2.609066

由表 5.2 可看出，在 5% 的显著性水平下，*IRL*、ln*BI* 和 *RISK* 的变量序列是非平稳的，但经过一阶差分处理之后的数据序列 d*IRL*、dln*BI* 和 d*RISK*

均为平稳序列。序列 *SR*、*FR* 为平稳序列，所以经过一阶差分处理后的 *dSR*、*dFR* 仍是平稳的。由此可确定序列 *IRL*、*SR*、ln*BI*、*FR* 和 *RISK* 均为一阶单整，即为 I（1）过程，并可据此建立初步 VAR 模型。

在确定滞后阶数时，首先考虑 AIC 和 SC 准则下所确定的滞后阶数，如表 5.3 所示，由于 AIC 和 SC 准则所确定的结果不同。因此本书分别运用 LR、FPE、AIC、SC 和 HQ 准则这 5 种方法联合进行检验，最后确定最优滞后阶数为 5。

表 5.3   滞后阶数检验结果

滞后阶数	Log*L*	LR	FPE	AIC	SC	HQ
0	− 75. 96776	—	7. 03E − 05	4. 626729	4. 848922	4. 70343
1	44. 41731	199. 4953	3. 07E − 07	− 0. 823846	0. 509309 *	− 0. 363641
2	66. 61241	30. 439	3. 96E − 07	− 0. 663566	1. 780552	0. 180143
3	93. 15528	28. 81797	4. 68E − 07	− 0. 75173	2. 803351	0. 475483
4	133. 8379	32. 54607	3. 36E − 07	− 1. 647878	3. 018166	− 0. 03716
5	221. 2563	44. 95806 *	3. 18E − 08 *	− 5. 214646 *	0. 562361	− 3. 220424 *

注：* 表示最优滞后阶数。

（五）协整检验

根据上文分析得知，变量 *IRL*、*SR*、ln*BI*、*FR*、*RISK* 均为一阶单整的时间序列，因此本书延续众多学者的做法，采用 Johansen 协整检验方法来确定各变量之间的平稳关系，检验结果如表 5.4 所示。

表 5.4   Johansen 协整检验结果

协整向量	特征值	Trace 统计值	0. 05 临界值	p 值
无	0. 968133	243. 7919	88. 8038	0
1 个	0. 764572	123. 1754	63. 8761	0
2 个	0. 65277	72. 5532	42. 91525	0
3 个	0. 444326	35. 53129	25. 87211	0. 0023
4 个	0. 347931	14. 96619	12. 51798	0. 0191

由表 5.4 的检验结果可知，在 5% 的显著性水平下，Trace 的统计值为

14.96619，显然大于5%显著水平下的临界值12.51798。由该检验结果可得出，拒绝至多存在4个协整向量的零假设，因此变量 *IRL*、*SR*、ln*BI*、*FR*、*RISK* 之间存在长期稳定的协整关系。

（六）建立 VAR 模型

在上文对滞后阶数的检验中得出最优滞后阶数为5，因此可对变量 *IRL*、*SR*、ln*BI*、*FR*、*RISK* 建立一个滞后阶数为5的 VAR 模型，即 VAR（5），该模型参数的具体结果如表5.5所示。

表 5.5　　　　　　　　*IRL*、*SR*、ln*BI*、*FR*、*RISK* 的 VAR 模型估计

阶数		d*IRL*	d*SR*	dln*BI*	d*FR*	d*RISK*
d*IRL*（-1）	系数	0.630424	-52.95878	-0.039768	3.851133	-2.188524
	标准误	0.23168	49.7321	0.09228	34.7819	0.91509
	T 值	2.72113	-1.06488	-0.43096	0.11072	-2.39158
d*IRL*（-2）	系数	-0.192615	2.154974	-0.108799	-5.063898	0.592936
	标准误	0.26753	57.4281	0.10656	40.1643	1.0567
	T 值	-0.71998	0.03752	-1.02103	-0.12608	0.56112
d*IRL*（-3）	系数	0.171274	47.56971	0.181682	-13.57253	-0.11654
	标准误	0.22509	48.3192	0.08966	33.7937	0.8891
	T 值	0.76089	0.98449	2.02643	-0.40163	-0.13108
d*IRL*（-4）	系数	0.649819	-8.068683	0.071982	46.96005	0.290019
	标准误	0.24466	52.5188	0.09745	36.7309	0.96637
	T 值	2.65602	-0.15363	0.73867	1.27849	0.30011
d*IRL*（-5）	系数	-0.29644	70.07337	0.042069	3.473717	1.274803
	标准误	0.31165	66.8987	0.12413	46.788	1.23097
	T 值	-0.95120	1.04745	0.33891	0.07424	1.03561
d*SR*（-1）	系数	0.001364	0.023627	0.001389	0.141649	-0.004972
	标准误	0.00214	0.45905	0.00085	0.32105	0.00845
	T 值	0.63787	0.05147	1.63050	0.44120	-0.58861

续表

阶数		dIRL	dSR	dlnBI	dFR	dRISK
dSR（-2）	系数	0.000289	-0.488116	0.001916	-0.089369	-0.012582
	标准误	0.0016	0.34362	0.00064	0.24032	0.00632
	T值	0.18073	-1.42052	3.00504	-0.37187	-1.98993
dSR（-3）	系数	0.000709	-0.230468	0.000677	-0.287593	0.005713
	标准误	0.00152	0.32715	0.00061	0.22881	0.00602
	T值	0.46548	-0.70446	1.11556	-1.25693	0.94900
dSR（-4）	系数	0.000443	-0.487117	0.00157	0.029541	-0.000379
	标准误	0.0018	0.38568	0.00072	0.26974	0.0071
	T值	0.24652	-1.26299	2.19393	0.10951	-0.05336
dSR（-5）	系数	0.001159	0.293895	0.002595	0.072562	-0.010038
	标准误	0.00198	0.4251	0.00079	0.29731	0.00782
	T值	0.58506	0.69135	3.28938	0.24406	-1.28332
dlnBI（-1）	系数	0.282152	-1.419774	0.773816	33.53693	-2.735177
	标准误	0.43963	94.3725	0.17511	66.0027	1.7365
	T值	0.64179	-0.01504	4.41908	0.50811	-1.57511
dlnBI（-2）	系数	-1.008721	127.42	-0.472093	97.07744	1.709505
	标准误	0.61949	132.981	0.24675	93.005	2.44692
	T值	-1.62830	0.95818	-1.91327	1.04379	0.69864
dlnBI（-3）	系数	-0.174553	-213.4818	-0.362646	-191.7251	0.309195
	标准误	0.59802	128.373	0.2382	89.782	2.36212
	T值	-0.29188	-1.66298	-1.52247	-2.13545	0.13090
dlnBI（-4）	系数	0.063059	-20.93428	0.184905	55.01646	0.380334
	T值	0.08722	-0.13489	0.64210	0.50686	0.13318
dlnBI（-5）	系数	0.279022	-10.07095	0.448202	-56.89437	-1.25862
	标准误	0.4689	100.654	0.18676	70.3962	1.85209
	T值	0.59506	-0.10005	2.39982	-0.80820	-0.67957
dFR（-1）	系数	-0.001157	-0.206866	-0.000652	-0.344827	0.019177
	标准误	0.00241	0.5182	0.00096	0.36242	0.00954
	T值	-0.47948	-0.39920	-0.67782	-0.95146	2.01124

续表

阶数		dIRL	dSR	dlnBI	dFR	dRISK
dFR（-2）	系数	0.000814	0.125221	0.00021	0.020276	0.000498
	标准误	0.00186	0.39826	0.00074	0.27854	0.00733
	T值	0.43863	0.31442	0.28436	0.07279	0.06799
dFR（-3）	系数	-0.001179	0.611373	-0.000415	0.311068	0.003261
	标准误	0.00178	0.38118	0.00071	0.26659	0.00701
	T值	-0.66378	1.60391	-0.58712	1.16684	0.46490
dFR（-4）	系数	-0.001464	0.144732	-0.001064	-0.842972	0.002871
	标准误	0.00257	0.55217	0.00102	0.38618	0.01016
	T值	-0.56899	0.26212	-1.03884	-2.18287	0.28261
dFR（-5）	系数	-0.002208	-0.675265	-0.000319	-0.778765	0.018041
	标准误	0.00298	0.64015	0.00119	0.44771	0.01178
	T值	-0.74033	-1.05485	-0.26863	-1.73943	1.53158
dRISK（-1）	系数	-0.139393	-7.53416	-0.135949	3.614323	0.925827
	标准误	0.08648	18.5635	0.03444	12.983	0.34158
	T值	-1.61189	-0.40586	-3.94689	0.27839	2.71045
dRISK（-2）	系数	0.035983	0.368359	0.053577	2.610426	-0.309741
	标准误	0.09115	19.5666	0.03631	13.6846	0.36003
	T值	0.39476	0.01883	1.47571	0.19076	-0.86031
dRISK（-3）	系数	-0.076849	-10.65725	0.00474	6.797312	-0.57403
	标准误	0.1112	23.8708	0.04429	16.6949	0.43923
	T值	-0.69108	-0.44646	0.10703	0.40715	-1.30689
dRISK（-4）	系数	0.123534	18.96384	-0.066336	0.714059	0.5012
	标准误	0.13317	28.5863	0.05304	19.9928	0.526
	T值	0.92765	0.66339	-1.25064	0.03572	0.95285
dRISK（-5）	系数	-0.12444	-16.71097	0.078382	-17.3654	-0.202603
	标准误	0.08676	18.6245	0.03456	13.0257	0.3427
	T值	-1.43427	-0.89726	2.26813	-1.33317	-0.59120

续表

阶数		d*IRL*	d*SR*	dln*BI*	d*FR*	d*RISK*
C	系数	2.803941	540.733	2.015116	284.8717	7.94797
	标准误	1.58832	340.951	0.63263	238.456	6.27365
	T 值	1.76535	1.58596	3.18528	1.19465	1.26688

根据已建立的 VAR（5）模型实施 AR-Roots 检验，结果如图 5.2 所示。由图可看出，该模型全部特征根的倒数均处于单位圆之内，即建立的模型所有单位根均大于 1，由此可得出 VAR（5）模型是平稳的。

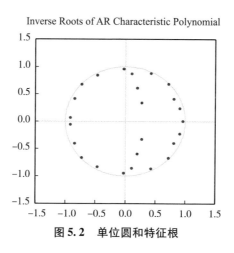

图 5.2　单位圆和特征根

（七）格兰杰因果检验

格兰杰因果检验能够反映研究中各变量之间在数据方面的因果关系，且检验效果与所选择的滞后期有关。一般而言，选择的滞后期越长，检验结果越接近实际情况。由于本书选择的是季度数据，需要综合考虑多因素对滞后期选择的影响，因此选择的滞后期为 2。检验结果如表 5.6 所示。

表 5.6 格兰杰因果检验结果 （$N=38$）

项目	F 值	p 值
SR 不是 IRL 的格兰杰因果原因	0.26769	0.7668
IRL 不是 SR 的格兰杰因果原因	0.47409	0.6266
lnBI 不是 IRL 的格兰杰因果原因	0.08815	0.9158
IRL 不是 lnBI 的格兰杰因果原因	5.54052	0.0084
FR 不是 IRL 的格兰杰因果原因	0.04708	0.9541
IRL 不是 FR 的格兰杰因果原因	0.07701	0.9260
$RISK$ 不是 IRL 的格兰杰因果原因	1.84900	0.1741
IRL 不是 $RISK$ 的格兰杰因果原因	5.32197	0.0099
lnBI 不是 SR 的格兰杰因果原因	0.76034	0.4755
SR 不是 lnBI 的格兰杰因果原因	0.60386	0.5526
FR 不是 SR 的格兰杰因果原因	0.44856	0.6424
SR 不是 FR 的格兰杰因果原因	0.30894	0.7363
$RISK$ 不是 SR 的格兰杰因果原因	1.71315	0.1959
SR 不是 $RISK$ 的格兰杰因果原因	1.20994	0.3111
FR 不是 lnBI 的格兰杰因果原因	1.25528	0.2982
lnBI 不是 FR 的格兰杰因果原因	0.12565	0.8823
$RISK$ 不是 lnBI 的格兰杰因果原因	0.34057	0.7138
lnBI 不是 $RISK$ 的格兰杰因果原因	7.96843	0.0015
$RISK$ 不是 FR 的格兰杰因果原因	0.42038	0.6603
FR 不是 $RISK$ 的格兰杰因果原因	4.83531	0.0144
SR 不是 IRL 的格兰杰因果原因	0.26769	0.7668
IRL 不是 SR 的格兰杰因果原因	0.47409	0.6266
lnBI 不是 IRL 的格兰杰因果原因	0.08815	0.9158
IRL 不是 lnBI 的格兰杰因果原因	5.54052	0.0084
FR 不是 IRL 的格兰杰因果原因	0.04708	0.9541
IRL 不是 FR 的格兰杰因果原因	0.07701	0.9260
$RISK$ 不是 IRL 的格兰杰因果原因	1.84399	0.1741
IRL 不是 $RISK$ 的格兰杰因果原因	5.32197	0.0099

续表

项目	F 值	p 值
ln*BI* 不是 *SR* 的格兰杰因果原因	0.76034	0.4755
SR 不是 ln*BI* 的格兰杰因果原因	0.60386	0.5526
FR 不是 *SR* 的格兰杰因果原因	0.44856	0.6424
SR 不是 *FR* 的格兰杰因果原因	0.30894	0.7363
RISK 不是 *SR* 的格兰杰因果原因	1.71315	0.1959

从表 5.7 中的检验结果来看，在 5% 的显著性水平下，利率市场化指数 *IRL* 是中债新综指 ln*BI* 和系统性风险 *RISK* 的单向格兰杰原因，ln*BI*、*FR* 是 *RISK* 的单向格兰杰原因，而 *IRL* 与 *SR*、*FR* 和 *SR* 与 *RISK* 之间不具有格兰杰因果关系。尽管得到的检验结果与预想有所偏差，但格兰杰因果检验仅从数据意义上反映因果关系，不能说明 *IRL* 与 *SR*、*FR* 和 *SR* 与 *RISK* 之间不存在经济意义上的因果关系。因此，需进一步分析变量之间的关系。

(八) 脉冲响应函数分析

在一般情况下脉冲响应函数反映的是变量之间的短期扰动关系，该函数能够反映当 VAR 模型中其中一个变量受到冲击时，其余各变量随之发生波动的回应关系。根据 AR-Roots 检验结果可知，以变量 *IRL*、*SR*、ln*BI*、*FR* 和 *RISK* 建立的 VAR (5) 模型是趋于平稳的，在这种稳定模型下对各变量进行脉冲响应函数分析可信度较高。以 VAR (5) 模型为基础实施脉冲响应函数，结果如图 5.3 至图 5.7 所示。

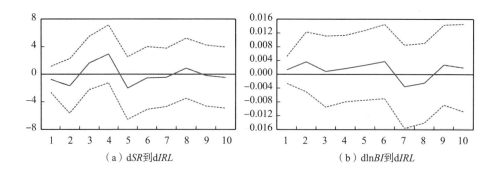

(a) d*SR* 到 d*IRL*　　　　　(b) dln*BI* 到 d*IRL*

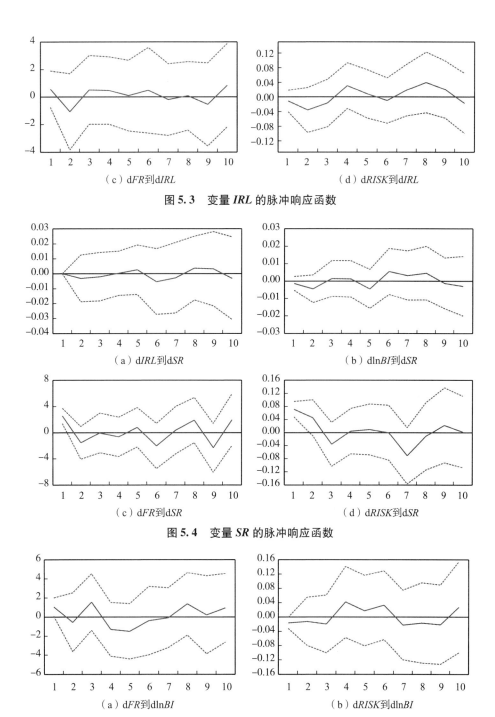

（c）dFR到dIRL

（d）dRISK到dIRL

图 5.3 变量 IRL 的脉冲响应函数

（a）dIRL到dSR

（b）dlnBI到dSR

（c）dFR到dSR

（d）dRISK到dSR

图 5.4 变量 SR 的脉冲响应函数

（a）dFR到dlnBI

（b）dRISK到dlnBI

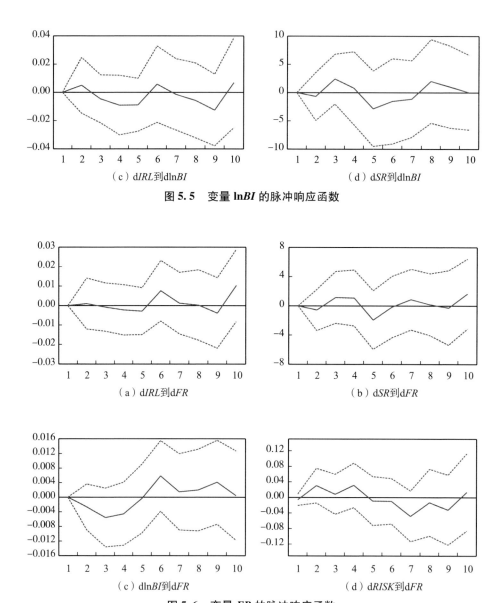

（c）dIRL到dlnBI   （d）dSR到dlnBI

图5.5　变量 **lnBI** 的脉冲响应函数

（a）dIRL到dFR   （b）dSR到dFR

（c）dlnBI到dFR   （d）dRISK到dFR

图5.6　变量 **FR** 的脉冲响应函数

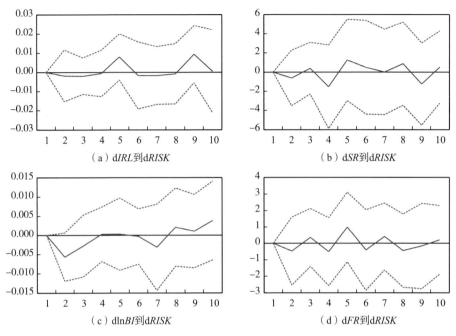

（a）dIRL到dRISK

（b）dSR到dRISK

（c）dlnBI到dRISK

（d）dFR到dRISK

图5.7　变量RISK的脉冲响应函数

在图5.3的各函数结果中，横轴均表示的是该分析中选定的10个月时期数，纵轴均反映了脉冲响应函数值的大小，图中实线代表脉冲响应函数具体数值，虚线则表示当标准差在正负两倍大小时，其标准差的偏离程度。由图5.3可知，当对利率市场化指数的扰动项实施一个正向冲击时，上证综指波动率在前2期呈现下降的趋势且为负效应，在第3期开始转为正效应，说明在短期内利率市场化的推进对股票市场的瞬时作用较为明显，反映出利率市场化推进的信息公告效应较强。在第4期时达到峰值（3.0）时出现转折，至第5期时达到最小值后逐渐趋于稳定，这说明短期内采取的利率市场化推进政策会减少股票价格波动，但随着政策的持续推动，利率市场化对股票会出现正向影响后作用逐渐削弱，从而使得股票市场逐渐趋于稳定，从长期来看，利率市场化政策仍然加剧了股票价格的波动。而在对中债新综合指数冲击中，在第2期、第3期、第6期分别出现转折但仍保持正向影响，并在第6期时出现峰值（0.0037）。这说明利率市场化的进程对债券市场的发展具有较为显著的推动作用，这可能是由于改革进程中不断出台新的利率政策的刺激,例如,2013 年央行全面放开金融机构贷款利率管制、2015 年央行决定金融机构存款利率浮动区间的上限由存款基准利率的 1.3 倍调整为 1.5 倍,并在同年放开一年期以上(不含一年期)定期存款的利率浮动上限。利率市场化指数对基金份额复权净值率的冲击下,在第 1 期的正向冲击作用后出现负向作用,并在第 3 期转为正向作用,并在第 7 期、第 9 期出现短暂负向作用后均保持正向冲击,说明利率市场化的推进在短期内会降低基金的业绩,但在长期有利于提高基金份额的占有率。

在利率市场化指数对银行业系统性风险的冲击中,在第 3 期之前均保持负向影响,到第 4 期出现第一个峰值,并在第 6 期下降之后出现反弹,随后在第 8 期出现新一轮的峰值,整体呈现出先负后正的冲击效果,银行业系统性风险会出现先减少后增加的趋势。

在图 5.4 的冲击结果中,当对上证综指波动率的扰动项实施正向脉冲冲击时,利率市场化指数首先会出现负向效应并在第 4 期之后随即继续上升后第 6 期继续出现负向影响。在对中债新综合指数的冲击中,冲击开始的前 3 期呈现出负向效果,在第 3 期短暂转为正向之后第 4 期重新出现负向作用,冲击效果随即出现上升的态势,在第 6 期出现峰值之后保持较为平稳的正向作用。基金复权净值率对股价波动率的冲击中,整体震荡效应显著。在银行业系统性风险的冲击效果中,冲击实施的前 3 期表现出明显的影响效果,由正转负并且冲击值在短期内迅速下降至 -0.036,随之在第 4 期表现为回升趋势,至第 4 期均保持平稳趋势,随即在第 7 期出现谷底值为 -0.071 的反弹之后继续保持上升趋势,整体冲击效果呈下降的趋势。

如图 5.5 所示,在对中债新综合指数的扰动项实施正向冲击时,利率市场化指数在前 2 期呈现上升态势后持续了为期 3 期的下降趋势,第 5 期恢复上升趋势,并达到峰值(0.006),随后继续下降的趋势,整体负向作用稍明显,这表明一定程度上中债新综指波动越小越有利于推进利率市场化进程,从而可得出债券市场与利率市场化是相辅相成的。对上证综指波动的冲击中,在前 2 期出现负向效应为 -0.7,随后呈现稍有回落的冲击效果后,在第 4 期出现负向效应,随后该效应逐渐减弱并出现正向作用,整体趋势较不明显。对基金复权净值率的冲击中,在前 2 期出现波动后在第 3 期达到峰值(1.6),该正向效应相对较为显著,随后该效应逐渐减弱并出现负向效应,负向效应减弱后再次出现正向效应,说明基金市场对债券市场的波动较为敏感。在对银行业系统性风险影响的冲击效果分析中，前 3 期保持平稳的负向影响，在第 3 期开始由负转正，保持 3 期较为平稳的正向作用后继续呈下降趋势，从整体来看，银行业系统性风险的冲击效果规律性稍弱。

在图 5.6 的冲击结果中，当对基金复权净值率的扰动项施加一个正向冲击时，利率市场化指数对其冲击影响在前 5 期均较弱，从第 6 期开始由负转正并在第 6 期出现正向效应的峰值（0.008），随后正向影响逐渐减弱并在第 8 期开始出现负向影响，整体正向效果较强，说明基金市场的发展在一定程度上有助于推进利率市场化改革。在对上证综指波动率的冲击中，前 2 期呈现出下降趋势之后出现正向效应，说明股票市场对债券市场的反映具有时滞效应，随后在第 4 期至第 6 期出现短暂的负向影响后，继续呈现正向上升趋势。对中债新综指的冲击中，前 5 期均出现负向效应，从第 6 期开始出现正向效应并逐渐趋于稳定，说明在短期内基金业绩的增长可能会抑制债券市场的发展，但从长期来看，基金市场和债券市场时相辅相成的。在对银行业系统性风险的冲击中，前 5 期均为有波动的正效应，在第 6 期开始出现负效应，并随着时间的推移效应逐渐减弱，说明短期内基金份额的增长可能会加剧系统性风险，但从长期来看，基金市场的发展会抑制这一风险。

如图 5.7 所示，对银行业系统性风险的扰动项施加正向冲击中，利率市场化的冲击效果呈现出规律性的由负转正趋势，且正向作用较强，这说明系统性风险在一定程度上会推动利率市场化进程的改革和完善。在对上证综指波动、中债新综合指数和基金复权净值率的冲击中，冲击效果图中均呈现出较为平稳的趋势，且波动范围较小，这可能说明银行业系统性风险的加剧在一定情况下会对股票、债券和基金市场产生影响。

（九）方差分解

为分析利率市场化指数、上证综指波动率、中债新综合指数、基金复权净值率和银行业系统性风险分别对相应变量扰动冲击变化的影响，本书运用方差分解对上证综指波动率、中债新综合指数、基金复权净值率和银行业系统性风险在利率市场化指数变化中的贡献度、利率市场化指数、中债新综合指数、基金复权净值率和银行业系统性风险在上证综指波动变化中的贡献度、利率市场化指数、上证综指波动、基金复权净值率和银行业系统性风险在中债新综合指数变化中的贡献度、利率市场化指数、上证综指波动率、中债新综合指数、银行业系统性风险在基金复权净值率变化中的贡献度、利率市场化指数、上证综指波动、中债新综合指数、基金复权净值率在银行业系统性风险变化中的贡献度加以分析，运用方差分解的方法得出结果如图5.8所示。

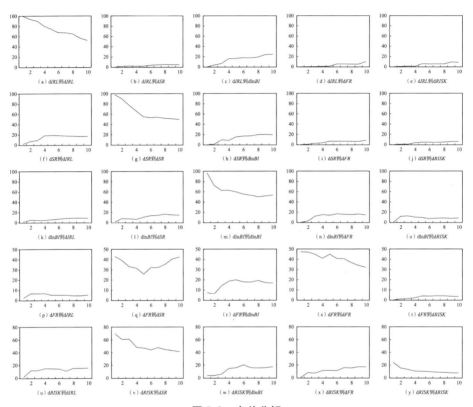

图 5.8　方差分解

由图5.8方差分解的结果中可以看出，利率市场化指数除了自身的贡献度以外，上证综指波动率、中债新综合指数、基金复权净值率和银行业系统性风险的贡献度从第2期开始呈现出上升的趋势，在第2期贡献度分别为1.471397%、3.66809%、0.149372%、0.51144%，整体从第7期开始趋于稳定，从第8期开始基本保持在4.950912%、19.13979%、5.168826%、5.423513左右，这表明利率市场化指数除自身以外，中债新综合指数对其变动的解释能力较强。由图中结果可知，银行业系统性风险除自身贡献度以外，上证综指波动率、中债新综合指数、基金复权净值率均对其变动的解释能力较强。与此同时，银行业系统性风险对利率市场化指数、上证综指波动率、中债新综合指数、基金复权净值率各个变量在第 2 期的冲击中，分别能够解释一个方差变动的 0.51144%、0.788336%、11.76041%、0.979089%，并在第 8 期以后，贡献率基本稳定在 5.423513%、4.722501%、8.451917%、4.138613% 左右，由此可得出银行业系统性风险对利率市场化指数和中债新综合指数的影响程度要略高于对上证综指波动率和基金复权净值率的影响。

二、利率市场化背景下货币市场对商业银行系统性风险冲击的实证分析

（一）样本选取与数据来源

为了探究利率市场化、货币市场与商业银行系统性风险的关系效应，本书选取 2007 第一季度至 2019 年第四季度数据，分别对利率市场化、货币市场、商业银行系统性风险三者之间的关系进行考察。本书所使用的数据的初始数据主要来自国泰安（CSMAR）数据库和上海间同业拆放利率官网。研究使用的统计软件为 Eviews 9.0。

（二）变量设定

1. 利率市场化

参见第四章第二节利率市场化测度方法。

2. 货币市场

本书通过上海同业拆借官网获取中国 2007 年第一季度至 2019 年第四季度隔夜上海银行间同业拆放利率的日度数据，并采用加权平均方法计算得出隔夜上海银行间同业拆放利率的季度数据，作为衡量货币市场的指标。

3. 银行业系统性风险

参照本书利率市场化背景下资本市场对商业银行系统性风险冲击的实证分析部分。

（三）数据处理与检验

1. 数据描述

通过对上述选取数据的整理，分别画出利率市场化指数 *IRL*、隔夜上海

银行间同业拆放利率 *SHIBOR* 和系统性风险指数 *RISK* 的曲线图，得到的描述图形如图 5.9 所示。图中的纵坐标分别表示的是利率市场化指数 *IRL*、隔夜上海银行间同业拆放利率 *SHIBOR*、系统性风险指数 *RISK* 的数值，横坐标 t 表示 2008～2019 年的时间变化。

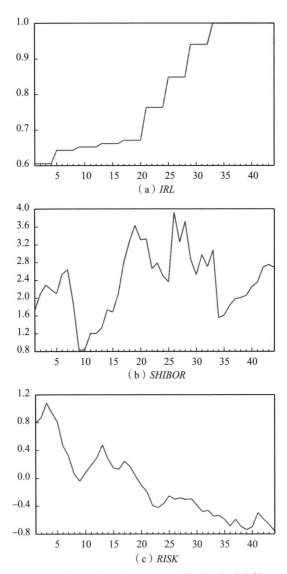

图 5.9　IRL、SHIBOR、RISK 的时间序列趋势

根据图 5.9 各变量的波动趋势来看，从下面根据所选取的各变量的数据所绘制的图形可以看出，利率市场化指数 *IRL* 表现为明显的上升趋势，隔夜上海银行间同业拆放利率 *SHIBOR* 随着时间的变化表现出上下震荡，系统性风险指数 *RISK* 则表现为明显的下降变动趋势，所以在起初可以简单判断这三个变量都是不平稳的。

2. 单位根检验与滞后阶数的确定

在处理时间序列的变量数据时，如果数据不平稳可能会出现伪回归的结果，为了检测各个变量的数据是否符合建立相关时序模型的要求，本书首先对各变量数据实施平稳性检验。本节选择运用 ADF 单位根检验方法，分别对利率市场化指数 *IRL* 的原序列、隔夜上海银行间同业拆放利率 *SHIBOR* 的对数序列和系统性风险指数 *RISK* 的原序列进行平稳性检验，检验结果如表 5.7 所示。

表 5.7　　　　　　　　　　各变量的 ADF 检验结果

变量	T 值	p 值	显著性水平		
			1%	5%	10%
IRL	1.095091	0.7082	−3.610453	−2.938987	−2.607932
d*IRL*	7.309254	0.0000	−3.596616	−2.933158	−2.604867
ln*SHIBOR*	2.212384	0.2050	−3.592462	−2.931404	−2.603944
dln*SHIBOR*	6.084953	0.0000	−3.596616	−2.933158	−2.604867
RISK	1.287697	0.6268	−3.592462	−2.931404	−2.603944
d*RISK*	−4.748870	0.0004	−3.596616	−2.933158	−2.604867

根据上述表格显然有，在 5% 的显著性水平，*IRL*、ln*SHIBOR* 和 *RISK* 的数据序列并不平稳，但经过一阶差分处理后的序列 d*IRL*、序列 dln*SHI-BOR* 和序列 d*RISK* 都是平稳序列，因此我们可以确定序列 d*IRL*、dln*SHI-BOR* 和 d*RISK* 都是一阶单整的，可以对序列 d*IRL*、dln*SHIBOR*、d*RISK* 建立 VAR 模型，并对结果展开分析。在滞后阶数的选择上，我们验证 LR、FPE、AIC、SC、HQ 这五种联立检验方法的结果来确定 VAR 模型的滞后阶数，最终选择建立的 VAR 模型的最优阶数为 2。

3. 变量的协整检验

本书选择比较普遍的 Johansen 协整关系的检验方法，由前可知 *IM*、ln*SHIBOR* 和 *RISK* 都是一阶单整的时间序列，因此我们对它们三者之间实施 Johansen 协整检验，得到检验结果的表格如表 5.8 所示。

表 5.8   **Johansen 协整检验结果**

协整向量	特征值	Trace 统计值	0.05 临界值	p 值
无	0.465341	66.00603	29.79707	0.0000
1 个	0.408060	40.96095	15.49471	0.0000
2 个	0.393271	19.98695	3.841466	0.0000

在 1% 的显著性水平下，Trace 的统计值为 19.98695，显然大于 5% 显著水平下的临界值 3.841466。由该检验结果可得出，拒绝至多存在 2 个协整向量的零假设，由此可以得到变量 *IRL*、ln*SHIBOR*、*RISK* 之间存在长期稳定的协整关系。

(四) 建立 VAR 模型

在上文对滞后阶数的检验中得出最优滞后阶数为 5 由前可知，我们得到最优的滞后阶数是 2，因此，我们将对 *IRL*、ln*SHIBOR*、*RISK* 建立滞后阶数为 2 阶的 VAR 模型，即 VAR（2），得到模型的估计参数如表 5.9 所示。

表 5.9   **IRL、SHIBOR、RISK 的 VAR 模型估计**

阶数		*RISK*	*IRL*	ln*SHIBOR*
RISK（-1）	系数	1.077628	0.023598	0.657711
	标准误	0.15179	0.03431	0.32308
	T 值	7.09936	0.68782	2.03578
RISK（-2）	系数	-0.290971	-0.043968	-0.630684
	标准误	0.14870	0.03361	0.31649
	T 值	-1.95682	-1.30822	-1.99277

续表

阶数		RISK	IRL	lnSHIBOR
IRL（-1）	系数	-1.186449	0.672648	-0.413203
	标准误	0.70878	0.16020	1.50858
	T 值	-1.67393	4.19872	-0.27390
IRL（-2）	系数	0.727194	0.237850	0.496000
	标准误	0.69348	0.15674	1.47601
	T 值	1.04862	1.51744	0.33604
ln(SHIBOR)（-1）	系数	-0.024873	0.004428	0.908657
	标准误	0.07439	0.01682	0.15834
	T 值	-0.33434	0.26332	5.73855
ln(SHIBOR)（-2）	系数	-0.074823	0.028636	-0.074236
	标准误	0.07955	0.01798	0.16932
	T 值	-0.94057	1.59260	-0.43845
C	系数	0.401048	0.056144	0.101735
	标准误	0.17987	0.04066	0.38285
	T 值	2.22959	1.38094	0.26573

并且变量 SR、IM、lnSHIBOR 之间建立的 VAR 模型关系等式方程如下：

$RISK = 1.077628\ RISK（-1）- 0.290971\ RISK（-2）$
$\qquad - 1.186449\ IRL（-1）+ 0.727194\ IRL（-2）$
$\qquad - 0.024873\ \ln SHIBOR(-1)$
$\qquad - 0.074823\ \ln SHIBOR(-2) + 0.401048$

$IRL = 0.023598\ RISK（-1）- 0.043968\ RISK（-2）$
$\qquad + 0.672648\ ILR（-1）+ 0.237850\ IRL（-2）$
$\qquad + 0.0044283\ \ln SHIBOR(-1)$
$\qquad + 0.028636\ \ln SHIBOR(-2) + 0.056144$

$\ln SHIBOR = 0.657711\ RISK（-1）- 0.630684\ RISK（-2）$
$\qquad - 0.413203\ IRL（-1）+ 0.496000\ IRL（-2）$
$\qquad + 0.908657\ \ln SHIBOR(-1)$
$\qquad - 0.074236\ \ln SHIBOR(-2) + 0.101735$

对上面建立的 VAR（2）模型进行 AR-Roots 检验，得到结果如图 5.10 所示。可以看出该模型的所有特征根的倒数都位于单位圆内，即我们所建立的 VAR 模型的单位根都大于 1，也就是说这里所建立的模型是平稳的。

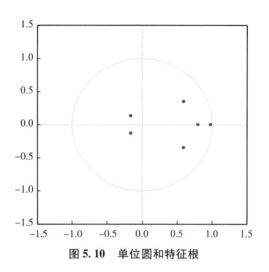

图 5.10　单位圆和特征根

（五）格兰杰因果检验

格兰杰因果检验可以分析各变量间在数据上所反映出的因果关系。在采用格兰杰因果关系检验变量之间的因果关系存在与否时，其检验结果一般会受到所选择的滞后期数的影响，滞后期数选择的越多，所得到的结果往往更贴近实际情况，在这里，我们选择较为适度的滞后期数为 2，得到的检测结果如表 5.10 所示。

表 5.10　　　　　　　　　格兰杰因果检验结果（$N = 42$）

原假设	F 值	p 值
IRL 不是 lnSHIBOR 的格兰杰因果原因	0.09462	0.9099
lnSHIBOR 不是 IRL 的格兰杰因果原因	3.29086	0.0484
RISK 不是 lnSHIBOR 的格兰杰因果原因	2.31335	0.0921
lnSHIBOR 不是 RISK 的格兰杰因果原因	3.01387	0.0613
RISK 不是 IRL 的格兰杰因果原因	0.80566	0.4545
IRL 不是 RISK 的格兰杰因果原因	4.14532	0.0237

由表 5.10 可以看出，在显著性水平为 5% 的情况下，ln*SHIBOR* 是 *IRL* 的单向格兰杰原因，*IRL* 是 *RISK* 的单向格兰杰原因。在显著性水平为 10% 的情况下，*RISK* 是 ln*SHIBOR* 的双向格兰杰原因。即使所得结果和预想的并不相符，但不能直接否定说利率市场化对货币市场不存在影响、商业银行系统性风险对利率市场化不存在影响，毕竟它只能说明被检测变量之间只是存在单纯的数量因果关系，而并不能说明其经济意义上的因果关系。因此，对它们之间的关系，我们还需要做进一步深入讨论。

（六）脉冲响应函数分析

脉冲响应函数通常用来检测变量间短期的波动关系，它解释了 VAR 模型中某个变量在受到冲击时引起模型中其他变量发生怎样的变动来给以具体回应。由前面的 AR-Roots 检验可以知道我们这里所估计的 VAR（2）模型是稳定的，只有在这种前提下对变量做脉冲响应所得到的相应结果才是有意义的。我们对已建立的 VAR 模型做脉冲响应函数，得到分析结果如图 5.11 所示。

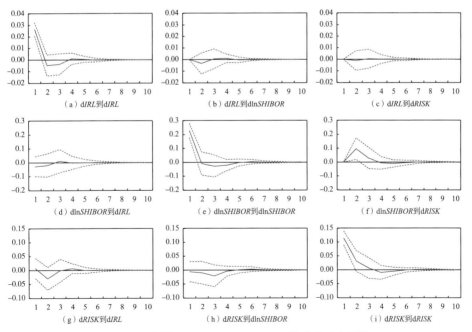

图 5.11　变量 *IRL*、*SHIBOR*、*RISK* 的脉冲响应函数

图 5.11 中的纵轴代表脉冲响应函数的大小，横轴表示时期数，实线代表脉冲响应函数的值，红色虚线代表标准差的正负两倍大小的偏离区域。本书在脉冲响应的操作中把冲击作用的滞后期数设置成 10 个月。

由图 5.11 可知，当对利率市场化指数的扰动项施加一个正向的脉冲冲击时：第一，商业银行系统性风险在前 2 期呈现下降的趋势且为负效应，在第 3 期开始转为上升的趋势且为正效应，在第 4 期时达到峰值时出现转折，至第 5 期时达到最小值后逐渐趋于接近为零的稳定状态。由此表明，利率市场化改革的初期会减少商业银行系统性风险，但随着改革的深入，会增加商业银行系统性风险，利率市场化冲击对商业银行系统性风险的影响具有时滞效应；第二，隔夜上海银行间同业拆放利率在前 2 期呈现上升的趋势且为负效应，在第 3 期转为正效应后逐渐趋于接近为零的稳定状态。由此可以看出，在利率市场化的初期会降低货币市场利率，但这种作用会越来越小，随着改革的深入，会增加货币市场利率，货币市场逐渐趋于稳定，利率市场化冲击对商业银行系统性风险的影响具有时滞效应。

当对隔夜上海银行间同业拆放利率的扰动项施加一个正向的脉冲冲击时：第一，商业银行系统性风险的前 3 期呈现出下降的趋势且为负效应，随后开始呈现出上升趋势，且在第 5 期转为正效应，说明在初期货币市场与商业银行系统性风险呈负相关关系，后期与商业银行系统性风险呈正相关关系，并且商业银行系统性风险对于货币市场的变动表现出明显的时滞性特征；第二，利率市场化指数对货币市场冲击的回应在前 2 期表现为下降的趋势且为负效应，在第 3 期开始转为上升的趋势且为正效应，在第 4 期时达到峰值时出现转折，至第 5 期时达到最小值后逐渐趋于接近为零的稳定状态，说明货币市场的发展在一定程度上有助于推进利率市场化改革，且其对利率市场化具有时滞效应。

当对商业银行系统性风险的信息扰动项施加一个脉冲冲击时：第一，利率市场化指数的前 2 期呈现出上升的趋势，随后开始呈现出下降趋势，但一直是正效应，说明商业银行系统性风险在一定程度上会推动利率市场化进程的改革和完善，并且利率市场化指数对于商业银行系统性风险的变动表现出明显的时滞性特征；第二，隔夜上海银行间同业拆放利率前 2 期呈现上升的趋势且为正效应，在第 3 期转变为下降的趋势，在第 4 期变为负效应直至达到接近为零的稳定状态，说明商业银行系统性风险在一定程度上会促进货币市场的发展和完善。

（七）方差分解

为了讨论分析商业银行系统性风险 RISK、利率市场化指数 IRL、货币市场利率 lnSHIBOR 对相应变量扰动冲击变化的响应，本书利用方差分解的方法对利率市场化和货币市场利率在商业银行系统性风险变化中的贡献度、利率市场化和商业银行系统性风险在货币市场利率变化中的贡献度，以及货币市场利率和商业银行系统性风险在利率变化中的贡献度进行分析，运用方差分解进行分析得到结果如表 5.11 所示。

表 5.11　　　　　　　　　　　　　方差分解

类别	期数	标准误	dIRL	dRISK	dlnSHIBOR
利率市场化指数	1	0.026550	100	0	0
	2	0.027194	98.30949	0.121937	1.568972
	3	0.027470	98.30949	0.121937	1.568572
	4	0.027509	98.13478	0.141900	1.589437
	5	0.027516	98.12053	0.141900	1.723317
	6	0.027517	98.11565	0.145186	1.739172
	7	0.027517	98.11528	0.1454642	1.739254
	8	0.027517	98.11510	0.145502	1.739294
	9	0.027517	98.11510	0.145503	1.739394
	10	0.027517	98.11510	0.145506	1.739395
货币市场利率	1	0.231352	1.545528	0.267968	98.18650
	2	0.251435	1.920523	14.93424	83.14524
	3	0.254786	2.059741	15.96516	81.97510
	4	0.2555698	2.047884	15.87955	82.07257
	5	0.255906	2.045344	16.00828	81.94638
	6	0.255975	2.045063	16.02939	81.92554
	7	0.255985	2.044979	16.02822	81.92554
	8	0.255989	2.044973	16.03007	81.92495
	9	0.255989	2.044973	16.03045	81.92458
	10	0.255990	2.044971	16.03043	81.92460

续表

类别	期数	标准误	dIRL	dRISK	dlnSHIBOR
商业银行系统性风险	1	0.115441	0.401036	99.69896	0
	2	0.123698	6.249468	93.31604	0.434497
	3	0.125636	6.067406	90.78603	3.146563
	4	0.126240	6.276366	90.78603	3.146563
	5	0.126364	6.264355	90.47596	3.259704
	6	0.126397	6.263724	90.43348	3.302793
	7	0.126405	6.262958	90.42745	3.309591
	8	0.126407	6.262740	90.42752	3.309736
	9	0.126408	6.262696	90.42686	3.310444
	10	0.126408	6.262687	90.42679	3.310524

观察表 5.11 方差分解的结果可以看出，利率市场化指数的方差主要是由自身变动解释的；货币市场利率的方差随滞后期的增加而减少，并且主要由自身变动与商业银行系统性风险变动决定的，其中，自身贡献为 81.92%，商业银行系统性风险贡献为 16.03%，利率市场化贡献为 2.04%，说明相对于利率市场化，我国货币市场更容易受到商业银行系统性风险的冲击影响；商业银行系统性风险的方差随滞后期的增加而减少，并且是由利率市场化指数、货币市场利率及自身变动决定的，其中，利率市场化指数贡献为 6.26%，货币市场贡献为 3.31%，自身贡献为 90.43%，说明我国商业银行系统性风险易受到来自利率市场化及货币市场的冲击影响。

三、利率市场化背景下外汇市场对商业银行系统性风险冲击的实证分析

（一）样本选取与数据来源

结合我国利率市场化、汇率市场化发展进程，考虑数据的可得性，样本区间为 2005 第三季度至 2019 年第四季度，数据来自国泰安（CSMAR）数据

库、万得（Wind）数据库、中国人民银行网站及各家商业银行年报。运用的软件为 Eviews 9.0。

（二）变量定义与数据来源

1. 利率市场化

参见第四章第二节利率市场化测度方法。

2. 汇率波动

借鉴吴簙和黄珊（2016）；何金旗和张瑞（2016）的研究，本书选择人民币兑美元汇率的中间价衡量人民币汇率波动（DELTAE），以更加直观地体现市场上投资者的选择。选取人民币兑美元当季汇率平均值作为实证数据，并对数据分别去均值并除以各自标准差做去量纲化处理。

3. 短期跨境资本流动

本书借鉴张谊浩、沈晓华（2008）的研究成果，参考国内相关学者的研究，采用间接估算法测算短期跨境资本流动（SCF），计算公示如下：

短期跨境资本流动 = 外汇储备增量 −（当期正常贸易顺差 + FDI）

其中，当期正常贸易顺差 = 当季度前四年各季度实际贸易顺差的移动平均值。同时对短期跨境资本流动指标分别去均值并除以各自标准差做去量纲化处理。

4. 商业银行系统性风险

参照本书利率市场化背景下资本市场对商业银行系统性风险冲击的实证分析部分。

（三）数据处理与检验

1. 单位根检验与滞后阶数确定

为了防止数据的伪回归，本书首先对时间序列数据做 ADF 单位根检验，结果如表 5.12 所示，在 5% 的显著性水平，INT 和 DELTAE 的数据序列并不平稳，但经过一阶差分处理后的序列 dINT 和 dDELTAE 都是平稳序列，而 RISK 和 SCF 本身在 5% 的显著性水平就是平稳序列，经一阶差分后在 1% 的显著性水平下平稳，因此我们可以确定序列 RISK、INT、DELTAE、SCF 都是一阶单整的，即都是 I（1）过程，可以对序列 RISK、INT、DELTAE 和 SCF 建立 VAR 模型，并对结果展开分析。在滞后阶数的选择上，不管是 AIC、SC 还是 LR、FPE、HQ 准则，检验结果均表明 VAR 模型的最优滞后阶数1。

表 5. 12   各变量的单位根检验结果

变量	T 值	p 值	显著性水平		
			1%	5%	10%
RISK	− 3. 9494	0. 0173	− 4. 1611	− 3. 5064	− 3. 1830
d*RISK*	− 5. 0637	0. 0008	− 4. 1611	− 3. 5064	− 3. 1830
INT	− 2. 5566	0. 3011	− 4. 1756	− 3. 5131	− 3. 1869
d*INT*	− 5. 1306	0. 0007	− 4. 1705	− 3. 5107	− 3. 1855
DELTAE	− 1. 8375	0. 6708	− 4. 1611	− 3. 5064	− 3. 1830
d*DELTAE*	− 4. 2830	0. 0078	− 4. 1865	− 3. 5181	− 3. 1897
SCF	− 3. 8795	0. 0204	− 4. 1618	− 3. 5043	− 3. 1818
d*SCF*	− 8. 9838	0. 0000	− 4. 1611	− 3. 5064	− 3. 1830

2. 协整检验

由于四个序列是同阶单整，对它们做 Johansen 多重协整检验，结果如表 5. 13 所示。

表 5. 13   协整检验结果

协整向量	特征值	Trace 统计值	0. 05 临界值	p 值
无	0. 5799	87. 8783	47. 8561	0. 0000
1 个	0. 4060	47. 9887	29. 7971	0. 0002
2 个	0. 3074	24. 0303	15. 4947	0. 0020
3 个	0. 1436	7. 1324	3. 8415	0. 0076

检验结果表明，在5%的显著性水平下，四个变量之间存在四个协整关系，即四个序列之间是协整的，存在长期均衡关系。

(四) 建立 VAR 模型

在上文对滞后阶数的检验中得出最优滞后阶数为1，因此可对变量 *IRISK*、

INT、*DELTAE*、*SCF* 建立一个滞后阶数为 1 的 VAR 模型，即 VAR（1）。

根据已建立的 VAR（1）模型实施 AR-Roots 检验，确定所有根的模的倒数是否都位于单位圆内。检验结果如图 5.12 所示，VAR（1）是稳定的。

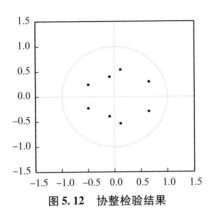

图 5.12 协整检验结果

（五）格兰杰因果检验

进一步对 VAR 各变量进行格兰杰因果检验，检验结果见表 5.14。

表 5.14 格兰杰因果检验结果

原假设	F 值	p 值	结论
INT 不是 *RISK* 的格兰杰因果原因	2.3433	0.0827	拒绝
RISK 不是 *INT* 的格兰杰因果原因	2.8330	0.0991	拒绝
DELTAE 不是 *RISK* 的格兰杰因果原因	7.1705	0.0102	拒绝
RISK 不是 *DELTAE* 的格兰杰因果原因	19.9902	5. E − 05	拒绝
SCF 不是 *RISK* 的格兰杰因果原因	0.0218	0.8831	接受
RISK 不是 *SCF* 的格兰杰因果原因	5.4032	0.0246	拒绝
DELTAE 不是 *INT* 的格兰杰因果原因	4.2701	0.0444	拒绝
INT 不是 *DELTAE* 的格兰杰因果原因	8.59843	0.0052	拒绝
SCF 不是 *INT* 的格兰杰因果原因	0.01498	0.9031	接受
INT 不是 *SCF* 的格兰杰因果原因	13.4556	0.0006	拒绝
SCF 不是 *DELTAE* 的格兰杰因果原因	15.2921	0.0003	拒绝
DELTAE 不是 *SCF* 的格兰杰因果原因	3.6896	0.0610	拒绝

从结果可看出：第一，*INT* 和 *DELTAE* 是 *RISK* 的格兰杰原因，利率市场化进程和汇率波动都会对商业银行系统性风险产生影响；第二，*RISK* 和 *DELTAE* 是 *INT* 的格兰杰原因，商业银行系统性风险和汇率波动会影响利率市场化进程；第三，*RISK*、*INT* 和 *SCF* 是 *DELTAE* 的格兰杰原因，汇率波动受商业银行系统性风险、利率市场化进程和短期跨境资本流动的多重影响；第四，*RISK*、*INT* 和 *DELTAE* 是 *SCF* 的格兰杰原因，商业银行系统性风险、利率市场化进程和汇率波动是引起短期跨境资本流动的重要原因。此外，未能证明短期跨境资本流动会影响商业银行系统性风险和利率市场化进程，我们认为产生这种结果的原因是我国的资本账户开放存在部分管制，尤其是短期跨境资本流动的监管非常严格，短期跨境资本不能直接流向国内的金融市场，同时短期跨境资本的流出很多是通过非正常渠道流出，对国内实体经济和金融市场的冲击具有间接性和滞后性，本书中我们认为短期跨境资本的大规模流入或流出会引起汇率产生巨大波动，通过汇率波动这一间接渠道对商业银行系统性风险和利率市场化进程产生影响。

（六）脉冲响应函数分析

1. 汇率波动和短期跨境资本流动对利率市场化的影响

（1）汇率波动对利率市场化的冲击。

在本期给汇率波动一个结构性标准差的冲击，利率市场化在第 1 期到第 7 期均为负向脉冲效应，在第 2 期达到最大值 -0.0015，此后呈波动趋势，波动幅度越来越小直至趋于 0。本书选取的汇率标价方法为直接标价法，从脉冲过程可以看出，人民币汇率的贬值及贬值预期会引起利率市场化进程的减慢。人民币汇率和利率的变动关系主要看央行的操作，人民币贬值后央行进行干预，外汇成交量明显放大，导致资金利率上升，随后又通过降准等宽松的货币政策增加市场上的流动性，降低利率水平，市场利率的变动受央行政策影响较大。

（2）短期跨境资本流动对利率市场化的冲击。

由图 5.13 所示，在本期给短期跨境资本流动一个结构性标准差的冲击，利率市场化从第 1 期到第 2.5 期为负向脉冲效应，在第 2 期达到最大值 -0.0014，此后呈现微弱的波动趋势。从脉冲过程可以看出，短期跨境资本流入短期内会引起利率市场化进程的减慢，但中长期效果并不显著。短期跨境资本的流入会增加市场上的流动性，使得市场利率下降，助推股票、房地产等资产价格的非理性上涨，造成资产价格泡沫，进而引起央行的政策干预。

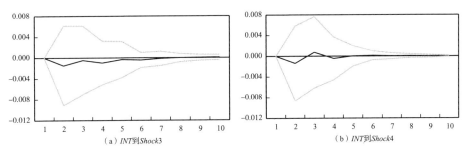

（a）INT到Shock3　　　　　　　　（b）INT到Shock4

图 5.13　INT 对 DELTAE、SCF 冲击的脉冲响应

2. 利率市场化和短期跨境资本流动对汇率波动的影响

（1）利率市场化对汇率波动的冲击。

由图 5.14 所示，在本期给利率市场化一个结构性标准差的冲击，汇率波动在第 1 期到第 8.5 期均为正向脉冲效应，在第 3 期达到最大值 0.033，此后呈下降趋势直至趋于 0。随着我国利率市场化进程的不断推进，无论是 CHIBOR 还是 SHIBOR 利率都呈现出先上升后下降的趋势，这是因为长期的利率管制下，利率水平始终维持在一个较低的水平，在取消管制初期，利率水平都呈现出上升趋势，但随着改革的不断推进，金融机构间的竞争越来越大，利率水平会逐渐下降，这也与发达国家的经验相符。此脉冲响应结果表明，随着利率市场化进程的不断加快，市场利率不断降低，再加上美联储持续的加息政策影响，中美利差不断缩小甚至出现倒挂现象，引发资本外流，人民币出现贬值。

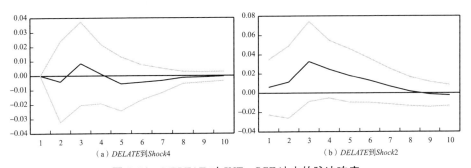

（a）DELATE到Shock4　　　　　　　　（b）DELATE到Shock2

图 5.14　DELTAE 对 INT、SCF 冲击的脉冲响应

（2）短期跨境资本流动对汇率波动的冲击。

由图5.15所示，在本期给短期跨境资本流动一个结构性标准差的冲击，汇率波动从第1期到第2.5期为负向脉冲效应，在第2期达到最大值 -0.004，此后短暂地转为正向脉冲效应，从第4期开始一直负向脉冲效应，第5期达到最大值 -0.006，此后负向脉冲效应渐趋于0。此脉冲响应结果表明，短期跨境资本的流动与汇率的变动呈现三个阶段：首先，短期跨境资本的不断流入，导致人民币汇率下降，人民币升值；其次，人民币升值又会引起一部分短期跨境资本获利流出，使人民币汇率上升，人民币贬值；最后，人民币的长期贬值，央行的宏观货币政策的转变，再加上宏观经济形势的利好，必将积累起新的人民币升值预期。

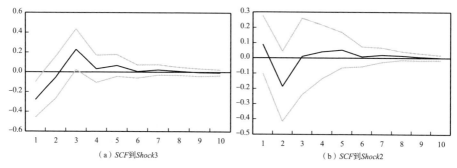

（a）SCF到Shock3　　　（b）SCF到Shock2

图5.15　SCF 对 NT、DELTAE 冲击的脉冲响应

3. 利率市场化和汇率波动对短期跨境资本流动的影响

（1）利率市场化对短期跨境资本流动的冲击。

由图5.15所示，在本期给利率市场化一个结构性标准差的冲击，短期跨境资本流动在第1期为正向脉冲效应，但呈下降趋势，在第1.5期转为负向脉冲效应，且在第2期达到最大负向脉冲效应最大值 -0.19，在第3期后一直为正向脉冲效应。此脉冲响应结果表明，短期内，利率市场化进程的不断加快，市场利率不断下降，尤其是在美联储加息的影响下，中美利差不断缩小甚至倒挂，资本会显示出逐利的天性，资本外流严重。

（2）汇率波动对短期跨境资本流动的冲击。

由图5.15所示，在本期给汇率波动一个结构性标准差的冲击，短期跨境资本流动在第1期到第2期为负向脉冲效应，一直呈上升趋势，在第2期开始转为正向脉冲效应，此后一直为正向脉冲效应，在第 3 期达到最大值 0.23。此脉冲响应结果表明，人民币贬值在短期内会引起资本外流，但这一过程并不会持续太久，因为随着国家监管政策的不断完善，正常途径的资本外流会得到抑制。

4. 利率市场化、汇率波动和短期跨境资本流动对商业银行系统性风险的影响

（1）利率市场化对商业银行系统性风险的冲击。

由图 5.16 所示，在本期给利率市场化一个结构性标准差的冲击，商业银行系统性风险从第 1 期到第 3.5 期一直为负向脉冲效应，且在第 2 期达到最大负向脉冲效应最大值 -0.028，从第 3.5 期以后，商业银行系统性风险的脉冲效应由负向转向正向，在第 5 期达到最大值 0.012，此后正向脉冲效应逐渐减弱，直至趋于 0。此脉冲响应结果表明，利率市场化短期内减小了商业银行系统性风险，长期来看增加了商业银行系统性风险。随着利率从市场化进程的逐步推进，短期内增强了商业银行经营活力，释放了一定的系统性风险，但随着竞争的加剧，商业银行传统的存贷利差经营模式受到冲击，盈利水平下降，系统性风险增加。

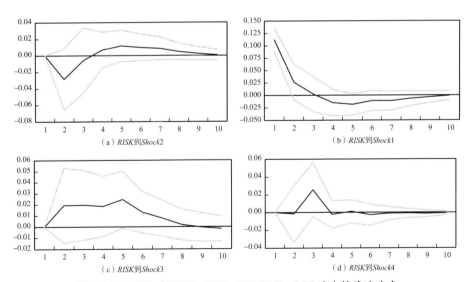

图 5.16 **RISK 对 RISK、INT、DELTAE、SCF 冲击的脉冲响应**

（2）汇率波动对商业银行系统性风险的冲击。

由图 5.16 所示，在本期给汇率波动一个结构性标准差的冲击，商业银行系统性风险在第 1 期到第 9 期均为正向脉冲效应，第 2 期到第 5 期的正向脉冲效应值保持着较高水平，在第 5 期达到最大值 0.025，此后逐渐下降，第 9 期以后商业银行系统性风险的脉冲效应由正向转向负向，但负向效应不显著。此脉冲响应结果表明，人民币贬值会增加商业银行系统性风险。人民币贬值会导致商业银行资产负债表两端的非对称性增加，商业银行货币错配风险增加。同时，人民币贬值会通过对进出口企业的影响引发股价上涨和通货膨胀，容易引起资产价格泡沫累积，影响金融市场稳定性。

（3）短期跨境资本流动对商业银行系统性风险的冲击。

在本期给短期跨境资本流动一个结构性标准差的冲击，商业银行系统性风险从第 1 期到第 2 期为负向脉冲效应，但并不显著，从第 2 期开始逐渐转为正向脉冲效应，在第 3 期达到最大值 0.026，此后逐渐趋于 0。此脉冲响应结果表明，短期跨境资本流入会增加商业银行系统性风险，但具有一定的滞后性。由于受到资本管制，短期跨境资本并不能直接流向资本市场，而是会通过增加货币流动性和商业银行信贷规模从而造成股票、房地产等资产价格上涨，资产价格泡沫不断积累，潜在地增加了商业银行系统性风险，一旦发生大规模资本流出，金融市场将受到巨大的冲击。综合前文的分析发现，汇率波动和短期跨境资本流动相互影响，必将进一步加大对国内金融市场的冲击，给商业银行系统性风险的防控增加了新的不确定性。

（七）方差分解

VAR 中的方差分解是用来分析影响内生变量的结构冲击的贡献度，而通过对贡献度的分析，可以评价不同结构冲击的重要性。表 5.15 给出了 *RISK* 的方差分解的结果。

表 5.15　　　　　　　　　　　　　*RISK* 的方差分解结果

期数	标准误	*Shock*1	*Shock*2	*Shock*3	*Shock*4
1	0.1129	100.0000	0.0000	0.0000	0.0000
2	0.1210	91.8601	5.5374	2.5851	0.0174

续表

期数	标准误	Shock1	Shock2	Shock3	Shock4
3	0.1255	85.5381	5.3626	4.8691	4.2302
4	0.1279	83.6699	5.4501	6.7768	4.1032
5	0.1321	80.3843	5.9183	9.8430	3.8544
6	0.1336	79.2611	6.3349	10.5912	3.8128
7	0.1346	78.7943	6.6670	10.7749	3.7638
8	0.1348	78.7223	6.7720	10.7515	3.7542
9	0.1349	78.7042	6.7956	10.7397	3.7605
10	0.1349	78.6872	6.7968	10.7539	3.7621
11	0.1350	78.6635	6.7953	10.7791	3.7621
12	0.1350	78.6450	6.7972	10.7970	3.7608
13	0.1350	78.6333	6.8008	10.8061	3.7598
14	0.1350	78.6287	6.8034	10.8085	3.7593
15	0.1350	78.6274	6.8047	10.8087	3.7592

从表5.15的方差分解结果中可以得出以下结论：商业银行系统性风险的方差主要是由自身变动解释的，但随着滞后期的增加，其自身变动的影响逐渐减弱，有相当一部分是由利率市场化和汇率波动而决定，短期跨境资本流动的影响较小。从结果来看，滞后13期后各变量对商业银行系统性风险方差的贡献度趋于稳定，其中利率市场化和汇率波动对商业银行系统性风险方差的贡献度分别为6.8%、10.8%。同时，随着滞后期的增加，利率市场化对商业银行系统性风险的影响受到汇率波动的冲击，其贡献度上升趋势逐渐变缓，汇率波动对商业银行系统性风险的冲击逐渐增强，这也与我国的利率市场化进程逐步完成以及汇率改制导致的汇率波动增强的实际相符。随着利率市场化改革的不断推进，商业银行已逐步适应新的竞争环境，商业银行不断通过金融创新增加中间业务收入，改变传统的以存贷利差为主要收入来源的经营模式，风险抵抗能力逐渐增加。然而，汇率市场化改革带来的最直接的变化就是汇率的双向波动幅度逐渐变大，商业银行货币错配风险增加，资产

价格泡沫累积导致的商业银行系统性风险也逐渐增加。短期跨境资本流动对商业银行系统性风险方差的贡献度在第 1 期和第 2 期几乎可以忽略不计并在滞后 3 期时快速上升达到最大值,此后一直呈微弱的下降趋势,这表明短期跨境资本对商业银行系统性风险的冲击具有滞后性,短期跨境资本对商业银行系统性风险的冲击通过改变货币市场流动性和商业银行信贷规模等间接渠道产生影响。

四、利率市场化背景下商品市场对商业银行系统性风险冲击的实证分析

(一)样本选取与数据来源

根据前文提出的有关研究假设,为了探究利率市场化、商品市场与商业银行系统性风险的关系效应,并保证数据的真实性、完整性和研究结果的稳健性,本书选取 2007 年第二季度至 2019 年第四季度数据,分别对利率市场化、大宗商品价格、商业银行系统性风险三者之间的关系进行考察。本书所使用的数据的初始数据主要来源于国泰安(CSMAR)数据库、中经网统计数据库、同花顺软件、新浪财经、东方财富网及中国流通产业网。最后,采用 Eviews 9.0 进行实证分析和检验。

(二)变量设定

1. 利率市场化
参见第四章第二节利率市场化测度方法。
2. 大宗商品价格
本书通过东方财富网和中国流通产业网等渠道,获取中国 2007 年第二季度至 2019 年第四季度相关 CCPI 指标的季度数据,并进行适当的换算,具体见表 5.16。采用调整后的季度 CCPI 指标,调整后的 CCPI = 每季度最后一个月的周五 CCPI 数据的平均值÷上一年同期对应的平均值,作为衡量商品市场的指标。

表 5.16   *RISK* 的方差分解结果

指数	一级指标	权重	二级指标	权重
利率市场化	存款市场利率	0.3170	人民币存款利率	0.8750
			外币存款利率	0.1250
	贷款市场利率	0.3170	人民币贷款利率	0.8750
			外币贷款利率	0.1250
	货币市场利率	0.1647	同业拆借利率	0.7500
			票据贴现利率	0.2500
	债券市场利率	0.1074	债券发行利率	0.6000
			债券回购利率	0.2000
			现券交易利率	0.2000
	理财产品收益率	0.0939	银行理财产品收益率	0.5370
			货币基金收益率	0.2047
			信托基金收益率	0.2583

3. 银行业系统性风险

参照本节利率市场化背景下资本市场对商业银行系统性风险冲击的实证分析部分。

(三) 数据处理与检验

1. 单位根检验与滞后阶数确定

在处理时间序列的变量数据时，如果数据不平稳会影响做出的实证结果，通常可能会出现伪回归的结果，为了检测各个变量的数据是否适合建立相关时序模型的要求，本书首先对各变量数据实施平稳性检验。本书选择运用 ADF 单位根检验方法，分别对利率市场化指数 IRL、大宗商品价格 *CCPI*、商业银行系统性风险 *RISK* 的原序列进行平稳性检验，结果如表 5.17 所示。

表 5.17   *IRL*、*CCPI*、*RISK* 各变量的 ADF 单位根检验

变量	T 值	p 值	显著性水平		
			1%	5%	10%
IRL	− 2.714149	0.2369	− 4.219126	− 3.533083	− 3.198312
d*IRL*	− 15.46840	0.0000	− 2.627238	− 1.949856	− 1.611469

续表

变量	T 值	p 值	显著性水平		
			1%	5%	10%
CCPI	- 3.611267	0.0097	- 3.600987	- 2.935001	- 2.605836
d*CCPI*	- 4.499031	0.0000	- 2.622585	- 1.949097	- 1.611824
RISK	- 4.321762	0.0073	- 4.198503	- 3.523623	- 3.192902
d*RISK*	- 4.643644	0.0000	- 2.622585	- 1.949097	- 1.611824

根据表 5.17 所示结果可知，*IRL* 的数据序列并不平稳，但经过一阶差分后的序列 d*IRL* 是平稳的，而 *CCPI*、*RISK* 的数据序列本身都是平稳的，故经过一阶差分后序列依然平稳，因此可以确定 *IRL*、*CCPI*、*RISK* 均为一阶单整，即都是 I（1）过程，故可以对序列 *IRL*、*CCPI*、*RISK* 的一阶差分序列建立 VAR 模型，并对结果展开分析。在滞后阶数的选择上，我们首先参考 AIC 和 SC 准则对模型的滞后阶数进行选择，在这里由于 AIC 和 SC 准则的最小值的滞后阶数不同，因此，我们再次验证 LR、FPE、AIC、SC、HQ 这五种联立检验方法的结果来确定 VAR 模型的滞后阶数，最终选择建立的 VAR 模型的最优阶数为 3。

2. 协整检验

本书选择较为普遍的 Johansen 协整关系的检验方法，对利率市场化 *IRL*、大宗商品价格 *CCPI*、商业银行系统性风险 *RISK* 的一阶滞后期的三者之间进行 Johansen 协整检验，得到表 5.18 的检验结果。

表 5.18　　变量 *IRL*、*CCPI*、*RISK* 之间的 Johansen 协整检验结果

协整向量	特征值	Trace 统计值	0.05 临界值	p 值
无	0.542387	66.23795	29.79707	0.0000
1 个	0.398567	34.96870	15.49471	0.0000
2 个	0.306343	14.63111	3.841466	0.0001

从表 5.18 的检验结果可以看出，在 5% 的显著水平下，迹的统计值为

14.63111，显然大于5%水平下显著性的临界值3.841466，故拒绝最多存在2个协整向量的零假设，从而可以得到，变量 IRL、CCPI、RISK 存在长期稳定的协整关系。

（四）建立 VAR 模型

根据上节对滞后阶数的检验，我们得到最优的滞后阶数是3，因此，我们将对 IRL、CCPI、RISK 一阶差分序列建立滞后阶数为3阶的 VAR 模型，得到模型的估计参数如表5.19所示：

变量 IRL、CCPI、RISK 一阶差分建立的 VAR 模型关系等式方程如下：

$$
\begin{aligned}
IRL = & -0.2256\,IRL\,(-1) - 0.1560\,GAP\,(-2) - 0.1978\,GAP\,(-3) \\
& -0.0218\,CCPI\,(-1) - 0.0094\,CCPI\,(-2) + 0.0226\,CCPI\,(-3) \\
& +0.0279\,RISK\,(-1) - 0.0298\,RISK\,(-2) - 0.0410\,RISK\,(-3) \\
& +0.0141
\end{aligned}
$$

$$
\begin{aligned}
CCPI = & -0.5798\,GAP\,(-1) - 0.7380\,GAP\,(-2) - 0.0781\,GAP\,(-3) \\
& +0.2977\,CCPI\,(-1) - 0.3487\,CCPI\,(-2) - 0.0285\,CCPI\,(-3) \\
& +0.0490\,RISK\,(-1) + 0.3419\,RISK\,(-2) - 0.1633\,RISK\,(-3) \\
& +0.0278
\end{aligned}
$$

$$
\begin{aligned}
RISK = & -0.9684\,GAP\,(-1) - 0.2741\,GAP\,(-2) + 0.4248\,GAP\,(-3) \\
& +0.4711\,CCPI\,(-1) - 0.2483\,CCPI\,(-2) - 0.0066\,CCPI\,(-3) \\
& +0.0721\,RISK\,(-1) + 0.0365\,RISK\,(-2) - 0.2829\,RISK\,(-3) \\
& -0.0237
\end{aligned}
$$

表 5.19　　　　变量 IRL、CCPI、RISK 一阶差分的 VAR 模型估计

变量		dIRL	dCCPI	dRISK
dIRL - 1	系数	-0.2256	-0.5798	-0.9684
	标准误	0.1915	0.9066	0.5326
	T 值	-1.1778	-0.6396	-1.818
dIRL - 2	系数	-0.1560	-0.7380	-0.2741
	标准误	0.2064	0.9773	0.5741
	T 值	-0.7559	-0.7552	-0.4774

变量		dIRL	dCCPI	dRISK
dIRL - 3	系数	- 0. 1978	- 0. 0781	0. 4248
	标准误	0. 1950	0. 9231	0. 5423
	T 值	- 1. 0142	- 0. 0846	0. 7834
dCCPI - 1	系数	- 0. 0218	0. 2977	0. 4711
	标准误	0. 0416	0. 1969	0. 1156
	T 值	- 0. 5255	1. 5124	4. 0740
dCCPI - 2	系数	- 0. 0094	- 0. 3487	- 0. 2483
	标准误	0. 0472	0. 2236	0. 1313
	T 值	- 0. 1999	- 1. 5596	- 1. 8902
dCCPI - 3	系数	0. 0226	- 0. 0285	- 0. 0066
	标准误	0. 0536	0. 2538	0. 1491
	T 值	0. 4206	- 0. 1121	- 0. 0440
dRISK - 1	系数	0. 0279	0. 0490	0. 0721
	标准误	0. 0673	0. 3186	0. 1872
	T 值	0. 4146	0. 1538	0. 3850
dRISK - 2	系数	- 0. 0298	0. 3419	0. 0365
	标准误	0. 0622	0. 2947	0. 1731
	T 值	- 0. 4789	1. 1604	0. 2109
dRISK - 3	系数	- 0. 0410	- 0. 1633	- 0. 2829
	标准误	0. 0496	0. 2349	0. 1380
	T 值	- 0. 8261	- 0. 6952	- 2. 0504
C	系数	0. 0141	0. 0278	- 0. 0237
	标准误	0. 0071	0. 0336	0. 0198
	T 值	1. 9788	0. 8266	- 1. 1986

对上面建立的 VAR（3）模型进行 AR-Roots 检验，得到结果如图 5.17 所示。可以看出该模型的所有特征根都位于单位圆内，也就是我们所建立的 VAR 模型的单位根都小于 1，也就是说这里所建立的模型是平稳的。

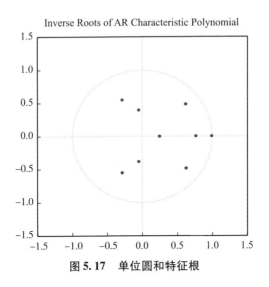

图 5.17　单位圆和特征根

（五）格兰杰因果检验

格兰杰因果检验可以分析各变量间在数据上所反映出的因果关系。在采用格兰杰因果关系检验变量之间的因果关系存在与否时，其检验结果会受到所选择的滞后期数的影响，滞后期数选择得越多，所得到的结果往往更贴近实际情况，本书选择较为适度的滞后期数为 3，得到的检验结果如表 5.20 所示。

表 5.20　　　　　　　　　格兰杰因果关系检验（$N = 37$）

原假设	F 值	p 值
CCPI 不是 *IRL* 的格兰杰因果原因	0.22657	0.8772
IRL 不是 *CCPI* 的格兰杰因果原因	0.31478	0.8146
RISK 不是 *IRL* 的格兰杰因果原因	1.24273	0.3116
IRL 不是 *RISK* 的格兰杰因果原因	4.10677	0.0149
RISK 不是 *CCPI* 的格兰杰因果原因	1.63892	0.2012
CCPI 不是 *RISK* 的格兰杰因果原因	7.18129	0.0009

由表 5.20 可知，在显著性水平为 5% 的情况下，商业银行系统性风险

RISK 与利率市场化指数 *IRL* 和大宗商品价格指数 *CCPI* 均存在单向因果关系，而利率市场化指数 *IRL* 与大宗商品价格指数 *CCPI* 之间不具有格兰杰因果关系，但检测结果只能说明被检测变量之间只是存在单纯的数量因果关系，而并不能说明其经济意义上的因果关系。

（六）脉冲响应函数分析

脉冲响应函数通常用来检测变量间短期的波动关系，它解释了 VAR 模型中某个变量在受到冲击时引起模型中其他变量发生的变动来给以具体回应。由前面的 AR-Roots 检验可以知道我们这里所估计的 VAR（3）模型是稳定的。只有在这种前提下对变量做脉冲响应所得到的相应结果才是有意义的。我们对已建立的 VAR 模型做脉冲响应函数，得到分析结果如图 5.18 所示。图中的纵轴代表脉冲响应函数的大小，横轴表示时期数，实线代表脉冲响应函数具体数值，虚线则表示当标准差在正负两倍大小时，其标准差的偏离程度。根据选取样本数据的时间年度（2007~2019 年）在脉冲响应的操作中把冲击作用的滞后期设置成 11 期。

观察图 5.18 可知，当对利率市场化指数的扰动项施加一个正向的脉冲冲击时。第一，大宗商品价格指数从滞后期第 1 期开始表现为上升趋势但为负效应，从第 4 期开始转为正效应，上升趋势一直持续到第 5 期，之后从第 6 期开始表现为下降趋势，并逐渐趋于平稳，最后达到接近为零的稳定趋势。第二，商业银行系统性风险从滞后期第 1 期开始表现为下降趋势且为负效应，并且在冲击后第 2 期达到峰值，之后开始转变为上升趋势，并在第 3 期之后表现为正效应，直到到达滞后期第 6 期，正效应趋势减弱，开始逐渐趋于平稳，达到接近为零的稳定状态。

当对大宗商品价格指数的扰动项施加一个正向的脉冲冲击时。第一，利率市场化指数在滞后期第 1 期之前基本不变，之后开始表现出下降趋势且为负效应，从第 2 期开始表现为上升趋势但仍为负效应，最后从第 3 期开始趋于稳定，逐渐趋近于零点的平稳趋势。由此可看出，大宗商品价格指数的增加会降低利率市场化指数水平，之后降低效果逐渐减弱，开始趋于较为稳定的状态，并且大宗商品价格冲击对利率市场化指数水平的影响具有时滞性的特征。第二，商业银行系统性风险从滞后期第 1 期开始表现为上升趋势且为正效应，并在冲击后第 2 期达到峰值，之后开始转变为下降趋势但仍为正效应，

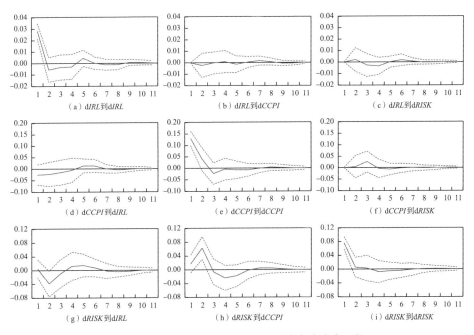

图 5.18 变量 IRL、CCPI、RISK 的脉冲响应函数

并在第 3 期之后开始表现为负效应，第 4 期达到下降趋势的峰值，之后又转变为上升趋势，直到到达滞后期第 6 期，负效应减弱，开始逐渐趋于平稳，达到接近为零的稳定状态。由此表明，大宗商品价格水平的提升期初会加剧商业银行系统性风险，长期之后加剧效果减弱，商业银行系统性风险受到抑制，并且大宗商品价格冲击对商业银行系统性风险水平的影响具有时滞性的特征。

当对商业银行系统性风险对扰动项施加一个正向的脉冲冲击时。第一，利率市场化指数从第 1 期开始基本不变，之后开始表现为上升趋势且为正效应，从滞后期第 2 期表现为下降趋势且为负效应，并在第 3 期达到下降峰值，之后开始转变，呈上升趋势，直到第 5 期上升趋势趋于平缓，并之后逐步趋向于零的稳定趋势。由此可以看出，商业银行系统性风险的加大期初会提高利率市场化水平，但长期风险的持续加剧会降低利率市场化水平，因此要加强对商业银行系统性风险的预警防控。第二，大宗商品价格指数的变动对商业银行系统性风险冲击的回应整体表现为一种先上升后下降的趋势，但总体趋势并不明显，第 1 期开始呈上升趋势且为正效应，至第 3 期开始表现为下降趋势但仍为正效应，下降到第 6 期后趋于平缓，并最终稳定于零点的平稳趋势，由此说明商业银行系统性风险对大宗商品价格具有正效应影响，且其冲击效应具有时滞性。

（七）方差分解

为了讨论分析利率市场化、大宗商品价格与商业银行系统性风险对相应变量扰动冲击变化的响应，本书利用方差分解的方法对利率市场化和大宗商品价格在商业银行系统性风险变化中的贡献度、利率市场化和商业银行系统性风险在大宗商品价格变化中的贡献度，以及大宗商品价格和商业银行系统性风险在利率变化中的贡献度进行分析，运用方差分解进行分析得到结果如表 5.21 所示。

表 5.21　　　　　　　　　　方差分解

类别	期数	标准误	dIRL	dCCPI	dRISK
利率市场化指数	1	0.028247	100	0	0
	2	0.02899	98.77371	0.683235	0.543051
	3	0.029339	97.94929	0.678652	1.372055
	4	0.029737	96.50048	0.732257	2.767261
	5	0.030097	96.32993	0.964428	2.705639
	6	0.030153	95.97178	0.980824	3.047399
	7	0.030232	95.66852	1.253869	3.077616
	8	0.030268	95.61602	1.305006	3.078972
	9	0.030281	95.5646	1.355344	3.08006
	10	0.030293	95.52328	1.398963	3.077755
	11	0.030294	95.52299	1.39934	3.077673
大宗商品价格指数	1	0.133723	3.635866	96.36413	0
	2	0.141604	6.050032	93.87981	0.070153
	3	0.146825	6.807291	89.91297	3.27974
	4	0.147075	6.967594	89.69134	3.341067

续表

类别	期数	标准误	dIRL	dCCPI	dRISK
大宗商品价格指数	5	0.148011	7.646057	88.83929	3.514652
	6	0.148807	8.330862	88.17246	3.496681
	7	0.14881	8.330634	88.17264	3.496723
	8	0.148944	8.411607	88.08968	3.498711
	9	0.148976	8.426583	88.07537	3.49805
	10	0.148981	8.42707	88.06938	3.503546
	11	0.148984	8.426656	88.06502	3.508323
商业银行系统性风险	1	0.078556	0.396769	4.634603	94.96863
	2	0.108168	13.21621	36.43482	50.34897
	3	0.108825	13.85537	36.33161	49.81303
	4	0.112334	14.15682	38.6163	47.22688
	5	0.114779	15.12886	39.41799	45.45315
	6	0.115091	15.42754	39.22768	45.34478
	7	0.115204	15.42928	39.3088	45.26192
	8	0.115375	15.51773	39.34847	45.1338
	9	0.115445	15.5654	39.34014	45.09446
	10	0.11545	15.56476	39.33685	45.09839
	11	0.115455	15.56635	39.33744	45.09621

观察表 5.21 方差分解的结果可以看出，利率市场化指数的方差主要是由自身变动解释的；大宗商品价格指数的方差随滞后期的增加而减少，并且主要由自身变动与利率市场化指数变动决定的，其中，自身贡献为 88%，利率市场化指数贡献为 8%；商业银行系统性风险的方差随滞后期的增加而减少，并且在较大的部分是由利率市场化指数波动、大宗商品价格指数波动及自身变动决定的，其中，利率市场化指数贡献为 16%，大宗商品价格指数贡献为 39%，自身贡献为 45%，说明相对于利率市场化与大宗商品价格，我国商业银行系统性风险更容易受到来自利率市场化及商品市场的冲击影响。

五、研究结论与建议

(一) 利率市场化背景下资本市场对商业银行系统性风险冲击的结论与建议

1. 研究结论

本书分别对利率市场化指数、上证综合指数波动率、中债新综合指数、基金复权净值增长率与银行业系统性风险之间建立向量自回归（VAR）模型，分别讨论这几个变量之间的影响关系。得到相应实证结论与分析罗列如下。

（1）利率市场化指数与银行业系统性风险之间关联结论与分析。

在对利率市场化指数与银行业系统性风险之间进行实证检验之后，可以看出利率市场化指数与系统性风险之间存在协整关系，且特征根的倒数均在单位圆之内，说明变量之间存在较为稳定的关系。在对利率市场化指数实施冲击后，银行业系统性风险的响应存在时滞效应，呈现先减弱后增强的趋势，这是由于利率市场化的传导机制尚未完善，在短期内呈现负向作用后最终会加剧系统性风险。

（2）利率市场化指数与资本市场变量之间关联结论与分析。

通过对利率市场化指数与上证综合指数波动率、中债新综合指数、基金复权净值增长率之间的实证分析检验结果可以得出，利率与股价变量之间存在长期协整关系，但股价指数对利率不具有格兰杰因果关系；股指变量的波动在利率冲击下的响应具有时变特征与结构性突变的特性，并且利率水平的提高在引起股指变量的短暂下降后，会促使股价指数显著上升，随后出现同样规律的变动但强度有所减弱；而股价水平的上涨最终会引起利率水平的增长行为，但该效应可能会有一定的时滞。但无论是利率对股价冲击的响应趋势，还是股价变量对利率冲击的响应行为，它们受到冲击后的响应幅度都极其微弱。造成这种结果主要在于，即使中国利率市场化进程的脚步一直都未停歇，但其市场化结构并未完善，其与金融市场中的股票价格之间的传导机制效应并不显著，并且利率与股票市场的联系还不够紧密，再加上一些投资者的投机行为和不理性的做法，从而导致了利率和股价之间的作用机制的效率低下。

从利率市场化与中债新综合指数之间的分析结果来看，利率市场化指数与中债新综指之间同样存在长期协整关系，特征根的倒数处于单位圆之内，但利率市场化与中债新综指之间的格兰杰因果关系不显著，但并不能说明该变量之间不存在因果关系。在利率市场化指数的冲击下中债新综指的响应相对较明显，从整体上看，利率市场化指数的提高会引起中债新综指的提高，但期间出现短暂的下降趋势，原因在于利率对债券市场的影响机制不完善，在传导过程中会受到其他诸多因素的干扰。

从利率市场化与基金复权净值增长率之间的分析结果来看，利率市场指数与基金复权净值增长率之间存在长期稳定关系，在基金复权净值增长率对利率市场化指数的作用下，出现短暂下降后整体呈上升趋势。我们可以认为基金复权净值增长率对利率市场化指数的作用存在时滞效应，短期内响应较弱，但长期内存在正向效应。这一结果说明虽然利率与基金市场之间的传导较为复杂，但整体上趋势较为显著，利率市场化进程与基金市场之间相互促进，相辅相成。

（3）资本市场变量与银行业系统性风险之间关联结论与分析。

通过对选取的资本市场变量，即上证综合指数波动率、中债新综合指数、基金复权净值增长率与银行业系统性风险之间的检验结果进行分析可知，股指变量与银行业系统性风险之间存在长期稳定关系，从银行业系统性风险的响应来看，整体呈正向作用，作用效果存在剧烈波动；银行业系统性风险对股价波动的响应趋势波动较大，且作用相对较弱，这说明股价波动会引发系统性风险，但其反作用相对较弱。从中债新综合指数与银行业系统性风险之间的实证结果来看，中债新综合指数的响应整体为正向趋势，说明债券市场的发展同样会引发系统性风险。在系统性风险对基金复权净值增长率冲击的响应中可以看出，系统性风险呈现先上升后下降的趋势，这说明基金市场业绩的增长在前期会加剧系统性风险，但随着基金市场不断采取防御措施并完善市场体系，这一风险会有所减弱。

2. 政策建议

随着利率市场化进程的深入推进，银行业面临的竞争愈加激烈。一方面存款保险制度下的成本大幅增加，其净利润空间被大大压缩，短期盈利水平有所降低；另一方面商业银行在长期发展面临改革的趋势，需要着眼于产品定位、市场结构等方面进行调整。商业银行是受系统性风险影响最深的主体，因此还应着眼于资本市场对利率市场化与银行业系统性风险之间的传导作用，从而提高环境适应性以防范系统性风险。因此，本书以上述实证结果为基础，从以下三个方面提出相关建议。

（1）构建多元化股票市场监管体制。

就目前股票市场来看，仅仅靠企业内部的自律是远远不够的，各级政府应当加强股票市场的监管以维持经济市场的正常运行。除此之外，可以积极吸收外部力量，建立健全"三位一体"的制度管理体系。由此有利于股票市场朝着多元化方向发展，从而能够使得金融机构的合法权益得到有效保障。

（2）完善债券市场信息披露制度。

首先，重点发展交易所债券市场。分别从需求和供给这两个层面加强交易所债券市场的信息披露程度，以市场需求为出发点，提高对更多的机构投资者的吸引力，从而使得交易所债券市场的投资主体得以优化。其次，实现债券市场之间互联互通，进一步引导债券市场信息披露走向规范。进一步来说，金融监管部门制定并实施通用的债券信息披露规范，从具体格式、数量和内容等角度对各层次的债券市场和各类型债券的信息披露实行统一规定。

（3）引导基金市场稳健有序发展。

首先，规范互联网货币基金销售市场。以传统渠道为基础来监管基金销售的同时要明确基金机构在网络推介中所具有的主体责任，承担其风险提示职责，规范销售行为。其次，人民银行、中国银监会与中国证监会应加强合作，实现信息共享，通过联合监管完善基金机构进行经营管理。最后，鼓励互联网货币基金产品创新。推动基金机构与商业银行、各相关企业合作开发新的金融产品，促进现有基金投资产品的多层次和多样化发展。

（二）利率市场化背景下货币市场对商业银行系统性风险冲击的结论与建议

1. 研究结论

本书选取 2007 第一季度至 2019 年第四季度数据，分别对中国利率市场化指数、货币市场利率与商业银行系统性风险变量之间建立传统的向量自回归（VAR）模型，进行脉冲响应模型分析，分别讨论这几个变量之间的影响关系，探究相互之间的冲击效应，得到相应实证结论和分析如下：

（1）利率市场化指数与银行业系统性风险之间关联结论与分析。

在对利率市场化指数与银行业系统性风险之间进行实证检验之后，可以看出利率市场化指数与系统性风险之间存在协整关系，且特征根的倒数均在单位圆之内，说明变量之间存在较为稳定的关系。在对利率市场化指数实施冲击后，银行业系统性风险的响应存在时滞效应，利率市场化改革的初期会减少商业银行系统性风险，但随着改革的深入，商业银行系统性风险增加，这与现有结论基本一致。

（2）利率市场化指数与货币市场变量之间关联结论与分析。

通过对利率市场化指数与隔夜上海同业拆借利率的实证分析检验结果可以得出，利率市场化指数与 $SHIBOR$ 之间存在长期协整关系，ln$SHIBOR$ 是 IRL 的单向格兰杰原因；货币市场利率的波动在利率市场化下的响应具有时变特征与结构性突变的特性，并且在利率市场化的初期会降低货币市场利率，但这种作用会越来越小，随着改革的深入，货币市场利率增加，货币市场逐渐趋于稳定；货币市场的发展在一定程度上有助于推进利率市场化改革，且其对利率市场化具有时滞效应。

（3）货币市场变量与银行业系统性风险之间关联结论与分析。

通过对隔夜上海同业拆借利率与商业银行系统性风险的实证分析检验结果可以得出，$SHIBOR$ 与商业银行系统性风险之间存在长期协整关系，$RISK$ 是 ln$SHIBOR$ 的双向格兰杰原因；货币市场的发展在一定程度上有助于推进利率市场化改革，且其对利率市场化具有时滞效应，而商业银行系统性风险在一定程度上也能够促进货币市场的发展和完善。

2. 政策建议

（1）不良贷款风险的应对策略。

在利率市场化背景下，商业银行的不良贷款会相应增加，因此，提高风险量化及管理水平在当下亟须重视。应从完善内部评级体系和加强流动性风险管理出发，加强商业银行应对不良贷款风险的及时性和稳定性。

（2）资产负债管理风险的应对策略。

在利率市场化执行之后，基于资产负债管理体系下，对于中国商业银行的资产负债架构进行利率风险管理显得尤为重要。商业银行应从加强风险管理以及构建银行利率定价体系视角出发，充分有效地抵御利率市场化改革后所面临的资产负债管理风险。

(3) 实体产业空洞化风险引起银行风险的应对策略。

实体产业空间化风险会引致商业银行系统性风险,应从提升量化管理水平、提高量化计量准确性以及稳定流动性风险三个层面有效控制风险的传染趋势,并且构架银行利率定价体系也能控制商业银行的盈利能力和资本充足率维持在一个合理水平。

(4) 实体资产泡沫风险引起银行风险的应对策略。

提升量化风险管理水平能够应对实体经济资产泡沫爆发后给银行带来的巨大损失。商业银行构建利率定价体系也能够在实体经济资产泡沫爆发后得到一定的风险补偿。

(5) 经济波动风险的应对策略。

从实证结论可知,利率市场化必将使得金融市场短期的利率波动,加强数据精细化管理能够在商业银行发生经济波动风险时及时有效地控制并规避相应的信用风险和市场风险。国家利率改革使得经济波动,强化银行资产负债风险管理也将成为商业银行的风险管理的重要内容之一。

(三) 利率市场化背景下外汇市场对商业银行系统性风险冲击的结论与建议

1. 研究结论

本书首先分析了利率市场化、汇率波动和短期跨境资本间的影响机理,并进一步研究了三者对商业银行系统性风险的影响,通过构建 VAR 模型,利用格兰杰因果检验、脉冲响应函数等方法进行了实证研究。实证结果表明:第一,利率市场化和汇率波动的互动冲击是显著的,利率市场化进程加快,市场利率下降,中外利差缩小甚至倒挂,资本外流严重,人民币出现贬值。同时,当人民币出现贬值或贬值预期较为强烈时,利率的市场化决定机制受到央行外汇干预和货币政策的冲击;第二,利率市场化和汇率波动对短期跨境资本的冲击短期内有效,即利率市场化进程加快和人民币贬值短期内会引起资本外逃,但中长期影响并不显著;短期跨境资本的流入在短期内会使人民币升值,短期内会改变投资者和金融机构的心理预期,对市场利率产生影响,但中长期影响有限;第三,利率市场化进程的不断推进,短期内会降低商业银行系统性风险,长期来看却加剧了商业银行间的竞争,增强了商业银行系统性风险。人民币贬值会导致商业银行资产负债表两端的非对称性增加,并对实体经济产生冲击，进而增加了商业银行系统性风险。短期跨境资本的流入会增加货币流动性和商业银行信贷规模，引起国内资产价格泡沫，间接地增加了商业银行系统性风险。

2. 政策建议

目前，我国的金融体制改革面临的形势错综复杂。一方面，要继续深化利率市场化改革，推动存贷款基准利率和货币市场利率逐渐统一，完善汇率形成机制，稳定汇率预期，探索建立利率、汇率联动机制，在保持汇率稳定的基础上进一步降低市场利率。同时，稳步推进资本项目开放，加强对短期跨境资本流动的管理，引导短期跨境资本流向实体经济，打击非正常渠道的资本外逃，避免对利率市场、汇率市场形成较大的冲击。另一方面，强化商业银行体系的宏观审慎监管，建立完善的风险预警指标体系，谨慎、合理地运用利率、汇率等风险规避组合工具的运用，全面防范利率、汇率波动等引起的市场风险。加强对短期跨境资本流动的监管，既要控制因短期跨境资本流入引起的商业银行信贷的不合理增长，避免造成国内资产价格泡沫，又要缓解短期跨境资本大量流出对实体经济造成的冲击。

（四）利率市场化背景下商品市场对商业银行系统性风险冲击的结论与建议

1. 研究结论

本书选取 2007 年第二季度至 2019 年第四季度数据，分别对中国利率市场化指数、大宗商品价格指数与商业银行系统性风险变量之间建立传统的向量自回归（VAR）模型，进行脉冲响应模型分析，分别讨论这几个变量之间的影响关系，探究相互之间的冲击效应，得到相应实证结论和分析如下：

（1）利率市场化指数与商业银行系统性风险之间具有单向格兰杰因果关系，商业银行系统性风险的波动在利率市场化冲击下的响应具有时变特征与结构性突变的特性，并且利率市场化水平的提高在引起商业银行系统性风险的减少后，会减缓其下降趋势，最终会加大商业银行系统性风险水平；而商业银行系统性风险水平的提高最终会引起利率市场化指数水平的增长行为，并最终趋于稳定，但该效应可能会有一定的时滞。

（2）大宗商品价格指数的波动在利率市场化冲击下的响应具有时变特征与结构性突变的特性，起初利率市场化会降低大宗商品价格指数水平，而随着利率市场化进程的推进，大宗商品价格指数水平开始提高；而大宗商品价格指数的增加短期会降低利率市场化指数水平，长期下降趋势放缓，最终趋于稳定状态。

（3）大宗商品价格指数与商业银行系统性风险之间具有单向格兰杰因果关系，商业银行系统性风险的波动在大宗商品价格冲击下的响应具有时变特征与结构性突变的特性，大宗商品价格指数的增加期初会加剧商业银行系统性风险，长期之后加剧效果减弱，商业银行系统性风险受到抑制；而商业银行系统性风险水平的提高在短期引起大宗商品价格指数的减少后，会引起其表现出上升趋势，之后又引起其水平的下降，并最终趋于稳定，但该效应可能会有一定的时滞。

2. 政策建议

通过前述理论与实证的研究结果，主要提出以下政策建议：

（1）首先，要从降低利率敏感性缺口以及减少初始冲击带来利率风险损失来控制利率市场化引起的银行风险，即从源头杜绝风险的开始。其次，进一步优化信贷资产的自身结构，加强利率风险管理，构建适应宏观经济周期变化的最优资产组合，一方面减少对部分不良贷款源行业的过度投资和盲目发展，另一方面大力支持和鼓励一些薄弱行业的发展。最后，建设以利率风险管理为核心的资产负债管理体系，强化利率风险管理意识，逐步确立利率风险管理在资产负债管理中的核心地位，确保资产与负债总量平衡与结构对称。

（2）加大商业银行体制机制改革，完善公司治理，为银行的风险管理和防范提供根本的制度保障。可以通过建立综合性的风险监管体系，尤其是要加强对于风险的预测。更重要的是，要以经济周期为基础来评估信贷资产的当前风险和未来风险，预测信贷项目的违约概率和未来可能发生的消极影响，并按照理性支持业务发展的要求。

（3）以促进金融创新、产品创新和业务创新来寻求来弥补利息收入的缩减，以缓冲利率市场化所带来的冲击，增强适应商品市场经济形势变化的竞争能力。综观传统的银行经营，较多地体现在存款与贷款业务上，由于业务单一以及产品匮乏引致的经济形势变化影响较大。因此，从创新视角出发，能够探索出规避风险的新道路，以更好地体现适应商品市场发展的变化。具体可以从经营模式创新、业务方式创新、品牌管理创新等深入开展，通过持续不断地创新，促进产品更新、换代升级，培育新的品牌增长点，不断提高银行的竞争力和品牌价值。

利率市场化背景下商业银行系统性风险的传染路径

在上一章的研究过程中，主要基于宏观视角来探讨利率市场化背景下商业银行系统性风险的冲击效应。在资本市场、货币市场、外汇市场以及商品市场四个宏观环境中，分别从理论和实证两类分析范式对于上述冲击效应进行了全方位解读，并且从多个角度阐释了不同市场应如何应对与防范系统性风险的冲击。

考虑到商业银行系统性风险的冲击与传染不仅会受到宏观环境的影响，同时银行自身体系与业务机制也会产生不可忽视的微观干扰。因此，在本章的研究中，将着重从微观视角来分析利率市场化背景下商业银行系统性风险的传染路径和作用机制，以期呼应上一章商业银行系统性风险的宏观环境冲击，亦能够起到强化商业银行系统性风险传染的路径识别能力的作用。具体将从影响商业银行系统性风险传染的内部机制出发，基于同业市场视角、银行共同资产视角与支付结算视角来进行多维理论思考与实证解惑。最后，在整合本书研究的基础上提出具有针对性的建议措施。

第一节 利率市场化背景下商业银行系统性
风险传染路径分析

一、利率市场化背景下商业银行系统性风险的传染路径——同业市场视角

莫斯（Mouss，2011）、盖夏等（Gai et al.，2011）的研究表明，银行网络具有显著的复杂网络结构特征，其风险传染与网络拓扑结构密切相关。因此，从复杂网络的角度分析银行间市场的风险传染是合理的。综观现有研究，复杂网络的银行间风险传染的文献大致集中在以下两个方面。

一是对银行间风险传染的渠道、特征和作用的研究。其中，间接传染渠道包括储户的挤兑（Itay，2004）和长期资产价格的下降（Cifuentes et al.，2005）等；直接传染渠道包括同业贷款渠道（Rochet et al.，1996）和支付系统渠道（Diamond and Dybvig，2006）等。伊尔等（Iyer et al.，2005）基于对印度银行间市场的风险传染特征的实证研究，发现银行资产负债表之间的信用连接在一定程度上影响着银行风险传染；此外，在适当水平下，银行间市场往来交易等将会扩大银行系统面临的危机。李宗怡和李玉海（2005）利用矩阵方法模拟分析了银行风险传染的特征，发现银行系统风险传染的概率很小。考虑到金融安全网的作用，风险蔓延的可能性可能为零。福尔芬（Furfine，2003）研究发现，虽然单家银行破产导致多家银行破产的可能性较低，但大银行引发流动性风险蔓延的可能性往往大于风险蔓延的可能性。伊里等（Iori et al.，2006）通过对同质与异质银行违约率的对比研究发现，银行异质性的增加和银行间规模的扩大将在很大程度上增加风险的传染效应。周再清等（2008）基于信息熵最优化矩阵方法结果表明，中小股份制银行比国有银行更容易受到系统风险的传染。乔治（Georg，2013）研究发现，银行间关联程度与风险传染程度之间不存在线性关系。在这一点上，银行间互联互通的适度增加有利于风险分散。然而，当银行间的联系超过一定限度时，风险的扩散会导致更大范围的银行倒闭。

二是复杂网络结构与银行间风险传染关系的研究。杰克逊（Jackson，

2008）认为，使用复杂的网络技术来适应真实世界的网络，然后记录金融系统冲击在不同参与者之间的蔓延。博斯等（Boss et al.，2004）研究发现，澳大利亚银行之间的资产、负债和网络连接的分布具有双重幂律特征。低次网络连接的幂律系数为 0.61557，较高度的银行网络连接幂律系数为 0.01；其中，银行的网络聚集系数较低对应着大银行之间的连接较少。汪等（Wang et al.，2002）研究发现网络面临随机性冲击时较稳定，但是，它很容易受到高度连接节点的攻击。施纳贝尔等（Schnabel et al.，2004）研究发现，资产价格与银行持有的资产组合之间存在负反馈效应，即与银行的价格变动无关的资产在危机中会变得高度相关。在此基础上，本书构建了一个标准化的资产折价模型。张英奎等（2013）通过对各种传统的大世界网络、随机网络、小世界网络和各种无标度大世界网络中银行风险管理系统模型的建立进行计算机研究和仿真，发现了银行框架和网络的连接集中和密度对于银行系统的潜在风险暴露和传染效应有很大的直接影响。万阳松（2007）研究发现，当银行框架和网络的规模较小时，网络框架和规模的快速扩大可能会直接地使更多的大型银行管理机构面临潜在的风险和冲击，银行间的潜在风险暴露可能间接地导致更多的大型银行倒闭。因此当一个银行框架和网络的规模较大时，网络框架和规模的快速增大可以很好地有效分散和减少银行间的潜在风险和敞口，从而大大降低了银行间风险的暴露和传染效应。隋聪等（2014）通过计算银行间的违约距离来衡量银行系统性风险，发现银行的风险集中度与网络破产违约银行的数量之间往往存在密切正相关的关系。例如，当基本网络违约破产银行的数量相对较少时，网络违约银行集中度的数量越高，由于流动性的传染而被迫倒闭的网络违约银行总注册资产越少，大银行比小网络破产银行更容易直接引起流动性的传染。

综上所述，虽然目前已经有一些学者充分地利用了银行间大额拆借的市场来深入研究商业银行金融系统流动性风险的直接传导和机制，但过于考虑储户与商业金融银行之间的交易和借贷行为，忽视央行的流动性地位。众所周知，作为"银行的银行"，一方面，央行已经为所有的商业金融银行的储户提供了金融服务；另一方面，通过向央行吸收商业银行存款的准备金和银行充当最后流动性贷款人的准备金来直接影响整个商业银行的金融流动性。其中，吸收一定比例的商业银行存款作为准备金可以有效保证商业银行的流动性和清偿贷款能力，防止商业金融银行在面临储户的挤兑时缺乏足够的流动资金，在有效地保护了储户安全的同时，也有效地避免了银行的持续性破产，进而大大降低商业银行金融系统流动性风险的发生可能性；而银行作为最后的贷款人，目的是对流动性不足的商业银行给予资金帮助，保护银行免于破产，防止银行系统性资金风险的继续发生。在全球金融危机的爆发期间，无任何资产抵押的商业银行机构在同业证券融资市场的借贷利率急剧增长，说明各银行机构对资金的迫切需求以及银行间市场资金供给量的大幅减少，即呈现出极不平衡的供需关系。伦萨等（Lenza et al., 2010）的研究结果认为央行定量的货币政策可提高银行间货币贷款利率，定性的宽松货币政策能够减少银行间货币贷款市场的系统性利率。这与艾伦（Allen, 2009）和芙蕾莎（Freixas, 2010）的观点一致，他们认为中央银行的干预能够提高银行同业拆借市场的有效性，从而减少影响银行间金融市场流动性的风险。

因此，根据上文央行的金融监管职能、一些专家和学者的货币政策观点及对金融危机后央行系统性干预的研究结果可以看出，把中央银行纳入银行同业拆借市场中来考虑银行系统性风险问题存在一定的重要意义。

二、利率市场化背景下商业银行系统性风险的传染路径——共同资产视角

学者们基于内生金融周期模型和资产价格冲击模型对共同冲击进行了一定的研究并取得了相关成果。金融周期对宏观经济影响的传导机制与金融周期理论的发展与演化相对应，现有研究普遍认为，基本通过以抵押约束机制、金融加速器机制和银行中介机制为代表的三种主要机制传导到宏观经济（邓创等，2019）。

现有研究普遍认为，金融周期对宏观经济影响机制主要包括了抵押约束机制、金融加速器机制和银行中介机制。抵押约束机制描述的是企业净值（资产价格）对企业信贷能力的直接影响作用。具体而言，负向经济冲击所引发的企业净值下降。一方面，会导致实际抵押资产价格下降静态效应；另一方面，还会因为未来预期收益下降引致抵押资产需求和价格进一步降低的动态跨期效应，而抵押资产实际和预期价格的交替下降将逼迫企业大幅削减投资从而导致冲击的放大和传播（Cordoba and Ripoll, 2004；Iacoviello,

2005）。金融加速器机制也称"资产负债表渠道"。在外部融资溢价机制下，负向经济冲击引发企业产出、收益或资产价格的下降，将造成企业资产负债表恶化，从而弱化企业外部融资能力，对企业生产活动形成阻碍，导致企业净值持续下跌，进而扩散并传播初始冲击的影响。银行中介机制主要强调冲击对银行等金融中介部门资产组合和负债结构的影响。金融中介部门遭受经济的负向冲击，其资本规模必然下降，为满足监管要求和预防流动性困境，金融中介部门必将采取催还贷款、紧缩信贷及提升利差等措施，这会对企业投资和产出造成负面影响，进而产生经济周期波动（Jermann and Quadrini，2012；Gertler and Kiyotaki，2015）。抵押约束机制、金融加速器机制和银行中介机制相互交织、互相补充，共同实现内外部冲击通过金融体系向宏观经济的传导。格特勒和清泷（Gertler and Kiyotaki，2015）从复合机制出发，融合了金融加速器效应和 DD 银行挤兑模型，发现当宏观经济疲软时，产出和资产价格的下降会降低金融机构的盈利能力，同时储蓄者也处于金融机构偿付存款能力下降的预期，对金融机构进行挤兑，从而使得金融机构的资产负债表快速收缩。信贷资产的萎缩会提高商业信贷的价格，使得实体经济进一步萧条，加深金融机构资本金和资产价格的下降幅度，最终形成"宏观－金融"间的恶性循环。田新民和陆亚晨（2019）使用 TVP-VAR 模型进一步考察了金融周期对宏观经济运行影响效应的时变特征，发现金融周期波动对宏观经济周期、物价变动都产生了显著的时变效应，即金融周期波动可以作为宏观经济运行的指示灯，具体体现在：金融周期的高涨和衰退阶段，爆发金融危机的可能性增大；在金融周期相对平稳阶段，爆发金融危机的概率较低。

资产价格冲击模型则认为资产价格的大幅波动会加大经济总量的不稳定性，影响银行机构的经营环境，从而引发整个银行业的系统性风险。目前国内外学者关于资产价格对风险传染过程的影响展开了广泛讨论。西弗恩特斯等（Cifuentes et al.，2005）最早提出了共同资产持有模型，并指出当流动资产不足以偿还债务时，金融机构流动性受损，需要向市场出售非流动资产，降低了其他持有相同资产的机构偿债能力，从而金融市场的风险大大增加。在西弗恩特斯等（Cifuentes et al.，2005）基础上，陈等（Chen et al.，2014）构建了银行资产组合选择模型，研究了如何通过调整资产组合影响价格。格林伍德等（Greenwood et al.，2015）则进一步讨论了金融机构持有多种非流动性金融资产的降价的风险传染过程。方意等（2016）指基于金融市场传染方法是度量系统性风险的主要方法之一，该方法利用金融机构发行的股票、债券、大额可转让定期存单等金融市场工具数据来度量金融体系之间的尾部依赖关系，这种尾部依赖关系不依赖于金融机构业务之间的关联性。吴宜勇等（2017）指出，经济繁荣时期，所有银行将会扩大资产规模，然而一旦爆发危机或经济低迷，大多数金融机构为了应对危机将会出售资产，导致资产价格进一步下跌，不同机构之间相互影响会引发系统性风险，即某一陷入困境的机构可能会通过资产负债表的相关性和价格波动效应传导至其他机构。姚鸿等（2019）通过简化的金融市场构建投资组合多元化模型，研究了同时基于持有共同资产的减价出售和银行间拆借关系的投资组合多元化对系统性风险的影响。沈沛龙等（2019）将银行同业网络中的对手违约风险与资产重叠中的共同资产持有风险两类传染途径纳入金融风险传染模型，分析在不同网络结构中资产多样化程度与初始冲击程度对于传染概率、传染范围与损失程度的影响。

股票价格的不断波动，是买卖双方力量转换的结果，在分析股价的影响因素时，必须将"羊群效应"的影响纳入其中，众多学者对此展开了较为深入的研究。"羊群行为"是由信息连锁反应形成的行为方式，个体极有可能会放弃个人信息选择而依赖整体公共信息进行选择。这就说明当社会公众对银行机构形成信息危机时，集体的非理性与个人理性之间会产生矛盾，进一步导致银行挤兑现象的产生，最终加剧银行业的危机。莫克等（Morck et al.，2000）采用量化分析方法，将股价同步性用个股收益率与市场收益率回归模型的拟合度 R2 来表示，其后续研究表明了我国股市存在着较高的股价同步性。许年行等（2013）认为，投资者间的"羊群行为"会使他们在做出决定时更多地依赖公共信息而降低自己私人信息的权重，从而降低了资本市场的信息透明度、加剧了股价波动和崩盘风险。薛克曼和熊晓明（Scheinkman and Xiong，2003）从有限关注理论（limited attention）出发，认为投资者的关注度与股票规模、股票交易活跃度呈显著的正相关，因此这类股票更可能导致"羊群行为"的产生，少量的新信息便会产生"信息瀑布"和大量的跟风交易。沃莫斯（Wermers，1999）根据基金季度持仓数据，得出了"羊群行为"加快了私有信息在股票价格中的反应速度，从而有助于股票市场的价格发现的结论。然而，朱菲菲等（2019）却认为，"羊群行为"是一种脆弱短期现象，会导致股票价格的明显反转，并不利于金融市场的价格发现，并且这种反转在买卖行为中具有不对称性。刘京军等（2016，2018）利用空间计量法，通过构建基金持仓相似性网络，探讨了基金网络中的一致性行为，并发现由于业绩竞争和扩大资产规模的意愿驱使，"羊群效应"使得基金网络的资产配置呈现大量泡沫，在一定程度上加大了我国股票市场的脆弱性。黄诒蓉等（2020）认为，我国基金经理之间的"羊群效应"，使得我国基金之间的重仓股持有结构及其变动的相似性较高，持仓变动上存在着较为稳定的网络结构，这种网络传染现象降低了市场的定价效率。张大永等（2020）认为，我国股票分析师"非信息驱动"的真"羊群行为"增加了公司的股价同步性，且这种关系会受到分析师与机构投资者之间的利益冲突及市场情绪的影响。

同时，资产价格的波动也会引发抵押品价值的变动，使得企业融资环境恶化，从而加剧银行体系风险。方意等（2016）指出，抵押支持债券（MBS）作为次级贷款的载体在2008年金融危机期间首先受到强烈冲击，持有抵押支持债券银行的自有资本也因此受损，最终损失将会蔓延至整个银行体系。清崎和摩尔（Kiyoraki and Moore，1997）运用企业借款模型分析借款规模受抵押品价值的约束能力，其中抵押品为土地等固定资产，分析结果表明生产力的负面冲击使企业的现金流减少，从而盈利利润下降。在这种情况下，如果企业受抵押品限制不能及时获取更多资金维持投资规模，投资的减少会导致资产价格下跌，从而增加了抵押品约束。这循环往复的过程最终会影响到资产价格。

三、利率市场化背景下商业银行系统性风险的传染路径——支付结算视角

根据中国报告网的数据显示，目前我国支付体系处于平稳运行阶段，社会资金交易规模正不断扩大。范吴喆（2020）基于互联网背景分析银行支付结算风险特征，提出借助互联网，用户可以在任何时间地点办理相应的业务，其中一个地区出现故障就会导致整个系统出现问题。李丹（2020）提出银行的支付结算在各个环节都普遍存在风险，且随着科技进步，犯罪手段趋向高科技化且金额普遍较大。因此，银行作为支付结算的中介机构，从支付结算渠道的视角分析银行间的风险传染是合理的。通过对现有文献进行梳理发现，

有关商业银行支付结算的研究主要集中在以下几个方面。

（1）有关商业银行支付结算风险及其类型的研究。

其中，国内结算方式的风险主要包括票据风险、汇兑风险、委托收款和托收承付风险以及信用卡风险；国外结算方式的风险主要有信用证风险、汇付风险以及托收风险。黄佳和曹雪锋（2008）论述了支付交易结算体系与系统性风险的关系，指出支付结算体系中的一环出现问题，会造成信用风险和流动性风险连锁放大，同时提出应避免偶然性的支付结算问题转化为系统性风险，以免威胁到整个金融体系的稳定性。李文龙（2010）指出，当前智能结算背景下的操作风险主要由于各大银行的内部控制管理不足，业务流程和制度不完善，同时，在支付结算业务中广泛运用的新技术虽提高了银行金融服务效率但也增加了更多的操作风险，使得原本人工操作的风险转变成了系统性风险。刘晟（2018）构建了商业银行支付结算业务的风险体系，指出其外部风险主要存在于目前我国相关法律法规尚不完善、行业风险不确定性较为突出、信用体系建设不健全、公众缺乏信用意识、实体经济日渐下行等方面；而内部风险主要在于银行自身未全面意识到其支付结算业务的风险，同时，银行内部存在违规操作，即为吸收客户资金，提高自身竞争力，对客户的身份认证和尽职调查违规进行，向客户售卖不合适的投资理财产品，审批不符合约束标准的贷款手续，从而导致社会经济出现混乱。

随着互联网技术的蓬勃发展，人们进行支付结算的方式也越来越网络化，相关数据表明，我国的互联网支付总额已达到世界第一。随着科技的进步，互联网环境下的银行支付结算风险有了很大的改变，总结学者们的观点后发现主要包括以下几种。第一，法律法规缺失风险。国家相关监管政策并未跟上网络移动支付技术发展的脚步，不法分子很可能会钻法律空子，做出诈骗等损害消费者利益的违法行为。第二，技术安全风险。在互联网背景下，移动支付往往依赖于计算机和网络，若其受到恶意攻击则会造成一系列不可预期的后果，这就对商业银行的系统技术支持和信息技术人才提出了更高的要求。第三，内部控制风险。我国的商业银行在发展过程中面临着多种类型的风险，若缺乏稳定的内部控制制度，则会大人增加风险发生的可能性。第四，违约信用风险。不同于传统银行柜台办理的支付结算，互联网支付结算的主要特点是方便快捷，这就使得交易双方对信用度的关注降低，很容易发生违约信用风险。

（2）有关商业银行支付结算风险特征的研究。

高源和王子昂（2018）在其相关研究中指出，商业银行支付结算风险的特征主要有：第一，随着市场的转型发展，支付结算风险逐渐转向降低不良贷款率和票据贴现业务领域，导致信贷风险和票据风险大大增加；第二，内部工作人员参与作案频发；第三，支付结算业务流程环环相扣，风险点多且面广；第四，申请信息和资料繁杂，虚假信息隐蔽且不易察觉；第五，涉案金额高且负面影响大。田登（2011）提出由于我国商业银行在支付结算风险方面积累的数据相对匮乏以及信息披露制度不完善，使得我国商业银行支付结算风险的相关历史数据难以收集。

（3）有关商业银行支付结算风险防范对策的研究。

孙茹亭（2019）基于互联网背景，分别从国家、银行以及个人三个角度对内部控制提出建议，认为：国家应尽快出台相关法律法规，保障用户互联网支付的安全；银行应加快落实国家政策，完善自身规章制度，对客户信用等级、资产状况等指标进行充分把控；银行工作人员应提高自身素质，不仅要熟悉掌握专业知识，还应注重学习互联网技术知识，提高其在操作过程中的准确性与高效性。随着信息技术的飞速发展，当今银行业的业务模式已经从当初的手工记账转变成了高效的计算机处理模式，因此，信息技术的安全性对于整个银行系统至关重要。刘立新（2019）指出，为保证商业银行支付结算的安全性，要加大银行对于科技的重视，积极引进技术人才，不断增加对移动支付平台的研发资金投入。

综上所述，学者有关商业银行支付结算的研究主要集中于风险本身的性质特征和防范措施上，并未深入研究支付结算作为一种渠道手段对商业银行风险传染所带来的影响。在支付结算渠道方面，黄聪和贾彦东（2010）以金融系统内个体间相互的连接程度为分析对象，立足于针对我国银行网络现状的分析模型，发现我国银行间网络表现出明显的重要节点与局部团状结构共存的结构特征，以及一定范围和条件的网络稳定性。张红军等（2008）从我国银行间支付结算的实际情况出发，对支付结算系统传播单个银行危机进而导致系统性风险的过程进行了探讨。

第二节 利率市场化背景下商业银行系统性风险传染的实证研究

近年来，在金融媒介、资金约束等诸多因素的影响下，与传统的存贷业务相比，同业业务凭借强大的流动能力，为我国同业市场带来了前所未有的繁荣。据万得网（Wind）数据显示，2018 年中国银行业的银行间贷款交易达到 139.3 万亿元，同比增长 76%。随着同业业务的快速扩张，银行间金融市场不仅在意义上是同业金融机构调整短期资产头寸的流动性市场，也是银行间资产结构扩张的重要渠道和资金来源。通过在银行间市场互相借贷，流动性较弱的银行可以避免流动性风险；而资金的有效分配使得融出资金方也可以获得收益。然而，在有效促进开展银行间金融业务的健康发展同时，存在着一定的系统性风险和隐患，可能会对银行间金融领域的稳定健康发展产生实质性的影响。研究显示：首先，同业金融业务之间可能存在严重的业务期限和流动性错配，即部分商业银行通过短期的滚动资金配置方式来满足银行和企业长期的固定资金流动性需求，从而直接导致同业业务期限的错配，增加了银行的固定资金流动性风险；其次，在银行间市场，部分非标准债务资产将投资于房地产、地方政府融资平台等领域，因此，银行机构在承担资金使用方信用风险的同时，也面临同业风险敞口危机。银行间风险敞口的增加导致金融机构之间的互联性增强，一些同类贸易企业层次多、结构复杂，形成了利益交错、风险共担的经济网络。然而，一旦其中一个环节出错，就很容易导致交叉感染的风险。

尽管目前中国银行间市场尚未出现金融体系危机，但是，从发达国家金融危机的教训来看，由于2013 年 6 月的"钱荒"以及同业银行间金融市场网络和业务结构之间可能存在的周期性联动效应，金融危机的潜在流动性风险不可能被低估。此外，随着同业贷款利率的市场化和金融改革的逐步深入完善，银行间业务体系的进一步市场化和对外开放，这样的违约是不可避免的，中国的银行系统将全面融入全球金融潮流，因此它将面临更多复杂多变的外部因素带来的不利影响。

因此，本书试图运用资产负债表数据和模拟方法对银行间业务风险传染的基本特征进行深入分析，以及不同的因素对于风险暴露和传染效应的直接影响，建立了银行同业业务市场潜在风险预测和防范的机制，及时地解决了我国当前银行同业市场发展中所面临的潜在问题和风险，对于监管部门也具有重要的经济学理论和社会现实意义。

一、模型构建

（一）违约模型描述

我国90%以上的金融资产由银行业持有，银行业以银行业为主的"大到不能倒"金融体系的潜在风险为特征（廖岷，2014）；而且，不同金融机构间资产负债业务的差异会对本书随机模拟法产生限制。因此，本书选取的金融机构仅包括银行间市场的金融机构。

假设银行间市场上有 N 家银行，每家银行的资产负债表都非常相似。流动资产（包括贸易流动资产和其他资产）和长期资产与负债由流动负债（包括贸易负债和其他负债）、流动性和长期负债组成，根据"资产＝负债＋所有者权益"会计平衡公式，如表6.1所示。

表6.1　　　　　　　　　　　简化的银行 i 资产负债表

资产 A_i	负债 L_i ＋所有者权益 E_i
流动资产 CA_i （1）同业资产 IA_i 　　①存放同业 AL_i 　　②拆出资金 FL_i 　　③买入返售 RA_i （2）其他流动资产 OCA_i	流动负债 CL_i （3）同业负债 IL_i 　　①同业存放 AB_i 　　②拆入资金 DF_i 　　③卖出回购 RB_i （4）其他流动负债 OCL_i
长期资产 LTA_i	长期负债 LIL_i 所有者权益 E_i

虽然简单的资产负债表不像真实银行资产负债表的分类那么详细，但是所涉及的所有项目都与本书的分析直接相关。忽略更详细的项目可以使分析更加方便和直观，而不影响结果。根据博斯等（Boss et al.，2004）对银行间

同业市场的研究，信用贷款的银行间资产负债规模服从幂律分布，即 $P(l) \backsim c' \times (l - \gamma')$，其中 c' 是幂律系数，γ' 为幂律指数。假定银行间的同业资产和负债的头寸 $\{l_{ij}\}$ 服从幂律分布，且设定同业资产和负债的头寸矩阵为 X。

l_{ij} 表示银行 i 对银行 j 的银行间负债量，l_{ji} 表示银行 i 对银行 j 的银行间资产量，在整个银行系统中每对由信用连接的银行之间的信用资产负债规模确定之后，便可知道银行的同业资产 IA_i，和同业负债 IL_i，分别为 $IA_i = \sum_j l_{ji}$，$IL_i = \sum_j l_{ij}$ 通过模拟，就能获得银行同业业务数据。

$$L = \begin{bmatrix} l_{11} & l_{1j} & l_{1N} \\ l_{i1} & l_{ij} & l_{iN} \\ l_{N1} & l_{Nj} & l_{NN} \end{bmatrix} \begin{matrix} IL_1 \\ IL_i \\ IL_N \end{matrix} \qquad (6.1)$$

$$IA_1 \quad IA_j \quad IA_N$$

（二）银行破产及传染机制

对单个银行而言，假设其存在资产 A_i、负债 L_i，根据会计平衡公式 $E_i = A_i - L_i$，当所有者权益 $E_i < 0$ 时，银行破产，随即发生违约。在这里：

$$A_i = IA_i + OCA_i + LTA_i \qquad (6.2)$$
$$L_i = IL_i + OCL_i + LIL_i \qquad (6.3)$$

其中 $IA_i = \sum_j l_{ji}$，$IL_i = \sum_j l_{ij}$。

假设 t 时刻一个银行 A 破产，如图 6.1 所示。在下一时刻（$t+1$）会有三个银行（银行 B、银行 C、银行 D）会受到影响，以银行 B 为例，见图 6.1 及图 6.2。

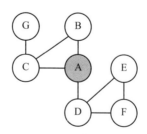

图 6.1 无央行情况

资料来源：笔者绘制。

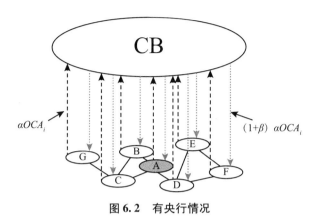

图 6.2　有央行情况

资料来源：笔者绘制。

银行 B 受到牵连造成影响可能分为两个方面：

（1）如果银行 A 拆借银行 B 的钱（同业资产）：由于银行 A 破产，导致自 B 借的钱 l_{AB} 不用偿还，即银行 B 的资产缩减：

$$IA_B(t+1) = IA_B(t) - l_{AB} \tag{6.4}$$

因此：$E_B(t+1) = E_B(t) - l_{AB}$。如果 $E_B(t+1) < 0$，那么银行 B 破产。

（2）如果银行 B 拆借银行 A 的钱（同业负债）：由于银行 A 破产，破产后的 A 银行向 B 银行追回债务，B 银行会动用所持有的资产来偿还债务。首先，B 银行使用其同业资产外的其他流动资产 OCA_B 偿还债务，若 $IA_A < OCA_B$，债务能够清偿，则 B 银行将风险全部吸收，没有出现流动性不足的问题。当 $IA_A \geqslant OCA_B$ 时，B 银行将被迫将长期资产 LTA_B 变现来偿还。

根据施纳贝尔和鑫（Schnabel and Shin, 2004）的研究，长期资产 LTA 的价格按折价因子 $P(x)$ 逐渐降低，且 $P(x)$ 满足公式：$P(x) = e^{-ax}$。其中，x 表示市场中长期资产售卖的比例，a 衡量了市场对银行出售长期资产的敏感性。

（3）银行 B 出现流动性困难时，变现长期资产得到的流动性资产为 $IA_A - OCA_B$。通过计算 $(IA_A - OCA_B) = \int_0^x \xi \times LTB \times p(\xi) \times \mathrm{d}\xi$ 得到的 x 就是需要变卖的长期资产 LTA_A 的比例。如果变现所得 $\int_0^x \xi \times LTB \times p(\xi) \times \mathrm{d}\xi$ 能偿还债务 $(IA_A - OCA_B)$，且变卖资产带来的损失 $LTA_B - \int_0^x \xi \times LTA_B \times p(\xi) \times \mathrm{d}\xi$ 小于 B

银行的资本金 EB 时，B 银行正常营业；反之，变卖资产带来的损失大于 B 银行的资本金时，B 银行就会破产。

（4）令损失为 ΔLTA_B，因此：$E_B(t+1) = E_B(t) - \Delta LTA_B$。如果 $E_B(t+1) < 0$，则银行 B 破产。

基于前文论述，可得到无宏观调控下的商业银行间同业市场风险传播模型图；在宏观调控下，中央银行通过存款准备金的吸收和最后贷款人的角色影响商业银行间同业市场的流动性，从而致使商业银行间同业市场体系的网络结构将因银行的资产配置和相应市场的调整而改变。具体分析如下：

央行通过吸收各个银行一定比例的资金，然后反过来对整个银行系统进行调控。我们假设每个小银行 i 将会拿出 αOCA_i 资金存放在央行中，央行的初始资产为 $I_{CB} = \sum_i \alpha OCA_i$。当有一个银行受到冲击的时候，央行可以多拿出 $\beta \alpha OCA_i$ 进行救助，换句话说，银行 i 的可应用流动资产变为 $OCA_i + \beta \alpha OCA_i$，如果银行 i 破产，将会导致央行的资产减少 $(1+\beta) \alpha OCA_i$，如图 6.2 所示。此时，银行的破产行为与无央行的情况类似，只是在有央行宏观调控下，银行将会增加隐形资产，进而致使每个银行抵制风险的能力增加。

二、实验模拟

鉴于上面所述模型的复杂性以及数据的不可获得性，不大可能利用真实数据进行分析；此外，海南发展银行是中国唯一一家倒闭的银行，没有倒闭的趋势。因此，通过仿真技术获取了大量的银行系统数据进行分析。

（一）银行间网络模拟

本部分参考伊泰（Itay，2004）和隋聪等（Sui et al.，2014）无标度网络的构建思路，构建银行间同业市场网络①，并通过模拟网络节点数、平均

---

① 可证明，网络节点的度走服从幂律分布，且与连接数无关，$P(k) \sim c \times k^{-\gamma}$，其中，$\gamma = \frac{1+\beta}{\beta}$，$c = -\frac{1}{NB} \left(\frac{N^{1-\beta}}{1-\beta} \right)^{-\frac{1}{\beta}}$，因为 $\beta \in (0, 1)$，所以，$\gamma \in (2, +\infty)$。

度和幂律指数的变化，分析了银行间网络的风险传染特征和影响。其中，网络节点数表示银行数量；平均度是指网络中与该节点相连的其他节点的数量，平均度大的为中心节点，一般表明银行规模比较大；幂律指数是指网络中新增节点（银行）与平均度（连接数）较大银行的连接的偏好程度。幂律指数越小，更多的新节点倾向于连接到更大的银行，银行网络也显得越密集，反之则相反。在本部分模拟的银行系统中，银行数量为 100 家，根据克劳斯特等（Clauset et al.，2009）在幂律分布的估计方法中指出，对于幂律分布的检验，当样本数达到 100 个时，幂律分布是相对稳定的。因此，将银行数量设置为 100 家是合适的，不会影响仿真结果。

（二）央行在银行体系中的作用验证

根据上文分析可知，将中央银行纳入银行间同业市场风险传染体系中具有理论意义；接下来，本书将从实证角度对比验证有无央行的作用差异。

参考现有文献研究结果，本书运用初始破产银行的比例衡量风险强度，以及最终破产银行的比例衡量风险传染规模。基于此，本书运用 Matlab 模拟节点数为 50 个，平均度为 6，并考虑存在央行调控时，取 $\alpha = \beta = 0.5$，银行间风险传染规模随风险程度的变化情况。可以发现，在没有央行的情况下，开始时随着风险的增加，银行的破产规模稳步增加，但是当风险达到 ε_0，银行的破产规模急剧上升，在这里 ε_0 叫作无央行模型的破产阈值。同样道理，当存在央行宏观调控时，也有一个爆发阈值 ε_1。对比无央行和有央行情况我们可以得到以下几点现象：

（1）当引入央行的情况下，会推迟银行破产的爆发阈值。由于央行的宏观调控，商业银行在存款准备金及最后贷款人制度下获取救助，相当于每个银行的资产有所增加，从而促使银行增强抵抗风险的能力。因此，在央行宏观调控情况下，将会推迟银行系统性风险的爆发阈值。

（2）当风险强度大于有央行宏观调控情况下的爆发阈值时，有央行宏观调控情况下的破产规模将会大于无央行的情况下。在央行宏观调控的情况下，风险达到 ε_1，银行将会大规模倒闭，进而导致央行资产急剧缩减为 0。当央行没有可用资金时，即代表每个银行 i 的资产将会直接损失 αOCA_i，进而加快银行破产的速度。

接下来，我们研究分析当风险强度为 ε_1 时，有无央行宏观调控情况下，商业银行在各个时间的破产情况，如图 6.3 所示。一开始，央行通过存款准备金及最后贷款人制度等宏观政策工具的调节，有央行的破产规模要小于无央行（同一时刻上面一行为无央行宏观调控的银行风险传染模型，下面一行即为存在央行宏观调控下风险传染模型）。但是，当第 7 时刻时存在央行宏观调控的情况下，破产银行数突然大规模爆发，感染范围远远大于无央行的情况。这是因为在第 6 时刻时，央行资金为 0（如图 6.4 所示）。

由此可见，央行在银行间同业拆借市场的风险传染中发挥着一定程度的作用，这与艾伦等（Allen et al.，2009）和芙蕾莎等（Freixas et al.，2010）研究一致。

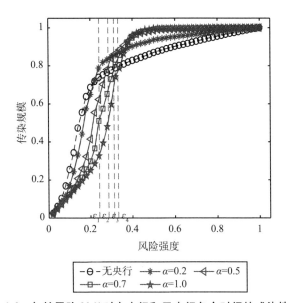

图 6.3　初始风险 20% 时有央行和无央行各个时间的感染情况

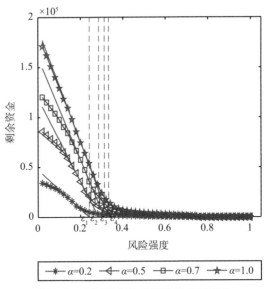

图6.4 央行资金随着风险强度的变化

(三) 央行宏观调控与银行风险传染

作为"银行的银行",中央银行通过对存款准备金的吸收和最后贷款人的同业拆借角色直接影响整个商业银行的流动性。吸收存款准备金可以保证银行的清偿能力;作为最后贷款人,目的是对流动性清偿能力不足的大型商业证券银行机构给予系统性资金的帮助,保护银行同业拆借免于破产,防止银行系统性风险的发生。

鉴于此,本书首先考虑各个银行上缴央行资金的变化对银行传染行为的影响。具体来说,运用Matlab生成100个节点、$\beta = 0.5$、平均度为20的BA网络,并将所有结果经过100次模拟平均。由于平均就无法直观看到银行破产行为爆发现象,所以,我们记有央行和无央行情况下,传染规模转折点作为有央行情况下的爆发阈值,这个阈值即为剩余资金为0的情况。然而,由于多次平均,每次的央行资金到达0的风险强度不一致,将会导致很大误差。在这里,我们可以通过在央行资产随着风险强度的变化的曲线下降最快的地方做切线,以此大致估算真正的央行资产随着风险强度的变化曲线阈值,具体如图6.5和图6.6所示。

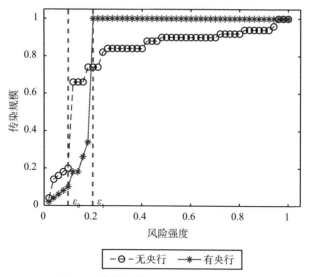

图6.5　传染规模随着风险强度的变化

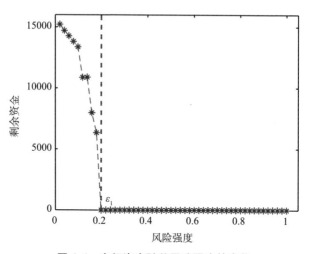

图6.6　央行资产随着风险强度的变化

　　此外，可以看到，随着存款准备金的增加将会推迟爆发阈值的到来。在风险强度较小时，存入央行的资金越多，最终破产规模越小；风险较大时存入央行的资金越多，最终破产规模越大。究其缘由，易知，在风险强度初期，即低于爆发阈值时，存入央行的准备金越多，$\beta\alpha OCA_i$将会越多，从而缓解商业银行的破产情况；而当风险强度高于爆发阈值，即意味着央行资产将为 0，因而难以应对大面积破产情况。

最后，考虑最后贷款人制度下，央行补贴资金的变化对银行风险传染行为的影响。基于此，采用 Matlab 模拟生成 100 个节点的 BA 网络，其中，平均度为 20、$\alpha = 0.5$，所有结果进行 100 次模拟平均。模拟结果如图 6.7 所示。

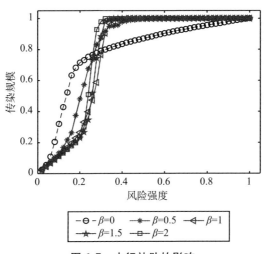

图 6.7　央行补助的影响

当 $\beta = 0$ 的时候等价于无央行的情况。从 $\beta = 0$、$\beta = 0.5$、$\beta = 1$ 时的传染规模随风险强度的变化，可以看出随着 β 增加爆发阈值逐渐增加；而从 $\beta = 1$、$\beta = 1.5$、$\beta = 2$ 可以看出随着 β 增加爆发阈值逐渐减小。当 β 较小的情况下，β 越高央行的补助越大，可以推迟破产的爆发；当 β 较大的情况下，一个银行破产将会带走央行很多资产，所以 β 越高，央行资产越快接近为 0，从而加速破产的爆发。因此，对于银行系统来说，央行的补助不宜过高也不宜过低。

三、银行间主体行为与银行风险传染

银行间贷款拆借对象的主体选择比例和利率以及同业银行间拆借资金的平均程度等因素都是直接影响银行在同业拆借交易过程中的流动性主体拆借

行为，这些主体因素的流动性变化都有可能导致银行会在一定的程度上直接改变其原有的银行间拆借关系，有极大的可能会直接导致银行间同业拆借风险的产生对其系统性的风险也有一定的影响。

针对此，本书分别从这两个因素的角度对其进行了深入的研究。在现有的银行间同业拆借的过程中，流动性差的债权融资银行往往会随机地选择一定比例的潜在流动性债权融资银行，观察这些债权银行目前能够提供的同业拆借资金和利率，然后随机的选择低同业拆借利率的债权融资银行进行同业拆借。在一定的程度上，存款准备金率的流动性变化可能会直接影响拆借利率贷款银行的选择，从而影响整个银行间拆借的过程，甚至可能影响整个银行体系的风险。基于此，本书考虑银行同业拆借对象选择比例，即银行之间拆借平均连接度的变化对银行传染行为的影响。运用 Matlab 生成 100 个节点的 BA 网络，其中 $\alpha = \beta = 0.5$，所有结果进行 500 次模拟平均，结果如图 6.8 所示，其中 k 为银行平均连接度。从图 6.8 可以看出，当风险比较小的时候平均度越大破产规模越小，当风险较大的时候平均度越大破产规模越大。这是因为当风险较小的时候，当网络越紧密，一个银行损失的同业资产只是其中很少一部分，因而降低其他银行破产的可能性。但是，当风险较大的时候，由于各个银行连接越紧密，将会造成更大的连锁反应，进而产生更大规模的破产行为。

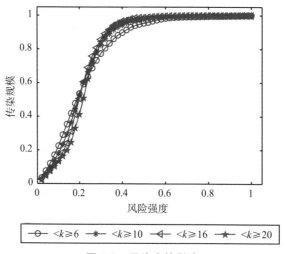

图 6.8　平均度的影响

下面分析银行之间同业参数 γ（幂律分布的参数）的变化，即同业拆借资金的均匀程度对银行传染行为的影响。从图 6.9 可以看出，当风险比较小的时候，γ 越大破产规模越小；当风险较大的时候，γ 越大破产规模越大。而 γ 越小说明某个银行主要会把资金拆借在少数几家银行上，越大说明某个银行将资金越均匀地放在拆借银行中。当风险比较小的时候，γ 越小即银行拆借资金越不平均，可能集中于某一个或几个重要银行，由于重要银行的破产导致更多银行面临破产危机，从而可能诱发银行系统性风险的发生；当风险较大的时候，γ 越大，意味着银行拆借资金较均匀地随机存放于其他银行中，此时，一些尚未影响的、规模较大的银行将会凭借"太大而不倒"的优势抑制破产银行数的增加，进而降低银行系统性风险爆发的可能性（见图 6.9）。

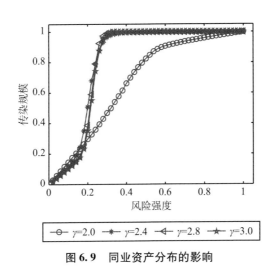

图 6.9 同业资产分布的影响

四、研究结论与建议

（一）研究结论

由 2007 年美国次贷危机引发的全球金融危机使系统风险的溢出效应受到广泛关注，这也反映了相关部门对系统风险监管的重要性和缺陷。当前，我国金融改革的不断深化，金融开放的不断扩大，国有银行与外资银行的关系日益密切，都为银行发生系统性风险提供了可能。1998 年海南发展银行的倒闭充分说明中国银行也存在着财务风险。因此，在当前复杂的资本市场金融体系下，研究商业银行的金融市场系统性交易风险问题显得尤为重要和迫切。

目前，关于商业投资银行间的拆借和金融市场的系统性交易风险的传导和机制的系统性研究和学术文献较多，但只是考虑了我国商业投资银行的系统性交易行为，未必能充分考虑央行的市场主导地位。因此，本书的主要学术贡献体现在以下两个主要方面：第一，建立更详细的同业市场违约传染与银行系统风险研究框架，研究商业银行系统风险在同业拆借市场网络模型中的传导机制，有助于理解同业业务关系和交易行为；第二，在此基础上，深入分析了中央银行在整个银行体系中的作用，以一个新的理论视角——把央行宏观调控行为纳入银行间市场来研究我国银行系统性风险的传导机制。本书通过 Matlab 对银行间同业市场违约传染进行多角度仿真模拟，得出以下结论：

首先，在有无央行宏观调控下，银行间同业拆借市场个别银行面临破产危机时，银行风险传染情况明显存在差异。其中，央行存款准备金制度和最后贷款人的角色均会对银行风险传染情况产生一定作用，在风险强度较小时，商业银行在中央银行的储备金越多，最终破产规模越大。与之类似，面临危机央行运用最后贷款人制度进行资金救助时也存在个适度值，不能过高也不能过低。因此，这启示我国监管当局应该健全央行存款准备金制度与最后贷款人的法律救助制度，制定科学合理的标准以防范由银行间同业拆借可能带来的银行系统性风险。

其次，银行主体的行为在一定程度上影响着银行的风险传染。在央行宏观调控下，同业拆借网络越统一，越能抑制银行倒闭规模的扩大，从而缓解商业银行系统性风险的爆发。此外，各个银行的拆借资金的对象要有主次，不要平均存放资金。因此，深入了解当下我国目前的银行间拆借情况，合理地优化和完善相应的银行间拆借市场管理机制，建立全面的银行间风险评估和监控的体系，加强对风险的控制，使得银行在不发生破产的最大风险情况下融资收益达到最大化，这些都可以认为是发展信贷需要银行和相关的监管部门研究和解决的基础性问题。本书的深入分析研究和结果分析可以有效提高我国银行间小额拆借在金融市场的灵活性和抗风险防御能力，维护了银行间小额拆借金融市场的稳定，保证了银行系统的平稳健康运行，并具有一定的学术理论参考价值和重要的现实意义。

（二）政策建议

第一，对于监管当局。一方面，应该健全央行存款准备金制度与最后贷款人的法律救助制度。应当协调好中央银行、金融监管部门和政府之间的权责关系，明确有关部门密切参与配合的职责。此外，应当充分借鉴国外相关的法律制度，并梳理、完善我国现行的存款准备金制度与最后贷款人制度，从而形成一整套系统的、统一的、连贯的政策和办法，提高我国存款准备金制度与最后贷款人制度的法律效力，以有效防范由银行间同业拆借可能带来的银行系统性风险；另一方面，需要依靠多元交叉的大数据和新的科技手段，建立新的系统性金融风险理论基础和关键风险识别指标体系，进一步完善以风险评估和监控为核心的银行监管制度，改进和升级预警指标体系，突出对商业银行自身风险管理水平的评估和监管。

第二，对于政府。一方面，应当把控我国利率市场化进程改革的节奏，合理评估由利率市场化给商业银行带来的系统性风险，有效引导经营规模、发展阶段不同的商业银行均能够充分适应利率市场化的步伐，避免形成较大的风险波动，保障整个金融体系的稳定性。另一方面，我国政府也可以采取其他方面的措施缓解汇率波动对银行稳定的不利影响。例如适时运用税收政策，提高国际资本进入的成本，压缩其获利空间；加强对我国房地产市场和股票市场的监测，防范资产价格泡沫的形成。

第三，中央银行应加强对同业拆借市场的宏观监管，对各主体的设立、拆借行为的合法性等进行监督，维护整个拆借市场秩序稳定。应密切关注金融机构的流动性管理，及早发现潜在的流动性风险和其他市场风险。同时，督促中小金融机构从资金业务的组织分工、内部账务监督、各项业务操作规程、资金划拨、授权与授信等方面建立拆借管理内控制度，规范其同业拆借交易行为，并高度关注交易活跃及风险隐患较大的金融机构资金动向。

此外，应建立有效的信息披露制度和信用评估机制，将拆借资金的风险降到最低并提高同业拆借市场运行的效率，并阻止局部性金融风险通过相关风险传染机制进而触发系统性金融风险，降低金融风险事件爆发后信息不对称因素对交易对手风险的放大效应。

第七章

利率市场化背景下我国商业银行加强系统性风险防范的措施

第一节　加强商业银行自身管理建设

　　根据前文理论和实证结果分析，利率市场化的深入发展将增加商业银行的信用风险、利率风险、操作风险、流动性风险和经营风险，通过对资产负债业务及表外中间业务产生影响，最终导致商业银行系统性风险进一步加剧。同时，在利率市场化大环境下资本市场、货币市场、外汇市场和商品市场对商业银行系统性风险也会造成一定冲击。当前，国际市场的发展形势处在动态之中，银行业市场化水平也在不断提高，中国金融市场的形态和构成随之发生较大的改变，商业银行所面临的各种风险因素之间相互交织，将增加商业银行遭受系统性风险冲击的概率。为了促进商业银行更好地发展，商业银行要以《巴塞尔协议》理念为指导，借鉴国际先进商业银行在应对利率市场化的过程中风险管理技术的先进经验，采取积极的应对措施，加强内控合规管理建设，完善"三道防线"协同机制，提升竞争力和综合经营水平，以应对利率市场化动态改革可能引起的各类阶段性风险压力。

一、加强内控合规管理建设，提高全面风险管理能力

随着利率市场化的深入发展，如何防止商业银行的信用风险、利率风险、操作风险、流动性风险和经营风险的积累和传染，成为防范国内系统性金融风险，抵御外部威胁的关键问题。而商业银行风险管理体系的不完善及其内部风险控制机制的不健全是银行信贷业务各类风险的重要诱因。为了有效防范国内商业银行系统性金融风险，2017 年开始，中国银监会陆续颁布各项金融强监管的相关政策，展开了对商业银行合规性和规范性的全面审查。尽管我国商业银行内控管理问题得到改善，但仍存在部分商业银行未把控好内外部治理管控环节，且监督制衡机制存在制衡失效等现象，导致商业银行违规问题的频发。2021 年 6 月 8 日，中国银保监会发布了《关于持续深入做好银行机构"内控合规管理建设年"有关工作的通知》，强调了商业银行加强内控合规建设的及时性、重要性和紧迫性。当前银行业面临的经济金融环境复杂严峻，在利率市场化改革的背景下，商业银行需要将风险管理制度与内控合规管理结合，加强自身风险管控能力建设，防范系统性风险。

第一，完善合规管理框架，加强内控主体责任和履职能力建设。一是健全责任认定与追究机制，实施"违规积分制"，强化对内部的问责处罚机制。对通过内外部业务检查、财务审计等渠道发现的违规行为，要加大对违规行为的处罚力度，通过研究违规责任认定与违规责任人认定这两个重要部分，对重大问题、重要问题和一般问题等予以划分等级事件，根据事件所归属的严重程度来实施不同程度的归责及问责，把"案件问责"关口转移至"违规问责"。各级管理部门要按照各项管理职责进行细化和区分，在权责明确的基础上，层层签订风险责任书，转移控制压力，抓好各级基层管理，形成专人负责、各司其职的风险管理模式。同时，建立商业银行的定期违规报告制度和专项内部控制监管制度，定期举行内控项目会议，听取分支机构、内部控制制度负责人关于月度或季度的内控制度建设工作报告，落实内控合规主体对风险的自控、自查、自纠职责。二是要健全关键岗位制约机制，建立日

常监控机制。商业银行可以总行为中心，以分行为枝干，大力推动员工账户异常交易调查系统的建设，提高员工排查频率，提高对员工违规行为的惩处力度与威慑力。特别针对客户准入、营销尽调、审查审批等关键岗位关键人员，在加强检查和责任追究的同时，更要加强调流程的制衡和制度的系统刚控，在内部控制的监督下，确保每个员工在办理各项业务都必须经过两个或两个以上的控制环节，防止业务流程的真空操作引发风险隐患，进一步规范化银行内部的业务流程。另外，商业银行应增强对高层领导干部的约束力，实行行内中层和高层领导的内部牵制机制，银行内部的重大决策必须经行长办公会议集体商讨表决，避免产生一人独揽大权、违规操作的现象。三是定期开展内控管理的宣传活动，将合规文化建设纳入基层机构的议事日程。通过开展定期的操作培训和风险防控宣讲会，培养员工的合规风险意识，要求员工将营造良好的内控环境作为工作的重要目标，将内控环境与本行实际运营有效结合，形成分工明确、职责明确、有效制衡的内部管理架构。

第二，优化内控考核机制，发挥内审部门监督作用。一是完善现有合规绩效的考核制度，合理设置内控合规考核指标体系。商业银行可以在评价机制中完善违法违规、内控执行情况、内部管理质量等评价要素，在各机构、各业务条线的评价体系中强化落实合规经营和合规指标，并确保其被赋予有影响力的权重，增强对违反法律法规和内部控制失效的实际约束力。同时，要科学、公正地对中后台部门进行独立的绩效考核，提高其履行职责的积极性和有效性。二是实施内部审计与风险控制的融合管理。目前，大多数商业银行将内部控制管理和内部审计作为两项独立的任务分开，审计结果应用深度不足，内部控制评价的重要意义被削弱。对此，商业银行应将内部控制评价要素渗透到各项审计监督工作中，实现事前、事中、事后审计监督的深度融合。如在相关部门对内控合规性进行检查和评价的基础上，由内审部门每年抽取一定比例的样本进行审核和验证，对本年度或近三年内日常风险暴露较为集中的部分进行再审计核查，加强对各部门绩效的监督和评价，督促各部门落实相关风险防范制度和规定，以提高商业银行内部控制管理的综合质量和效率。

第三，健全内控信息系统，实现合规管理数字化。一是商业银行可以为所有业务分析和文件管理制定标准化的操作程序，并将业务流程系统整合到相应的计算机系统中。若出现人员违章操作的情况，系统将自动阻止该行为，进而避免人为干扰。同时，完善商业银行内部电子管理系统。利用大数据、区块链、云计算、人工智能等技术挖掘可疑线索，及时发现管理层面、制度制定和运行中存在的问题，加强合规控制和风险抵御。通过对日常监测数据进行分析，定期报告银行分支机构的风险点和风险暴露程度，使其及时进行风险预警并采取风险控制措施，最终实现银行风险的实时监控。二是优化合规风险登记与报告机制，减少误报、不报和其他状况的出现。商业银行内控管理人员可定期对内部信息做抽检与查验，并将相关调查结果如实记录与反馈，使得信息库能更加完善，对会计信息与财务信息以及绩效信息做统筹管理，在保证内控信息的高质量的同时使风险管控人员加大对内控调整措施的管控。

二、完善商业银行"三道防线"协同机制，加强风险预警监测

目前，我国商业银行对"三道防线"风险控制体系已存在明确定位。风险管理的第一道防线是商业银行的业务经办部门和业务经办行，负责组织实施本部门和同级银行的风险管理，重点防范和控制操作风险，落实各项规章制度；第二道防线是各级风险管理部门和内控部门，主要负责组织建立和实施本机构合规管理体系，开展全行风险识别、计量、监测和控制工作；第三道防线是银行内部审计部，具有充分的独立性，负责对第一、第二道防线的工作情况进行检查和再评价并定期向董事会及审计与合规委员会汇报工作。据分析，我国商业银行虽然总体稳定且抵御风险的能力不断提升，盈利能力逐年提高，但在利率市场化的背景下，仍面临着诸多风险和挑战。当前，商业银行在整体上缺乏对系统性风险的阶段性预防与控制，商业银行"三道防线"之间并未形成监督管理网络。在经济运行不稳定、不良资产反弹压力大的环境下，商业银行要想守住风险底线，就要实现"三道防线"的协调管理，准确识别银行动态变化中存在的风险，尽快采取风险应对措施，减少风险的损失和影响，确保银行体系稳定运行。

第一，建立"三道防线"常态化沟通平台。目前，我国商业银行的沟通方式存在信息沟通倾向单向性、横向沟通完成率低下、管理沟通网络单一固定、员工参与度不高等问题。因此，商业银行应搭建定期交流的沟通平台，

建立有效的风险信息共享和沟通机制，推进前台业务及后台支持的保障。通过委派专人直接和监管部门进行交流，按照固定时期发布报告、予以反馈。同时，优化沟通汇报制度，建立长久有效的咨询顾问服务制度，加强成果和信息交换共享。定期召开本行经营管理风险分析会和联席会议，探索经营管理和风险评估，不断加强与被审计单位在案防风控方面的合作，并时刻关注运营决策过程和系统运营过程中的不足。提前预测业务发展中可能出现的问题，提高商业银行员工对业务战略和业务目标的理解，通过提高沟通效率进一步降低信息交易成本。

第二，加强重点领域监测，发挥"三道防线"监督合力。目前，我国商业银行的第一道防线和第二道防线分别履行着风险自我控制、自我检查和自我纠错的职责，第三道防线应客观评估和监督第一、第二道防线风险防控程序的控制效果及整改情况。受新冠肺炎疫情和洪灾形势影响，银行贷款风险增大，不良贷款增长显著。首先，为规避各阶段风险，第二、第三道防线必须以事后监督为重点，转变为对整个业务流程的监督和评估。一是应由"三道防线"相关部门共同商议制定安排当年监管工作以及年度审计项目计划。二是定期邀请第一、第二道防线相关部门和分管行长召开日常工作联席会议和季度经营风险剖析会，分析研究业务经营管理情况、风险情况及案防情况，并探索防范对策，规范管辖行业务发展。此外，可以通过开展培训的方式，不断提高各部门防范风险的能力，开展打造金融风险监测预警"三道防线"。其次，商业银行应强化内部审计的再监督责任。一是计划推进制度。将效率审计项目的数量和质量纳入内部审计工作计划，并设定比初期合规审计项目更高的考核分值。二是绩效挂钩制度。将银行发展速度和效益指标与包括内审部在内的重点部门挂钩，将内审部纳入全体员工工作效率挂钩范围；对有效性审计的有效性进行后评价，将有效性审计实施后一定时期内相应分支机构和业务条线的发展速度和效益与审计团队成员的绩效工资挂钩，建立内部审计师持续关注和支持发展的长效机制。同时，按照"全覆盖、深入调查、少交叉"的原则，加强对互联网金融、普惠金融、数字经济等新兴行业和信贷风险、信贷限制等高风险行业的风险监控，重点关注非标准化信贷业务、房地产、城市投资债券等国家限制性行业的"两高一利"，关注新兴产品的投入产出比和产品发展前景，防范系统性信用风险暴露。

三、扩大提高客户黏性，重视多元化发展

本书通过构建中介模型，研究利率市场化的深入发展对商业银行业务以及风险影响的中介效应，实证结果表明，单一依赖存贷利差的业务模式不仅限制了银行盈利水平的提高，还会影响银行体系的抗风险能力。在利率市场化深入发展的大环境下，商业银行采用传统的业务经营模式，其存贷款利差收入将越来越少。因此，商业银行银行应当加强业务创新力度，结合当下金融科技的发展，探索商业银行在我国经济新常态下如何创造新的利润增长点，以提高自身的市场竞争力。而进行金融产品创新的前提是要对客户市场有充足的了解，通过加强与客户的沟通与服务进而了解客户当下需求，增加经营的多元化以拓宽银行业的收入渠道，可以有效降低金融产品的创新成本，加快商业银行的金融创新步伐与创新效率，缓冲利率市场化可能造成的经济冲击。

第一，商业银行应重视与客户的沟通和服务，提高客户黏性。商业银行应将同业竞争的重点从传统的存贷款利率上的竞争转向提高自身客户服务能力和创新金融产品的竞争，增强对客户的服务意识和金融产品的创新意识，并将提高客户黏性的重点从价格转向服务。首先，商业银行应升级优化其客户管理系统，增加互动模块。利用客户互动信息，银行方面能够对客户有更加全面的了解，能够根据客户的现下需求为其提供定制化的金融产品和服务；其次，充分发挥商业银行多级联动的优势，建立稳定的客户服务团队。针对每一个目标客户，银行可以由总行牵头建立分行、支行共同参与的服务团队，对于客户不同规模、需要不同授权的业务，充分协调各级机构的服务资源以满足客户的多样化金融需求。商业银行可深入开展投资顾问、代买卖证券、贵重物品保管、信息咨询等业务，通过"一站式"金融服务提升非息业务收入，通过集中服务竞争而非以往的价格竞争以实现资源共享与优势互补，为向综合化经营转型积累经验。

第二，商业银行可针对客户开发创新金融产品，实施多元化发展战略。首先，开发满足客户各层面需求的金融产品。例如，结合互联网营销引入金融科技手段，完善投资理财渠道的线上与线下结合机制，为客户提供全平台"量身定做"的个性化定制服务，以吸引客户的主动投资。利用大数据对不

同种类的客户进行划分，为缺乏正确理财理念的客户和缺乏外源融资手段的企业提供多元化、个性化的理财业务咨询服务，并根据客户的风险偏好程度、抗压能力和资金水平进行理财产品的研发和创新。具体来说，可以分为中高端客户定制个性化服务方案，打造中高端金融功能；为高净值人士或家庭提供全面的理财咨询管理，即"私人银行"服务，在客户的整个生命周期内为客户定制理财方案，并通过使用私募股权基金、家庭信托、综合金融等，保持客户资产的收入、风险和流动性之间的平衡。其次，在发展传统中间业务的基础上，充分发挥商业银行在社会声誉、金融科技、同业拆借网络、资产规模上的优势，大力发展现金收支、投资咨询等高收入、高附加值的表外中间业务。在国家政策允许、市场风险可控的条件下，充分发挥商业银行实体规模和网络经营等优势，加强与证券、基金、信托、保险等机构的合作。通过开发可调利率的抵押贷款、浮动利率贷款、背对背贷款、依托期权等创新金融产品，扩大银行创新收益，降低对存贷利差的依赖，实施多元化发展战略。

四、加强资产负债管理，增强综合经营能力

本书研究表明，利率市场化的深入发展虽然为商业银行的资产负债管理带来了灵活的调整工具，但在利用资产证券化进行商业银行系统性风险的转移与分散的同时，也降低了商业银行的稳定性。长期的利率波动使银行不能及时根据利率波动来调整存贷业务的利率，增大银行面临的利率损失和负债成本。同时，当下资产负债结构存在的长短期错配问题会相应地导致银行当期收益与资产净值的变动，加剧了商业银行的流动性风险。当前，国内商业银行负债类存款占比较高，金融债券等资产占比小。从资产经营角度来看，银行贷款在资产中的占比过高且受到金融产品种类单一的限制，导致我国商业银行始终在资产安全性和资产持续增值方面存在较大的隐患，因而存在着与商业银行内部的资源优化配置和运营相关的风险，资产负债管理较为被动。因此，在推进利率市场化发展的过程中，商业银行应当从以往的被动型管理转为主动型管理，建立以利率风险管理为核心的资产负债管理体系，形成与银行战略相一致、平衡"安全、流动、效率"的制度、策略和工作程序，提高商业银行的综合经营能力。

第一，调整商业银行传统的资产结构。从以存贷款资金为主的传统资产结构，调整资产结构为以信贷资产、非信贷资产、存贷款以及其他资金来源为主；进一步挖掘商业银行的非信贷业务，不断提高商业银行其他投资业务所占据的市场份额，提高投资业务比例、同业持股比例、贷款审查和信贷要求。对于信贷业务，商业银行应当按照金融服务实体的要求以及当下经济发展热点，积极进行普惠小微、防疫行业、绿色金融、金融科技等领域的信贷投放，统筹安排信贷投放的结构、领域、定价等配置安排。对于债券业务，我国"十四五"时期宏观政策将逐步从"逆周期"向"跨周期"转变，商业银行应当合理配置国债、地方债、金融债等利率债券品种，在系统性风险可控的前提下，结合客户的融资需求进行信用债的优化配置。对于其他非信贷资产，应当合理配置拆放同业、票据融资、表外资产业务等非信贷资产业务，发挥商业银行集团境内外、表内外协同效应所产生的优势，提供多渠道、多元化的客户融资服务方案，以提高商业银行的资产获利能力。

第二，控制高成本类负债的增长。首先，商业银行可建立具有浮动性的价格红线制度，进一步完善其金融产品成本核算与市场价格竞争的容忍度分析机制，开拓零售贷款业务以缓解贷款利率下行的压力。通过调整零和博弈的价格竞争机制改变现有的通过调整杠杆率以及信用扩张方式来吸引客户的传统经营模式，形成以创新服务占市场、以经营效率降成本的客户管理模式，改善当下过度依赖价格竞争的不利局面。同时，定期安排商业银行内部压力测试，通过分析宏观经济、地缘政治和其他特定风险的影响，根据压力测试结果评估资产负债表的弹性和资本充足率，制定应对方案，确保商业银行财务状况在不同宏观经济条件下仍然可以保持稳定的状态。其次，商业银行结合互联网思维重构其负债模式，为直接银行和移动银行搭建投融资平台，利用金融技术增加主动型债务来源的稳定性。通过与芝麻信用、京东信用等网络信用平台展开深入合作，完善"互联网＋资产负债管理"机制以加强对客户信用的了解，降低信息不对称对系统性风险带来的经济冲击。前文指出，银行同业之间的拆借网络越统一，越能抑制银行倒闭规模的扩大，从而缓解商业银行系统性风险的爆发。商业银行应利用同业拆借市场借入资金，提高低成本负债比例，降低商业银行整体债务成本，缓解利率风险对商业银行的经济影响。此外，商业银行应当紧跟国家政策发展的趋势，如借助国家当下的对外开放的方针策略开拓海外市场，提供跨层次、多领域、全方位的金融服务，增强商业银行的综合经营能力。

五、不同类型商业银行精确市场定位，实施差异化发展战略

本书通过对全样本、4家国有商业银行以及11家非国有商业银行进行回归分析，发现利率市场化的深入发展对商业银行系统性风险的影响在商业银行类型上存在异质性。根据前面的结论，由于网络规模和储蓄存量较大，国有商业银行在经营风险方面受到利率市场化的冲击程度小于非国有商业银行。然而，大型国有商业银行的资产规模、资本利润率和资本充足率明显高于非国有商业银行，利率市场化对其系统性风险的影响更大。目前，我国商业银行在业务结构、业务模式、经营管理等方面都存在趋同性。2021年中国人民银行货币政策委员会第四季度（第九十五）定期会议指出，深化金融供给侧结构性改革，要引导大银行服务重心下沉，促进中小银行突出主体责任，支持银行补充资本，增强金融市场活力和韧性，提高它们在包容性现代金融体系中的高度适应性和竞争力。为了避免利率市场化对银行业务的风险影响，各类商业银行应准确分析自身优势，认清自身不足。不同所有权属性和业务规模的商业银行应结合自身特点，积极应对利率变动带来的利率风险、流动性风险和信用风险等，降低系统性风险发生的概率，避免重大风险波动，进而造成整个金融体系遭受冲击。

对于地方中小型非国有商业银行而言，与大型商业银行在资产规模和渠道建设上存在较大差距，但自身运行机制灵活，具有区域运营优势，更了解辖区特点，有一定的客户基础。因此，地方非国有商业银行应巩固客户基础，特别是扩大对议价能力强的小微企业客户的信贷服务。一是依托较熟悉区域的企业优势，探索乡镇、街道等大型银行较少涉足的空白区域，通过"村级信贷"和"批量营销"深入挖掘高质量潜在客户群；从而稳定核心负债，提高传统存贷款利差的盈利能力。二是在做好传统信贷业务的基础上，为当地企业制定专业化、特色化的信贷产品，分析不同风险偏好客户的需求，建立客户分类，根据其资金水平和抗风险能力开发金融产品。通过向优质客户提供优惠的贷款利率和上门服务，增强为客户定制产品和服务的能力，留住优质客户。此外，当一些农村中小银行的定期存款比例继续上升时，缩小息差的压力也会增加，并且缺乏足够的手段来管理负债结构。可以考虑降低存款

基准利率，降低负债成本，为资产端利率进一步下降提供更多的空间，降低实体经济的融资成本。

对于大型国有商业银行而言，在业务增长、合规性和风险防控方面已经相对成熟。首先，我们可以考虑将信贷资金从大型制造企业逐渐转移到具有较高附加值的新兴制造业和服务业。深入研究国家重大区域战略，努力增加制造业、战略性新兴产业、高新技术产业等重点领域以及京津冀、长三角、大湾区等重点地区的配套服务，进一步发展综合业务和中间业务。利用网点、人员、技术等优势，协调各条线的业务关系，积极开发客户所需的综合产品，提高中间业务水平和非利息业务收入。其次，国有商业银行的服务对象大多是大型企业，交易金额大多很大。随着利率市场化的推进和互联网金融的兴起，银行业对存款的竞争更加激烈，资金来源的稳定性降低，流动性风险加剧。国有商业银行应对重大风险和具体潜在风险制定应急预案，定期进行预案演练和压力测试，实施危机防范，并根据形势变化尽快采取行动。协助政府部门制定统一的数据标准和业务规范，搭建银企合作平台和多层次、系统化的数据监管平台，在平台上设置产品创新和相应的监管模块，使之成为产品创新和风险防控的引擎。同时，积极持续跟踪国际活跃银行业务的发展变化，预测系统重要性银行档位的变化，分析对经营管理的影响。持续促进满足如额外资本和杠杆要求、回收和处置计划、有效风险数据加总风险报告原则以及总损失吸收能力等附加监管要求，不断完善极端危机应对机制，进一步提高稳定运行能力。

第二节　加强商业银行系统性风险外部监管机制建设

在利率市场化过程中，我国政府监管仍存在监管制度不匹配等不足。政府监管需要构建适应金融业综合经营的统一监管体系，构建适合利率市场化的宏观审慎监管机制，从而提高政府金融监管水平，控制和消除系统性、区域性金融风险，维护金融业合法经营，为金融机构内控制度的健全与合规运行提供坚固保障。此外，政府在适度监管的范围下，还应当放权于市场，充分发挥市场配置资源的决定性作用，为银行业营造一个良好的竞争氛围。商业银行作为金融体系的核心，防控和化解商业银行系统性风险意义重大，依法对商业银行实施有力及高效的监管是防控系统性风险的重要途径。政府管制理论认为，在实际的经济运作中，有效竞争的前提条件由于存在垄断、市场信息不对称、负外部效应等情况，不能得到满足，导致经常性的市场失效。因此需要借助政府和社会组织的力量，从市场外部通过法令、政策和各种措施对市场主体及其行为进行必要的管制，以弥补市场缺陷。

一、加强系统内重要商业银行风险监测评估

第一，加快完善监管框架，创新系统性风险监测方法。根据前文研究结论，在利率市场化背景下，商业银行间存在风险传染效应，而局部的风险传染最终会触发系统性金融风险。目前，我国商业银行监测手段单一，主要针对单个银行在并表的基础上收集、分析银行金融机构稳健性，未能对系统内重要商业银行进行有效监测。我国银行业金融机构数量众多，截至 2020 年年末，共有 4601 家银行业法人金融机构①。随着银行业的发展，商业银行风险总体呈现出明显的分化，部分银行能够在业务发展壮大的同时将风险保持在较低水平，也有部分银行面临较高的风险。首先，监管机构应组织对系统内重点商业银行进行压力测试，根据系统内重点商业银行的数据，构建宏观经济与银行信贷资产质量的传导模型，测算压力情景下信用减值损失、净利息收入损益、债券估值损益和外汇敞口损益等，从而判断其对资本充足率产生了何种影响，考察银行之间以及银行与非银行金融机构之间的风险传染效应。其次，针对金融科技创新发展新形势，银行业监管机构应充分利用数字化，建设数字监管报告平台。在监管规则上，充分运用人工智能技术以形成形式化、程序化和数字化的监管效果。推动数字化监管建设，提升监管的穿透性和专业性。稳步推进银行金融机构监测工作，按季对全国 4000 多家银行开展风险评级，摸清风险底数，精准识别高风险机构。

第二，建立系统重要性商业银行流动性风险监测报告机制。本书发现利率市场化可以通过引发单个或多个商业银行的流动性风险，进而传染至整个银行业，加剧商业银行整体的系统性风险。其中，银行间的系统性风险传染是由不完全的银行间市场和流动性风险同时导致的，单个银行的流动性风险

---

① 中国银行保险监督管理委员会. 银行业金融机构法人名单［Z］.2021 – 03 – 15.

可以通过扰乱资本市场进行传染，从而影响金融体系的稳健运行。2021 年 10 月，国内共有 19 家商业银行被认定为系统内重要性银行①。这 19 家商业银行在金融体系中极具重要性和代表性，对其流动性风险进行重点监测能够在商业银行间形成监测范式，有效预防商业银行之间的风险传染。首先，监管机构应密切监测流动性状况，测算流动性缺口，及时进行风险警示。银行业监督管理机构应对系统内重要商业银行展开相应的风险报告管理，要求系统内重点商业银行按照规定向报送与流动性风险有关的财务会计、统计报表和其他报告。商业银行中委托中介机构对其流动性风险水平进行审计的，还应当定期报送相应的外部审计报告。其次，银行业监督管理机构应根据商业银行流动性风险的特点以及其业务规模和复杂程度等，确定其报送的流动性风险的内容及频率。要求商业银行应当于每年第一季度前向银行业监督管理机构报送上一年度的流动性风险管理报告，主要内容包括流动性风险偏好、流动性风险管理策略、主要政策和程序、内部风险管理指标和限额、应急计划及其测试情况等。最后，银行业监督管理机构应要求商业银行定期暴动其流动性风险的压力测试报告，适当提高其压力测试的频率，防止市场发生剧烈波动时，能够及时有效地根据商业银行的报送内容对其展开相应的风险抵御措施。

第三，完善商业银行差异化风险监测评级制度。本书发现，利率市场化背景下不同商业银行的各类风险存在明显的异质性。我国商业银行的系统性风险因商业银行类型不同而差异巨大，分化明显，相当一部分中小商业银行的发展基础相对较薄弱。随着商业银行业务的不断发展，商业银行的风险特征也在不断变化，商业银行风险与相关评级要素的关联性也在不断变动。一些不被注意到的因素也会对商业银行的总体风险产生重要的影响。此时，银行业监督管理机构需要根据商业银行风险变化的新特征对商业银行的风险评级要素进行新的调整，提高商业银行的风险监管评级的准确性。首先，银行业监督管理机构应根据商业银行具体的评级等级的高低，对商业银行监管逐步加大监管投入力度，推进现场监管稳健性的同时，加大非现场监管的力度和深度，并且对商业银行进行适当的监管谈话，控制风险性对较高以及商业银行管理薄弱领域的业务增长和风险敞口，在市场准入方面，进一步加大准

---

① 中国银行保险监督管理委员会. 系统重要性银行附加监管规定（试行）［Z］. 2021 - 10 - 15.

入监管措施。其次，银行监督管理机构应根据监管评级区别情形对商业银行进行控制资产增长，应要求商业银行补充资本，补充其流动性说明，对其资产转让以及红利分配进行限制，对商业银行部分业务责令其进行限时整改等。最后，银行业监督管理机构在对商业银行进行如上的监督管理措施的基础上，应对系统内重要商业银行制定风险处置预案，在市场发生剧烈波动以及经济下行时期，监管机构还应当视具体情况组织商业银行重组、实施退出或对其进行接管。

二、化解顺周期负面影响，实施多种逆周期调节措施

第一，明确建立逆周期资本缓冲机制。本书研究发现，利率市场化水平的提高在引起商业银行系统性风险的减少后，会减缓其下降趋势，最终会加大商业银行系统性风险水平。而商业银行系统性风险水平的提高最终会引起利率市场化指数水平的增长行为，并具有一定的时滞性。在我国金融市场，银行信贷、银行信用风险、资本监管、保险业保费收入都具有明显的顺周期性。商业银行的顺周期特性，使得其不能很好地防御经济周期变化带来的冲击，因此，需要对商业银行建立资本缓冲机制，化解顺周期的负面影响。首先，在最低资本充足率方面，银行业监督管理机构应该在经济上行时期增加超额资本重组要求，动态调整资本充足率，防止在经济下行时期资本充足率产生下滑的情况，满足经济下行时期的吸收损失需求。其次，在最低资本要求方面，银行监督管理机构应在最低资本要求之上设立最低资本要求区间，在对商业银行计提逆周期缓冲资本后，商业银行的分红将会受到限制。此限制与商业银行的分红有关而与商业银行的日常经营无关。当商业银行的资本在资本缓冲区间中越来越接近最低资本要求时，商业银行的分红限制将会加大。最后，银行监督管理机构应当根据当前的系统性金融风险状况，调整商业银行的逆周期资本缓冲的比率，加强商业银行的资本管理要求。银行业监督管理机构应当综合考虑当前的宏观经济形势，结合杠杆率状况以及商业银行的稳健性水平，定期对商业银行进行风险评估，不断更新对商业银行的逆周期资本缓冲要求，促进银行业金融机构的稳健经营，不断提升商业银行的逆周期资本缓冲能力，对商业银行可能在突发性风险冲击下受到的负面影响进行风险预警，维护我国金融体系稳健运行。

第二，推动存贷款基准利率和货币市场利率的统一。本书研究发现，商业银行因为利率市场化改革中利率水平的上升和利率波动性的增强而导致其面临较高的风险水平，这通常是商业银行发生危机的直接原因。目前，我国市场实际利率水平呈稳中略降的趋势，商业银行的利率水平相较于发达经济体略高，但在发展中国家以及新兴经济体中又相对较低。在向企业发放贷款的利率水平方面，2020 年 12 月企业贷款平均利率为 4.61%[①]，我国的货币市场利率与存贷款基准利率尚未形成统一。因此，我国需要继续深化利率市场化改革，完善汇率形成机制，稳定汇率预期，探索建立利率、汇率联动机制，在保持汇率稳定的基础上进一步降低市场利率。首先，根据财政部、中国银保监会于 2020 年 12 月联合发布《关于进一步贯彻落实新金融工具相关会计准则的通知》，银行业监督管理机构应允许非上市银行在执行新金融工具准则的前五年，将其核心资本一级减少额按照一定的比例加回核心一级资本。从贷款方面推动利率并轨，提高贷款基础利率对市场利率的敏感度，使其逐渐接近货币市场利率。不断激活贷款及基准利率的集中报价和发布机制，将同行业拆借和普通贷款均纳入以贷款基础利率为标准的范围中，是贷款基础利率与市场利率呈现同步波动，从而达到影响商业银行贷款利率与同行业拆借利率的作用。其次，银行业监督管理机构应该进一步完善我国的利率连廊机制，推动存贷款利率与货币市场利率的并轨，合理制定利率连廊的上下限，进一步加强我国债券市场、信贷市场以及货币市场的相互联系，推动我国金融市场铲平的定价基准达成一致。在资管新规的实施阶段，勇于打破刚性兑付，将风险水平在资管产品收益中进行反映，不断修复扭曲的利率定价，减少不真实的无风险收益，不断完善商业银行的系统性风险的疏解渠道。

第三，完善商业银行资金来源机制。根据中国银保监会发布的数据，截至 2021 年 9 月末，商业银行资产总额达 275.9 万亿元，较去年同期增长 8%；不良贷款总额为 2.83 万亿元，同比增速下降到 -0.1%[②]。2021 年，我国商业银行不良贷款率呈较明显增长态势，不良贷款规模也显现增加趋势，商业银行不良贷款风险压力加大。为了更好地缓解商业银行不良贷款风险，提高

---

① 中国银行保险监督管理委员会. 中国银保监会对政协十三届全国委员会第四次会议第0070号（财税金融类012号）提案的答复［Z］. 2021 - 07 - 23.

② 段思宇. 2021 这一年，银行业十大焦点.［EB/OL］. 2021 - 12 - 31.

商业银行的风险应对能力，需要完善商业银行的资金来源机制。首先，在商业银行的可获得资金方面，除了商业银行自身发型金融债之外，政府部门要适当御用财政补助手段补助商业银行资本，引导商业银行合理配置资产负债期限。其次，当商业银行在国家重大发展战略中充当重要角色时，其存在临时性的资金缺口，商业银行可通过 PSL、再贷款等进行资金补充。PSL 是一种结构化的定向支持工具，通过 PSL 向商业银行注入低成本资金，定向支持特定的领域和群体，发挥商业银行逆周期调节作用。中国人民银行应当加大对其他商业银行提供 PSL 的力度，同时中国银保监会也应做好其他商业银行的检查和评估工作，及时有效地评估 PSL 等新型货币政策工具的资金投向以及利率是否符合国家要求，推动逆周期调节措施的实施，防控和化解商业银行的系统性风险。

三、加强商业银行法制监管建设

2021 年"一行两会"在中央经济工作会议提出"加强金融法治建设"下提高了法制监管力度。关于系统重要性银行问题，央行和中国银保监会在 10 月出台了《系统重要性银行附加监管规定（试行）》，通过对相关规定的完善，整体强化了我国系统重要性银行的监管体系。但随着利率市场化改革的深度推进，金融市场风险不确定性加大，现有的商业银行外部监管相关法律制度仍存在需要更新并细化的问题。因此，为了我国金融市场的稳定发展，防控系统性风险，需要健全加强商业银行法制监管建设。

第一，单独设立基本法律来明确央行宏观审慎监管权力。在 2018 年《国务院机构改革方案》的出台后，我国现有的金融监管体系是有央行、金稳委、中国银保监会以及中国证监会所构成的"一委一行两会"。其中，央行主要负责的是宏观审慎监管，但其行使宏观审慎监管权所涉及的法律法规过于复杂。这是由于多部法律、行政法规与大量的国务院决定、通知、办法共同授权规定了央行的宏观审慎监管权。《中国人民银行法》还中将制定和执行宏观审慎政策的职责增加给了央行，并调整了相应的职权范围，还专门规定了监督管理职责和措施，大量授权性规定需要通过央行制定部门规章来具体实施，立法效率低。建议单独制定《金融监管法》整合统一金融监管法律法规，包括明确监管目标和监管职责、监管分工和监管协调，增加监管流程的透明度，保证监管工作的标准化及高效性，并方便后期对于监管法律法规的更新调整。

第二，完善法律细则，细化国务院金融稳定委员会的职能。我国现有的监管法律体系中《中国人民银行法》明确了国务院金融稳定委员会的主要职能是对央行与微观审慎监管机构进行协调，同时对央行的宏观审慎监管权进行强化，最终使双方的监管举措具有一致性。而现有法律法规关于金融稳定发展委员会实施协调职能的细则有待完善。因此首先政府要通过完善法律细则，给予金融稳定发展委员会在协调中如何行使程序更加详细的规定，包括其作为协调机构的协调机制、工作程序等。其次，金融稳定发展委员会需要与央行一同参与对监督对象的日常监督管理，也要关注系统性金融风险可能的进展，并及时将央行检测到的宏观数据落实到其他监管部门具体监管权行使中，节约沟通成本，提高监管效率。

第三，通过完善监管法律，填补现有监管空白。利率市场化过程中出现了如互联网金融、绿色金融等的各方面的金融创新。但其中多数创新由于现有监管制度不够完善，成了金融机构规避监管、谋求利润甚至非法集资的工具，而远远偏离了服务于实体经济的需要。以影子银行为例，此类金融创新在一定程度上是制造金融资金空转，涉及资金规模大同时又缺乏监管，容易导致流动性风险的产生从而诱发系统性风险，应当通过相关监管法律的更新完善进行规范化管制。首先，明确监管其的目的在于使其规范化、体系化，不损害金融系统的稳定，而不是消灭其存在。因此要求在监管过程中保持原本运行良好的资金池，通过资金池的不断规范来减低违规行为可能带来的潜在风险。其次，建议央行发布正式文件或更新相关法律法规，将对影子银行的监管纳入宏观审慎监管范畴，包括对影子银行的相关指标要求，业务程序标准，风险应急措施，违规处罚标准等，进而从宏观进行检测，将风险锁定在可控制范围内，规范影子银行业务属性。最后，各微观审慎监管机构要充分利用地域优势，根据相关法律法规，对当地影子银行进行监管规范，并通过信息沟通共享机制及时向上级机构提供信息，保证有序行使。

四、健全完善商业银行外部监管体系

利率市场化改革短期会带来金融市场动荡变化，增强金融体系脆弱性和不稳定性。而综观我国金融业的发展，机构是从单一到门类齐全，经营方式是从混业到分业再到综合经营，市场也出现业务交叉融合，股权相互持有等变化。外部环境的不稳定与金融业的不断复杂化的双重背景，使得监管难度持续增大。因此，要采取渐进式的形式稳步推进利率市场化的后续改革，银行业监管机构要切实建立和落实监管措施，对商业银行的监管手、指标及标准进行更新和完善，协同社会监管渠道，并建立合理的银行市场退出机制。

第一，优化监管手段。目前我国金融监管手段主要分为现场监管与非现场监管。其中现场监管存在着工作量大、程序不规范等问题；而非现场监管虽然能够弥补现场监管的缺陷，但在我国由于数据基础不够真实准确、指标体系评价方式不系统等原因，也难以充分发挥作用。尤其在利率市场化背景下，为了有效地防控系统性风险，两者都需要完善改进以提升监管效率。首先，对于现场监管，一方面，建议央行牵头建立全国现场监管人才库，通过对人才的选拔招聘、专业培训，打造出高效率、规范化的现场监管团队，同时各地应该参照央行的标准培养地方性监管人才；另一方面，应当在现场检查前充分应用中国银监会开发的检查分析系统（EAST 系统）。例如，可以在现场检查前通过 EAST 系统初步筛选出有问题的贷款，并导出数据，现场监管人员可以根据该数据有针对地进行检查，从而提高监管效率。其次，对于非现场监管而言，一方面，数据是有效监管的基础，地方监管机构应当设立专人专岗对当地商业银行风险相关数据进行收集、审核，保证数据的真实性与准确性，并运用办公软件定期对银行风险数据进行分析，可以规定每半年或每个季度进行报告，如有异常情况，及时当地监管机构沟通，并向上反映；另一方面，密切关注与风险相关的重要指标如信用风险的资产质量、风险集中度、关联交易等关键指标，并适时做出风险预警预测。

第二，完善流动性风险监管指标体系。本书研究结果表明非国有商业银行更有可能基于资产和负债业务通过流动性风险进而影响系统性风险。考虑到我国非国有商业银行中包含着大量中小型商业银行，且这些商业银行经营状况参差不齐，并且其导致的流动性风险等很有可能会诱发系统性风险。而我国与国际上领先的监管机构一样，都只对大型的商业银行适用《巴塞尔协议》下最完备的监管指标体系。对于中小型商业银行，由于合规成本过高等原因的限制，会使用适配性原则，采取相对简化的监管要求。因此，我国应针对金融机构具体情况进一步细化适配性原则，适当增加适配性原则的适用条件。如设立相关定性指标区分出优质中小型商业银行，仅限对优质中小型商业银行采取简化的监管指标，减少其合规成本，并协助其稳定发展，同时对整体中小型商业银行起到激励作用，使得非国有商业银行流动性风险降低，进而防范系统性风险的产生。此外，我国还可以借鉴国际上领先商业银行做法，除关注合规指标外，针对监管需要，使用更细化的指标进行加强监管。例如，重要存款依存度比率、金融机构资金依存度比率、流动性波动性、流动资产覆盖短期负债比率等。

第三，健全社会监管渠道，助力规避风险。本书研究结果表明利率市场化背景下商业银行会通过业务影响操作风险、流动性风险从而诱发系统性风险。而商业银行的业务也在不断复杂化，单一地依靠政府监管缺乏灵活性，因此需要通过社会监管渠道助力规避风险。首先，会计师事务所等作为商业银行的外审机构应当规范并加强自身工作。公众对于银行缺乏必要的认知，极少重视也难以关注到其中的不良资产。这要求审计人员应当遵守职业道德，在保证银行披露信息内容真实完整与可靠的基础上，以风险为导向，重视资产质量问题，包括不良资产的数目、比例等。严格遵循实质重于形式的基本原则，关注相关交易的实际背景以及信贷对象的真实情况，而不是单单依靠表面的数据进行判断。同时要注意银行信贷资产的减值损失计量规则，确保不存在人为操纵利润的行为存在。对于无法完全从银行系统中获取的信息，审计人员需采取特定的审计程序寻根溯源；其次，媒体也应当发挥其重要作用。我国社会公众普遍认为银行通过政府的信用而进行支撑，其破产或倒闭只存在极小的可能性，最严重的情况不过是进行重组。这要求媒体作为信息传递者，及时向社会公众传递信号，同时宣传普及金融知识，让社会公众参与监督，并利用舆论压力约束金融机构的违规行为，规避操作风险。

第四，完善银行市场退出机制。商业银行具有较高的稳定性，但在金融市场自由竞争的状态下，也无法避免遭受损失、兼并甚至破产的可能性。而商业银行破产导致的连带风险可能会诱发系统性风险，因此需要完善银行市场退出机制。首先，要通过法律保障市场利率化过程的顺利推进，明确商业银行市场退出方式，包含完善规范退市的相关应对原则、处理政策、操作流程及配套政策措施等；其次，明确银行退出机制触发的条件标准，国际上的风险处置机制触发标准大多是以定量指标为主，以定性标准为辅作为补充。我国可以参考这种做法，设定定量指标与定性判断有机结合的触发条件，并针对规模大小、业务范围不同的银行应用差异化标准；再其次，处置方式应当差异化，从而保证效率。应及时地采取救助措施，帮助仍存在救助价值的银行机构，防止其由于经营不当被迫退出。而对于已经失去救助价值并且退出成本可以控制的银行机构，应当依靠存款保险制度引导其有序退出市场；最后，完善退出机制的配套措施，搭建风险应急系统，包含应急准备、检测预警、应急指挥、应急恢复，建立完善责任人问责制度，确保银行机构顺利有序退出。

参考文献

[1] 巴曙松，牛播坤．中国货币市场基金发展与利率市场化：基于美国的经验 [J]．湖北经济学院学报，2014，3：29－34．

[2] 巴曙松，王凤娇，孔颜．系统性金融风险的测度方法比较 [J]．湖北经济学院学报，2011，9（1）：32－39．

[3] 巴曙松，左伟，朱元倩．金融网络及传染对金融稳定的影响 [J]．财经问题研究，2013，2：3－11．

[4] 包清雅．浅析利率市场化对商业银行资产负债管理的影响 [J]．时代金融，2017，29：124＋132．

[5] 曹坤婧．利率市场化对商业银行业务的影响 [J]．时代金融，2013，18：157－158．

[6] 柴用栋，曹剑飞．互联网货币基金收益率与商业银行理财产品收益率、SHIBOR 利率的关系研究 [J]．学术论坛，2014，10：80．

[7] 陈晶，曹艺．浅析中国利率市场化改革中的问题与对策 [J]．金融理论与教学，2006，1：34－35．

[8] 陈静．商业银行系统性风险研究 [D]．西安：西安理工大学，2008．

[9] 陈昆，李志斌，王笑静．利率市场化改革背景下商业银行中间业务发展 [J]．金融理论探索，2016，2：50－54．

[10] 陈守东，杨莹，马辉．中国金融风险预警研究 [J]．数量经济技术经济研究，2006，7：36－48．

[11] 陈晓莉，成硕. 宏观审慎政策对银行间风险传染的影响——基于中国银行业数据的实证研究 [J]. 金融论坛，2021，26（12）：29－38，78.

[12] 陈亚男. 中国商业银行系统性风险传染的实证研究 [D]. 长春：吉林财经大学，2021.

[13] 程丽娟. 基于 CoVaR 方法的商业银行系统性风险度量 [D]. 太原：山西财经大学，2013.

[14] 崔爽. 中国利率市场化改革进程及风险应对建议 [J]. 经营管理者，2014（1）：52－53.

[15] 戴月倩. 商业银行系统性风险及其影响因素研究 [D]. 南京：南京大学，2016.

[16] 单宇婷. 利率市场化和我国中小商业银行利率风险管理研究 [D]. 上海：华东理工大学，2017.

[17] 邓创，徐曼，赵珂. 金融周期理论与实证研究的新进展 [J]. 国际金融研究，2019，5：36－44.

[18] 邓文. 我国商业银行信用风险宏观压力测试研究 [D]. 长沙：湖南大学，2012.

[19] 丁慧，沈雨田. 中国金融机构网络关联性与风险溢出效应研究 [J]. 财经问题研究，2020，8：56－64.

[20] 丁石汀，李思齐，肖若罗. 基于利率市场化背景下存款保险制度对我国商业银行的影响研究 [J]. 产业科技创新，2019（11）：90－91.

[21] 董满章. 中国银行业系统性风险防范研究 [D]. 南京：南京农业大学，2005.

[22] 董青马. 开放条件下银行系统性风险生成机制研究 [D]. 成都：西南财经大学，2008.

[23] 董欣焱. 利率市场化与存款保险制度的互动对银行系统性风险的影响 [D]. 厦门：厦门大学，2018.

[24] 杜长江. 系统性风险的来源、预警机制与监管策略 [D]. 天津：南开大学，2010.

[25] 杜勇强. 基于分位数回归方法的我国银行业系统性风险测度研究 [D]. 成都：西南财经大学，2014.

[26] 段徐风. 信贷视角下资产价格波动对金融稳定的影响机制研究

［J］. 商业经济研究，2015，14：70 - 71.

　　［27］段月姣. 股票价格震荡对银行系统风险的影响［J］. 中国物价，2016，6：48 - 51.

　　［28］樊胜，文博. 我国利率市场化渐进改革进程分析［J］. 商业时代，2007，30：72 - 73.

　　［29］范吴喆. 互联网环境下的银行支付结算风险研究［J］. 湖北经济学院学报（人文社会科学版），2020，3：38 - 40.

　　［30］范小云. 繁荣的背后——金融系统性风险的本质、测度与管理［M］. 北京：中国金融出版社，2006.

　　［31］范小云，王道平，方意. 我国金融机构的系统性风险贡献测度与监督——基于边际风险贡献与杠杆率的研究［J］. 南开经济研究，2011，4：3 - 20.

　　［32］范紫晴. 资本充足率、资产规模与银行风险的关系研究［J］. 商场现代化，2015，20：226 - 228.

　　［33］方显仓，孙琦. 资本账户开放与我国银行体系风险［J］. 世界经济研究，2014，3：9 - 14 + 87.

　　［34］方意，颜茹云，郑子文. 资本账户开放对银行风险的影响机制研究［J］. 国际金融研究，2017，11：33 - 43.

　　［35］方意，郑子文. 系统性风险在银行间的传染路径研究——基于持有共同资产网络模型［J］. 国际金融研究，2016，6：61 - 72.

　　［36］费兆奇. 国际股市一体化与传染的时变研究［J］. 世界经济，2014，9：173 - 192.

　　［37］冯超. 金融危机后我国商业银行系统性风险研究［D］. 长沙：湖南大学，2011.

　　［38］冯静. 浅析中国利率市场化改革中的问题与对策［J］. 天津经济，2013，12：38 - 41.

　　［39］符林，尹航，田国强. 利率市场化与商业银行系统性风险——基于银行业竞争的视角［J］. 征信，2020，38（11）：74 - 82.

　　［40］付强. 利率市场化下商业银行中间业务创新影响研究［D］. 沈阳：辽宁大学，2016.

　　［41］付舒涵，夏冉. 中国利率市场化改革的动因、现状及展望［J］. 现

代商业，2016，18：158－159.

[42] 盖曦. 基于银行同业拆借市场网络模型的我国商业银行系统性风险传导机制研究 [D]. 蚌埠：安徽财经大学，2014.

[43] 高国华，潘英丽. 基于 DCC 模型的上市银行系统性风险实证研究 [J]. 上海管理科学，2011，33（2）：1－5.

[44] 高亢. 在利率与商品市场变化关系中当前值得注意的一种不寻常现象 [J]. 国际贸易，1982，3：38－39.

[45] 高玮. 影子银行业务对商业银行系统性风险的影响研究 [D]. 沈阳：辽宁大学，2019.

[46] 高新宇. 银行体系脆弱性理论及中国的实证研究 [D]. 大连：东北财经大学，2007.

[47] 高源，王子昂. 新形势下商业银行支付结算的风险分析及应对策略 [J]. 中国商论，2018，34：43－45.

[48] 管培丽. 我国商业银行系统性风险研究 [D]. 南昌：江西师范大学，2012.

[49] 郭夏月. 我国商业银行利率风险测度及防范分析——以招商银行为例 [J]. 当代经济，2017，12：38－39.

[50] 韩松. 中国商业银行利率市场化研究 [D]. 武汉：武汉大学，2013.

[51] 郝科朝. 论我国商业银行中间业务法律风险防范 [D]. 长春：吉林财经大学，2015.

[52] 何国华，李洁. 跨境资本流动、金融波动与货币政策选择 [J]. 国际金融研究，2017，9：3－13.

[53] 何洁阳. 利率市场化后我国商业银行中间业务发展研究——以 16 家上市商业银行为例 [D]. 北京：首都经济贸易大学，2017.

[54] 何金旗，张瑞. 人民币国际化、汇率波动与货币政策互动关系研究 [J]. 审计与经济研究，2016，31（3）：120－129.

[55] 何奕，童牧，吴珊，等. 复杂金融网络中的系统性风险与流动性救助：基于不同网络拓扑结构的研究 [J]. 系统工程理论与实践，2019，39（6）：1385－1393.

[56] 贺强，徐云松. 利率市场化：金融变革的核心与突破 [J]. 价格理

论与实践，2013，8：22－24．

[57] 贺叶．我国利率市场化进程中存在的问题和解决对策 [J]．中国市场，2011，5：59－61．

[58] 胡怀邦．打造长效机制化解经济下行期银行业风险 [J]．新金融，2012，5：4－7．

[59] 胡婧．刍议我国利率市场化对商业银行的影响 [J]．内蒙古科技与经济，2016，2：43－44．

[60] 胡一博．基于 TVP-VAR 模型的利率变动与股市波动的时变关系研究 [J]．管理现代化，2016，1：7－9．

[61] 黄持烽．利率市场化对我国商业银行的影响及对策研究 [J]．会计师，2013 (24)：5－6．

[62] 黄翀．利率市场化对商业银行业务发展的影响 [J]．现代金融，2015，6：10．

[63] 黄聪，贾彦东．金融网络视角下的宏观审慎管理——基于银行间支付结算数据的实证分析 [J]．金融研究，2010，4：1－14．

[64] 黄佳，曹雪锋．银行间支付结算体系的系统性风险研究 [J]．武汉金融，2006，2：43－44．

[65] 黄金老．利率市场化与商业银行风险控制 [J]．经济研究，2001，1：19－28，94．

[66] 黄金老．论金融脆弱性 [J]．金融研究，2001，3：41－49．

[67] 黄小英，许永洪，温丽荣．商业银行同业业务的发展及其对货币政策信贷传导机制的影响——基于银行微观数据的基于银行微观数据的 GMM 实证研究 [J]．经济学家，2016，6：24－34．

[68] 黄秀路，葛鹏飞．货币政策冲击、银行系统性风险与债权激励机制 [J]．山西财经大学学报，2019，41 (8)：44－56．

[69] 黄诒蓉，白羽轩．网络传染是"真羊群"还是"伪羊群"？——网络传染程度对资本市场定价效率的影响 [J]．中国管理科学，2021，29 (9)：12－24．

[70] 黄苑，卢露，陈源．股市冲击压力情景下银行系统性风险演化机制分析 [J]．财经科学，2017，4：14－27．

[71] 霍强．国际资本流动、货币政策对银行风险承担影响的实证检验

[J]. 统计与决策，2017，13：156－159.

[72] 纪洋，徐建炜，张斌. 利率市场化的影响、风险与时机——基于利率双轨制模型的讨论 [J]. 经济研究，2015，50 (1)：38－51.

[73] 江彩虹. 利率、汇率与中国股市波动的关系研究 [D]. 蚌埠：安徽财经大学，2018.

[74] 江曙霞，刘忠璐. 存贷款市场竞争对银行风险承担的影响有差异吗？——基于中国利率市场化改革的讨论 [J]. 经济管理，2016，38 (6)：1－15.

[75] 金玲玲，朱元倩，巴曙松. 利率市场化对商业银行影响的国际经验及启示 [J]. 农村金融研究，2012，1：53－57.

[76] 金祥义，张文菲. 外汇风险暴露、货币错配与银行稳定性——来自银行微观数据的经验证明 [J]. 中南财经政法大学学报，2019，1：147－156.

[77] 卡尔－约翰·林捷瑞恩，等. 银行稳健经营与宏观经济政策 [M]. 潘康，等译. 北京：中国金融出版社，1997.

[78] 柯孔林. 货币政策对商业银行系统性风险的影响——来自中国上市银行的经验证据 [J]. 浙江社会科学，2018，11：31－40，157.

[79] 孔德刚. 对我国利率市场化改革的阶段性评价 [J]. 投资研究，2007，2：17－19.

[80] 劳建林. 中国股市收益率与利率波动溢出效应的实证研究 [D]. 广州：暨南大学，2014.

[81] 雷洪光. 利率市场化进程中我国商业银行中间业务发展研究 [D]. 成都：西南财经大学，2014.

[82] 黎灵芝. 利率市场化对商业银行信贷行为的影响 [J]. 金融论坛，2015，20 (1)：7－13.

[83] 李春红，董晓亮. 我国商业银行利率风险管理的实证研究 [J]. 华东经济管理，2012，26 (4)：88－92.

[84] 李春红，周曦冉. 利率市场化背景下不同类型银行竞争度与风险行为关系的差异性研究 [J]. 商业研究，2015 (4)：64－71.

[85] 李丹. 银行结算方式风险防范问题研究 [J]. 知识经济，2019，10：27－28.

［86］李冬雪．基于矩阵法测度中国商业银行系统性风险的溢出效应
［D］．保定：河北大学，2015.

［87］李方赟．金融市场化改革中的商业银行资产负债管理［J］．时代金
融，2017，30：50 - 63.

［88］李红霞．利率市场化对商业银行资产负债管理影响研究［J］．中外
企业家，2015，8：1 - 2.

［89］李宏瑾．利率市场化对商业银行的挑战及应对［J］．国际金融研
究，2015（2）：65 - 76.

［90］李华威．银行资本与货币政策风险承担渠道：理论模型与中国实
证研究［J］．金融经济学研究，2014，29（3）：34 - 43.

［91］李慧华，巴曙松．利率市场化下我国不同类型商业银行利率风险
的实证分析［J］．苏州大学学报（哲学社会科学版），2018，39（1）：101 -
106.

［92］李俊译．利率市场化对中国银行资产业务影响研究［D］．长沙：
湖南大学，2015.

［93］李守伟，何建敏．银行系统性风险研究综述［J］．南京航空航天大
学学报：社会科学版，2009，11（3）：29 - 32.

［94］李守伟，解一苇，杨坤，等．商业银行多层网络结构对系统性风
险影响研究［J］．东南大学学报（哲学社会科学版），2019，21（4）：77 -
84，147.

［95］李淑锦，毛小婷．我国商业银行系统性风险的影响因素分析——
基于新金融环境视角［J］．杭州电子科技大学学报（社会科学版），2014，6：
15 - 22.

［96］李婷．利率市场化与商业银行信用风险研究［D］．天津：天津财
经大学，2013.

［97］李文泓．宏观审慎监管框架下的逆周期政策研究［M］．北京：中
国金融出版社，2011（1）.

［98］李文龙．通过法国兴业银行违规事件浅谈现代商业银行风险管理
［J］．财经界，2010，23：24.

［99］李雯．基于同业拆借网络模型的商业银行系统性风险研究［D］.
武汉：华中科技大学，2018.

［100］李献英. 浅析利率市场化对地方商业银行利率风险的影响［J］. 金融视线，2017，27：69－70.

［101］李星敏. 我国影子银行规模对银行系统性风险的影响及其路径研究［D］. 北京：中国矿业大学，2015.

［102］李洋，佟孟华，褚翠翠. 经济政策不确定性与系统性金融风险传染——基于中国上市金融机构微观数据的经验证据［J］. 金融经济学研究，2021，36（4）：31－47.

［103］李一庆. 利率市场化对我国金融市场的影响［J］. 投资与合作，2021，5：13－14.

［104］李志辉，樊莉. 中国商业银行系统性风险溢价实证研究［J］. 当代经济科学，2011，33（6）：54－60.

［105］李智，牛晓健. 基于内生网络的银行间传染风险特征［J］. 北京理工大学学报（社会科学版），2017，19（2）：67－71.

［106］李宗怡，李玉海. 我国银行同业拆借市场"传染"风险的实证研究［J］. 财贸研究，2005，16（6）：51－58.

［107］梁春勇. 中信银行河北分行操作风险及控制研究［D］. 咸阳：西北农林科技大学，2017.

［108］梁枫. 金融安全视角下商业银行流动性风险监管路径选择［J］. 经济问题，2018，7：39－43，110.

［109］梁琪，李政，郝项超. 中国股票市场国际化研究：基于信息溢出的视角［J］. 经济研究，2015，50（4）：150－164.

［110］梁天驰. 中国利率市场化改革的现状与分析［J］. 中国商界，2012（8）：46－47.

［111］廖岷，林学冠，寇宏. 中国宏观审慎监管工具和政策协调的有效性研究［J］. 金融监管研究，2014，12：1－23.

［112］林佳璐. 利率市场化时代上市商业银行同业业务的风险研究［D］. 杭州：浙江工业大学，2017.

［113］林乐芬，陈旭阳. 利率市场化下我国商业银行利率风险压力测试分析［J］. 经济纵横，2013，12：84－88.

［114］林乐芬，应玮瑄. 汇率市场化进程中短期国际资本流动影响因素实证分析［J］. 四川大学学报（哲学社会科学版），2014，4：125－132.

［115］林汀.利率市场化背景下商业银行流动性风险的研究［D］.杭州：浙江工商大学，2017.

［116］刘畅.商业银行系统性风险的理论分析和度量方法综述［J］.湖北经济学院学报（人文社会科学版），2013，11：38－40.

［117］刘畅.商业银行系统性风险及其影响因素研究［D］.天津：天津财经大学，2018.

［118］刘晗.我国银行业系统性风险传染仿真研究［D］.哈尔滨：哈尔滨工程大学，2020.

［119］刘京军，刘彦初，熊和平.基金竞争与泡沫资产配置的模仿行为研究［J］.管理科学学报，2018，21（2）：114－126.

［120］刘京军，苏楚林.传染的资金：基于网络结构的基金资金流量及业绩影响研究［J］.管理世界，2016，1：54－65.

［121］刘立达.中国国际资本流入的影响因素分析［J］.金融研究，2007，3：62－70.

［122］刘立新.互联网环境下银行支付结算风险及应对措施［J］.会计师，2019，8：28－29.

［123］刘明.探析利率市场化对商业银行业务的影响及应对措施［J］.时代金融，2013，8：61，63.

［124］刘生福.市场竞争与商业银行风险承担——理论推导与来自中国银行业的经验证据［J］.投资研究，2018，37（5）：36－49.

［125］刘晟.商业银行支付结算业务的风险与控制探讨［J］.时代金融，2018，33：81.

［126］刘天保.我国地方政府债券定价机制研究——以发行利率影响因素为视角［J］.财经问题研究，2017，12：76－82.

［127］刘伟，郝瑞丽.基于条件在险价值法的量化基金市场系统性风险研究［J］.金融理论与实践，2015，9：26－31.

［128］刘晓欣，张坷坷.外部金融冲击传导与中国应对之术——一个基于虚拟经济视角的文献综述［J］.现代财经（天津财经大学学报），2021，41（10）：39－50.

［129］刘阳，董俊杰.贷款行业集中度对商业银行系统性风险影响的实证研究——基于MES方法［J］.西安财经学院学报，2015，1：19－24.

［130］刘志洋，马亚娜．资本监管与流动性监管能降低中国商业银行传染风险吗？［J］．财经理论与实践，2021，4：31－38．

［131］刘志洋．商业银行流动性风险、信用风险与偿付能力风险［J］．中南财经政法大学学报，2016，3：52－59，159－160．

［132］龙艺．利率市场化进程中城商行金融同业业务发展研究［D］．南京：东南大学，2016．

［133］楼文龙．利率市场化进程中的商业银行流动性管理［J］．金融论坛，2015，20（9）：3－8．

［134］卢礼峰．中国商业银行系统性风险的动态测度研究［D］．南京：东南大学，2020．

［135］陆静，王漪碧，王捷．贷款利率市场化对商业银行风险的影响——基于盈利模式与信贷过度增长视角的实证分析［J］．国际金融研究，2014，6：50－59．

［136］陆军，赵越．存款利率市场化与利率结构变动［J］．财贸研究，2015，26（1）：106－115．

［137］路婷婷．中国上市银行的系统性风险研究［D］．长沙：湖南大学，2015．

［138］吕光明，徐曼．中国的短期国际资本流动——基于月度VAR模型的三重动因解析［J］．国际金融研究，2012，4：61－68．

［139］罗春花，陶春海，程浩．商业银行对中小企业信贷融资风险的防范［J］．商场现代化，2006，12：137－138．

［140］马君潞，范小云，曹元涛．中国银行间市场双边传染的风险估测及其系统性特征分析［J］．经济研究，2007（1）：68－78．

［141］马永坤，杨继瑞．资产价格波动与中国金融稳定发展［J］．学术月刊，2011（3）：81－88．

［142］麦强盛．基于宏观审慎监管的银行业系统性风险研究［D］．广州：暨南大学，2011．

［143］牛连峰．上市银行发展中间业务的影响因素研究［D］．重庆：重庆师范大学，2018．

［144］牛晓健，钱旭．中国的短期国际资本流动是"推力"还是"拉力"？——基于人民币汇改以来的规模测算与实证分析［J］．经济问题探索，

2014，9：107 - 111，159.

[145] 牛晓健，裘翔. 利率与银行风险承担——基于中国上市银行的实证研究 [J]. 金融研究，2013，4：15 - 28.

[146] 欧阳红兵，刘晓东. 中国金融机构的系统重要性及系统性风险传染机制分析——基于复杂网络的视角 [J]. 中国管理科学，2015，10：30 - 37.

[147] 裴辉儒，赵婧. 利率市场化与商业银行系统性风险——基于结构异质性视角的实证分析 [J]. 南京审计大学学报，2021，18 （2）：79 - 90.

[148] 裴权中. 商业银行流动性问题探析 [J]. 财贸经济，1997，11：29 - 31.

[149] 彭星，李斌. 利率市场化、价格竞争与城市商业银行风险——来自面板数据门限模型的经验证据 [J]. 商业经济与管理，2015，5：68 - 78.

[150] 祁绍斌. 利率市场化改革进程中的银行风险与防控 [J]. 金融教学与研究，2012，6：36 - 39，43.

[151] 钱春丽. 利率市场化、信贷行为与城市商业银行风险承担 [D]. 合肥：安徽大学，2016.

[152] 钱一鹤. 从债券市场定价效率看利率市场化程度 [J]. 南方经济，2013，10：34.

[153] 秦德强. 利率市场化下我国上市商业银行财务风险评价 [D]. 北京：中国地质大学，2014.

[154] 萨奇. 利率市场化与高利率关系的国际经验 [J]. 国际金融研究，1996，1：40 - 45.

[155] 沈沛龙，李志楠，王晓婷. 基于银行同业网络与资产重叠的金融风险传染研究 [J]. 金融论坛，2019，24 （1）：12 - 25.

[156] 沈悦，王飞，郭培利. 汇率波动与货币政策调控的互动效应分析——基于人民币国际化的视角 [J]. 经济经纬，2017，34 （4）：55 - 61.

[157] 沈智慧. 金融危机后我国商业银行系统性风险研究 [D]. 武汉：华中科技大学，2012.

[158] 史永东，丁伟，袁绍峰. 市场互联、风险溢出与金融稳定——基于股票市场与债券市场溢出效应分析的视角 [J]. 金融研究，2013，3：170 - 180.

［159］隋聪，迟国泰，王宗尧．网络结构与银行系统性风险［J］．管理科学学报，2014，17（4）：57－70．

［160］孙秉文，林海．主动管理型开放式基金绩效及其持仓系统性风险研究［J］．当代财经，2017，5：57－68，138．

［161］孙金蕾．基于 GARCH-CoVaR 法的我国商业银行系统性风险测度研究［D］．长沙：湖南大学，2014．

［162］孙立行．开放条件下中国金融风险预警指标体系研究［J］．世界经济研究，2012，12：30－37．

［163］孙茹亭．互联网环境下的银行支付结算风险及对策［J］．会计师，2019，17：58－59．

［164］孙旭，陈嘉．利率市场化对商业银行的影响［J］．中央财经大学学报，2005，4：27－30．

［165］孙艳霞．金融网络理论与应用综述［J］．金融发展研究，2015，4：28－34．

［166］孙雨．利率市场化现状、争论及改革途径［J］．财会月刊，2012，29：36－37．

［167］泰翰·菲兹罗，楠斯·颇特，艾得·泰科斯，等．中国的利率市场化：比较与借鉴［J］．新金融，2010，10：4－9

［168］谭盛中．基于矩阵法的我国商业银行系统性风险测评研究［D］．长沙：湖南大学，2008：12．

［169］唐国强，王彬．汇率调整、资本项目开放与跨境资本流动——新兴市场经验对我国的启示［J］．中央财经大学学报，2017，4：104－116．

［170］唐兴国，刘艺哲．银行贷款竞争对金融稳定的影响——基于贷款利率市场化的实证研究［J］．金融经济学研究，2014，29（1）：100－108．

［171］唐旭，张伟．论建立中国金融危机预警系统［J］．经济学动态，2002，6：7－12．

［172］陶雄华，陈明珏．中国利率市场化的进程测度与改革指向［J］．中南财经政法大学学报，2013，3：74－79．

［173］田啓．我国商业银行支付结算风险的防范与对策研究［D］．长春：吉林财经大学，2011．

［174］田新民，陆亚晨．金融周期对我国宏观经济运行的动态影响研究

[J]. 经济问题探索, 2019, 6: 1-8.

[175] 万阳松, 陈忠, 陈晓荣. 复杂银行网络的宏观结构模型及其分析 [J]. 上海交通大学学报, 2007, 7: 1161-1164.

[176] 万阳松. 银行间市场风险传染机制与免疫策略研究 [D]. 上海: 上海交通大学, 2007.

[177] 王道平. 利率市场化、存款保险制度与系统性银行危机防范 [J]. 金融研究, 2016, 1: 50-65.

[178] 王帆, 汪峰, 倪娟. 外资银行进入、政府监管与银行风险——基于利率市场化环境的博弈分析 [J]. 经济学家, 2019, 9: 64-73.

[179] 王飞, 刘志媛, 刘立波, 等. 利率市场化与货币政策利率传导渠道——基于分布滞后模型 [J]. 市场周刊, 2020, 33 (8): 120-121, 137.

[180] 王光伟, 孙杰芳. 利率市场化进程中的我国商业银行风险管理 [J]. 征信, 2014, 32 (4): 1-5.

[181] 王家华, 王瑞. 影子银行会加剧银行破产风险吗? ——基于我国上市银行的实证分析 [J]. 金融发展研究, 2016, 6: 3-10.

[182] 王娟. 非利息收入及其构成对我国上市银行绩效的影响研究 [D]. 成都: 西南财经大学, 2013.

[183] 王珂. 基于元胞自动机方法的我国商业银行系统性风险的传染效应研究 [D]. 西安: 西北大学, 2021.

[184] 王莉莉. 房地产价格波动对我国银行系统性风险的影响 [D]. 杭州: 浙江工商大学, 2017.

[185] 王丽娜. 利率市场化背景下我国商业银行利率风险研究 [D]. 兰州: 兰州大学, 2021.

[186] 王琪. 利率市场化、资产价格波动与银行业系统性风险 [D]. 合肥: 安徽大学, 2020.

[187] 王世华, 何帆. 中国的短期国际资本流动: 现状、流动途径和影响因素 [J]. 世界经济, 2007 (7): 12-19.

[188] 王舒军, 彭建刚. 中国利率市场化进程测度及效果研究——基于银行信贷渠道的实证分析 [J]. 金融经济学研究, 2014, 29 (6): 75-85.

[189] 王嗣超, 关明雨. 利率市场化下我国商业银行流动性风险分析 [J]. 中国市场, 2014, 1: 75-76.

［190］王晓芹．我国商业银行系统性风险影响因素分析［D］．江苏：南京师范大学，2014．

［191］王新兵．利率市场化对我国商业银行的影响分析［J］．金融经济，2014，24：24 - 25．

［192］王鑫．利率市场化背景下我国商业银行中间业务发展研究［D］．烟台：山东大学，2017．

［193］王学武．商业银行信用风险管理的反思［J］．新金融，2018，10：37 - 40．

［194］王雅丽，刘洋．利率调整对货币市场基金的政策效应研究［J］．商业时代，2010，28：58 - 59．

［195］王兆成．杠杆率对系统性风险传染机制的影响研究——基于CCA模型的视角［J］．经济问题探索，2021，11：135 - 149．

［196］魏晓琴，张娜，丛红媛．我国商业银行资本充足率与风险资产关系研究［J］．金融发展研究，2011，12：63 - 66．

［197］温忠麟，张雷，侯杰泰，等．中介效应检验程序及其应用［J］．心理学报，2004，5：614 - 620．

［198］巫卫专．利率市场化对商业银行经营的影响研究——基于绩效和风险的考量［J］．武汉金融，2016，2：63 - 65．

［199］吴炳辉，何建敏．中国利率市场化下的金融风险理论［J］．财经科学，2014，3：1 - 10．

［200］吴成颂，郭开春，邵许生．利率市场化、外部环境与银行信贷配置和风险——基于40家城市商业银行的实证检验与分析［J］．当代经济管理，2017，39（8）：76 - 84．

［201］吴成颂，陆雨晴．汇率波动加剧了商业银行系统性风险吗？——基于央行外汇干预的门槛效应分析［J］．江汉论坛，2020，3：38 - 45．

［202］吴成颂．我国金融风险预警指标体系研究［J］．技术经济与管理研究，2011，1：19 - 24．

［203］吴成颂，张青青，倪清．利率改革能成为创新之源吗？——基于利率市场化改革与商业银行流动性创造的关系研究［J］．当代经济管理，2019，41（6）：72 - 81．

［204］吴成颂，张文睿．利率市场化、表外业务与城市商业银行风

险——基于非平衡面板数据的实证分析 [J]. 北京化工大学学报（社会科学版），2017，101（4）：1-6.

[205] 吴国平，谷慎，郭品. 利率市场化市场势力与银行风险承担 [J]. 山西财经大学学报，2016，38（5）：33-43.

[206] 吴书画. 基于国际经验的视角看中国利率市场化改革的对策建议 [J]. 经济研究导刊，2014，21：93-94.

[207] 吴涛. 外部冲击视角下的我国商业银行系统性风险研究 [D]. 泉州：华侨大学，2020.

[208] 吴鞾，黄珊. 人民币汇率波动与商业银行风险承担的实证研究 [J]. 宏观经济研究，2016，11：72-83，121.

[209] 吴晓灵. 金融市场化改革中的商业银行资产负债管理 [J]. 金融研究，2013，12：1-15.

[210] 吴秀伦. 利率市场化对银行负债业务的影响及对策 [J]. 时代金融，2014，30：75.

[211] 吴言林，沈强. 利率市场化、经济周期、金融管制与商业银行风险研究——基于 Z-Score 和 Lerner 指数的实证分析 [J]. 学海，2018，4：197-202.

[212] 吴宜勇，胡日东，袁正中. 共同资产持有的网络风险传染与政府救助 [J]. 金融论坛，2017，22（8）：35-45.

[213] 吴雨翘. 非利息收入对我国上市商业银行风险的影响研究 [D]. 厦门：厦门大学，2014.

[214] 伍贻康，张幼文. 世纪洪流：千年回合与经济全球化走向 [M]. 北京：高等教育出版社，2001.

[215] 武洁琼. 人民币升值对我国银行业影响的实证分析 [J]. 金融理论与实践，2012，5：62-65.

[216] 夏越. 竞争对系统性银行风险的影响——基于中国利率市场化进程的证据 [J]. 南方金融，2018，6：33-46.

[217] 夏越. 竞争能抑制系统性银行风险吗——基于中国利率市场化进程的新证据 [J]. 上海金融，2018，5：24-33.

[218] 项后军，闫玉. 理财产品发展、利率市场化与银行风险承担问题研究 [J]. 金融研究，2017，10：99-114.

[219] 肖丽. 金融开放的银行稳定研究 [D]. 北京: 北京交通大学, 2014.

[220] 肖崎, 赵允宁. 我国金融脱媒对商业银行资产负债业务的影响分析 [J]. 上海金融, 2017, 1: 81-86.

[221] 肖卫国, 尹智超, 吴昌银. 货币政策和资本账户开放对商业银行风险承担的影响 [J]. 统计与决策, 2016, 13: 149-151.

[222] 谢四美. 商业银行利率敏感性缺口与利率风险防范——基于上市银行的实证分析 [J]. 金融论坛, 2014, 19 (2): 11-19.

[223] 谢云山. 信用风险与利率风险的相关性分析——利率市场化下商业银行的新型风险管理模式 [J]. 国际金融研究, 2004 (10): 51-60.

[224] 邢学艳, 吕思聪. 利率市场化与银行风险承担行为实证研究 [J]. 技术经济与管理研究, 2017, 8: 74-78.

[225] 熊建华. 我国利率市场化改革存在的问题及其应对 [J]. 当代经济, 2010, 16: 72-73.

[226] 熊启跃, 赵阳, 廖泽州. 国际化会影响银行的净息差水平么?——来自全球大型银行的经验证据 [J]. 金融研究, 2016, 7: 64-79.

[227] 徐策. "十二五" 时期我国固定资产投资分析 [J]. 中国金融, 2011.

[228] 徐然然. 企业债券系统性风险的衡量 [D]. 南昌: 江西财经大学, 2012.

[229] 许年行, 于上尧, 伊志宏. 机构投资者羊群行为与股价崩盘风险 [J]. 管理世界, 2013, 7: 31-43.

[230] 薛峰. 我国商业银行产业组织结构与产业竞争力研究 [D]. 成都: 西南财经大学, 2010.

[231] 杨继平, 冯毅俊. 利率调整对我国股市不同状态波动性的影响 [J]. 管理科学学报, 2017, 2: 63-75.

[232] 杨景清. 利率市场化对商业银行信贷模式影响研究 [D]. 长沙: 湖南工业大学, 2016.

[233] 杨磊. 我国银行间同业拆借市场的风险传染效应研究 [D]. 长沙: 湖南大学, 2017.

[234] 杨盛昌. 利率市场化对商业银行的影响及应对策略研究 [J]. 云

南民族大学学报（哲学社会科学版），2013，30（2）：119－123.

[235] 杨蔚. 一篮子货币汇率制度下中国财政政策的绩效分析 [D]. 杭州：浙江工业大学，2009.

[236] 杨晖. 我国企业债券市场利率环境的实证研究 [J]. 金融研究，2008，2：170.

[237] 杨毅，苏庚云. 利率市场化背景下我国商业银行利率风险实证研究 [J]. 广西科技大学学报，2015，26（3）：106－114.

[238] 杨子晖，陈创练. 金融深化条件下的跨境资本流动效应研究 [J]. 金融研究，2015，5：34－49.

[239] 姚鸿，王超，何建敏，等. 银行投资组合多元化与系统性风险的关系研究 [J]. 中国管理科学，2019，27（2）：9－18.

[240] 姚思旭. 影子银行业务对商业银行系统性风险的影响 [J]. 现代营销（经营版），2020，6：216－217.

[241] 姚余栋，李宏瑾. 中国货币政策传导信贷渠道的经验研究——总量融资结构的新证据 [J]. 世界经济，2013，36（3）：3－32.

[242] 姚远. 商业银行利率风险及其防范——基于2006～2010年7家上市银行数据的验证 [J]. 金融论坛，2011，16（11）：45－51.

[243] 叶春茂，於晓鸿，占绪朝，等. 提高国有商业银行的资本充足率 [J]. 上海金融学报，1997，1：16－19.

[244] 叶康为. 宏观审慎监管视角下的中国银行业系统性风险预警研究 [D]. 广州：暨南大学，2017.

[245] 叶樱. 四大国有银行资产收益率变动情况表 [J]. 西安金融，1996，6：60.

[246] 殷敖. 利率市场化下中间业务对商业银行盈利能力影响研究 [D]. 长沙：湖南大学，2017.

[247] 尹瑜. 我国利率市场化改革的现状与建议 [J]. 安徽农业大学学报（社会科学版），2008，3：25－28.

[248] 由爽. 利率市场化对商业银行流动性风险的影响 [D]. 哈尔滨：东北农业大学，2020.

[249] 于敦波，宋绪亮. 我国开放式基金绩效评价实证研究 [J]. 金融经济，2008（6）：104－105.

［250］余道先，胡惠敏．银行业结构与系统性风险［J］．湖北社会科学，2018，3：115 - 121.

［251］袁德磊，赵定涛．国有商业银行脆弱性实证研究（1985—2005）［J］．金融论坛，2007，3：38 - 44.

［252］袁凤现．关于利率与存款准备金率政策调整对股票市场影响的比较研究［D］．济南：山东财经大学，2018.

［253］袁婷．上市商业银行信用风险在利率市场化中的测度［D］．广州：暨南大学，2020.

［254］翟光宇，何玉洁，孙晓霞．中国上市银行同业业务扩张与银行风险——基于2007 ~ 2013 年季度数据的实证分析［J］．投资研究，2015，34（2）：34 - 45.

［255］张灿．利率市场化对我国商业银行资产负债管理的影响研究［D］．郑州：华北水利水电大学，2016.

［256］张大永，刘倩，姬强．股票分析师的羊群行为对公司股价同步性的影响分析［J］．中国管理科学，2021，29（5）：55 - 64.

［257］张国兴，张熬乾，徐澈．利率市场化、银行多元化经营与流动性风险——基于动态面板的实证分析［J］．江西财经大学学报，2020，4：15 - 26.

［258］张红军，叶菲．商业银行利润效率测度及影响因素分析［J］．金融论坛，2008，13（12）：37 - 41.

［259］张晶．利率市场化对我国商业银行的影响研究［D］．北京：首都经济贸易大学，2017.

［260］张英奎，马茜，姚水洪．基于复杂网络的银行系统风险传染与防范［J］．统计与决策，2013，10：149 - 153.

［261］张莉，杜学文．我国商业银行利率风险的敏感性分析［J］．经济问题，2010，7：106 - 110.

［262］张琳，廉永辉．债券投资如何影响商业银行系统性风险？——基于系统性风险分解的视角［J］．国际金融研究，2020，2：66 - 76.

［263］张萌．货币国际化视角下的系统性风险传导机制与监管策略研究［D］．云南：云南大学，2015.

［264］张男．中国利率市场化进程中的货币政策传导机制研究［D］．长

春：吉林大学，2020．

［265］张庆君，何德旭．银行市场竞争力、非利息收入与风险承担［J］．金融论坛，2013，18（6）：16－22．

［266］张蕊，吕江林．商业银行利率波动性与信用风险［J］．审计与经济研究，2017，32（6）：116－124．

［267］张天顶，张宇．模型不确定下我国商业银行系统性风险影响因素分析［J］．国际金融研究，2017，3：45－54．

［268］张天顶，张宇．中国系统重要性金融机构的识别——基于CES方法的实证分析［J］．金融经济学研究，2016，31（2）：26－39．

［269］张炜．我国房地产价格波动对商业银行系统性风险的影响研究［J］．金融与经济，2018，1：28－35．

［270］张文睿．存贷款竞争对商业银行系统性风险的影响［D］．合肥：安徽大学，2019．

［271］张晓朴．系统性金融风险研究：演进、成因与监管［J］．国际金融研究，2010，7：58－67．

［272］张晓朴，郑笔锋，文竹．我国利率市场化对小型银行的影响和应对研究［J］．金融监管研究，2014，8：19－29．

［273］张晓．我国商业银行系统性风险传染的测度研究［D］．长沙：湖南大学，2015．

［274］张雪兰．我国商业银行信贷羊群行为的成因及对策探讨［J］．区域金融研究，2010，5：34－39．

［275］张谊浩，沈晓华．人民币升值、股价上涨和热钱流入关系的实证研究［J］．金融研究，2008，11：87－98．

［276］张羽，李黎．货币政策与金融稳定：研究进展与理论评述［J］．新金融，2010，9：41－45．

［277］张元元．利率市场化对我国城市商业银行信用风险的影响研究［D］．南昌：华东交通大学，2018．

［278］张志波．金融危机传染于国家经济安全［M］．上海：社会科学院出版社，2007．

［279］张宗益，吴恒宇，吴俊．商业银行价格竞争与风险行为关系——基于贷款利率市场化的经验研究［J］．金融研究，2012，385（7）：1－3，

5 - 14.

[280] 赵进文，高辉．中国市场化利率形成机制的模型实证研究 [J]．财经问题研究，2005，1：1 - 17.

[281] 赵进文，韦文彬．基于 MES 测度我国银行业系统性风险 [J]．金融监管研究，2012，8：25.

[282] 赵进文，张敬思．人民币汇率、短期国际资本流动与股票价格——基于汇改后数据的再检验 [J]．金融研究，2013，1：9 - 23.

[283] 郑荣年，牛慕鸿．中国银行业非利息业务与银行特征关系研巧 [J]．金融研究，2007，9：129 - 137.

[284] 中国人民银行调查统计司课题组，刘西．我国利率市场化的历史、现状与政策思考 [J]．中国金融，2011，15：13 - 15.

[285] 钟陈，陈苏丽．所有权、收入多样化和银行风险——基于我国 15 家上市银行的实证研究 [J]．金融与经济，2012，9：68 - 71.

[286] 周冰．中国利率市场化改革的模式和顺序 [J]．金融论坛，2012，17（2）：49 - 57.

[287] 周静娴．利率市场化对我国商业银行的影响及对策 [J]．经济师，2010，9：204 - 205.

[288] 周凯，张兰，张明凯．关于利率市场化中商业银行同业业务的发展与思考 [J]．世界经济与政治论坛，2013，4：155 - 161.

[289] 周丽莉，丁东洋．信息不对称视角下信用风险转移对金融稳定的影响研究 [J]．经济经纬，2010，3：134 - 138.

[290] 周全绍．外汇占款对货币政策的影响与对策 [J]．投资研究，2007，8：18 - 21.

[291] 周再清，谭盛中，王弦洲．我国银行间市场传染性的风险测试 [J]．统计与决策，2008，16：45 - 46.

[292] 朱波，卢露．不同货币政策工具对系统性金融风险的影响研究 [J]．数量经济技术经济研究，2016，33（1）：58 - 74.

[293] 朱菲菲，李惠璇，徐建国，等．短期"羊群行为"的影响因素与价格效应——基于高频数据的实证检验 [J]．金融研究，2019，7：191 - 206.

[294] 朱孟楠，刘林．短期国际资本流动、汇率与资产价格——基于汇

改后数据的实证研究 [J]. 财贸经济, 2010, 5: 5 - 13, 135.

[295] 朱湘平. 我国商业银行系统性风险及其影响因素研究 [D]. 长沙: 湖南大学, 2016.

[296] 朱元倩, 苗雨峰. 关于系统性风险度量和预警的模型综述 [J]. 国际金融研究, 2012, 1: 79 - 88

[297] 宗良. 商业银行对利率市场化改革的适应性 [J]. 中国金融, 2011, 8: 17 - 19.

[298] 邹静, 袁祖应, 童中文. 政府干预、资产价格波动与银行系统性风险 [J]. 金融论坛, 2015, 20 (9): 28 - 37.

[299] 邹小龙. 汇率利率市场化改革对跨境资本流动的影响 [J]. 金融经济, 2016, 4: 10 - 12.

[300] 左峥, 唐兴国, 刘艺哲. 存款利率市场化是否会提高银行风险——基于存贷利差收窄的一个视角 [J]. 财经科学, 2014, 2: 20 - 29.

[301] Abedifar P, Molyneux P, Tarazi A. Non-interest Income and Bank Lending [J]. Journal of Banking & Finance, 2018, 87: 411 - 426.

[302] Acharya V V, Pedersen L H, Philippon T, et al. Measuring Systemic Risk [J]. The Review of Financial Studies, 2017, 30 (1): 2 - 47.

[303] Adcock C, Xiuping H, Mazouz K, et al. Derivative Activities & Chinese Banks' Exposures to Exchange Rate & Interest Rate Movements [J]. European Journal of Finance, 2017 (1): 27 - 51.

[304] Adriano L. Finance & World Order: Financial Fragility, Systemic Risk & Transnational Regimes [R]. London: Greenwood Press, 1997.

[305] Adrian T, Shin H S. Liquidity, Monetary Policy, & Financial Cycles [J]. Current Issues in Economics & Finance, 2008, 14 (1): 1 - 7.

[306] Agoraki M E K, Delis M D, Pasiouras F. Regulations, Competition & Bank Risk-Taking in Transition Countries [J]. Journal of Financial Stability, 2011, 7 (1): 38 - 48.

[307] Aldasoro I, Faia E. Systemic Loops & Liquidity Regulation [J]. Social Science Electronic Publishing, 2015, 27: 1 - 16.

[308] Ali A, Hajja Y, Hussain H. Impact of Credit Risk (NPLs) & Capital on Liquidity Risk of Malaysian Banks [J]. International Conference on Ac-

counting Studies（ICAS），2015（8）：252 – 256.

［309］Allen F，Carletti E，Gale D. Interbank Market Liquidity & Central Bank Intervention［J］. Journal of Monetary Economics，2009，56（5）：639 – 652.

［310］Allen F，Gale D M. Financial Contagion［J］. Journal of Political Economy，2000，108（1）：01 – 33.

［311］Angkinand A，Wihlborg C. Deposit Insurance Coverage，Ownership，& Banks' Risk-Taking in Emerging Markets［J］. Journal of International Money & Finance，2010，29（2）：252 – 274.

［312］Asli D K，Enrica D. Financial Liberalization & Financial Fragility［R］. IMF Working Papers，1998.

［313］Balmaceda F，Fischer R D，Ramirez F. Financial Liberalization，Market Atructure & Credit Penetration［J］. Journal of Financial Intermediation，2013，23（1）：47 – 75.

［314］BCBS. Global Systemically Important Banks Updated Assessment Methodology & the Higher Loss Absorbency Requirement［R］. 2013.

［315］Beccalli E，Mario A. Are European Banks Too Big? Evidence on Economies of Scale［J］. Journal of Banking & Finance，2015，4（14）：25 – 34.

［316］Becker G，Stigler G. Law Enforcement，Malfeasance，& Compensation of Enforcers［J］. Legal Studies，1974（3）：1 – 19.

［317］Beck T，Demirgüç-Kunt A，Levine R. Bank Concentration，Competition，and Crises：First Results［J］. Journal of Banking & Finance，2006，30（5）：1581 – 1603.

［318］Benjamin G，David D. Security Analysis［M］. Macmillan，1988.

［319］Berger A N，Klapper L F，Turk-Ariss R. Bank Competition & Financial Stability［J］. Journal of Financial Services Research，2009，35（2）：98 – 118.

［320］Bernanke B S，Cara S L. The Credit Crunch［J］. Economic Activity，1991，2：205 – 239.

［321］Black L，Correa R，Huang X，Zhou H. The Systemic Risk of European Banks during the Financial & Sovereign Debt Crises［J］. Journal of Banking and Finance, 2016, 63 (2): 107 - 125.

[322] Bluhm M, Faia E, Krahnen J P. Monetary Policy Implementation in an Interbank Network: Effects on Systemic Risk [R]. SAFE Working Paper, 2014.

[323] Borio C E V, Zhu H. Capital Regulation, Risk-Taking & Monetary Policy: A Missing Link in the Transmission Mechanism? [J]. Social Science Electronic Publishing, 2008, 8 (4): 236 - 251.

[324] Boss M, Elsinger H, Summer M, et al. Network Topolopy of the Interbank Market [J]. Quantitative Finance, 2004, 4 (6): 677 - 684.

[325] Boyd J H, De Nicolo G. The theory of Bank Risk Taking & Competition Revisited [J]. The Journal of Finance, 2005, 60 (3): 1329 - 1343.

[326] Boyd J H, Gomis P, Kwak S, et al. A User's Guide to Banking Crises, Working Papers Series of Department of Economics [D]. Monash University, Australia, 2000.

[327] Broecker T. Credit-Worthiness Tests & Interbank Competition [J]. Econometrica, 1990, 58 (2): 429 - 452.

[328] Brown C O, Din I S. Too Many to Fail? Evidence of Regulatory Forbearance when the Banking Sector is Weak [J]. Review of Financial Studies, 2011, 24 (4): 1378 - 1405.

[329] Brunnermeier M, Crocket A, Goodhart C, Persaud A, Shin H. The Fundamental Principles of Financial Regulation [R]. Centre for Economic Policy Research, 2009.

[330] Brunnermeier M K, Dong G, Palia D. Banks' Non-Interest Income & Systemic Risk [R]. AFA Chicago Meetings Paper, 2012.

[331] Bruno V, Shin H S. Capital Flows & The Risk-Taking Channel of Monetary Policy [J]. Journal of Monetary Economics, 2015 (1): 119 - 132.

[332] Bryant J. A Model of Reserves, Bank Runs & Deposit Insurance [J]. Journal of Banking & Finance, 1980, 4 (4): 335 - 440.

[333] Candelon B, Palm F C. Banking and Debt Crises in Europe: The Dangerous Liaisons? [J]. De Economist, 2010, 158 (1): 81 - 99.

[334] Carr J, Mathewson F, Quigley N. Stability in the Absence of Deposit

Insurance: The Canadian Banking System, 1890 – 1966 [J]. Journal of Money, Credit & Banking, 1995, 27 (4): 1137 – 1158.

[335] Chang R, Velasco A. Currency Mismatches and Monetary Policy: A Tale of Two Equilibria [J]. Journal of International Economics, 2005, 69 (1): 150 – 175.

[336] Chen C, Iyengar G, Moallemi C C. Asset-Based Contagion Models for Systemic Risk [J]. Columbia Business School Working Paper, 2015, 10: 1 – 35.

[337] Cifuentes R, Ferrucci G, Shin H S. Liquidity Risk & Contagion [J]. Journal of the European Economic Association, 2005, 3 (23): 556 – 566.

[338] Clauset A, Shalizi C R, Newman M E J. Power-Law Distributions in Empirical Data [J]. SIAM Review, 2009, 51 (4): 661 – 703.

[339] Combes J L, Kinda T, Plane P. Capital Flows, Exchange Rate Flexibility & the Real Exchange Rate [J]. Journal of Macroeconomics, 2012, 34 (4): 1034 – 1043.

[340] Cordoba J C, Ripoll M. Collateral Constraints in a Monetary Economy [J]. Journal of the European Economic Association, 2004, 2 (6): 1172 – 1205.

[341] Craig B R, Dinger V. Deposit Market Competition, Wholesale Funding, & Bank Risk [J]. Journal of Banking & Finance, 2010, 37 (9): 3605 – 3622.

[342] Cubillas E, González F. Financial Liberalization & Bank Risk-Taking: International Evidence [J]. Journal of Financial Stability, 2014, 11 (1): 32 – 48.

[343] Dale L, Domian W R. Performance. Persistence in Monkey Market Fund Returns [J]. Financial Services Review, 1997, 3: 169 – 183.

[344] Dangl T, Lehar A. Value-at-Risk vs. Building Block Regulation in Banking [J]. Journal of Financial Intermediation, 2004, 13 (2): 96 – 131.

[345] Daniel B C, Jones J B. Financial Liberalization & Banking Crises in Emerging Economies [J]. Journal of International Economics, 2007, 72: 202 – 221.

[346] Danisman G O, Demirel P. Bank Risk-Taking in Developed Countries: The Influence of Market Power & Bank Regulations [J]. Journal of International Fi-

nancial Markets, Institutions & Money, 2019, 59: 202 – 217.

[347] Davis E P, Karim D. Comparing Early Warning Systems for Banking Crises [J]. Journal of Financial Stability, 2008, 4 (2): 89 – 120.

[348] De Bandt O, Hartmann P, Peydró J L. Systemic Risk in Banking: An Update [M]. Oxford University Press, 2012.

[349] De Haas R, Van Lelyveld I. Foreign Banks and Credit Stability in Central and Eastern Europe: A Panel Data Analysis [J]. Journal of Banking & Finance, 2006, 30 (7): 1927 – 1952.

[350] Delis M D, Kouretas G P. Interest Rates & Bank Risk-Taking [J]. Journal of Banking & Finance, 2011, 35 (4): 840 – 855.

[351] Dell'Ariccia G, Marquez R. Risk and the Corporation Structure of Banks [J]. The Journal of Finance, 2010, 65 (3): 1075 – 1096.

[352] Diamond D W, Dybvig P H. Bank Runs, Deposit Insurance and Liquidity [J]. Political Economy, 1983, 91 (3): 401 – 419.

[353] Distinguin I, Roulet R, Tarazi A, Bank Regulatory Capital & Liquidity: Evidence from US & European Publicly Traded Banks [J]. Journal of Banking & Finance, 2013, 37 (9): 3295 – 3317.

[354] Dornbusch R, Givazzi F. Heading off China's Financial Crisis. Unpublished Paper, Department of Economics [J]. Massachusetts Institute of Technology, Cambridge, 1999, 7: 40 – 58.

[355] Drehmann M, Juselius M. Evaluating Early Warning Indicators of Banking Crises: Satisfying Policy Requirements [J]. International Journal of Forecasting, 2014, 30 (3): 759 – 780.

[356] Eddie C C, Michael C N, Yiu C M. The Multi-Faceted Effects of Partial Interest Rate Liberalization in China [J]. The Chinese Economy, 2019, 52 (2): 171 – 191.

[357] Elmus W. A Reconsideration of the Causes of the Banking Panic of 1930 [J]. The Journal of Economic History, 1980, 40: 571 – 583.

[358] Fernald J G, Babson O. Why Has China Survived the Asian Crisis So Well? What Risks Remain? [J]. International Finance Discussion Papers, 1999, 24 (2): 663.

[359] Fisher I. The Debt-Deflation Theory of Great Depressions [J]. Econometrica, 1933, 1 (4): 337 – 357.

[360] Fisher I. The Debt-Deflation Theory of Great Depressions [M]. Charleston: Create Space Independent Publishing Platform, 1933.

[361] Frank B, Silviu O, Tuomas A P, et al. Predicting Distress in European Banks [J]. Journal of Banking & Finance, 2014, 45: 225 – 241.

[362] Freixas X, Martin A, Skeie D. Bank Liquidity, Interbank Markets & Monetary Policy [R]. FRB of New York Staff Report, 2010.

[363] Freixas X, Rochel J C. Microeconomics of Banking [M]. MIT Press, Cambridge, MA, 1997.

[364] Froot K A. New Hope for the Expectations Hypothesis of the Term Structure of Interest Rates [J]. the Journal of Finance, 1989, 2: 283 – 305.

[365] Furfine C H. Interbank Exposures: Quantifying the Risk of Contagion [J]. Journal of Money Credit & Banking, 2003, 35 (1): 111 – 128.

[366] Gai P, Haldane A, Kapadia S. Complexity, Concentration & Contagion [J]. Journal of Monetary Economics, 2011, 58 (5): 453 – 470.

[367] Gentry G J A. On the Relationship Between Systematic Risk & the Degrees of Operating & Financial Leverage [J]. Financial Management, 1982, 11 (2): 15 – 23.

[368] Georg C P. The Effect of the Interbank Network Structure on Contagion & Common Shocks [J]. Journal of Banking & Finance, 2013, 37 (7): 2216 – 2228.

[369] Gerard C, Daniela K. Bank Insolvencies: Cross-Country Experience [M]. World Bank Publications, 1996.

[370] Gerard C, Daniela K. Episodes of Systemic & Borderline Financial Crises [M]. World Bank Research Dataset, 2003.

[371] Gertler M, Kiyotaki N. Banking, Liquidity & Bank Runs in an Infinite Horizon Economy [J]. The American Economic Review, 2015, 105 (7): 1 – 43.

[372] Giesecke K, Weber S. Cyclical Correlations, Credit Contagion, & Portfolio Losses [J]. Banking & Finance, 2004, 28 (12): 3009 – 3036.

[373] Girardi G, Ergün A T. Systemic Risk Measurement: Multivariate

GARCH Estimation of CoVaR [J]. Journal of Banking & Finance, 2013, 37 (8): 3169 - 3180.

[374] Goldstein I. Pauzner A. Contagion of Self-fulfilling Financial Crises due to Diversification of Investment Portfolios [J]. Journal of Economic Theory, 2004, 119 (1): 151 - 183.

[375] Gong P, Dai J. Monetary Policy, Exchange Rate Fluctuation & Herding Behavior in the Stock Market [J]. Journal of Business Research, 2017, 76: 34 - 43.

[376] Goodhart C A E, Pojanart S, Dimitrios P T. A Model to Analyse Financial Fragility [J]. Economic Theory, 2006, 27 (1): 107 - 142.

[377] Gray D, Jobst A. New Directions in Financial Sector & Sovereign Risk Management [J]. Journal of Investment Management, 2010, 1: 23 - 28.

[378] Greenwood R, Lier A, Thesmar A. Vulnerable Banks [J]. Journal of Financial Economics, 2015, 3: 471 - 485.

[379] Gudmundsson G S, Gylfi Z. A Double-Edged Sword: High Interest Rates in Capital Control Regimes [J]. Economics: The Open-Access, Open-Assessment E-Journal, 2016, 10 (1): 1 - 38.

[380] Guo F, Huang Y S. Does "hot money" Drive China's Real Estate & Stock Markets? [J]. International Review of Economics & Finance, 2010, 19 (3): 452 - 466.

[381] Hakkio C S, Keeton W R. Financial Stress: What is it, How Can it Be Measured, & Why Does it Matter? [J]. Economic Review, 2009, 2: 5 - 50.

[382] Haldane G. Rethinking the Financial Network [R]. Speech Delivered at the Financial Student Association, Amsterdam, 2009.

[383] Hart O, Zingales L. How to Avoid a New Financial Crisis [R]. Working Paper, 2009.

[384] Hayes A F, Scharkow M. The Relative Trustworthiness of Inferential Tests of the Indirect Effect in Statistical Mediation Analysis: Does Method Really Matter? [J]. Psychological Science, 2013, 24 (10): 1918 - 1927.

[385] Hellmann T F, Murdock K C, Stiglitz J E. Liberalization, Moral Hazard in Banking, & Prudential Regulation: Are Capital Requirements Enough? [J].

American Economic Review, 2000, 90 (1): 147 – 165.

[386] Hellwig M. Liquidity Provision, Banking, and the Allocation of Interest Rate Risk [J]. European Economic Review, 1994, 38 (7): 1363 – 1389.

[387] Helmut E, Alfred L, Martin S. Risk Assessment for Banking Systems [J]. General Information, 2006, 9: 1301 – 1314.

[388] Henry T. An Enquiry into the Nature & Effects of the Paper Credit of Great Britain [M]. London: Printed for J. Hatchard, 1802.

[389] Honohan P. How Interest Rates Changed Under Financial Liberalization: A Cross-Country Review [J]. Policy Research Working Paper, 2016, 23 (13): 1 – 56.

[390] Huang X, Zhou H, Zhu H. Assessing the Systemic Risk of a Heterogeneous Portfolio of Banks During the Recent Financial Crisis [J]. Journal of Financial Stability, 2012, 8 (3): 193 – 205.

[391] Hu X W, Xu B. The Effectiveness of Interest Rate Liberalization [J]. International Journal of Intelligent Technologies and Applied Statistics, 2013, 6 (3): 245 – 275.

[392] Hyman P M. The Financial Instability Hypothesis: Capitalist Processes & the Behavior of the Economy [J]. Financial Crises: Theory, History & Policy, 1982.

[393] Iacoviello M. Financial Business Cycles [J]. Review of Economic Dynamics, 2015, 18 (1): 140 – 163.

[394] IMF, BIS, FSB. Guidance to Assess the Systemic Importance of Financial Institutions, Markets & Instruments: Initial Considerations [R]. Report to the G20 Finance Ministers & Governors, 2009.

[395] IMF. Financial Crises: Causes & Indicators [R]. World Economic Outlook, 1998.

[396] Iori G, Jafarey S, Padilla F G. Systemic Risk on the Interbank Market [J]. Journal of Economic Behavior & Organization, 2006, 61 (4): 525 – 542.

[397] Iori G, Masi G D, Precup O V, et al. A Network Analysis of the Italian Overnight Money Market [J]. Journal of Economic Dynamics & Control, 2008, 32 (1): 259 – 278.

[398] Iyer R, Peydro J L. Interbank Contagion at Work: Evidence from a Natural Experiment [J]. Social Science Electronic Publishing, 2010, 24 (4): 1337 – 1377.

[399] Jacklin C J, Bhattacharya S. Distinguishing Panics and Information-based Bank Runs: Welfare & Policy Implications [J]. The Journal of Political Economy, 1988, 96: 568 – 592.

[400] Jackson M O. Social & Economic Networks [M]. Princeton: Princeton University Press, 2008.

[401] Janzen J P, Smith A, Carter C A. Commodity Comovement and Financial Speculation: The Case of Cotton [J]. American Journal of Agricultural Economics, Forthcoming, 2018, 100 (1): 264 – 285.

[402] Javaid A M I, Irfan M, Safdar L. The Relationship between Macroeconomic Volatility & the Stock Market Volatility: Empirical Evidence from Pakistan [J]. Pakistan Journal of Commerce & Social Science, 2013 (2): 309 – 320.

[403] Jermann U, Quadrini V. Macroeconomic Effects of Financial Shocks [J]. American Economic Review, 2012, 102 (1): 238 – 271.

[404] Jiménez G, Lopez J A, Saurina J. How does Competition Affect Bank Risk-Taking? [J]. Journal of Financial Stability, 2013, 9 (2): 185 – 195.

[405] Jing Z, Haan J D, Jacobs J, et al. Identifying Banking Crises Using Money Market Pressure: New Evidence for A Large Set of Countries [J]. Journal of Macroeconomics, 2015, 43: 1 – 20.

[406] Jonghe D O, Diepstraten M, Chepens G. Banks' Size, Scope & Systemic Risk: What Role for Conflicts of Interest? [J]. Journal of Banking & Finance, 2015, 61: 3 – 13.

[407] Kaminsky G L, Reinhart C M. The Twin Crises: The Causes of Banking & Balance of Payments Problems [J]. American Economic Review, 1999, 89 (3): 473 – 500.

[408] Kaufman G G. Bank Contagion: A Review of the Theory & Evidence [J]. Journal of Financial Services Research, 1994, 8 (2): 123 – 150.

[409] Kaufman G G, Scott K E. What is Systemic Risk, & Do Bank Regulators Retard or Contribute to It? [J]. Independent Review, 2003, 7 (3): 371 –

388.

[410] Kawamura E. Exchange Rate Regimes, Banking & the Non-tradable Sector [J]. Journal of Monetary Economics, 2007, 54 (2): 325 – 345.

[411] Keynes J M. The General Theory of Employment, Interest & Money [M]. New York: Palgrave Macmillan, 1936.

[412] Kindleberger C P, Manias, Panics and Crashes: A History of Financial Crises [M]. Wiley, 1994.

[413] King M A, Sushil W. Transmission of Volatility between Stock Markets [J]. Review of Financial Studies, 1990, 3 (1): 5 – 33.

[414] King R G, Levine R. Finance & Growth: Shumpeter Might Be Right [J]. Quarterly Journal of Economics, 1993, 108 (3): 717 – 737.

[415] Kiyotaki N, Moore J. Evil is the Root of All Money [J]. Edinburgh School of Economics Discussion Paper Series, 2001, 58 (4): 402 – 403.

[416] Kodres L E, Pritsker M. A Rational Expectations Model of Financial Contagion [J]. Journal of Finance, 2002, 57 (2): 769 – 799.

[417] Kotomin V, Smith S D, Winters D B. Interest-rate and Calendar-time Effects in Money Market Fund and Bank Deposit Cash Flows [J]. Journal of Economics and Finance, 2014, 38 (1): 84 – 95.

[418] Laeven L, Valencia F. Systemic Banking Crises Database [J]. IMF Economic Review, 2013, 61 (2): 225 – 270.

[419] Laina P, Nyholm J, Sarlin P. Leading Indicators of Systemic Banking Crises: Finland in a Panel of EU Countries [J]. Review of Financial Economics, 2015 (24): 18 – 35.

[420] Lenza M, Pill H, Reichlin L. Monetary Police in Exceptional Times [J]. Economic Police, 2010, 25 (62): 295 – 339.

[421] Li M, Zhou X. Research on the Interaction Among Interest Rate, Exchange Rate Fluctuations & Capital Market [J]. Wseas Transactions on Information Science & Applications, 2009, 6 (1): 106 – 115.

[422] Lipschitz L, Mourmouras A, Lane T D. Capital Flows to Transition Economies: Master or Servant? [J]. Social Science Electronic Publishing, 2006, 2 (11): 202 – 222.

[423] Lopez-Espinosa G, Rubia A, Valderrama L, et al. Good for One, Bad for All: Determinants of Individual Versus Systemic Risk [J]. Journal of Financial Stability, 2013, 9 (3): 87 – 299.

[424] Manzhos S. The Situation of Bank Lending in Ukraine: Current Problems & Prospects of Recovery [J]. Economics & Management, 2016, 8 (3): 89 – 97.

[425] Martinez-Miera D, Repullo R. Does Competition Reduce the Risk of Bank Failure? [J]. The Review of Financial Studies, 2010, 23 (10): 3638 – 3664.

[426] Martinez-Peria M S, Schmukler S L. Do Depositors Punish Banks for Bad Behavior? Market Discipline, Deposit Insurance, and Banking Crises [J]. The Journal of Finance, 2001, 56 (3): 1029 – 1051.

[427] Masters M W. Testimony before the Committee on Homeland Security and Governmental Affairs [D]. US Senate, Washington, 2008.

[428] Mcandrews J, Roberds W. Payment Intermediation and the Origins of Banking [R]. Staff Reports FRB of New York, 1999.

[429] Mercieca S, Schaeck K, Wolfe S. Small European Banks: Benefits From Diversification? [J]. Journal of Banking & Finance, 2007, 31 (7): 1975 – 1998.

[430] Mihai-Yiannaki S, Rios-Morales R. Interest Rates Liberalization or Economy Control: The Case of the Chinese Banking System [J]. Journal of Transnational Management, 2015, 20 (2): 87 – 106.

[431] Miller V, Vallee L. The Size of Banking Crises in Credible Fixed Exchange Rate Regimes [J]. Journal of internation Money & Finance, 2010, 29 (7): 1226 – 1236.

[432] Minsky H P. Financial Instability and the Decline of Banking: Public Policy Implications [R]. Levy Economics Institute Working Paper, 1998.

[433] Minsky H. The Financial Fragility Hypothesis: Capitalist Process & the Behavior of the Economy [M]. Cambridge: Cambrige University Press, 1982.

[434] Minsky P D. The Financial Instability Hypothesis: Capitalist Processes & the Behavior of the Economy [M]. Cambridge: Cambridge University Press,

1982.

［435］Mira-Agrippino S, Rey H. Us Monetary Policy & the Global Financial Cycle ［J］. Review of Economic Studies, 2015, 87 (6): 2754 – 2776.

［436］Mistrulli P E. Assessing Financial Contagion in the Interbank Market: Maximum Entropy Versus Observed Interbank Lending Patterns ［J］. Journal of Banking & Finance, 2010, 35 (5): 1114 – 1127.

［437］Morck R, Yeung B, Yu W. The Information Content of Stock Markets: Why Do Emerging Markets Have Synchronous Stock Price Movements? ［J］. Journal of Financial Economics, 2000, 58 (1): 215 – 260.

［438］Moussa A. Contagion and Systemic Risk in Financial Networks ［D］. New York: Columbia University, 2011.

［439］Mugenyah L O. Determinants of Liquidity Risk of Commercial Banks in Kenya ［J］. The International Journal Of Business and Management, 2015, 3 (9): 469 – 473.

［440］Muktadir-Al-Mukit D. The Effects of Interests Rates Volatility on Stock Returns: Evidence from Bangladesh ［J］. International Journal of Management and Business Research, 2013, 3 (3): 269 – 279.

［441］Nenovsky N, Hristov K. Criteria for Evaluation of the Systemic Risk under Currency Board ［R］. Bulgarian: The Banking Sector in the Conditions of the Currency Board, 1997.

［442］Niemira M P, Saaty T L. An Analytic Network Process Model for Financial Crisis Forecasting ［J］. International Journal of Forecasting, 2004, 20 (4): 573 – 587.

［443］Nier E, Baumann U. Market Discipline, Disclosure and Moral Hazard in Banking ［J］. Journal of Financial Intermediation, 2006, 15 (3): 332 – 361.

［444］Nier E, Yang J, Yorulmazer T, et al. Network Models and Financial Stability ［J］. Journal of Economic Dynamics and Control, 2007, 31 (6): 2033 – 2060.

［445］Noy I. Financial Liberalization, Prudential Supervision, and the Onset of Banking Crises ［J］. Emerging Markets Reviews, 2004, 5 (3): 341 – 359.

［446］Olson M. The Logic of Collective Action: Public Goods & the Theory of Groups [M]. Cambridge: Harvard University Press, 1969.

[447] Peel D A, Taylor M P. Covered Interest Rate Arbitrage in the Interwar Period and the Keynes-Einzig Conjecture [J]. Journal of Money, Credit and Banking, 2002, 34 (1): 51 – 75.

[448] Pennacchi G. Deposit Insurance, Bank Regulation, and Financial System Risks [J]. Journal of Monetary Economics, 2006, 53 (1): 1 – 30.

[449] Pericoli M, Sbracia M. A Primer on Financial Contagion [J]. Journal of Economic Surveys, 2003, 17 (4): 571 – 608.

[450] Reinhart C M, Rogoff K S. The Aftermath of Financial Crises [J]. American Economic Review, 2009, 99 (2): 466 – 472.

[451] Rochet J C, Tirole J. Interbank Lending and Systemic Risk [J]. Journal of Money Credit & Banking, 1996, 28 (4): 733 – 762.

[452] Schnabel I, Shin H S. Liquidity and Contagion: The Crisis of 1763 [J]. Journal of the European Economic Association, 2004, 2 (6): 929 – 968.

[453] Shaw E S. Financial Deepening in Economic Development [J]. Oxford University Press, 1973, 1: 81 – 84.

[454] Shehzada C T, Haan J D. Financial Liberalization & Banking Crises [J]. Faculty of Economics & Business, 2008, 9: 43 – 49.

[455] Singleton K J. Investor Flows and the 2008 Boom/Bust in Oil Prices [J]. Management Science, 2014, 60 (2): 300 – 318.

[456] Smirlock M, Yawitz J. Asset Returns, Discount Rate Changes, and Market Efficiency [J]. The Journal of Finance, 1985, 40 (4): 1141 – 1158.

[457] Soedarmono W, Machrouh F, Tarazi A. Bank Competition, Crisis and Risk Taking: Evidence from Emerging Markets in Asia [J]. Journal of International Financial Markets, Institutions and Money, 2013, 23: 196 – 221.

[458] Stigler G J. The Theory of Economic Regulation [J]. Bell Journal of Economics and Management Science, 1971 (2): 3 – 21.

[459] Stiglitz J E. The Role of State in Financial Markets [J]. The World Bank Economic Review, 1993 (7): 19 – 52.

[460] Stiglitz J E, Weiss A. Credit Rationing in Markets with Imperfect Information [J]. The American Economic Review, 1981, 71 (3): 393 – 410.

［461］Tang K，Xiong W. Index Investment and the Financialization of Commodities ［J］. Financial Analysts Journal，2012，68（6）：54 – 74.

［462］Tuluca S A，Zwick B. The Effects of the Asian Crisis on Global Equity Markets ［J］. Financial Review，2001，36（1）：125 – 142.

［463］Unsal D F. Capital Flows and Financial Stability：Monetary Policy and Macroprudential Responses ［M］. International Monetary Fund，2011.

［464］Wagner W. Loan Market Competition and Bank Risk-taking ［J］. Journal of Financial Services Research，2010，37（1）：71 – 81.

［465］Wagner W. The Homogenization of the Financial System and Financial Crises ［J］. Journal of Financial Intermediation，2008，17（3）：330 – 356.

［466］Wang X F，Chen G. Synchronization in Scale-Free Dynamical Networks：Robustness & Fragility ［J］. IEEE Transactions on Circuits and Systems I：Fundamental Theory and Applications，2002，49（1）：54 – 62.

［467］Watts D J. A Simple Model of Global Cascades on Random Networks ［J］. Proceedings of the National Academy of Sciences，2002，99（9）：5766 – 5771.

［468］Wells S. UK Interbank Exposures：Systemic Risk Implications ［J］. Financial Stability Review，2002，13（12）：175 – 182.

［469］Wermers R. Mutual Fund Herding and the Impact on Stock Prices ［J］. the Journal of Finance，1999，54（2）：581 – 622.

［470］Williamson J，Mahar M. A Survey of Financial Liberalization ［M］. Princeton University International Economics，1998.

［471］Wiszniowski E. Stress Testing as a Tool for Simulating the Effects of Crisis in Banks ［J］. Business and Economic Horizons，2010，1：58 – 66.

［472］Wong Y T，Fong T P W. Analysing Interconnectivity among Economies ［J］. Emerging Markets Review，2011，6（4）：25 – 30.

［473］Worms U A. Estimating Bilateral Exposures in the German Interbank Market：Is there a Danger of Contagion？ ［J］. European Economic Review，2004，48（4）：827 – 849.

［474］Zhao T，Casu B，Ferrari A. Competition and Risk Taking Incentives in the Lending Market：An Application to Indian Banking ［J］. Social Science

Electronic Publishing, 2009, 41 (3): 1399 – 1407.

［475］Zhao X, Lynch J G, Chen Q. Reconsidering Baron and Kenny: Myths and Truths about Mediation Analysis ［J］. Journal of Consumer Research, 2010, 37 (2): 197 – 206.